2

知识产权经典判例

ZHISHI CHANQUAN JINGDIAN PANLI

北京市高级人民法院知识产权庭　编

主编　王振清

知识产权出版社

内容提要

本书中的50个案例是从2004年北京市法院审结的各类知识产权纠纷案件中精选出来的，涵盖了该年度全部新类型、疑难复杂和具有广泛社会影响的案件，其中所涉及的各种知识产权问题一定会使读者深受启发，对广大知识产权审判人员、行政执法人员、诉讼代理人、专家学者的工作和学习具有很强的参考价值。

责任编辑：汤腊冬　　**责任校对：**韩秀天
特约编辑：汪富亮　　**责任出版：**卢运霞

图书在版编目(CIP)数据
知识产权经典判例(2)/北京市高级人民法院知识产权庭编.—北京：知识产权出版社，2008.7
ISBN 978-7-80247-000-2
Ⅰ.知…　Ⅱ.北…　Ⅲ.知识产权-审判-案例-中国　Ⅳ.D923.405
中国版本图书馆CIP数据核字（2008）第001743号

知识产权经典判例（2）
北京市高级人民法院知识产权庭　编
主编　王振清

出版发行：知识产权出版社
社　址：北京市海淀区马甸南村1号　　邮　编：100088
网　址：http://www.ipph.cn　　邮　箱：bjb@cnipr.com
发行电话：010-82000893　82000860转8101　　传　真：010-82000893
责编电话：010-82000889　　责编邮箱：tangladong@cnipr.com
印　刷：北京市兴怀印刷厂　　经　销：新华书店及相关销售网点
开　本：720mm×960mm　1/16　　印　张：23
版　次：2008年8月第一版　　印　次：2008年8月第一次印刷
字　数：420千字　　定　价：48.00元
ISBN 978-7-80247-000-2/D·571

知识产权经典判例(2)

主　编：王振清

副主编：张鲁民

编　委：宿　迟　淳于国平　陈锦川　靳学筠　刘双玉
杨柏勇　邵明艳　宋鱼水　林子英

编　辑：张雪松　张冬梅　焦　彦　潘　伟　刘晓军
钟　鸣　毕　怡

前　言

2003年，北京市高级人民法院知识产权庭编辑出版了《北京知识产权审判丛书》，其中《知识产权经典判例》（上下卷）受到了读者的广泛欢迎，已成为了解我国知识产权司法保护实践、从事知识产权实务和学术研究的必读书籍。2005年，该庭编辑出版的《北京知识产权审判年鉴》同样引起了知识产权界的关注。为了满足广大读者的需求，该庭将以汇编年度经典案例的形式，从北京市法院每年终审审结的各类知识产权案件中精选数十件，严格依照裁判文书内容进行整理，并按内容全面、便于查阅的原则进行格式编排。同时，该庭法官还准确归纳出每一案例的“判决要旨”，使这些案例的特点与意义一目了然。

本书中的50件案例是从2004年北京市法院审结的各类知识产权纠纷案件中精选出来的，涵盖了该年度全部新类型、疑难复杂和具有广泛社会影响的案件，其中涉及的各种知识产权法律问题一定会使读者深受启发，对广大知识产权审判人员、行政执法人员、诉讼代理人、专家学者的工作和学习一定会具有很强的参考价值。

当然，对其中的一些判决可能有的读者会有不同的看法，我们也愿意和大家继续交流探讨，以共同为促进我国知识产权保护水平的进一步提高作出贡献。

前　言

2004年[illegible]

[illegible]

本书中的50件[illegible]2004年[illegible]

[illegible]

目　录

专　利

商　标

著 作 权

反不正当竞争

其他知识产权

专　利

1.“椰子粉包装袋”外观设计专利权无效纠纷案

——北京椰风热带食品配送有限公司诉
国家知识产权局专利复审委员会

原告（被上诉人）：北京椰风热带食品配送有限公司
被告（原审被告）：国家知识产权局专利复审委员会
第三人（上诉人）：海口市南山实业有限公司
案由：专利权无效纠纷

原审案号：北京市第一中级人民法院（2002）一中行初字第169号
原审合议庭成员：娄宇红、赵静、仪军
原审结案日期：2003年9月17日
二审案号：北京市高级人民法院（2003）高行终字第217号
二审合议庭成员：程永顺、岑宏宇、刘辉
二审结案日期：2004年3月18日

判决要旨

当外观设计专利权与他人在先取得的合法权利相冲突时，应当按照保护在先权利的原则，审查该专利权是否应被宣告无效。在一些情况下，司法机关或专利管理机关处理的其他纠纷的解决需要等待专利复审委员会关于是否构成权利冲突的无效决定，当事人无法提交生效判决或决定的，专利复审委员会应当就权利冲突是否构成进行审查确定，而不应要求当事人提交生效的能够证明权利冲突的判决、决定。

起诉与答辩

国家知识产权局专利复审委员会（以下简称专利复审委员会）第4065号

无效宣告请求审查决定（以下简称第 4065 号决定）系专利复审委员会就北京椰风热带食品配送有限公司（以下简称椰风公司）对海口市南山实业有限公司（以下简称南山公司）享有的第 96307459.8 号外观设计专利（以下简称本专利）所提出的无效宣告请求作出的。专利复审委员会在该决定中认定：1. 专利法所称的外观设计是指产品的外观设计，而不是游离于产品之外的外观设计。附件 14、15 和 16 公开的“椰树”图案，只是单纯的图案，没有产品作为其载体，因此，椰风公司以此为由请求宣告本专利权无效不能成立。2. 附件 17 是一份检讨书，其内容没有涉及被侵权产品内容和被侵权单位名称，仅从该附件的内容不能得知检讨人的侵权行为导致了何种形状的产品被侵权，也不能得知其侵权行为侵害了何方利益，因而作为宣告本专利无效的证据是不充分的。3. 附件 18 和 19 均涉及海南金海食品总厂的第 832929 号注册商标专用权被南山公司侵权的内容，但两者都不是工商行政管理局的处罚决定，而判断本专利对在先权利是否构成侵权应以最终生效的相关部门的处罚决定或者人民法院的判决为依据，所以仅凭这两份证据宣告本专利无效是不充分的。4. 附件 20 是海南省工商行政管理局关于南山公司侵犯 COWIND 及图形注册商标专用权的行政处罚决定书，由于南山公司不服已向人民法院提起诉讼，法院现已中止诉讼，因此该处罚决定尚未生效。由于尚未生效的行政处罚决定不是判断本专利对在先权利是否构成侵犯的依据，因此，以该附件宣告本专利无效是不充分的。5. 附件 22 和 23 是两份证明的复印件，虽盖有单位公章，但没有自然人签字。在没有经过法庭质证的情况下，其证据效力不足。附件 24、25 和 26 均为外观设计公报，不能证明本专利与在先商标专用权及在先著作权相冲突。附件 27 和 28 均不涉及本专利产品，与本案无关。6. 椰风公司提交的椰风芒果汁的设计稿原件上注明的创作时间为 1992 年，但在没有其他证据的情况下该日期不足以证明其创作日期的真实性。7. 海口市中级人民法院的民事裁定书虽涉及本专利与在先权利之间存在侵权纠纷，但该裁定的结果是中止诉讼，并非终审判决。综上，专利复审委员会认为椰风公司提出的无效理由不能成立，因此作出了驳回无效宣告请求，维持本专利权有效的第 4065 号决定。

椰风公司诉称：1. 被告认定事实不清。在本专利申请日以前，他人已经对“CO”椰果及椰树图案享有著作权和商标专用权，被告应当按照《中华人民共和国专利法》（以下简称《专利法》）第二十三条的规定实事求是地确认本专利与他人在先取得的权利相冲突这一客观事实，并依法宣告本专利无效。但是，被告却以相关行政处罚决定尚未生效和有关人民法院尚未作出终审判决为由，拒不审查确认本专利与他人在先合法权利相冲突的客观事实，属于认定事实错误。2. 被告适用法律不当。按照有关法律规定，本案的法律适用只涉及修改后的《专利法》第二十三条，而不能适用《中华人民共和国专利法实施细则》（以下简称《专利法实施细则》）的规定。根据《专利法》第二十三条的规定，在审查授予专利权的外观设计是否与他人在先取得的合法权利相冲突时，并不需要以生效的行政处理决定或者司法判决作为审查前提。因此，被告以相关行政处罚决定尚未生效以及相关商标侵权纠纷尚未作出终审判决为由，认定原告所提交的证据不足以证明本专利与在先商标权及著作权相冲突，没有法律依据。综上，被告作出的第4065号决定认定事实和适用法律均存在错误，原告据此请求法院判决撤销该决定，并责令被告重新作出宣告本专利权无效的审查决定。

被告专利复审委员会辩称：第4065号决定所依据的是《专利法》第二十三条的规定。原告关于本专利与他人在先取得的“CO”椰果及椰树图案著作权与商标在先申请权构成冲突是客观事实的主张，须经相关部门审理后方可认定。专利复审委员会所审理的范围仅限于审理专利权的授予是否符合专利法的规定，而不能涉及其他法律法规。因此，被告认为原告所述事实和理由不能成立，请求法院维持第4065号决定。

第三人南山公司述称：1. 原告提交的证据均不能证明本专利与在先商标权及在先著作权相冲突。在生效的司法判决尚未作出前，任何单位和个人都无权断言本专利与他人的在先商标权相冲突，更不能以此作为申请宣告本专利无效的证据或理由。而且迄今为止，尚无人以本专利与在先取得的著作权存在纠纷为由向有关部门或者人民法院提出过解决要求或提起过诉讼。按照修改后的专利法及其实施细则的规定，以权利冲突为由请求宣告专利权无效，必须提供生效的证明权利冲突的处理决定或者判决。2. 原告在无效审查期间未提交，而在本案诉讼中提交的用以证明权利冲突的证据不能作为本案定案的证据使用。即便使用这些证据，也不能证明本专利与他人在先取得的商标权相冲突。3. 本专利的外观设计系由他人独立设计、独立创作，由第三人买断了著作权，不存在与他人在先著作权存在冲突的问题。综上，第三人认为第4065号决定正确，应予维持。

原审查明事实

原审法院经审理查明：1996年7月6日，南山公司向原中国专利局申请了使用于产品名称为“椰子粉包装袋”的外观设计专利，该专利于1997年8月6日被授权公告，专利号为96307459.8。本专利授权公告的视图仅为主视图（见附图）。

本专利主视图

1998 年 5 月 21 日，椰风公司就本专利向专利复审委员会提出无效宣告请求，其理由为本专利不符合《专利法》第五条和第二十三条的规定。椰风公司主张本专利与他人在先取得的合法权利相冲突的证据主要包括：

一、关于在先商标申请权的证据

附件 8 和附件 9：第 883170 号商标注册证和商标公告的复印件。专利复审委员会主张椰风公司在 1998 年 12 月 22 日的口头审理中已经明确放弃了这两个附件，并提供了口头审理记录表予以佐证，在该记录表上记载了这一事实，椰风公司的委托代理人签字予以认可。在开庭审理过程中，椰风公司的委托代理人拒绝对口头审理记录表进行质证。

二、关于在先取得的商标权的证据

附件 16：第 832929 号商标初审公告以及商标注册证复印件，上载明"COWIND"文字及图形组合商标（见附图）由海南金海食品总厂（后更名为海南椰风实业有限公司）于 1994 年 7 月 18 日提出注册申请，于 1996 年 4 月 21 日被核准注册，核定使用商品为第 32 类饮料。

第 832929 号商标标识

三、关于在先取得的著作权的证据

附件14：1993年3月1日《大众日报》复印件；

附件15：1993年2月16日《山东广播电视影视报》原件；

附件24：93304998.6号外观设计公报复印件，上载明该外观设计专利申请日为1993年8月23日；

附件25：94310644.3号外观设计公报复印件，上载明该外观设计专利申请日为1994年9月2日；

附件26：95302232.3号外观设计公报复印件，上载明该外观设计专利申请日为1995年3月20日；

椰风芒果汁的设计稿原件（无证据编号），上注明的创作完成时间为1992年。

上述证据中均载有椰树椰果图案。

1998年4月，海南椰风实业有限公司向海南省工商行政管理局举报，称南山公司侵犯其对第832929号商标享有的专用权。海南省工商行政管理局认定南山公司在其生产的“南国”天然椰子粉包装袋上使用的装潢图案中的一部分，与第832929号“COWIND”文字及图形组合商标类似，构成商标侵权，并据此于1999年5月26日对南山公司作出了行政处罚。南山公司不服，向海口市中级人民法院提起行政诉讼。海口市中级人民法院经审理维持了该行政处罚决定。南山公司遂向海南省高级人民法院提起上诉。海南省高级人民法院经审理认为，由于对该案被诉具体行政行为的法律适用问题需要送请最高人民法院作出解释，因此作出了中止诉讼的行政裁定。

另海南椰风实业有限公司曾以南山公司使用本外观设计专利侵犯其注册商标专用权为由向海口市中级人民法院提起民事侵权之诉。海口市中级人民法院认为，该案争议的侵权问题有待于国家知识产权局专利复审委员会对椰风公司提出的无效宣告请求作出处理后方能审理，故裁定中止了该商标侵权诉讼。

原审审理结果

原审法院认为：本案系因椰风公司不服专利复审委员会第4065号决定提起的行政诉讼。人民法院审理行政案件是对行政机关的具体行政行为的合法性进行审查，相对于本案而言，即应审查专利复审委员会作出第4065号决定是否具备相应的事实和法律依据。

由于原告对于第4065号决定中关于本专利新颖性部分的认定没有异议，因此本院仅对该决定中关于本专利是否与他人在先取得的合法权利相冲突的认定进行合法性审查。

2000 年 8 月 25 日修订并于 2001 年 7 月 1 日施行的《中华人民共和国专利法》第二十三条增加了“授予专利权的外观设计不得与他人在先取得的合法权利相冲突”的规定，该规定的目的在于保护在先权利人的合法权益。依此规定，对于与他人在先取得的合法权利相冲突的外观设计不授予专利权，已经授权的，应当宣告该专利权无效。

椰风公司在本无效宣告请求案中提出的他人在先取得的合法权利包括 3 项：商标在先申请权、商标专用权以及著作权。鉴于椰风公司在无效程序中已经放弃了关于商标在先申请权的证据，专利复审委员会对本专利是否与他人的商标在先申请权构成冲突未予审理，因此在本案诉讼中本院亦不予审理。

关于原告提出的本专利与他人在先取得的商标权和著作权相冲突的主张，根据审理查明的事实可以认定，“COWIND”文字及图形组合商标于 1996 年 4 月 21 日被核准注册于饮料类商品，海南椰风实业有限公司对该商标享有专用权，第三人则于 1996 年 7 月 6 日申请本外观设计专利，故海南椰风实业有限公司对“COWIND”文字及图形组合商标享有的专用权，相对于第三人的外观设计专利权是在先取得的合法权利，故存在判断本专利是否与他人取得的在先商标权构成冲突的前提。此外，椰风公司提供的在先取得著作权的证据均载有椰树椰果图案，这些证据载明的作品完成时间均在本专利申请日之前，故亦可以用来判定本专利是否与他人在先取得的著作权构成冲突。

2001 年 6 月 15 日公布并于 2001 年 7 月 1 日实施的《中华人民共和国专利法实施细则》第六十五条第三款规定：“以授予专利权的外观设计与他人在先取得的合法权利相冲突为理由请求宣告外观设计专利权无效，但是未提交生效的能够证明权利冲突的处理决定或者判决的，专利复审委员会不予受理。”从该规定可以看出，生效的能够证明权利冲突的处理决定或者判决是专利复审委员会受理以外观设计专利权与他人在先取得的合法权利相冲突为理由请求宣告该外观设计专利权无效的前提，而不是专利复审委员会进行无效审查的前提。由于本无效宣告请求在该实施细则实施之前，已经由专利复审委员会予以受理，因此，该实施细则第六十五条第三款的规定在本案中并不适用，专利复审委员会应当就此无效宣告请求进行审理。专利复审委员会在第 4065 号决定中以椰风公司没有提供本专利与他人在先取得的合法权利相冲突的最终生效的相关部门的处罚决定或者人民法院的判决为由，认定椰风公司宣告本专利无效的请求不能成立，没有法律依据。

综上，专利复审委员会在第 4065 号决定中没有正确适用《专利法》第二十三条的规定对他人是否享有在先取得的合法权利以及本专利是否与他人在先取得的合法权利相冲突作出认定，该决定在认定事实和适用法律上均存在错误，应予撤销。专利复审委员会应当在原告已经提供证据证明他人拥有在先取得的合法权利的情况下，就本专利是否与他人在先取得的合法权利相冲突进行审理，并作出无效宣告审查决定。据此，本院依照《中华人民共和国行政诉讼法》第五十四条第（二）项第2目之规定，判决如下：

一、撤销国家知识产权局专利复审委员会作出的第4065号无效宣告请求审查决定；

二、国家知识产权局专利复审委员会重新作出无效宣告请求审查决定。

南山公司不服原审判决，提出上诉，请求撤销原判，维持第4065号无效宣告请求审查决定。理由是：原审判决在南山公司提出椰风公司既非本案所涉商标专用权人，亦非著作权人的情况下，未对商标权、著作权的权属问题进行审查，未对南山公司提出不构成权利冲突的基本事实进行审查；适用法律错误，应当按照《专利法实施细则》第六十五条第三款的规定驳回椰风公司的无效宣告请求。

专利复审委员会、椰风公司服从原审判决。

二审查明事实

二审法院查明事实与原审相同。

二审审理结果

二审法院认为：本案中椰风公司向专利复审委员会提出无效宣告请求时，专利法尚未作新的修改。在专利复审委员会审理过程中，2000年8月25日修订并于2001年7月1日施行的《中华人民共和国专利法》第二十三条增加了“授予专利权的外观设计不得与他人在先取得的合法权利相冲突”的规定。根据国家知识产权局第78号公告，该项规定也成为宣告专利权无效的理由之一。

关于上诉人南山公司提出的原审判决未对商标权、著作权的权属问题进行审查，椰风公司不是相关商标权、著作权的权利人的意见，由于专利法及其实施细则并没有对依据《专利法》第二十三条提出无效宣告请求的主体资格进行限定，所以专利复审委员会或者人民法院对于无效请求人是否为在先权利人并无审查的必要。

本专利无效行政纠纷牵连到在人民法院审理的两个案件，一个是商标侵权民事诉讼，另一个是不服行政处罚决定行政诉讼，前者因涉及本案专利无效行政纠纷案而中止审理，后者终审判决认为商标权和专利权同时合法存在时，不能认定侵犯在先的商标权。在这种情况下，人民法院在审理侵权纠纷案件中，尚等待专利复审委员会对专利权是否有效作出结论，因此，无效请求人无法向专利复审委员会提供已经生效的判决或者行政处理决定，合法的在先权利得不到保护。

由于本无效宣告请求在《专利法实施细则》实施之前，已经由专利复审委员会予以受理，因此，该实施细则第六十五条第三款的规定在本案中并不适用。由于椰风公司已经提供证据证明在先权利的存在，专利复审委员会应当依据修订后的《专利法》第二十三条就此无效宣告请求，即本案专利是否与在先合法权利构成冲突进行审理。专利复审委员会在第4065号无效宣告请求审查决定中，以椰风公司没有提供本案专利与他人在先取得的合法权利相冲突的最终生效的相关部门的处罚决定或者人民法院的判决为由，认定椰风公司宣告本案专利无效的请求不能成立，没有法律依据。

综上，专利复审委员会在第4065号无效宣告请求审查决定中没有正确适用《专利法》第二十三条的规定对他人是否享有在先取得的合法权利以及本案专利是否与他人在先取得的合法权利相冲突作出认定，该决定在认定事实和适用法律上均存在错误，应予撤销。南山公司关于原审判决认定事实不清、适用法律错误的上诉理由不能成立，本院不予支持。原审判决认定事实清楚，适用法律正确，应予维持。依照《中华人民共和国行政诉讼法》第六十一条第一款第（一）项之规定，本院判决如下：

驳回上诉，维持原判。

一审案件受理费1 000元，由国家知识产权局专利复审委员会负担；二审案件受理费1 000元，由海口市南山实业有限公司负担。

2. “自然导流式防串烟防倒灌排风道”实用新型专利权权属纠纷案

——北京世纪博微科贸有限公司诉张广忠

原告（被上诉人）：北京世纪博微科贸有限公司

被告（上诉人）：张广忠

案由：专利权权属纠纷

原审案号：北京市第二中级人民法院（2003）二中民初字第 10149 号

原审合议庭成员：邵明艳、张晓津、何暄

原审结案日期：2003 年 12 月 19 日

二审案号：北京市高级人民法院（2004）高民终字第 73 号

二审合议庭成员：程永顺、刘辉、岑宏宇

二审结案日期：2004 年 3 月 18 日

判决要旨

两个以上单位或者个人协议约定合作开发完成的发明创造的权利由各方共同享有的，申请专利的权利属于共同完成的单位或者个人，除非协议另有约定或征得其他方同意，任何一方不得自行申请专利。

起诉与答辩

原告北京世纪博微科贸有限公司（以下简称世纪博微公司）诉称：2002 年 4 月 20 日，该公司与张广忠经营的北京市金桥建筑材料厂（以下简称金桥建材厂）签订了联合协议一份。协议约定将原告经营的无动力换气扇和被告经营的变压排烟道配合使用，如果研制新产品由双方共同拥有相关权利。协议签订后，原告世纪博微公司积极履行协议共同研发该产品。2002 年 10 月将双方共同研究开发的产品“自然导流式住宅厨房卫生间排风道”报国家相关检测中心检测，并出资为该产品举行了发布会。在合作期间，被告也曾口头承诺该产品为双方共有。但被告张广忠于 2002 年 11 月 13 日以其个人名义就该产品提出了“自然导流式防串烟防倒灌排风道”实用新型专利申请，并于 2003 年 10 月 8 日取得授权，专利号为 ZL02285436.3。原告认为被告利用原告前期投入搭建的市场平台，在双方合作基础上，独自享有涉案专利权，违背了双方

所签协议，故诉至法院，请求法院确认涉案“自然导流式防串烟防倒灌排风道”实用新型专利为原、被告双方共有并判令被告承担诉讼费用。

被告张广忠答辩称：第一，涉案专利的技术研究开发，从技术构思到样品生产，从试验到申请专利，全部都是由其投入精力、技术和资金而完成的。在整个研制过程中，张广忠投入资金数十万元，包括购买材料设备费用，聘请研究制作人员所投入的费用等。张广忠与其聘请的技术人员经过近两年的努力，在其聘请的技术总顾问彭荣教授多次指导和实验的基础上，研制出了能够实际应用的产品。而原告世纪博微公司从未参与涉案专利技术的研制工作，未提供任何技术、人力和资金，涉案专利与原告无关。第二，双方所签协议主要是为双方产品联合销售的目的，并未约定原告主张的对于研制的新产品由双方共有的条款。联合协议中虽约定“双方共同研究的产品不准擅自转让，或私自伪造，如须报请有关部门核定双方共同参与”，但原告并未参与涉案专利技术的研究工作，涉案专利产品并非双方共同研究的产品，相应权利也不应由双方共有。因此，请求法院驳回原告的诉讼请求。

原审查明事实

原审法院经审理查明：2002 年 4 月 20 日，世纪博微公司与金桥建材厂签订联合协议。协议约定，基于将世纪博微公司的产品无动力换气扇和金桥建材厂的产品变压排烟道配合，能够达到排除烟味和防倒风、防串烟味的最佳效果，双方签订该联合协议。协议第一条约定：“双方联营期限为 10 年，在联营期间双方共同研究的产品不准擅自转让，或私自伪造，如须报请有关部门核定双方共同参与。”此外，双方还对合作销售产品问题进行了约定。2003 年 1 月 1 日，双方签订补充协议。补充协议约定，为了使“自然导流式防串烟、防倒灌排风道”能够尽快打开市场，对原协议约定的条款进行补充和修改。该协议主要内容涉及对涉案产品的销售问题。2003 年 2 月 28 日，双方又针对涉案产品签署了备忘录，主要涉及产品销售和质量等问题。

2002 年 4 月 28 日，世纪博微公司与彭荣签订合同书。合同约定，世纪博微公司为研制新型防串烟、串味排烟道特聘请彭荣为该公司技术顾问，在聘用期间，世纪博微公司同意彭荣可在其他单位受聘。2002 年 5 月 22 日，金桥建材厂聘请彭荣为该厂技术总顾问并颁发聘书。现双方认可彭荣在涉案专利技术的研制过程中，作为聘用人员提供了技术指导。

2002 年 9 月 13 日，金桥建材厂与国家空调设备质量监督检验中心签订“产品质量检验委托书”。该委托书载明：委托检验单位为世纪博微公司，生产单位为金桥建材厂，检验产品名称为“新型自然导流式防串烟、防倒灌排风道系统（30层）”，型号规格为“CTB30－600×500（排风道）”和“SDMQ－Φ600（无动力换气扇）”。2002年10月11日，国家空调设备质量监督检验中心出具国空质检（委）字（2002）第A95’号检验报告。该检验报告记载的产品名称为“新型自然导流式防串烟防倒灌排风道系统（30层）”，型号规格为“CTB30－600×500（排风道）”和“SDMQ－Φ600（无动力换气扇）”，生产单位为金桥建材厂，生产日期为2002年9月8日；委托检验单位为世纪博微公司，检验日期为2002年9月13日。该检验报告还载明：“CTB30－600×500型导流式排风道由30段风道（每段2.8m）水平连接组成30层的高层住宅排风系统，末端采用SDMQ－Φ600无动力换气扇（替代排风道的风帽，其动力靠室外风和热压的作用）。风道内每层油烟机排气口处设置诱导器（专用部件）和辅助导流管各1个，其主要功能：第一，产生诱导引射作用，使油烟机排气支管内产生负静压，防止串烟、防倒灌；第二，在辅助导流管引导下，在风道内形成射流接力作用，最后由风帽（无动力换气扇）排到室外”。在本案审理过程中，张广忠认可该检测报告涉及的产品为涉案专利产品。

2002年10月22日，世纪博微公司与北京市建筑设计标准化办公室签订协议书。协议约定，世纪博微公司委托北京市建筑设计标准化办公室编制“新型自然导流式防串烟防倒灌排风道系统”图集。为此，世纪博微公司支付编制费7 000元。2002年11月，北京市建筑设计标准化办公室编制完成“自然导流式住宅厨房、卫生间排风道02 QB 12”图集。该图集载明：“北京世纪博微科贸有限公司和北京市金桥建筑材料厂生产的住宅厨房卫生间排风道是一种新型自然导流式防串烟防倒灌排风道系统。风道内每层油烟机排气口处设置诱导器（专用部件）和辅助导流管各一个，从而产生诱导引射作用，使油烟机排气支管内产生静负压，防止串烟防止倒灌。其次，在辅助导流管引导下，风道形成射流接力作用，最后由无动力排气风帽排到室外……无动力排气风帽是本排风系统的重要组成部分。”该图集还标明“本图集产品系专利产品……本图集排风道内的自然导流诱导器、导流管和无动力排气核心部分，任何单位或工厂未经许可，不得仿制、加工生产……排风道专利号：02285436.3”。

2002年11月13日，张广忠就“自然导流式防串烟防倒灌排风道”向国家知识产权局提出实用新型专利申请。2003年10月8日，国家知识产权局授予张广忠“自然导流式防串烟防倒灌排风道”实用新型专利，专利号为ZL02285436.3，设计人为张广忠。该专利权利要求书载明：“自然导流式防串烟防倒灌排风道，具有从楼底到楼顶的排风道，在排风道顶端装有无动力排气扇，其特征为在排风道中，在每层楼的排风口处装有诱导器，在两台诱导器之间装有导流管，诱导器和导流管之间保持有间隙。”

在本案审理过程中，世纪博微公司还主张在双方合作期间，该公司曾为涉案专利产品召开新闻发布会并支出检测费、编制费等费用，被告张广忠对此予以认可，但认为上述行为均为该产品市场销售方面的工作，与涉案专利技术的归属无关。

原审审理结果

原审法院认为：双方所签协议是真实意思表示，符合有关法律规定，该协议合法有效。根据该协议的约定，对于双方联营期间共同研究的产品不准擅自转让，如须报请有关部门核定双方共同参与。且双方还在协议中表明，合作目的是将世纪博微公司的无动力换气扇产品和金桥建材厂的变压排烟道产品相结合，以达到排除烟味、防倒风、防串烟味的效果。而在涉案专利申请日前，世纪博微公司作为委托单位、金桥建材厂作为生产单位，对涉案专利产品进行了委托编制和委托检测工作，编制图集和检测报告中均阐明了涉案专利技术的主要特征。因此，涉案专利产品“自然导流式防串烟防倒灌排风道”应为世纪博微公司与金桥建材厂合作期间双方共同研制的产品，根据双方协议约定，双方共同研制的产品的相应权利应由双方共同享有，故涉案专利权应由双方共有。本案世纪博微公司请求本院确认涉案专利权为双方共有的主张，理由正当，本院予以支持。张广忠主张双方所签协议涉及的产品与涉案专利产品不同，双方未对涉案专利产品进行共同研究，世纪博微公司不应成为涉案专利权的共有人，该主张缺乏事实依据，本院不予支持。张广忠还提出了世纪博微公司从未参与涉案专利技术的研制工作，不是涉案专利的发明人或者设计人，不应为涉案专利权人的主张，但根据双方协议约定及本案查明的事实，世纪博微公司应与张广忠共同享有涉案专利权，因此张广忠的上述主张依据不足，亦不予支持。

综上所述，依照《中华人民共和国专利法》第八条之规定，本院判决：

专利号为ZL02285436.3的“自然导流式防串烟防倒灌排风道”实用新型专利权由北京世纪博微科贸有限公司和张广忠共有。

张广忠不服原审判决，提出上诉，请求撤销原判，驳回世纪博微公司诉讼请求。理由是：上诉人张广忠是自然人，而联营协议的主体是金桥建材厂，原审判决认定主体有误；世纪博微公司没有对涉案专利技术作出实质性的贡献，不应成为共同专利权人。

世纪博微公司同意原审判决。

二审查明事实

二审法院查明的事实与原审法院查明的事实基本相同，另查明：金桥建材厂性质为个体工商户，张广忠为业主。

二审审理结果

二审法院认为：根据我国专利法的有关规定，两个以上单位或者个人合作完成的发明创造，除另有协议的以外，申请专利的权利属于共同完成的单位或者个人，申请被批准后，申请的单位或者个人为专利权人。合同法中亦有相同的规定。

根据世纪博微公司与金桥建材厂签订的联合协议，第一段写明了合同的目的、合作产品的标的，是“基于将世纪博微公司的产品无动力换气扇和金桥建材厂的产品变压排烟道配合，能够达到排除烟味和防倒风、防串烟味的最佳效果，双方签订该联合协议”。而协议第一项为“双方联营期限为10年，在联营期间双方共同研究的产品不准擅自转让，或私自伪造，如须报请有关部门核定双方共同参与”。在当事人有歧义的情况下理解这一项约定，应当从整个合同的目的出发予以解释。在签订该份协议时，将现有技术配合，能否达到排除烟味和防倒风、防串烟味的最佳效果应当是不确定的，需要双方合作进行研究。从此意义上讲，双方签订的联合协议具有合作开发的性质。在联营期间，双方均聘请了有关技术人员参与研制工作。而且世纪博微公司在本案专利申请日之前参与了委托检测工作和委托编制图集的工作，并支付了费用，均是履行双方合作协议的行为。因此，涉案专利产品“自然导流式防串烟防倒灌排风道”应为世纪博微公司与金桥建材厂合作期间双方共同研制的产品，根据双方协议约定，双方共同研制的产品的相应权利应由双方共同享有。世纪博微公司主张其应为本案共同专利权人有事实和法律依据，张广忠的上诉理由不能成立，其上诉请求本院不予支持。

综上，原审判决认定事实清楚，适用法律正确，应予维持。依照《中华人民共和国民事诉讼法》第一百五十三条第一款第（一）项之规定，判决：

驳回上诉，维持原判。

一、二审案件受理费各1 000元，均由张广忠负担。

3. “备有保健液体容器的卫生巾”实用新型专利权无效纠纷案

——广东妇健企业有限公司诉国家知识产权局专利复审委员会

原告（上诉人）：广东妇健企业有限公司
被告（被上诉人）：国家知识产权局专利复审委员会
第三人（原审第三人）：侨凤卫生制品有限公司
第三人（原审第三人）：顺德市美洁卫生用品有限公司
案由：专利权无效纠纷

原审案号：北京市第一中级人民法院（2003）一中行初字第91号
原审合议庭成员：刘勇、彭文毅、任进
原审结案日期：2003年11月14日
二审案号：北京市高级人民法院（2003）高行终字第216号
二审合议庭成员：程永顺、岑宏宇、刘辉
二审结案日期：2004年3月18日

判决要旨

专利复审委员会针对本专利作出的决定，已经发生法律效力，任何人不应以相同的理由和证据针对本专利再次提出无效宣告请求。专利复审委员会作为国家行政机关，其作出的具体行政行为应当具有稳定性，在没有新的证据和理由作为变更的依据时，不得随意对已作出的行政行为加以改变，也不应再依据相同理由和证据对已经发生法律效力的行政决定重新作出相反的决定。

起诉与答辩

专利复审委员会第3039号无效宣告请求审查决定（以下简称第3039号决定）系专利复审委员会就侨凤卫生制品有限公司（以下简称侨凤公司）、顺德市美洁卫生用品有限公司（以下简称美洁公司）针对广东妇健企业有限公司（以下简称妇健公司）享有的第97242335.4号实用新型专利（以下简称本案专利）所提出的无效宣告请求而作出。专利复审委员会在第3039号决定中认

为：对比文件1公开了一种药物套装卫生巾。该产品的设计目的是提供一种集保健和治疗功能为一体的药物套装卫生巾，其结构包括外包装袋和装在外包装袋内的数块卫生巾，其外包装袋内设置有装浸泡过药液的药巾的内包装袋。每一块卫生巾可以采用塑料薄膜单独密封包装。内包装袋的封口压合为一体，从而将药巾密封在内包装袋内。由此保持药巾的湿度，防止药液挥发、渗透以及细菌渗入。

经对比可以看出，对比文件1产品和本案专利权利要求1均为一种组合的卫生巾产品，均包括外包装袋和装在其中的小包卫生巾，除此之外二者都还有装有保健介质的容器。二者都达到了解决现有技术中卫生巾功能单一的问题，实现了使其同时具有保健功能并且方便携带的目的。二者的不同在于，对比文件1产品中的容器是包装袋，在外包装袋内，其中装的是浸泡过药液的药巾；而权利要求1中容器为瓶或软性包装袋，设于外包装袋内或外，其中盛装的是保健液体。对此，合议组认为，在现有技术用包装袋盛装浸泡了药液的湿巾的基础上，将其改为用瓶或袋装药液是容易想到和做到的，其效果也是显而易见的，完全不必花费创造性的劳动。而该容器相对于外包装袋的位置无非是在其内侧或外侧，现有技术将其置于外包装袋的内侧，显然本领域技术人员可以根据实际需要自行选择将容器置于外包装袋的内侧或外侧，其效果也是显而易见的。因此，权利要求1与现有技术相比不具备创造性，不符合我国《专利法》第二十二条第三款的规定。

至于被请求人强调的本案专利将保健液体与卫生巾结合起来实现了消毒彻底和方便携带的有益效果，合议组认为，在现有技术中已有将浸泡有药液的湿巾与卫生巾结合的方案，同样达到了消毒、保健、携带方便的效果。而用液体消毒势必带来随后必需的擦拭和可能的二次污染，因此被请求人声称的“消毒彻底”缺乏理论和实践的依据。

权利要求2从属于权利要求1，限定在外包装袋内设置隔层或小袋用以装载保健液体容器。对比文件2则给出了在卫生巾包装中设置一个或多个隔层以便分别放置卫生纸和卫生巾的技术方案。结合上述意见可知，本案专利权利要求2也不具备创造性，不符合我国《专利法》第二十二条第三款的规定。

权利要求3－5从属于权利要求1，分别限定将液体容器紧藏在小包卫生巾之间以及将液体容器附装于外包装袋或小包卫生巾外壁上。在权利要求1不具备创造性的基础上，这些附加技术特征并没有给相应权利要求技术方案带来区别于现有技术的实质特点和进步，因此权利要求3－5也不具备创造性，不符合我国《专利法》第二十二条第三款的规定。

基于上述理由，被告作出第3039号决定，宣告本案专利权全部无效。

2001年9月10日，第三人美洁公司针对原告妇健公司拥有的名称为“备有保健液体容器的卫生巾”的第97242335.4号实用新型专利向被告提出无效宣告请求。2001年11月9日、2002年1月11日，第三人侨风卫生制品有限公司针对本案专利分别向被告专利复审委员会提出二次无效宣告请求。2002年12月23日，被告专利复审委员会针对上述三次无效宣告请求作出第3039号决定。

原告广东妇健企业有限公司起诉称：1. 本案专利具有创造性。对比文件1提供的方案是药物套装卫生巾，该药巾虽然浸泡过药物，但仍然是卫生巾。本案专利提供的方案是保健液体。药液和药巾显然不同，二者的使用方法也不同。与药巾相比，保健液体药性高，不存在被药巾吸收的问题，且清洗时能充分接触被保健部位，带走病菌。本案专利既将女性在经期期间生理卫生所需要吸收护理局部完善化，更重要的是起到“预防胜于治疗”的超前理念，同时将二者设计为一体，便于携带，因此本案专利具有进步性。本案专利权利要求5进一步限定了各组成部分之间一一对应的结构方式和状态，该技术特征未被在先技术所披露，同时在先技术对实现该权利要求的附加技术特征没有任何启示，因此，该权利要求具有创造性。2. 被告作出的决定严重违反程序。被告曾作出维持本案专利有效的第3328号无效宣告请求决定（以下简称第3328号决定），该决定已经发生法律效力。被告就相同的理由和证据不应当再进行审查，但其据此作出撤销本案专利权的第3039号决定，违反了一事不再理的原则。综上，第3039号决定认定事实不清，适用法律错误，程序违法，请求法院撤销被告的第3039号决定，维持本案专利权有效。

被告专利复审委员会辩称：首先，对比文件1是一种通过将卫生巾和浸有药液的药巾分装在小包装袋中，再置于外包装袋中，从而得到的药物套装卫生巾，其除能达到集保健和治疗为一体的效果外，还能达到方便使用与携带的效果，这是毋庸置疑的，即使在其文字中不出现“方便携带”的字样，这一点也是显而易见的。其次，本案专利的技术方案与对比文件1方案是极其相似的，内容物的不同并没有使产品结构发生实质的变化和进步。再次，在效果上，姑且不论药液、药巾究竟孰优孰劣，以形状、结构为实质特点的实用新型技术方案的效果与药液、药巾使用效果是完全不同的两回事，不能混为一谈，内容物的优劣不能作为评价实用新型创造性的依据。关于本案专利不具备创造性的详细理由，第3039号决定在“决定的理由”部分进行了充分论述，在此不再赘述。最后，关于“一事不再理”原则。第3328号决定涉及的证据与第3039号涉及的证据是不同的，不属于不予受理的情形，而且在先决定对审查机构不具有约束力。综上，被告认定事实清楚，适用法律正确，请求法院驳回原告的诉讼请求，维持第 3039 号决定。

第三人侨凤公司述称：对比文件 1 的药物套装卫生巾包括外包装袋和装在其中的小包卫生巾，还有装有保健介质的容器，同样解决了保健液携带不便的问题。本案专利用保健液体容器直接将保健液体施于被保健部位，必然导致保健液体四溢，为防止保健液体溢出被保健部位，必然需要进行阻挡和擦拭，同样存在保健液体被吸收的问题，还可能带来二次污染。因此，原告所称的技术进步是不能成立的，第 3039 号决定应维持有效。

第三人美洁公司述称：第 3039 号决定是针对三个无效宣告请求而作出的，整个审理程序并未违反相关规定。这三个无效请求所依据的理由和证据与在先决定是不同的，不属于重复审查，也没有违反一事不再理的原则。

原审查明事实

原审法院经审理查明：本案涉及的争议专利系名称为“备有保健液体容器的卫生巾”的第 97242335.4 号实用新型专利，其申请日为 1997 年 12 月 25 日，授权公告日为 1999 年 4 月 14 日，专利权人为妇健公司。本案专利说明书第 1 页载明：“本实用新型的目的在于提供一种携带及使用均方便的备有保健液体容器的卫生巾，在使用卫生巾前能方便地以保健液体清洗洁净外阴、防止细菌滋生。”

2000 年 6 月 26 日和 2000 年 11 月 9 日，黄韬曾经分别向被告提出两次无效宣告请求，并提交了 3 份对比文件。在该无效请求审理过程中，原告于 2000 年 9 月 27 日提交了经过修改的权利要求书。2001 年 6 月 6 日，被告作出第 3328 号无效宣告请求审查决定，在原告修改的权利要求书的基础上维持本案专利权有效。该决定为终局决定。

原告于 2000 年 9 月 27 日提交的修改的权利要求书如下：

1. 一种备有保健液体容器的卫生巾，包括一外包装袋及其内装的若干小包卫生巾，其特征在于，在外包装袋内装或外包装袋外附装有保健液体容器，所述保健液体容器为包装瓶或软性包装袋。

2. 根据权利要求 1 所述的卫生巾，其特征在于：在外包装袋内壁设有隔层或小袋，用于装载所述保健液体包装瓶或软性包装袋。

3. 根据权利要求 1 所述的卫生巾，其特征在于：所述保健液体包装瓶或软性包装袋直接紧藏在内装的若干小包卫生巾之间。

4. 根据权利要求 1 所述的卫生巾，其特征在于：在外包装袋外壁附装有所述保健液体包装瓶或软性包装袋。

5. 根据权利要求 1 所述的卫生巾，其特征在于：所述保健液体软性包装袋直接粘贴在内装的小包卫生巾外壁上。

2001 年 11 月 9 日，第三人侨凤公司以本案专利不符合《专利法》第二十二条的规定为由向被告提出无效宣告请求，并提交了 5 份附件。同年 12 月 9 日，第三人侨凤公司补充证据及理由，认为本案专利不具备新颖性、创造性，不符合《专利法》第二十二条第二、三款的规定，并提交了 2 份对比文件。

2002 年 1 月 11 日，第三人侨凤公司以本案专利不具备创造性，不符合《专利法》第二十二条第三款的规定为由第二次向被告提出无效宣告请求，并提交 3 份对比文件，其中包括：

对比文件 1：名称为“药物套装卫生巾”的第 93238307.6 号实用新型专利授权文件，授权公告日 1994 年 5 月 18 日。该专利说明书的“摘要”部分载明：“本实用新型提供了一种药物套装卫生巾，包括外包装袋和装在外包装袋内的数块卫生巾，其外包装袋内设置有装浸泡过药液的药巾的内包装袋。所述内包装袋为数个，每一个内包装袋内均装有一块浸泡过药液的药巾，每一内包装袋的封口处是压合为一体的，从而将药巾密封在内包装袋内。药巾能够置于卫生巾上与卫生巾同时使用，也能够单独放置在阴道内使用，对于外阴炎和内阴炎均具有良好的防止和治疗效果。”该说明书第 1 页载明：“所述药液为阴安肤泰纯中药药液……它具有抗菌、清热解毒、祛风除湿、杀虫止痒之功效。”

对比文件 2：名称为“备有卫生纸的卫生巾”的第 95234027.5 号实用新型专利授权文件，授权公告日 1996 年 10 月 23 日。该专利说明书的“摘要”部分载明：“本实用新型公开一种备有卫生纸的卫生巾，由卫生巾、卫生纸组成，其特征是，有一外包装套，内装卫生巾和卫生纸；包装套内可设有隔层。本发明由于卫生巾备有少量卫生纸，外出携带、使用都比较方便，分层装放，便于抽取，也比使用一次性无需配卫生纸的卫生巾经济。”

鉴于上述两次无效请求人相同，被告决定将两次请求合案审理。

2002 年 10 月 30 日，被告针对第三人侨凤公司提出的两次请求进行了口头审理。

2001 年 9 月 10 日，第三人美洁公司以本案专利不符合《专利法》第二十二条第三款及《专利法实施细则》第二条第二款的规定为由向被告提出无效宣告请求，并提交了 5 份证据，其中证据 4 与第三人侨凤公司提供的对比文件 2 相同。

2002 年 11 月 6 日，被告针对第三人美洁公司提出的无效请求进行了口头审理。

2002 年 12 月 23 日，被告针对上述三次无效请求作出第 3039 号决定。

另查，第 3328 号决定所依据的 3 份对比文件包括第 3039 号决定所依据的对比文件 1 和 2。

原审审理结果

原审法院认为：所谓“一事不再理”原则，是指对已审结的无效宣告案件涉及的专利权，以同样的理由和证据再次提出无效宣告请求的，专利复审委员会不予受理。针对本案专利，黄韬与侨凤公司虽然分别以本案专利不具备创造性为由向专利复审委员会提出无效宣告请求，黄韬与侨凤公司除对比文件 1 和 2 外还分别提供了其他不相同的对比文件，专利复审委员会作出第 3328 号无效宣告请求审查决定后，对侨凤公司的无效宣告请求予以受理，并无不当。虽然专利复审委员会作出的第 3328 号决定和第 3039 号决定结论不同，但由于第 3328 号决定对第 3039 号决定并没有约束力，专利复审委员会作出第 3039 号决定的程序合法。将本案专利权利要求 1 与对比文件 1 的技术特征相比，均是组合式卫生巾产品，二者均包括外包装袋及其内装的卫生巾，均能达到携带及使用方便的目的，并且，无论保健液体还是药巾均具有清洁、消毒和保健作用。但二者的区别技术特征为：1. 保健介质不同，本案专利为保健液体，对比文件 1 为浸泡过药液的药巾；2. 装保健介质的容器不同，本案专利为包装瓶或软性包装袋，对比文件 1 为软性包装袋；3. 装保健介质的容器存放位置不同，本案专利存放在外包装袋内或外包装袋外，对比文件 1 则存放在外包装袋内。本领域普通技术人员在对比文件 1 公开了药巾独立包装的技术启示下，无需创造性劳动即可得出本案专利权利要求 1 所述的瓶装或袋装保健液体的技术方案，况且瓶装或袋装保健液体与药巾独立包装相比，并没有显而易见的技术效果。至于装保健介质的容器存放于外包装袋内还是外包装袋外，只是组合形式的变化，并无显而易见的技术效果，因此，本案专利权利要求 1 与现有技术相比不具有实质性特点和进步，因而不具备创造性。本案专利权利要求 2 从属于权利要求 1，其限定的附加技术特征已被对比文件 2 所公开，因此，在本案专利权利要求 1 不具备创造性的基础上，权利要求 2 也不具备创造性。本案专利权利要求 3 从属于权利要求 1，其限定的技术特征已被对比文件 1 所公开，因此，在本案专利权利要求 1 不具备创造性的基础上，权利要求 3 也不具备创造性。同理，本案专利权利要求 4 和 5 从属于权利要求 1，均不具备创造性。综上所述，专利复审委员会作出的第 3039 号无效宣告请求审查决定认定事实清楚，程序合法，适用法律正确，应予维持。依照《中华人民共和国行政诉讼法》第五十四条第（一）项之规定，判决：维持国家知识产权局专利复审委员会作出的第 3039 号无效宣告请求审查决定。

妇健公司不服原审判决，提出上诉，请求撤销原审判决和专利复审委员会作出的第3039号决定，维持本案专利权有效。理由是：原审判决认定“一事不再理”原则存在重大错误。第3328号决定是已生效的行政决定，任何人不得以相同理由和证据再次提出无效请求。专利复审委员会依据相同理由和证据作出结论相反的第3039号决定是错误的。原审判决认定本案专利没有创造性的依据是错误的。

专利复审委员会、侨风公司、美洁公司服从原审判决。

二审查明事实

二审法院查明事实与原审相同。

二审审理结果

二审法院认为：侨风公司、美洁公司一共向专利复审委员会提出三次无效宣告请求，由于每次均提供了不同于黄韬在前一审查程序中提交的新的证据，故专利复审委员会作出第3328号决定后，对侨风公司、美洁公司的无效宣告请求予以受理，并无不当。

专利复审委员会作出的第3328号决定引用的对比文件共3篇，在将3篇对比文件结合与本案专利进行对比之后，专利复审委员会认为不能证明本案专利不符合创造性的规定，仍维持了本案专利权有效。第3039号决定引用的对比文件共2篇，均是前一个无效决定已经引用过的，该决定则用较少的对比文件的结合，否定了本案专利的创造性，宣告本案专利权无效。

专利复审委员会曾于2001年6月6日作出维持本案专利权有效的第3328号无效宣告请求审查决定，根据作出决定时施行的专利法的规定，该决定为行政终局决定，不属于司法审查的范畴，已经发生法律效力，任何人不应以相同理由和证据针对本案专利再次提出无效宣告请求。专利复审委员会作为国家行政机关，其作出的具体行政行为应当具有稳定性，在没有新的证据和理由作为变更的依据时，不得随意对已作出的行政行为加以改变，也不应再依据相同理由和证据对已经发生法律效力的行政决定重新作出相反的决定。如果无效请求人提出了除被在先无效宣告请求审查决定引用过的证据和理由外的新的证据和理由，由专利复审委员会受理后，该委应当将原有证据和理由结合新的证据和理由，对本案专利进行评价。专利复审委员会就相同的理由和证据不应当再进行审查，更不应据此作出新的行政决定。专利复审委员会认为对于在先的终局决定确有错误的，可以通过在后的行政决定予以纠正，如果此种做法被允许，就会造成专利法修改之前的行政终局决定重新纳入司法审查程序的结果，而修改后的专利法对已发生法律效力的终局行政决定并无溯及力。因此，专利复审委员会针对本案专利依据在先无效宣告请求审查决定已引用过的证据和理由再次作出决定，且结论与之相反的做法不当，应予纠正。

综上，妇健公司关于专利复审委员会不应依据相同证据和理由再次作出决定的上诉理由有法律依据，予以支持。原审判决适用法律错误，应予改判。依照《中华人民共和国行政诉讼法》第六十一条第一款第（二）项之规定，判决：

一、撤销北京市第一中级人民法院（2003）一中行初字第91号行政判决；

二、撤销国家知识产权局专利复审委员会第3039号无效宣告请求审查决定。

一、二审案件受理费各1 000元，均由国家知识产权局专利复审委员会负担。

4. “扑克盒”外观设计专利权无效纠纷案

——宁波三A集团有限公司诉国家知识产权局专利复审委员会

原告（被上诉人）：宁波三A集团有限公司
被告（上诉人）：国家知识产权局专利复审委员会
第三人（上诉人）：上海宇琛扑克实业有限公司
案由：专利权无效纠纷

原审案号：北京市第一中级人民法院（2003）一中行初字第401号
原审合议庭成员：刘勇、仪军、李燕蓉
原审结案日期：2003年11月6日
二审案号：北京市高级人民法院（2004）高行终字第11号
二审合议庭成员：程永顺、岑宏宇、刘辉
二审结案日期：2004年3月19日

判决要旨

在产品整体外观设计基本相同的情况下，在其视觉要部增加某些常规的、简单的几何图形，通过整体观察，上述区别不能使一般消费者从整体上对外观设计专利与被比外观设计在视觉上产生不同的感受，外观设计专利与被比外观设计属于相近似的外观设计。

起诉与答辩

专利复审委员会第4846号无效宣告请求审查决定（以下简称第4846号决定）系专利复审委员会就宁波三A集团有限公司（以下简称三A集团）针对上海宇琛扑克实业有限公司（以下简称宇琛公司）享有的98312665.8号外观设计专利（以下简称本专利）提出的无效宣告请求作出的。决定认为：对于附件1，由于请求人主动撤回该附件，已与本案无关，因此合议组不作评述；对于附件2、附件4，由于请求人未能提供原件，且第三人对其真实性提出质疑，因此合议组不予认定；对于附件3，合议组认为：由于该附件表现的仅是外包装套的外观设计，与本案涉及的扑克牌盒的外观设计没有必然的关联，不足以作为本案的证据；对于附件5，合议组认为：该公证书公证的内容是2001

年10月9日所作的证据保全，不能证明所被保全的产品在本专利申请日前已公开销售使用过的事实，因此不足以作为本案的有效证据；对于附件6、附件7，合议组认为：由于上述证人证言均为经事后回忆而出具的，具有一定的不准确性，可信性较低，而出证人又均未出庭作证并接受质证，且被请求人对其真实性提出质疑，因此合议组不予认定；对于附件8，经合议组核实，该意匠公报确系在本专利申请日前，由日本国特许厅向公众公开的出版物，属于我国《专利法》第二十三条所规定的出版物，适用于本案。该公报中表现了一种盒的外观设计（以下称对比文件）。从图片上观察，对比文件由盒盖和盒体两部分扣合而成，基本形状为近似长方体，侧棱为圆滑过渡，顶面由凸棱环绕有一块矩形区域，两个窄侧面中部各有一个条形凸出部。本案专利也是一种盒的外观设计，由盒盖和盒体两部分扣合而成，其中盒盖为透明，盒的基本形状为近似长方体，侧棱外凸使两个窄侧面内收，顶面周边凸起一圈凸棱，顶面一侧有一块矩形区域，两个窄侧面中部各有一个条形凸出部和一块矩形凹槽，底面中部有一圆孔。将本专利与对比文件相比较，其相同点为：二者均由盒盖和盒体两部分扣合而成，基本形状均为近似长方体，两个窄侧面中部均各有一个条形凸出部。合议组认为：虽然上述相同点表现出二者具有相同的构成方式，但从整体外观设计的角度上观察，由于二者在视觉上瞩目的顶面和底面的形状明显不同，且侧棱也有明显不同，导致了二者在整体形状上产生了明显差别，一般消费者不会产生混淆，因此，二者属于不相近似的外观设计，维持98312665.8号外观设计专利权有效。

原告三A集团起诉称：1. 在无效宣告请求程序中，原告提供了关于本案专利在申请日之前，已经在国内公开销售使用的一系列证据，但是被告没有采信，不符合法律规定。其中关于本案专利扑克牌编号9788的表述以及扑克牌行业的习知惯例是前两位是年份号、后两位是扑克牌本身的编号，以及销售商的证言已经构成完整的证据链。原告还提供了其他六个厂家的扑克牌佐证，证明第三人的专利产品在申请日之前已经在国内公开销售使用，但是被告没有采信，不符合法律规定。2. 被告对于产品外观相近似、要部特征的理解和认定是错误的。本案专利产品是扑克牌盒，应当以装入扑克牌的状态为比较状态。将扑克牌装入盒中，两者的总体形状几乎是相同的，而本案专利与对比文件的微小差别根本不会引起消费者的注意。本案专利产品的侧棱、顶面的矩形图案或底面的圆孔，属于该产品领域中常规几何图形和图案，同对比文件相比较，一般消费者在购买时极易产生混淆，二者属于相近似的外观设计。3. 被告对消费者群体的认定是错误的。被告是从专业设计人员或专家的角度进行是否相近似判断的，因此得出的结论是不正确的。请求人民法院依法判决撤销被告作出的第4846号决定，并责令被告重新作出行政行为。

被告专利复审委员会辩称：被告在决定中对本案专利进行客观描述，准确适用外观设计相近似判断的标准和原则，第4846号决定认定事实清楚，结论正确，原告的诉讼请求不能成立。

第三人宇琛公司述称：原告以“9788龙腾五洲扑克”说明第三人在申请日之前，已经销售了本案专利产品。鉴于原告在无效宣告请求程序中，已经撤回了附件1的证据，其说辞缺乏证据支持。被告对本案专利的描述是正确的，对要部的判断及消费群体的认定也是正确的，同意被告的答辩意见。原告起诉的理由不能成立，请求法院驳回原告的诉讼请求。

原审查明事实

原审法院经审理查明：本案涉及的专利是1999年3月31日国家知识产权局授权公告的98312665.8号外观设计专利权，其名称是“扑克盒”，申请日是1998年6月25日，专利权人是宇琛公司。

原告分别于2001年9月30日、2002年7月12日针对上述外观设计专利权，向专利复审委员会提出无效宣告请求，其主要理由是本案专利不符合《专利法》第二十三条和《专利法实施细则》第二条第三款的规定，并提交了以下8个附件作为无效宣告请求的证据：

附件1是由中国文教体育用品协会扑克牌专业委员会签章的证明复印件；

附件2是由哈尔滨市道外区昆山扑克经销部签章的证明复印件；

附件3是被请求人的9788号扑克牌盒外包装套复印件；

附件4是台湾点子国际企业有限公司的出货单和发票复印件；

附件5是由浙江省慈溪市公证处签章的（2001）慈证民字第374号公证书，内附现场记录复印件和产品照片17张；

附件6是由哈尔滨市道外区公证处签章的（2001）哈外证民字第1760号公证书，内附由哈尔滨市昆山文化用品有限责任公司签章的证明复印件；

附件7是三份分别由张芳梅、徐宏军和徐邦东签字并按有指印的证言；

附件8是1993年4月14日公开的866271号日本意匠公报复印件。

在无效宣告请求审理中，原告书面申请撤回了其提交的附件1作为无效宣告请求证据，即中国文教体育用品协会扑克牌专业委员会签章的证明复印件。

针对请求人无效宣告请求的理由和证据，第三人提交以下8个附件，作为反驳原告的证据：

附件1是请求人生产的产品及包装盒复印件；

附件2是盖有宁波市工商行政管理局慈溪分局档案专用章的请求人的企业

登记资料复印件；

附件3是被请求人早期使用的产品外包装实物；

附件4是被请求人后来使用的产品外包装实物；

附件5是被请求人先后使用的产品外包装套实物两件；

附件6是由章锡华签字的证言；

附件7是盖有上海市汇业律师事务所公章和陈庆海律师印的公函；

附件8是由中国文教体育用品协会签章的证明。

本案专利为一种扑克盒的外观设计。从立体图和打开状态立体图中，可以看出，该盒体基本形状为长方体，由盒盖和底盒两部分扣合而成。盒盖的顶面周边凸起一圈凸棱，一侧有一块矩形图案，为透明材料制成。底盒侧体中部设有一个条形凸台，侧棱外凸，两窄侧面内收。盒底面中部有一圆孔（见附图1）。

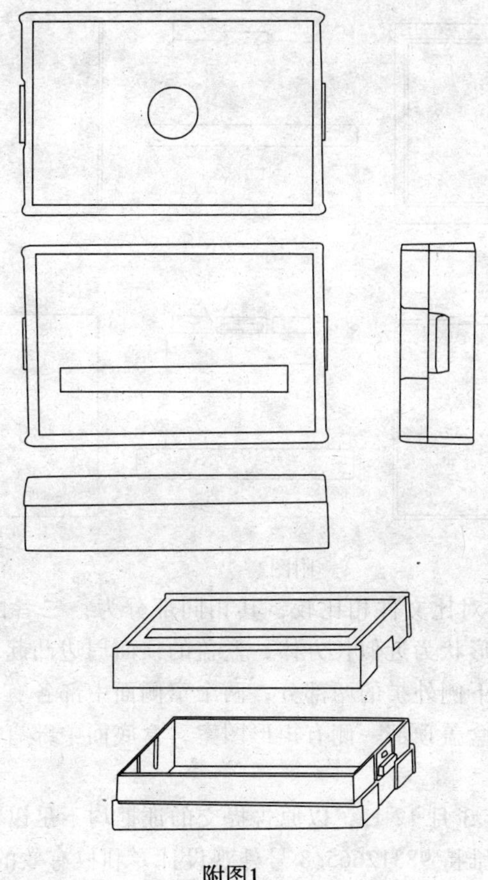

附图1

866271号日本意匠公报表现了一种盒的外观设计（以下简称对比文件）。它由盒盖和底盒两部分扣合而成，基本形状为近似长方体，盒盖顶面由凸棱环绕有一块矩形区域，两个窄侧面中部各有一个条形凸出部。底盒侧面中上部有一个条形凸台，将底盒侧体分成上侧内收和下侧外扩的两部分（见附图2）。

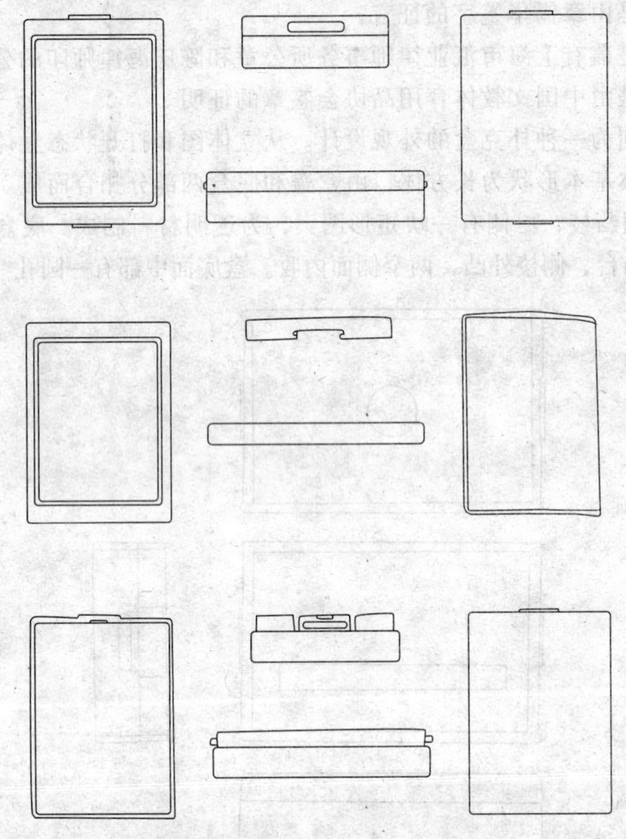

附图2

将本案专利与对比文件相比较，其相同部分为：二者由盒盖和底盒两部分扣合而成，基本形状为近似长方体，盒盖的顶面周边凸起一圈凸棱，底盒侧体分成上侧内收和下侧外扩的两部分，两个窄侧面中部各有一个矩形。其不同部分为：本案专利盒盖顶部一侧有矩形图案，盒底面中部有一圆孔，底盒侧棱略有差别。

被告于2003年3月12日，以原告提交的证据均不足以支持其无效宣告请求为理由，作出了维持98312665.8号外观设计专利权有效的审查决定。

原审审理结果

原审法院认为：根据当事人的诉辩主张及本院查明的事实，本案争议的焦点主要有两点：1. 原告关于本案专利在申请日之前已经公开销售的事实是否成立；2. 本案专利与对比文件相比较，二者是否属于近似的外观设计。

1. 原告关于本案专利在申请日之前已经公开销售的事实是否成立。

在无效宣告请求审理中，原告以其提交的附件 1 到 7，证明本案专利在申请日之前已经被公开销售使用。在此期间，原告书面申请撤回了其提交的附件 1，即中国文教体育用品协会扑克牌专业委员会签章的证明复印件。对附件 2 到 7，被告因原告未提交原件、与本案专利没有关联性、公证保全的产品不能证明其是在本案专利申请日前销售使用过、证人未出庭质证等理由，未予采信。本院经审理认为，被告对上述证据的审查和认定，符合我国法律关于证据的规定，并无不当。因此，原告称在本案专利申请日之前，已公开销售一节，证据不足，其主张不能成立，本院不予支持。

2. 本案专利与对比文件相比较，二者是否属于近似的外观设计。

对比文件系在本专利申请日前，由日本国特许厅向公众公开的出版物，属于我国《专利法》第二十三条所规定的出版物，构成本案专利的在先设计。对比文件公开的也是一种盒的外观设计，与本案专利属于相近种类产品。将本案专利与对比文件相比较，二者均由盒盖和底盒两部分扣合而成，基本形状为近似长方体，盒盖的顶面周边凸起一圈凸棱，两个窄侧面中部各有一个矩形。其不同仅为本案专利盒盖顶部一侧有矩形图案，盒底面中部有一圆孔，而在对比文件中没有；本案专利的侧棱外凸，窄侧面内收，而对比文件的侧棱圆滑过渡，窄侧面为非内收状。对二者上述的差别，本院认为，顶面的矩形图案或底面的圆孔，在产品外观中，是设计人员常规使用的几何图形，顶面的矩形和底面的圆孔的图案均不属于新的设计。关于侧棱外凸，窄侧面内收，在视觉上没有产生明显的差别，应属于局部的细微差别。

综上，从该产品的整体外观设计观察、该产品的使用状态、二者外观设计上的差别及消费者是否混淆等诸因素综合判断，本案专利与对比文件的外观设计应当属于相近似的外观设计。被告认为二者属于不相近似的外观设计的结论，难以令人信服，本院不予采信。被告应重新作出宣告本案专利无效的无效宣告请求审查决定。依照《中华人民共和国行政诉讼法》第五十四条第（二）项之规定，判决如下：

一、撤销国家知识产权局专利复审委员会作出的第 4846 号无效宣告请求审查决定；

二、国家知识产权局专利复审委员会重新就98312665.8号外观设计专利权作出无效宣告请求审查决定。

专利复审委员会、上海宇琛公司不服原审判决，提起上诉。专利复审委员会的上诉理由是：在外观设计相近似的判断中，应当按照整体观察、综合判断的方式进行判断，要解决的是消费者是否能够混淆该产品的外观设计，而不是解决该外观设计有多少实质性变化的问题；任何外观设计都是由几何图形构成的，应从整体上考虑其组合后的视觉效果，不能简单地把几何图形分离出去；原审判决以"设计人员"为判断主体错误，应以"消费者"为判断主体。请求二审法院撤销一审判决，维持第4846号决定有效。

上海宇琛公司的上诉理由是：原审判决对本案涉及的判断客体相同点所作的描述存在明显的差错，导致原审判决的错误判断；原审判决将常规使用的几何图形排斥在判断对象之外，不符合《审查指南》关于"外观设计相同和相近似判断"的要求；原审判决没有按照综合判断的方式进行判断，其结果必然导致判决的错误。请求二审法院撤销原审判决，判决专利复审委员会作出的第4846号决定有效。

宁波三A公司服从原审判决。

二审查明事实

二审法院查明事实与原审相同。

二审审理结果

二审法院认为：授予专利权的外观设计，应当同申请日以前在国内外出版物上公开发表过或者国内公开使用过的外观设计不相同和不相近似，并不得与他人在先取得的合法权利相冲突。在对比外观设计专利与在先外观设计是否相同和相近似时，可以采用整体观察、综合判断的方法。本案中，"扑克盒"外观设计专利是一种立体的外观设计产品，引起消费者注意的部分较多，可以采用整体观察、综合判断的方法。将"扑克盒"外观设计专利与附件8记载的外观设计进行对比，可以看出，两者的相同部分是：二者由盒盖和盒体两部分扣合而成，基本形状为近似长方体，盒盖的顶面周边凸起一圈凸棱，盒体侧面分成上侧内收和下侧外扩的两部分，两个窄侧面中部各有一个矩形。两者的不同部分是："扑克盒"外观设计专利的盒盖是透明的，盒盖顶部一侧有矩形图案，附件8记载的外观设计的盒盖不是透明的，盒盖顶部也没有矩形图案；"扑克盒"外观设计的盒底面中部有一圆孔，附件8记载的外观设计的盒底面没有圆孔；“扑克盒”外观设计专利与附件8记载的外观设计的盒体侧棱略有差别。尽管有上述区别，但是，通过整体观察，“扑克盒”外观设计专利与附件8记载的外观设计之间的区别，从整体上不能使一般消费者对“扑克盒”外观设计专利与附件8记载的外观设计在视觉上产生不同的感受，一般消费者以整体观察、综合判断的方法进行对比后，只能产生相近似的视觉感受，因此，“扑克盒”外观设计专利与附件8记载的外观设计属于相近似的外观设计。专利复审委员会、上海宇琛公司所提上诉理由均不能成立，其上诉请求，不予支持。

综上，原审判决认定事实清楚，适用法律正确。依据《中华人民共和国行政诉讼法》第六十一条第一款第（一）项的规定，判决：

驳回上诉，维持原判。

一审案件受理费1 000元，由国家知识产权局专利复审委员会负担；二审案件受理费1 000元，由国家知识产权局专利复审委员会负担500元，由上海宇琛扑克实业有限公司负担500元。

5. “电蚊拍”实用新型专利侵权纠纷案

——林翠雯诉北京金日吉通科贸有限公司、北京超市发连锁股份有限公司

原告（被上诉人）：林翠雯
被告（上诉人）：北京金日吉通科贸有限公司
被告（原审被告）：北京超市发连锁股份有限公司
案由：侵犯专利权纠纷

原审案号：北京市第一中级人民法院（2003）一中民初字第9498号
原审合议庭成员：马来客、彭文毅、徐媛媛
原审结案日期：2003年12月18日
二审案号：北京市高级人民法院（2004）高民终字第210号
二审合议庭成员：刘继祥、孙苏理、胡平
二审结案日期：2004年4月27日

判决要旨

被告在侵犯实用新型专利权案件的答辩期内请求宣告涉案专利无效，但原告在起诉时出具的检索报告未发现导致实用新型专利丧失新颖性、创造性的技术文献的，可以不中止诉讼。被告主张其销售的被控侵权产品来自他人却没有提供相应证据证明其来源合法的，应当承担包括赔偿损失在内的侵权民事责任。

起诉与答辩

原告林翠雯诉称：原告是专利号为ZL95222858.0、名称为“电蚊拍”实用新型专利（以下简称涉案专利）的专利权人。2000年3月3日，专利复审委员会针对涉案专利作出了复审请求审查决定，在原告修改后的权利要求书的基础上宣告涉案专利权有效。被告北京金日吉通科贸有限公司（以下简称金日吉通公司）未经原告的许可生产侵犯原告专利权的“运通”牌电蚊拍，并以低廉的价格在被告北京超市发连锁股份有限公司（以下简称超市发公司）的连锁超市中销售，致使原告蒙受了巨大的损失。2003年6月，原告分别向两被告发出警告函，要求两被告立即停止侵权并做出书面保证未果，故请求法

院判令被告：1. 立即停止侵权行为，销毁库存的全部产品，销毁用于制造侵权产品的工具和模具；2. 在指定报纸上进行公开道歉并赔偿原告的商誉损失；3. 赔偿因其侵权行为给原告造成的经济损失人民币 80 万元；4. 承担本案的全部诉讼费用。

被告超市发公司及金日吉通公司辩称：1. 两被告在答辩期间依法向专利复审委员会提出宣告涉案专利无效的请求，且已被受理，本案应中止审理。2. 两被告未侵犯原告的专利权。从涉案专利的权利要求来看，其将“网状的正负电极”作为必要技术特征写入权利要求 1 进行保护。所谓的网状结构必须具有经纬两条网线构成多数网格，而两被告销售的被控侵权产品的两外层电极却是横条状的栅状电极，栅状电极很显然没有上述网状电极的结构特征。所以被控侵权产品未使用涉案专利的必要技术特征“网状电极”，不构成对原告专利权的侵犯。3. 两被告均是销售商，不应承担赔偿责任。被控侵权产品系被告金日吉通公司以合法的方式和合理的价格从广州市番禺区大石镇洛溪运通百货经营部（以下简称运通经营部）购买的，且接到原告警告函后便收回了被告超市发公司柜台上的被控侵权产品，即使销售的产品是侵权产品，两被告也是不知情的，不应承担赔偿责任。请求法院依法中止审理或驳回原告的全部诉讼请求。

原审查明事实

原审法院经审理查明：林翠雯是名称为“电蚊拍”的实用新型专利权人。1996 年 1 月 8 日，林翠雯与福州九星包装机械集团公司签订专利技术（申请）技术许可实施协议，约定林翠雯授权福州九星包装机械集团公司独家实施申请号为 95222858.0 的专利技术，该公司向林翠雯支付技术入门费 80 万元，并按销售额 4.3%作为技术转让提成费。1996 年 7 月 16 日，福州九星包装机械集团公司变更名称为福州九星企业集团公司。2001 年 1 月 7 日，林翠雯与福州九星企业集团公司签订补充协议书，约定林翠雯将销售额 4.3%技术转让提成费作为短期投资，投入福州九星企业集团公司用于产品更新换代。

针对涉案专利，福建华强特种器材公司等数家公司于 1996 年 10 月 22 日、福州狮迈电器有限公司于 1996 年 11 月 7 日向国家专利局提出撤销专利权请求。在撤销程序中，林翠雯对涉案专利授权公告的权利要求书进行了修改。1998 年 11 月 6 日，专利局作出撤销请求审查决定，在修改过的权利要求书的基础上维持涉案专利有效。福州狮迈电器有限公司对该决定不服，向专利复审委员会提出复审请求，专利复审委员会于 2000 年 3 月 3 日作出维持前述审查决定的终局决定。

2003年3月~5月，金日吉通公司广州办事处向运通经营部采购“运通”牌大三层电蚊拍30件，共2400个，单价5.70元；“运通”牌小三层电蚊拍50件，共5000个，单价4.70元。

2003年6月11日，林翠雯委托北京律诚同业知识产权代理有限公司常大军在超市发公司朗秋园超市购买“运通”牌电蚊拍1个，价格为14.40元。北京市国信公证处对此购买过程予以公证，将所购的电蚊拍封存后交给常大军保存，对电蚊拍及封存电蚊拍的包装袋予以拍照，并将照片作为公证书附件。

庭审中，法院对公证书所附带的公证物——“运通”牌电蚊拍进行了勘验，该电蚊拍的外包装袋未标注生产厂商的名称或地址，仅粘贴被告金日吉通公司的合格证，该合格证上注明产地为广东；该电蚊拍手柄处粘贴的标签注明了“大三层电蚊拍”及条形码；该电蚊拍包括拍框、与拍框相连的手柄、手柄内的控制电路及安装在手柄上的电路开关，安装在拍框上的电极网共三层，其中上下两层由平行的金属丝构成，中间层由纵横交错的金属丝构成，电极网之间的间距约为5mm。

庭审中，金日吉通公司确认林翠雯经公证购买的“运通”牌电蚊拍系其销售给超市发公司。两被告认为“运通”牌电蚊拍与涉案专利权利要求1所述的电蚊拍存在下述区别技术特征：1. 运通牌电蚊拍的三层电极网没有正负电极之分，涉案专利的三层电极网分正负电极；2. 运通牌电蚊拍的上下两层为栅状结构，涉案专利为网状结构。同时，两被告确认“运通”牌大三层电蚊拍与小三层电蚊拍的技术特征完全相同，只是面积不同。2003年6月19、20日，北京律诚同业知识产权代理有限公司向金日吉通公司及超市发公司发送侵权警告函。两被告对此未予答复。

2003年9月4日，金日吉通公司以涉案专利不符合《专利法》第二十六条第三款的规定为由向专利复审委员会提出宣告涉案专利无效的请求。

另查：运通经营部系个体工商户，其经营范围为塑料、五金、百货批发零售。被告超市发公司的经营范围包括销售百货、日用杂品。被告金日吉通公司的经营范围包括销售百货。

原审审理结果

原审法院认为：虽然金日吉通公司和超市发公司在答辩期间向专利复审委员会提出宣告林翠雯的第95222858.0号实用新型专利权无效的请求，但林翠雯提交的国家知识产权局针对该专利出具的检索报告并未发现导致该专利丧失新颖性、创造性的技术文献，且金日吉通公司和超市发公司提出的无效理由系该专利不符合《专利法》第二十六条第三款的规定，因此，本案不属于应当中止审理的情况。金日吉通公司和超市发公司要求中止本案的审理，缺乏事实及法律依据。

金日吉通公司和超市发公司确认林翠雯提交的经公证的证物——“运通”牌电蚊拍为其销售，因此，该公证物可以作为被控侵权产品与林翠雯的专利权利要求 1 进行比对。经对比，被控侵权产品的上下层电极网为平行网结构落入林翠雯的专利权利要求 1 所述网状结构的保护范围。被控侵权产品的其他技术特征，如拍框、手柄、控制电路及电路开关、正负电极之间的间距，均与涉案专利权利要求书 1 所述的技术特征一致。综上，被控侵权产品的技术特征已经落入了林翠雯的专利权利要求 1 的保护范围。

金日吉通公司虽然提供了被控侵权产品的进货渠道及相关证据，但其从广州市番禺区大石镇洛溪运通百货经营部（简称运通经营部）购买的被控侵权产品外包装及实物上均未标注该产品制造商的任何信息，而金日吉通公司在该产品外包装袋上粘贴自己的合格证，导致社会公众在购买被控侵权产品时，势必会将金日吉通公司视为该产品的制造商，金日吉通公司对被控侵权产品应当承担制造商的相应责任。金日吉通公司以其销售的被控侵权产品有合法来源为由主张自己不应承担侵权责任，不予支持。

超市发公司系被控侵权产品的销售商，金日吉通公司当庭确认该产品系其提供给超市发公司，该产品上粘贴的合格证足以让超市发公司相信金日吉通公司会对该产品的质量等问题负责，且金日吉通公司有销售该产品的经营范围，故超市发公司主张其销售的被控侵权产品有合法来源，予以采信。

综上，金日吉通公司未经林翠雯许可，为生产经营目的销售了侵犯林翠雯专利权的“运通”牌电蚊拍，且未能提供该产品的合法来源，其理应承担制造、销售侵权产品的侵权责任，包括停止侵权、赔偿损失。超市发公司未经林翠雯许可，为生产经营目的销售了侵犯林翠雯专利权的“运通”牌电蚊拍，因其提供了该产品的合法来源，应承担停止销售侵权产品的责任，但林翠雯所提由超市发公司赔偿损失的主张缺乏法律依据。

《专利法》第六十条规定，侵犯专利权的赔偿数额，按照权利人因被侵权所受到的损失或者侵权人因侵权所获得的利益确定；被侵权人的损失或者侵权人获得的利益难以确定的，参照该专利许可使用费的倍数合理确定。

林翠雯提供了其与福州九星包装机械集团公司签订的实施许可合同，欲证明其专利的许可使用费为 80 万元，但其未能提供证据证明该合同已实际履行，故该证据不予采信。金日吉通公司提供运通经营部的证明及采购单，无法证明金日吉通公司销售“运通”牌电蚊拍的全部数额及获利情况，该证据亦不予采信。鉴于林翠雯的损失及金日吉通公司的获利情况无法确定，将根据金日吉通公司的侵权行为性质和情节，酌情确定本案的损失赔偿数额。

综上所述，依照《中华人民共和国民法通则》第一百一十八条，《中华人民共和国专利法》第十一条第一款、第五十六条第二款、第六十条、第六十三条第二款之规定，判决：

一、超市发公司、金日吉通公司于本判决生效之日起立即停止对林翠雯专利权的侵害；

二、金日吉通公司于本判决生效之日起10日内赔偿林翠雯经济损失7万元；

三、驳回林翠雯的其他诉讼请求。

金日吉通公司不服原审判决，提起上诉。其上诉理由是：1. 原审判决认定事实错误。金日吉通公司在规定期限内提交了证明其经销的被控侵权产品具有合法来源的证据，此节在原审判决中业已得到确认，但是，原审判决却仅凭金日吉通公司作为经销商在该产品上加贴了确认合格的合格证，即推定金日吉通公司应当承担制造商的侵权责任，显然认定事实错误。2. 原审判决证据不足。林翠雯提交的证据只能证明金日吉通公司是被控侵权产品的经销商，并无证据证明金日吉通公司为该产品的制造商，原审判决认定金日吉通公司为制造商证据不足。3. 原审判决适用法律错误。《专利法》第六十三条第二款明确规定了“为生产经营目的使用或者销售不知道是未经专利权人许可而制造并售出的专利产品或者依照专利方法直接获得的产品，能证明其产品合法来源的，不承担赔偿责任”。根据该规定，金日吉通公司已经证明了其销售的产品有合法来源，无论金日吉通公司是否在该产品上加贴了其他标记，都不应当承担赔偿责任。况且金日吉通公司加贴合格证并未使社会公众对该产品的来源产生误认。原审判决任意扩大了对上述法律规定的解释。4. 原审判决违反法定程序。金日吉通公司在答辩期内就林翠雯的涉案专利提出了无效宣告请求且已被受理，符合最高人民法院中止审理的有关规定。但一审法院未中止审理，违反法定程序。基于上述理由，金日吉通公司请求二审法院撤销原审判决第二项，重新确定一审案件受理费承担比例，二审案件受理费由林翠雯承担。

林翠雯和超市发公司均服从原审判决。

二审查明事实

二审查明事实与原审相同。

二审审理结果

二审法院认为：根据金日吉通公司所提上诉理由，本案争议焦点在于金日吉通公司能否证明其销售的被控侵权产品具有合法来源和本案应否依照最高人民法院有关司法解释中止审理。

《专利法》第六十三条第二款规定的作为销售商不承担侵权赔偿责任应当同时具备以下两个前提条件，即：一是销售商事先并不知道其销售的产品为侵犯他人专利权的产品；二是销售商对其销售的侵权产品必须有合法来源。就本案而言，根据前述查明的事实，金日吉通公司虽然提交了被控侵权产品出库单和广州市番禺沙溪五金城973档运通百货经营部出具的购货证明，但是，这两个证据均不能证明其主张的本案被控侵权产品是由运通经营部购进。出库单既未加盖出库单位印章，又无运通经营部企业名称落款字样；购货证明落款印章又与其提交的其产品来源的运通经营部的企业名称不符。显然金日吉通公司提交的出库单和购货证明均无法证明其销售的被控侵权产品来源合法，该出库单和购货证明均不具备证据效力，本院不予采信。被控侵权产品及其包装上不仅未标明产品来源，即使金日吉通公司在该产品上加贴的合格证也无生产厂商名称，相反在合格证上标明的“运通牌今日吉通电蚊拍”字样传达给消费者的信息只能理解为金日吉通公司系该产品的制造者。因此，应当确认金日吉通公司为被控侵权产品的制造者。一审法院判决金日吉通公司依法承担停止侵权并赔偿林翠雯经济损失的民事责任于法有据。

林翠雯在提起涉案专利侵权诉讼时依照最高人民法院《关于审理专利纠纷案件适用法律问题的若干规定》向一审法院提交了由专利局出具的专利检索报告。该报告表明林翠雯据以行使诉权的实用新型专利法律状态稳定。在此情况下，一审法院根据最高人民法院上述司法解释第九条第（一）项的规定未中止本案审理，符合法定程序。

综上所述，金日吉通公司所提上诉理由因缺乏事实和法律依据而不能成立，其上诉请求本院不予支持。一审法院对本案审理程序合法，判决认定事实清楚，证据充分，适用法律正确，判决结果并无不当，应予维持。依照《中华人民共和国民事诉讼法》第一百五十三条第一款第（一）项之规定，判决：

驳回上诉，维持原判。

一审案件受理费13 010元，由林翠雯负担3 000元，由北京金日吉通科贸有限公司负担10 010元；二审案件受理费13 010元，由北京金日吉通科贸有限公司负担。

6. "用三硼酸锂单晶体制造的非线性光学器件"发明专利侵权纠纷案

——福建福晶科技有限公司诉烁光特晶科技有限公司

原告（被上诉人）：福建福晶科技有限公司
被告（上诉人）：烁光特晶科技有限公司
案由：侵犯专利权纠纷

原审案号：北京市第二中级人民法院（2003）二中民初字第8782号
原审合议庭成员：邵明艳、何暄、张晓津
原审结案日期：2003年12月19日
二审案号：北京市高级人民法院（2004）高民终字第157号
二审合议庭成员：刘继祥、胡平、孙苏理
二审结案日期：2004年4月28日

判决要旨

涉案专利是否符合授权条件并非被告不构成侵犯专利权的理由，而是在专利无效纠纷中解决的问题。只要被告制造的被控侵权产品中的必要技术特征覆盖了涉案专利的全部必要技术特征，即可以构成侵权。

起诉与答辩

原告福建福晶科技有限公司（以下简称福晶公司）诉称：中国科学院福建物质结构研究所（以下简称物构所）就"用三硼酸锂单晶体制造的非线性光学器件"发明创造向国家专利局申请了专利，并获得了授权。该项专利先后获奖并进行了评估。获得授权后，物构所许可中国科学院福建物质结构研究所晶体技术开发公司（以下简称晶体开发公司）实施，后该公司改制更名为福建福晶科技有限公司（以下简称福晶公司）。物构所现已将上述专利权转让给福晶公司。后发现被告未经许可，擅自制造、许诺销售、销售侵权产品，构成侵权。现诉至法院，请求判令被告停止侵权行为，赔礼道歉，赔偿损失200万元，其中包括原告因本案诉讼支出的合理费用31 342元。

被告烁光特晶科技有限公司（以下简称烁光公司）辩称：1. 涉案专利不具备专利性；2. 原告没有证据证明烁光公司实施了侵权行为，因此不承担赔

偿责任。综上，不同意原告的诉讼请求。

原审查明事实

原审法院经审理查明：1988 年 4 月 14 日，物构所向原国家专利局申请了名称为“用三硼酸锂单晶体制造的非线性光学器件”发明专利。原国家专利局经审查后，于 1990 年 9 月授予物构所专利权。该项专利的权利要求书第一项记载的保护范围为：一种非线性光学器件，它包含将至少一束入射电磁辐射通过至少一块非线性光学晶体后产生至少一束频率不同于入射电磁辐射的输出辐射的装置，其特征在于：其中的非线性光学晶体为 LiB3O5 晶体。

1990 年 9 月 30 日，物构所授权晶体开发公司实施该项专利。1999 年 12 月，国家知识产权局和世界知识产权组织授予该项发明中国专利金奖。

2002 年 11 月，烁光公司参加了在中国国际展览中心举办的“第八届国际激光及光电子产品展览会”，并在该会上散发了宣传材料。根据材料介绍，“烁光公司主要从事以下领域的产品开发、生产和销售……包括非线性光学晶体：……LBO……三硼酸锂晶体（LBO）是一种理想的非线性光学晶体。它具有宽的透光波段、高的损伤阈值、大的接受角等，被广泛应用在二倍频、三倍频、光参量震荡、光参量放大，特别是用于高功率 YAG 激光及超快钛宝石激光的倍频上……”

福晶公司从事三硼酸锂晶体器件的生产、销售，其中，3mm × 3mm × 8mm 规格的三硼酸锂晶体器件销售单价为 344. 50 美元。

另查，2001 年，晶体开发公司经改制后，更名为福晶公司。2003 年 6 月，物构所将涉案专利权转让给福晶公司。

原审审理结果

原审法院认为：就三硼酸锂晶体而言，属于一种非线性晶体物质，其本身不受涉案专利的保护。但是将其作成一种光学器件，并使之具备“包含将至少一束入射电磁辐射通过至少一块非线性光学晶体后产生一束频率不同于入射电磁辐射的输出辐射的装置”这一特征后，即纳入涉案专利的保护范围。烁光公司制造、销售的被控侵权产品明确附带了尺寸规格，已落入涉案专利的保护范围，同时，烁光公司参展的行为构成我国专利法规定的许诺销售行为。因此，烁光公司应承担停止侵权、赔偿损失的民事责任。鉴于专利权属于财产权性质，福晶公司要求烁光公司赔礼道歉、消除影响的诉讼请求，缺乏依据。由于福晶公司未能提供其因侵权受到的实际损失或烁光公司侵权获利的直接证据，赔偿数额由本院视具体情况酌情确定。据此，依照《中华人民共和国专利法》第十一条第一款、第五十六条第一款，《中华人民共和国民法通则》第一百三十四条第一款第（一）、（七）项之规定，本院判决如下：

一、烁光特晶科技有限公司于本判决生效后，未经福建福晶科技有限公司许可，不得生产、许诺销售、销售侵犯“用三硼酸锂单晶体制造的非线性光学器件”专利权的产品；

二、烁光特晶科技有限公司于本判决生效后10日内，赔偿福建福晶科技有限公司经济损失25万元；赔偿福建福晶科技有限公司因诉讼支出的合理费用5020元；

三、驳回福建福晶科技有限公司的其他诉讼请求。

烁光公司不服原审判决，提起上诉，理由是：1. 涉案发明专利的申请日为1988年4月18日，但其核心内容却早在1985年被涉案专利发明人之一陈创天在美国举行的学术会议上公开发表，因此，涉案专利不具有新颖性。本领域的普通技术人员在公开文件的基础上不需要进行创造性劳动，通过常规实验可以获知以三硼酸锂晶体作为非线性光学器件所具有的技术效果，因此涉案专利也不具有创造性。2. 由于原审法院认定烁光公司侵权是基于产品比较的结果，而不是基于侵权产品与涉案专利独立权利要求比较的结果，因此原审法院认定烁光公司侵权明显缺乏事实和法律依据。3. 原审法院判决赔偿数额明显偏高，应予纠正。

福晶公司服从原审法院判决。

二审查明事实

二审法院查明的事实与原审法院查明的事实基本相同，另查明：本案涉案专利原专利权人为物构所。该专利曾于1999年12月被国家知识产权局、世界知识产权组织授予中国专利金奖。1990年9月20日，物构所将上述涉案专利实施许可给了更名前的福晶公司，即中国科学院福建物质结构研究所晶体技术开发公司。2001年，福晶公司办理了更名手续。2003年6月6日，物构所将涉案专利权转让给了福晶公司，并在国家知识产权局办理了专利登记。福晶公司为调查和制止侵权，已支付公证费1 020元、律师费3万元、查询费322元。

二审审理结果

二审法院认为：烁光公司生产、销售以及许诺销售的被控侵权产品三硼酸锂晶体属于非线性光学器件，具备“包含将至少一束入射电磁辐射通过至少一块非线性光学晶体后产生至少一束频率不同于入射电磁辐射的输出辐射的装置”这一特征。该特征是涉案专利权利要求中记载的技术方案的必要技术特征的全部再现，已完全落入涉案专利的保护范围。原审法院根据判定专利侵权的全面覆盖原则，认定烁光公司已构成对福晶公司专利权的侵犯，并无不妥。

关于烁光公司主张涉案专利的核心内容早在该专利申请日之前就已公开发表，涉案专利不具有新颖性和创造性，并据此进行抗辩。涉案专利是否具有新颖性和创造性，不属本案审理范围，烁光公司可依其他途径另行解决。对于烁光公司的上诉理由，依法不予支持。

关于赔偿数额，原审法院在无法查清福晶公司因侵权受到的实际损失和烁光公司因侵权实际获利的具体情况下，依据专利法有关规定，原审法院视烁光公司涉案侵权行为方式、持续时间、涉案专利产品价格等实际情况酌情确定，于法有据，应予支持。

综上，依照《中华人民共和国民事诉讼法》第一百五十三条第一款第（一）项之规定，判决：

驳回上诉，维持原判。

一审案件受理费 20 010 元，由福建福晶科技有限公司负担 5 010 元，由烁光特晶科技有限公司负担 15 000 元；二审案件受理费 20 010 元，由烁光特晶科技有限公司负担。

7. “移动射箭靶”实用新型专利侵权纠纷案

——卓有惟诉北京凌盛体飞科贸有限公司

原告（被上诉人）： 卓有惟
被告（上诉人）： 北京凌盛体飞科贸有限公司
案由： 侵犯专利权纠纷

原审案号： 北京市第二中级人民法院（2003）二中民初字第7187号
原审合议庭成员： 邵明艳、何暄、张晓津
原审结案日期： 2003年12月18日
二审案号： 北京市高级人民法院（2004）高民终字第155号
二审合议庭成员： 刘继祥、胡平、孙苏理
二审结案日期： 2004年5月17日

判决要旨

适用等同原则判定专利侵权，仅适用于被控侵权物中的具体技术特征与专利独立权利要求中相应的必要技术特征是否等同，而不适用于被控侵权物的整体技术方案与独立权利要求所限定的技术方案是否等同。等同物应当是具体技术特征之间的彼此替换，而不是完整技术方案之间的彼此替换。将被控侵权产品与涉案专利技术方案相比较，如果一个以上的技术特征所采用的技术手段不同，不能够彼此替换，本领域普通技术人员，通过阅读涉案专利权利要求和说明书，不经过创造性劳动是不能够联想到的，则不构成侵权。

起诉与答辩

原告卓有惟起诉称：我申请的“移动射箭靶”技术方案已获得国家知识产权局授予的实用新型专利权，现发现被告制造、销售的射箭靶产品在结构上与原告的专利技术方案相同，构成了对我专利权的侵犯，故诉至法院，请求判令被告赔偿经济损失10万元。

被告北京凌盛体飞科贸有限公司（以下简称凌盛体飞公司）辩称：原告不能证明在石油文体中心发生的被控侵权行为是由被告实施的，位于该地点的被控侵权设备在结构上与涉案专利的技术方案不等同。此外，根据北京锦绣大地射箭馆的设备显示，被控侵权的技术属于现有技术。因此不同意原告的诉讼

请求。

原审查明事实

原审法院经审理查明：2001 年 5 月 23 日，卓有惟向国家知识产权局申请了名称为“移动射箭靶”的实用新型专利。2002 年 1 月 9 日，国家知识产权局授予卓有惟专利权。专利权利要求书中记载的第一项权利要求为：一种移动射箭靶，它是由两部分组成，上部为射箭靶，下部为小车，二者之间用螺栓相连接，小车通过钢丝绳与减速机相连接，减速机通过皮带轮与电机相连接，当电机正、反转动时，带动小车在轨道上前后移动，其特征是在小车两侧竖立角钢支架，把小车和轨道全部隐藏在木板下面，在支架上铺木板，再在木板上铺装饰材料，两块木板之间缝隙用橡胶条或聚胺脂条封闭，地面上只露出移动靶和摄像机支架保护盒。

卓有惟指控侵权人凌盛体飞公司销售的安装于中国石油天然气集团公司机关文体中心的射箭设备与卓有惟的上述涉案专利的技术特征相比较，区别在于：用于连接小车和减速机的钢丝绳被替换为宽皮带；同时，该宽皮带还替代了在两块木板之间起封闭作用的橡胶条或聚胺脂条；在小车二侧竖立的角钢支架替换为木支架。

原审审理结果

原审法院认为：在适用公知技术原则作专利侵权判断时，应综合分析被控侵权的技术方案与公知技术方案和专利技术方案三者的关系，参考其各自差别，着重考虑被控侵权的技术方案更接近公知技术方案还是更接近专利技术方案。经整体对比后，被控侵权的技术方案更接近专利技术方案，因此凌盛体飞公司提出的公知技术抗辩主张不成立。就被控侵权的技术方案与涉案专利的技术特征之间所存在的三点差异而言，宽皮带与钢丝绳均是为实现小车与减速机之间的传动功能，二者属于同类装置；涉案专利使用的角钢支架，其发明目的在于将木板架起，以便隐藏其他装置，而被控侵权技术方案使用的木支架亦为铺设木板起到龙骨作用，从而隐藏其他装置；在被控侵权技术方案中使用的宽皮带除具有传动功能外，同时亦将两块木板之间的缝隙遮挡，从而防止箭支损坏，这与涉案发明所要解决的为维护设备而封闭设备的发明目的是一致的，与橡胶条或聚胺脂条的使用功能相同。二技术方案就上述三点的差异，是为实现相同的功能，产生的技术效果基本相同，使用手段的差异并不是显而易见的，属于同领域的普通技术人员无需经过创造性劳动就能够联想到的。综合考虑二技术方案在其他技术特征相同的情况下，整体比较被控侵权的技术方案与涉案专利技术方案，二者等同，凌盛体飞公司构成对卓有惟专利权的侵犯。鉴于凌盛体飞公司未能提供涉案侵权产品的来源，应承担制造、销售涉案侵权产品的相应法律责任。

据此，依照《中华人民共和国专利法》第十一条第一款、第五十六条第一款、《中华人民共和国民法通则》第一百三十四条第一款第（七）项之规定，判决：

凌盛体飞公司于判决生效后 10 日内赔偿卓有惟经济损失 4 万元。

凌盛体飞公司不服原审判决，提起上诉，其主要理由是：被控侵权产品与涉案专利产品两者是为了实现同一目的而设计的结构完全不同的技术方案，两者不相同，也不等同。涉案专利的独立权利要求共有六个技术特征，被控侵权物有五个技术特征与涉案的独立权利要求不同，原审法院没有全面考虑被控侵权产品与涉案专利技术方案不同的技术特征，随意扩大了涉案专利的保护范围，错误地将两者根本不同的技术特征认为是基本相同或等同的技术特征。据此，凌盛体飞公司请求二审法院在查明事实真相的基础上作出公正判决。

卓有惟服从原审判决。

二审查明事实

二审法院经审理查明：卓有惟是专利号为 01224365.5、名称为“移动射箭靶”实用新型专利的专利权人，该专利申请日为 2001 年 5 月 23 日，授权日为 2002 年 1 月 9 日，现为有效专利。

涉案专利权利要求书记载的独立权利要求为：一种移动射箭靶，它是由两部分组成，上部为射箭靶，下部为小车，二者之间用螺栓相连接，小车通过钢丝绳与减速机相连接，减速机通过皮带轮与电机相连接，当电机正、反转动时，带动小车在轨道上前后移动，其特征是在小车两侧竖立角钢支架，把小车和轨道全部隐藏在木板下面，在支架上铺木板，再在木板上铺装饰材料，两块木板之间缝隙用橡胶条或聚胺脂条封闭，地面上只露出移动靶和摄像机支架保护盒。综合以上独立权利要求，可以将其归结为下面六个技术特征：1. 移动射箭靶，它是由两部分组成，上部为射箭靶，下部为小车，二者之间用螺栓相连结；2. 小车通过钢丝绳与减速机相连接；3. 减速机通过皮带轮与电机相连接，当电机正、反转动时，带动小车在轨道上前后移动；4. 在小车二侧竖立角钢支架，把小车和轨道全部隐藏在木板下面，在支架上铺木板，再在木板上铺装饰材料；5. 两块木板之间缝隙用橡胶条或聚胺脂条封闭；6. 地面上只露出移动靶和摄像机支架保护盒。

凌盛体飞公司于2003年3月销售给中国石油天然气集团公司的具有四条射箭道的被控侵权射箭设备具有以下技术特征：1. 移动射箭靶，它是由两部分组成，上部为射箭靶，下部为小车，中间设有传动带，三者之间用螺栓相连接；2. 小车通过传动皮带与滚筒相连；3. 滚筒通过皮带与电机相连；4. 在小车的两侧竖立木支架，将小车和轨道隐藏在木板下面，上面铺设木板，木板上铺装饰材料；5. 两块木板之间用上述移动传动皮带封闭；6. 地面上露出移动靶、皮带和摄像机保护盒。

二审审理结果

二审法院认为：进行专利侵权判定，应当以专利权利要求书中记载的技术方案的全部必要技术特征与被控侵权物的全部技术特征逐一进行对应比较。如果被控侵权物的全部技术特征包含了专利权利要求书中记载的全部必要技术特征，则落入了专利权的保护范围。

通过将被控侵权产品技术方案的技术特征和涉案专利的技术特征进行对比：被控侵权产品技术特征4与涉案专利技术特征4完全相同。但是，二者的不同点在于：被控侵权产品在射箭靶和小车之间增设了传动带；小车通过传送皮带与滚筒相连而不是通过钢丝与减速机相连；前者是滚筒通过皮带与电机相连，后者则是减速机通过皮带轮与电机相连；被控侵权产品两块木板之间的缝隙用可移动的传动带封闭，而涉案专利两块木板之间的缝隙是用橡胶条或聚胺脂条封闭；前者地面上不仅露出移动靶、摄像机保护盒，而且还有可移动的皮带，而后者地面上只露出移动靶和摄像机支架保护盒。由此可见，被控侵权产品的技术特征1、2、3、5、6与涉案专利的技术特征1、2、3、5、6并不相同，涉案专利没有全面覆盖被控侵权产品的全部必要技术特征。

适用等同原则判定专利侵权，仅适用于被控侵权物中的具体技术特征与专利独立权利要求中相应的必要技术特征是否等同，而不适用于被控侵权物的整体技术方案与独立权利要求所限定的技术方案是否等同。等同物应当是具体技术特征之间的彼此替换，而不是完整技术方案之间的彼此替换。

将被控侵权产品技术特征2与相对应的涉案专利技术特征2进行对比，虽然前者采用了小车通过皮带与滚筒相连的技术方案，但是，此处的滚筒与涉案专利技术特征2的减速机具有同样的减速功能，该领域的普通技术人员，无需创造性的劳动能够联想到。因此，被控侵权产品技术特征2与涉案专利技术特征2具有等同性。同理，被控侵权产品技术特征3与涉案专利技术特征3等同。

将被控侵权产品技术特征1、5、6分别与涉案专利对应的技术特征1、5、

6进行对比，可以明显看到：二者相互对应的技术特征所采用的技术手段不同，不能够彼此替换，本领域普通技术人员，通过阅读涉案专利权利要求和说明书，不经过创造性劳动是不能够联想到的。因此，二者是为了实现同一目的，采用了不同技术手段的技术方案。原审法院判决在判断涉案被控侵权产品技术特征与涉案专利的技术特征是否等同时，将被控侵权物的整体技术方案与涉案专利的整体技术方案进行比较，违反了判定侵权时适用等同原则的基本规则，其所得出的结论与事实不符。故，本院依法应予纠正。原审法院判决认定事实、适用法律均有错误，应予改判。上诉人凌盛体飞公司的上诉理由成立，其上诉请求应予支持。

综上，依照《中华人民共和国民事诉讼法》第一百五十三条第一款第（三）项之规定，本院判决如下：

一、撤销北京市第二中级人民法院（2003）二中民初字第7187号民事判决；

二、驳回卓有惟诉讼请求。

一、二审案件受理费各3 510元，均由卓有惟负担。

8. "包装盒（维生素 E·C 复合剂）"外观设计专利侵权纠纷案

——北京双鹤药业股份有限公司诉赤峰蒙欣药业有限公司、北京天木之春药店有限公司第三分店

原告：北京双鹤药业股份有限公司
被告：赤峰蒙欣药业有限公司
被告：北京天木之春药店有限公司第三分店
案由：侵犯专利权纠纷

一审案号：北京市第二中级人民法院（2004）二中民初字第 2655 号
一审合议庭成员：邵明艳、何暄、张晓津
一审结案日期：2004 年 6 月 18 日

判决要旨

被控侵权产品的外观设计与涉案外观设计专利相比，二者的整体设计风格相近似，在隔离观察的状态下，易使消费者产生混淆的，属近似的外观设计。在外观设计专利侵权案件中，被告以其实施他人专利为由进行不侵权抗辩，如该专利的申请日是在原告专利之后的，且在后外观设计专利与在先的原告外观设计专利相同或相近似的，被告也构成了对原告在先获得的外观设计专利权的侵犯。

起诉与答辩

原告北京双鹤药业股份有限公司（以下简称双鹤公司）诉称：1997 年 7 月以来，原告开始生产"维生素 E·C 复合剂"。同年 7 月 31 日，原告职工受单位委托设计完成了"维生素 E·C 复合剂"的外包装。1998 年 7 月 17 日，国家知识产权局（原国家专利局）将该产品包装的外观设计专利权授予了原告。依托该公司强大的质量、工艺、宣传优势，"维生素 E·C 复合剂"已经在市场中获得较高的声誉。2003 年 4 月，该公司发现市场上出现了与原告上述产品名称和外包装相同的"维生素 E·C 复合剂"，该产品由被告赤峰蒙欣药业有限公司（以下简称蒙欣公司）生产。2003 年 5 月，原告发现被告北京

天木之春药店有限公司第三分店（以下简称第三分店）销售了上述由被告蒙欣公司生产的产品。原告认为上述两被告的行为已经侵害了原告的专利权，因此请求法院判令：被告蒙欣公司立即停止生产销售侵权产品、销毁印制侵权产品包装的印版和模具、销毁正在销售及库存的侵权产品包装；赔偿经济损失30万元；在全国性报纸上公开赔礼道歉，消除影响；判令被告第三分店书面向原告赔礼道歉。

被告蒙欣公司辩称：该公司生产的“维生素E·C复合剂”外包装盒是由公司职员李占文于2002年10月独立设计的。根据李占文的申请，2003年10月15日专利局授予其外观设计专利权。2003年10月20日，李占文声明许可该公司使用上述专利。该公司于2002年11月生产了四批上述产品，共计7 650盒，价值33 660元。2003年，在北京万丰达医药有限公司的要求下，向北京市场发货6件，共计540盒。2003年5月，当得知上述产品涉嫌侵权后，该公司就已经停止销售行为。原告于2003年11月7日在赤峰商厦一楼达明堂大药房购得的产品批号为021112，系达明堂大药房的库存产品，与北京市工商行政管理局丰台分局作出的行政处罚决定书中载明的批号相同。现该公司已经决定针对上述行政处罚决定书提起行政诉讼。综上，该公司请求法院驳回原告的诉讼请求。

被告第三分店辩称：作为零售药店，该单位对涉案产品是否侵权并不知情，但是该单位同意对原告进行道歉。

原审查明事实

一审法院经审理查明：1998年7月17日，经国家专利局授权，双鹤公司获得了“包装盒（维生素E·C复合剂）”外观设计专利证书，专利号为ZL97324548.4。该外观设计的简要说明载明“保护色彩”。根据原告提交的该外观设计专利文件的复印件，经法院核实，表示在专利文件外观设计图片中的涉案专利包装盒形状为长方体，包装盒体的图案和色彩设计为三绿两黄相间的竖条色带，分布于包装盒主视图、仰视图和后视图的中央，竖条色带之间及竖条色带位于包装盒主视图，后视图的底部的颜色进行了淡化处理；“维生素E·C复合剂”黑色字体位于包装盒主视图的中央；俯视图中央有双鹤图形商标；英文“Vitamin E · C Complex”位于仰视图上方；后视图中上方同样有英文“Vitamin E · C Complex”；包装盒的右视图、左视图上方分别有绿色“●维生素E·C复合剂●”字体，下方分别有一个由绿色和黄色组成的四角为弧形的长方形色块；其余部位均为白色。

原告分别于2003年4月29日、5月6日购买了被告蒙欣公司生产的“维生素 E·C 复合剂”，共计两盒，单价为每盒 25 元。2003 年 11 月 7 日，原告在赤峰市红山区赤峰商厦一楼“达明堂大药房”公证购买了两盒被告蒙欣公司生产的雷蒙牌“维生素 E·C 复合剂”（规格 3g/袋，10×2 袋装，批号：021112），价格共计 12 元。该“维生素 E·C 复合剂”包装盒形状为长方体，包装盒体图案和颜色主要为：三绿两黄相间的竖条色带分别分布于包装盒正面、后面和上面的两边，竖条色带之间及竖条色带位于包装盒正面、后面的底部的颜色进行了淡化处理。“维生素 E·C 复合剂”黑色字体位于包装盒正面及后面的中央；上面中央有雷蒙文字及图形商标；包装盒的右面、左面上方分别有绿色“●维生素 E·C 复合剂●”字体，下方分别有一个由绿色和黄色组成的四角为弧形的长方形色块；其余部位均为白色。

2003 年 4 月 1 日，李占文就“药品包装盒”向国家知识产权局提出外观设计专利申请。2003 年 10 月 15 日，李占文获得了“药品包装盒”的外观设计专利证书，专利号为 ZL03304498.8。该外观设计专利药品包装盒形状为长方体，包装盒体的图案和色彩为三绿两黄相间的竖条色带，分别分布于包装盒主视图、仰视图和立体图的两边，竖条色带之间及竖条色带位于包装盒主视图的底部的颜色进行了淡化处理，其余部位均为白色。2003 年 10 月 20 日，李占文声明许可被告蒙欣公司使用其享有专利权的 ZL03304498.8“药品包装盒”外观设计专利。

2003 年 11 月 7 日，内蒙古自治区赤峰市公证处对被告蒙欣公司生产的批号为 021112 的“维生素 E·C 复合剂”的包装盒进行了证据保全，并出具了（2003）赤证内民字第 1272 号公证书。2003 年 7 月 14 日，北京市工商行政管理局丰台分局对北京万丰达医药有限公司销售被告蒙欣公司生产的“维生素 E·C 复合剂”的行为（批号为 21112 和 21111）进行了行政处罚。理由是被告蒙欣公司的上述产品的包装盒在包装、设计文字、图案的排列组合上与原告生产的“维生素 E·C 复合剂”的包装、装潢近似，足以造成消费者的误认。

被告蒙欣公司认可其在 2002 年 11 月生产了四批“维生素 E·C 复合剂”（批号为 021109、021110、021111、021112），共计 7 650 盒，出厂价为每盒 4.40 元；上述产品的销售时间自 2002 年 11 月至 2003 年 5 月，共计销售 540 盒。被告第三分店认可该药店购进并销售了 10 盒由被告蒙欣公司生产的“维生素 E·C 复合剂”。

诉讼中，被告蒙欣公司还提交了其生产的雷蒙牌“维体康颗粒剂（维生素 E·C 复合剂）”使用的包装盒实物，该包装盒的图案和色彩与前述被告蒙欣公司生产、销售的“维生素 E·C 复合剂”包装盒不相同，也不相近似。

原审审理结果

一审法院认为：双鹤公司作为涉案“包装盒（维生素E·C复合剂）”外观设计专利的专利权人，其所享有的专利权应受到法律保护，他人未经许可，不得为生产经营目的制造、销售、进口其外观设计专利产品。

将被告蒙欣公司生产的涉案“维生素E·C复合剂”产品包装盒的外观设计与表示在涉案外观设计专利文件中的图片相比，二者形状相同，色彩相同，图案虽不完全相同，但从图案和色彩组合上，主要设计部分相同，即均使用了三绿两黄相间的竖条色带，竖条色带之间和竖条色带位于包装盒底部的颜色进行了淡化处理。由此可见，二者的整体设计风格相近似，在隔离观察的状态下，易使消费者产生混淆，因此，二者属近似的外观设计。被告蒙欣公司制造、销售涉案“维生素E·C复合剂”产品的行为构成了对原告所享有的外观设计专利权的侵犯，其应承担相应的民事责任。

蒙欣公司辩称其制造、销售的涉案“维生素E·C复合剂”产品包装盒使用的是李占文设计并取得专利权的外观设计，因此，其上述行为并不构成对原告涉案专利权的侵犯。但依据本院查明的事实，蒙欣公司于2002年起就实施了上述制造、销售行为，于2003年10月20日才经李占文许可使用ZL03304498.8“药品包装盒”外观设计专利。该外观设计专利的授权时间远远晚于原告的“ZL97324548.4”“包装盒（维生素E·C复合剂）”外观设计专利，且在后获得专利权的ZL03304498.8“药品包装盒”外观设计与原告在先获得专利权的“ZL97324548.4”“包装盒（维生素E·C复合剂）”外观设计整体设计风格相近似，因此，蒙欣公司即使实施在后获得专利权的ZL03304498.8“药品包装盒”外观设计，也构成了对原告在先获得的外观设计专利权的侵犯。故蒙欣公司的上述抗辩主张，缺乏依据，本院不予采纳。

根据我国专利法的相关规定，为生产经营的目的使用或者销售不知道是未经专利权人许可而制造并售出的专利产品或者依照专利方法直接获得的产品，能证明其产品合法来源的，不承担赔偿责任。本案被告第三分店虽认可销售了被告蒙欣公司生产的涉案“维生素E·C复合剂”产品，但其未能提交相应的证据证明其销售产品的合法来源。鉴于原告在本案中未主张被告第三分店承担停止侵权、赔偿经济损失的民事责任，故本院对此不予处理。

原告提出请求被告蒙欣公司公开向其赔礼道歉、消除影响及请求被告第三分店进行书面赔礼道歉的诉讼主张，鉴于原告在本案所主张的专利权系财产性权利，其本身不具有人身属性，同时其所主张的侵权事实亦不具有权利人身份受到侵害的事实，故本院对其所提上述诉讼请求不予支持。

原告提出请求被告蒙欣公司赔偿经济损失30万元的诉讼主张，但其未能提交充分的证据予以证明，且原告对于被告蒙欣公司承认的涉案产品的销售数量及获利不予认可，故本院依据被告蒙欣公司涉案侵权行为给原告所造成损失的合理程度、涉案侵权行为性质、持续期间等因素酌定本案的赔偿数额。

综上，被告蒙欣公司制造、销售涉案“维生素E·C复合剂”产品，侵犯了原告双鹤公司享有的涉案外观设计专利权，其应承担停止侵权、赔偿经济损失的民事责任。本院依据《中华人民共和国民法通则》第一百一十八条，《中华人民共和国专利法》第十一条第二款、第五十六条第二款、第六十条，《最高人民法院关于审理专利纠纷案件适用法律问题的若干规定》第二十一条的规定，判决：

一、赤峰蒙欣药业有限公司于本判决生效之日起停止制造、销售使用与北京双鹤药业股份有限公司涉案外观设计专利相近似的包装盒的“维生素E·C复合剂”产品；

二、赤峰蒙欣药业有限公司于本判决生效之日起10日内赔偿北京双鹤药业股份有限公司经济损失4万元；

三、驳回北京双鹤药业股份有限公司的其他诉讼请求。

案件受理费7 010元，由赤峰蒙欣药业有限公司负担5 000元；由北京双鹤药业股份有限公司负担2 010元。

各方当事人均服从一审判决。

9. “电熨斗”外观设计专利权无效纠纷案

——浙江月立电器有限公司诉国家知识产权局专利复审委员会

原告（上诉人）：浙江月立电器有限公司

被告（被上诉人）：国家知识产权局专利复审委员会

第三人（原审第三人）：皇家菲利浦电子有限公司

案由：专利权无效纠纷

原审案号：北京市第一中级人民法院（2003）一中行初字第747号

原审合议庭成员：姜颖、苏杭、仪军

原审结案日期：2004年5月19日

二审案号：北京市高级人民法院（2004）高行终字第267号

二审合议庭成员：程永顺、刘辉、岑宏宇

二审结案日期：2004年10月18日

判决要旨

一般消费者经过对被比外观设计与在先设计的整体观察可以看出，二者的差别对于产品的整体视觉效果具有显著的影响，一般消费者不可能对两件外观设计产生混淆或混同的，则被比外观设计与在先设计不相近似。

起诉与答辩

专利复审委员会第5350号无效宣告请求审查决定（以下简称第5350号决定）系专利复审委员会就浙江月立电器有限公司（以下简称月立公司）针对皇家菲利浦电子有限公司（以下简称菲利浦公司）享有的第98329756.8号外观设计专利权（以下简称本专利）所提出的无效宣告请求而作出的。专利复审委员会在第5350号决定中认定：

月立公司提交的证据是名称为“熨斗”的第95301148.8号外观设计专利公告，其申请日是1995年2月6日，授权公告日是1996年6月26日，均在本专利申请日之前，属于《专利法》第二十三条规定的出版物，可作为本案的对比文件。

将本专利与对比文件比较可知：本专利具有一尾部大致呈梨形的上部本体部分，梨形尾部内有一个半椭圆区域，其上部本体部分的后段具有向内凹的两

侧面；而对比文件具有一尾部大致呈窝头形的上部本体部分，窝头形尾部内有一个扁长方区域，其上部本体部分的后段具有向外凸的两侧面。由于上述部位在两产品上占有很大的体积，是构成两产品整体形状设计的重要组成部分，且这些部位也是普通消费者易见到的部位，而二者的上述部位存在着显著的不同，普通消费者不可能对对比文件与本专利的上述不同点产生混淆。

此外，本专利上部本体的底部呈椭圆形，并由一大致呈椭圆形的透明水罐部分所环绕；上部本体的前部有一个卵形元件，卵形元件下方有一个卵形的注水口，卵形元件后方有两个并置的圆柱形控制钮，圆柱形控制钮后方有一个圆形旋钮。而对比文件上部本体的底部没有被一圈透明水罐所环绕，且对比文件上部本体的前部有一个向前伸的小柱状凸起，其后方有一个向上凸起的柱状按钮，其后方有两个并置的牙形按钮。这些均能反映产品各部分具体造型特征的设计存在着上述众多的区别，是容易被普通消费者所觉察到的。二者的把手的造型也存在明显差异，对比文件把手中部向下方膨胀的造型适于消费者抓握，而本专利的把手则无此造型，对于把手这种普通消费者密切接触的部位存在明显差异，普通消费者是容易觉察到的。本专利熨斗熨烫面的尾端呈圆弧形，而对比文件熨斗熨烫面的尾端呈钝角形，对于熨斗类产品，熨斗熨烫面存在上述明显差异，普通消费者也是能够觉察到的。

据此，专利复审委员会认为：由于两产品的上部本体的后段及尾部这种构成两产品整体造型的重要组成部分存在非常明显的差别，足以让普通消费者在异时异地对比的情况下将二者区分开来；况且二者的水罐、把手、控制钮、熨斗熨烫面等诸多部位形状存在前述众多明显且实质性的区别，因此，两产品不可能被一般消费者所混淆，故二者属于不相同且不相近似的外观设计。

专利复审委员会据此作出第5350号决定：依据《专利法》第二十三条的规定，维持第98329756.8号外观设计专利权有效。

原告月立公司起诉称：1. 第5350号决定适用法律错误。对于电熨斗这类产品而言，消费者购买、使用时，注意的应是产品的前面部分，而不是其不易观察到的后端面，因此，被告从专业设计人员的角度将电熨斗的后端面认定为要部的做法是错误的。对于电熨斗产品的要部，应通过将对比文件的主视图与本专利的右视图及二者的立体图进行比较来确定，并在此基础上进行要部判断。2. 第5350号决定认定事实错误。本专利与对比文件在熨斗的底部形状、把手、喷嘴及温度调节旋钮等四个容易引起消费者注意部位均极为相似，足以造成消费者在购买时的误购误认。因此，二者是相近似的外观设计，第5350号决定中认为二者为不相近似的外观设计的结论是错误的。此外，第5350号决定中不仅认定本专利包含其公告文本中并未标示出的透明水罐，而且也没有以口审中双方争议的焦点以及所认定的事实作为判断相似性的依据，因此，第5350号决定认定事实是错误的。综上，原告请求法院撤销第5350号决定。

被告专利复审委员会辩称：1. 由于两产品的上部本体的后段及尾部这种构成两产品整体造型的重要组成部分存在非常明显的差别，且二者的水罐、把手、控制钮、熨斗熨烫面等诸多部位形状存在前述众多明显且实质性的区别，因此，两产品不可能被一般消费者所混淆，故二者属于不相同且不相近似的外观设计。2. 在2002年5月31日专利权人的意见陈述书中明确指出本专利具有一大致梨形的上部本体部分，其靠在一个矩形的下部本体部分上，该上部本体部分具有凹入的两侧面；而对比文件具有等腰三角形的形式，带有向外弯的两侧面和圆弧形的顶点。因此，月立公司认为第5350号决定不是根据本无效案中双方争议的焦点而作出的说法是片面的。3. 关于透明水罐的认定，被告认为在将两产品上的水罐的形状设计进行比较时，比较两者水罐的造型是关键，而水罐是否透明则无关紧要。综上，被告作出的第5350号决定适用法律正确，认定事实准确，请求法院予以维持。

第三人菲利浦公司述称：1. 本外观设计产品的每一个面（除烫面相对不容易观察外）都非常容易引起一般消费者的注意。由于普通消费者在使用电熨斗时，电熨斗的后部朝向使用者，因此这些部位也是消费者常见到的部位。月立公司认为消费者在购买使用时不会注意其后部的主张是错误的。2. 被告是在了解、比较两外观设计的基础上，发现彼此在水罐、把手、控制钮、熨斗烫面等多个部位存在差异之后，以一般消费者的眼光作出二者并不近似的判断的。月立公司认为专利复审委员会从专业设计人员角度进行判定的主张是错误的。3. 在判断外观设计相似性时，必须对所涉及的视图进行全面综合分析，单一的视图无法全面反映和体现一件完整产品的完整外观设计的，专利复审委员会在全面分析的前提下作出的二者相近似的结论是正确的。4. 对于透明水罐部分，因第5350号决定中仅就水罐部分的形状设计与对比文件进行了比较，并未涉及透明部分以内的形状、图案和色彩与对比文件进行比较，故月立公司所谓的被告认定事实不清是无根据的。综上，菲利浦公司认为，第5350号决定，认定事实清楚，适用法律法规准确，请求法院依法予以维持，驳回月立公司的诉讼请求。

原审查明事实

原审法院经审理查明：本专利是名称为“电熨斗”的外观设计专利，其申请日为1998年12月24日，授权公告日为1999年10月27日，申请号为98329756.8，专利权人为菲利浦公司。本专利授权公告包括7幅视图，即主视图、仰视图、俯视图、左视图、后视图、右视图和立体图（见附图）。

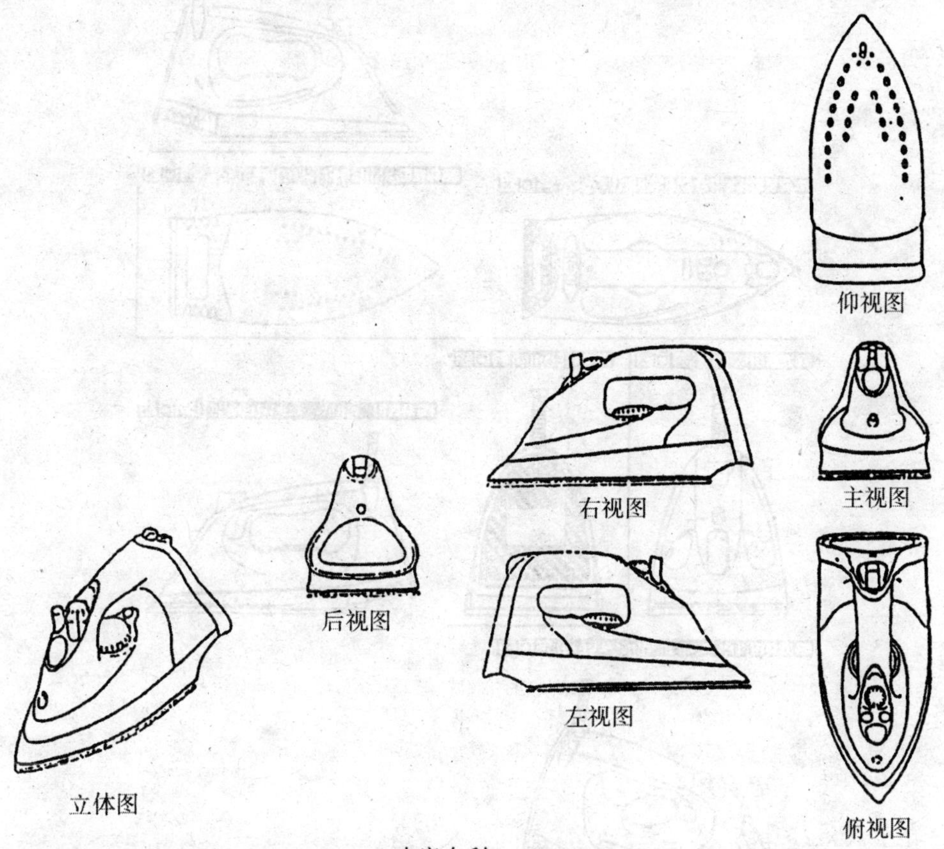

本案专利

针对本专利，月立公司于 2002 年 4 月 12 日向专利复审委员会提出无效宣告请求，理由是：本专利与本专利申请日前公开的 95301148.8 号外观设计专利相近似，故其授予不符合《专利法》第二十三条的规定。月立公司同时提交了 95301148.8 号外观设计专利公报作为证据（以下称对比文件）。该外观设计专利的授权公告日为 1996 年 6 月 26 日，其专利授权公报包括 7 幅视图，即主视图、仰视图、俯视图、右视图、左视图、后视图和立体图（见附图）。

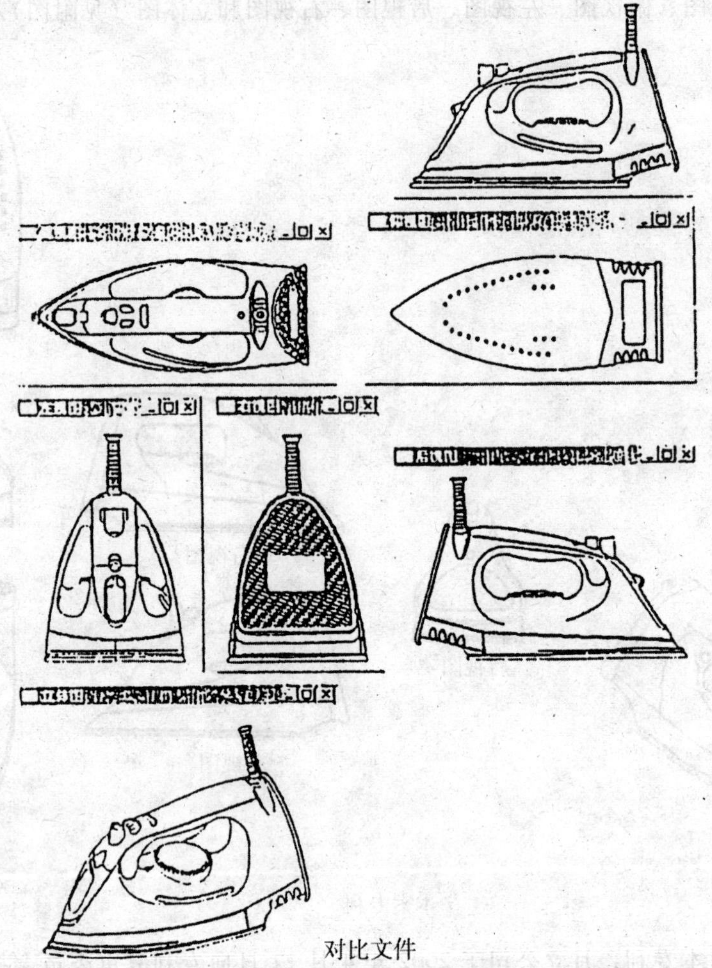

对比文件

针对月立公司的无效宣告请求，专利复审委员会于2003年1月13日进行了口头审理，并于2003年9月4日作出第5350号决定。

原审审理结果

原审法院认为：在进行外观设计相近似判断时，一般应采用整体观察、综合判断的原则，即由本专利的全部来确定是否与对比文件相近似，而不是从外观设计的部分或者局部出发得出结论。只有在特殊情况下，如外观设计产品在使用时存在特定朝向或者外观设计中部分设计属于常规设计的，才以产品朝向使用者的部分或者除常规性设计以外的部分作为要部与对比文件进行近似性判断。本案所涉产品为电熨斗，因消费者在使用时能够观察到该产品的各个面且原告未举证证明该产品含有常规设计部分，故本案不具备适用要部判断的条件。原告主张将对比文件的主视图与本专利的右视图及二者的立体图相比较从而确定要部并进行要部判断的主张不能成立。

被告在第5350号决定中虽然认定由于两产品的上部本体的后段及尾部这种构成两产品整体造型的重要组成部分存在非常明显的差别，足以让普通消费者在异时异地对比的情况下将二者区分开来，但被告并未将上述部位认定为要部，也未采取要部判断的原则，而是在此基础上结合其他视图指出了二者在水罐、把手、控制钮、熨斗熨烫面等其他诸多部位形状上的区别，并在综合考虑上述区别的情况下，作出了二者不会被一般消费者所混淆，从而属于不相同且不相近似的外观设计的认定。据此，原告认为被告在第5350号决定中错误地将电熨斗的后端面认定为要部的主张不能成立。

将本专利与对比文件进行比较可知，二者主要存在以下不同点：1. 本专利后端面为梨状，表面平滑，其下方有一半椭圆区域；对比文件的后端面为窝头形状，表面呈格栅状，在其中部有一长方形区域。2. 对比文件握柄前端有两个凸起的控制钮，但本专利没有。3. 本专利的前端为角度较大的流线型设计，对比文件的前端则为角度相对较小的钝角设计。4. 本专利的握柄处为平直设计，对比文件的握柄处则为有稍向下凸起的弧形设计。本院认为，二者在上述四个方面的不同设计，已经使本专利外观形状相对于对比文件有明显区别，并足以在整体上产生显著的视觉差异，不易使一般消费者对本专利的外观设计与对比文件的外观设计产生误认和混淆。因此，本专利外观设计与对比文件不属于相近似的外观设计，相对于该对比文件，本专利构成新设计。专利复审委员会据此认定本专利符合《专利法》第二十三条的规定是正确的。

综上，被告专利复审委员会作出的第5350号决定程序合法，证据充分，适用法律正确，应予维持。原告月立公司请求撤销该决定的理由不能成立，不予支持。依照《中华人民共和国行政诉讼法》第五十四条第（一）项之规定，判决如下：

维持国家知识产权局专利复审委员会第5350号无效宣告请求审查决定。

月立电器公司不服原审判决，提出上诉，请求撤销原审判决和专利复审委员会作出的第5350号无效宣告请求审查决定。理由是：原审判决书附图与其提交的证据不符；本专利与对比文件相比，属于相近似的外观设计，应当被宣告无效。

专利复审委员会、菲利浦电子公司服从原审判决。

二审查明事实

二审法院经审理查明：菲利浦电子公司于1998年12月24日向中国专利局提出名称为“电熨斗”的外观设计专利申请，申请号为98329756.8，并于1999年10月27日被公告授予专利权，专利权人为菲利浦电子公司。本专利授权公告包括7幅视图，即主视图、仰视图、俯视图、左视图、后视图、右视图和立体图（见附图1）。

针对本专利，月立电器公司于2002年4月12日向专利复审委员会提出无效宣告请求，理由是：本专利与本专利申请日前公开的95301148.8号外观设计专利相近似，故其授予不符合《专利法》第二十三条的规定。月立电器公司同时提交了95301148.8号外观设计专利公报作为证据。该外观设计专利的授权公告日为1996年6月26日，其专利授权公告包括7幅视图，即主视图、仰视图、俯视图、右视图、左视图、后视图和立体图（见附图2）。

针对月立电器公司的无效宣告请求，专利复审委员会于2003年1月13日进行了口头审理，并于2003年9月4日作出第5350号审查决定，维持98329756.8号外观设计专利权有效。理由是：月立电器公司提交的证据是名称为“熨斗”的95301148.8号外观设计专利公告，其申请日是1995年2月6日，授权公告日是1996年6月26日，均在本专利申请日之前，属于《专利法》第二十三条规定的出版物，可作为本专利的对比文件。将本专利与对比文件比较可知：本专利具有一尾部大致呈梨形的上部本体部分，梨形尾部内有一个半椭圆区域，其上部本体部分的后段具有向内凹的两侧面；而对比文件具有一尾部大致呈窝头形的上部本体部分，窝头形尾部内有一个扁长方区域，其上部本体部分的后段具有向外凸的两侧面。由于上述部位在两产品上占有很大的体积，是构成两产品整体形状设计的重要组成部分，且这些部位也是普通消费者易见到的部位，而二者的上述部位存在着显著的不同，普通消费者不可能对对比文件与本专利的上述不同点产生混淆。此外，本专利上部本体的底部呈椭圆形，并由一大致呈椭圆形的透明水罐部分所环绕；上部本体的前部有一个卵形元件，卵形元件下方有一个卵形的注水口，卵形元件后方有两个并置的圆柱形控制钮，圆柱形控制钮后方有一个圆形旋钮。而对比文件上部本体的底部没有被一圈透明水罐所环绕，且对比文件上部本体的前部有一个向前伸的小柱状凸起，其后方有一个向上凸起的柱状按钮，其后方有两个并置的牙形按钮。这些均能反映产品各部分具体造型特征的设计存在着上述众多的区别，是容易被普通消费者所觉察到的。二者的把手的造型也存在明显差异，对比文件把手中部向下方膨胀的造型适于消费者抓握，而本专利的把手则无此造型，对于把手这种普通消费者密切接触的部位存在明显差异，普通消费者是容易觉察到的。本专利熨斗熨烫面的尾端呈圆弧形，而对比文件熨斗熨烫面的尾端呈钝角形，对于熨斗类产品，熨斗熨烫面存在上述明显差异，普通消费者也是能够觉察到的。据此，专利复审委员会认为：由于两产品的上部本体的后段及尾部这种构成两产品整体造型的重要组成部分存在非常明显的差别，足以让普通消费者通过异时异地对比将二者区分开来；况且二者的水罐、把手、控制钮、熨斗熨烫面等诸多部位形状存在前述众多明显且实质性的区别，因此，两产品不可能被一般消费者所混淆，故二者属于不相同且不相近似的外观设计。专利复审委员会据此作出第 5350 号决定：依据《专利法》第二十三条的规定，维持 98329756.8 号外观设计专利权有效。

二审审理结果

二审法院认为：判断两项外观设计是否相同或者相近似时，一般原则是应当基于被比外观设计产品的一般消费者的知识水平和认知能力进行评价，而一般消费者在对外观设计产品之间在形状、图案以及色彩上的差别具有一定的分辨力，但不会注意到产品的形状、图案、色彩的微小变化。本专利产品是电熨斗，属于一般产品，一般消费者在购买、使用该产品时，不存在相对于其他部位明显地引起注意的部位，因此，在进行相同或相近似判断时，经过整体的观察后，应当采取综合判断的方法。也就是说，需要通过对两项外观设计各个视图均进行观察，概括出各个视图的差异对整体视觉效果的影响，最终得出是否构成相近似的结论，而不仅仅考虑某个或某几个视图。但是，当某个或某几个视图之间的差异足以使一般消费者可以将两项外观设计区分开来时，显然整体上也是不相近似的。专利复审委员会作出的第 5350 号决定不只考虑了两项外观设计尾部的差异，还指出了二者在水罐、控制钮、把手、熨烫面尾端等处的区别，在此基础上认定二者属于不相同且不相近似的外观设计。所以，专利复审委员会采取的是综合判断的方法，月立电器公司上诉提出第 5350 号决定是采取要部判断的方法缺乏事实依据，不予支持。

本专利与对比文件相比，本专利的主视图、后视图分别对应于对比文件的左视图、右视图。前者为梨形，后者为窝头形，可以看出二者在形状上有明显的区别，而且影响了外观设计的整体形状。从其他视图上看，二者的控制按钮、握柄部分区别亦较为明显，一般消费者施以普通注意力是能够分辨出来的。由于存在这些差异，二外观设计在整体上是不相同和不相近似的。对此，第 5350 号决定以及原审判决的认定并无不当。

月立电器公司上诉提出原审判决书附图与其提交的对比文件不符，经核对，原审判决书对比文件附图与上诉人提交的文本相比，比例尺寸略有出入，系文书排版所致，并未影响原审判决对事实的认定。因此，月立电器公司提出原审判决根据错误的附图，作出了错误的结论的上诉意见不能成立，本院不予支持。

综上，月立电器公司关于原审判决认定事实不清、适用法律错误的上诉理由，缺乏证据支持，本院不予采信。专利复审委员会作出的第5350号决定和原审判决认定事实清楚，程序合法，适用法律正确，应予维持。故依照《中华人民共和国行政诉讼法》第六十一条第一款第（一）项之规定，判决如下：

驳回上诉，维持原判。

一、二审案件受理费各1 000元，均由浙江月立电器有限公司负担。

10. “中西药组方静脉滴注”发明专利权复审纠纷案

——饶家叙诉国家知识产权局专利复审委员会

原告（上诉人）： 饶家叙
被告（被上诉人）： 国家知识产权局专利复审委员会
案由： 专利复审纠纷

原审案号： 北京市第一中级人民法院（2003）一中行初字第645号
原审合议庭成员： 张广良、仪军、赵明
原审结案日期： 2003年12月8日
二审案号： 北京市高级人民法院（2004）高行终字第66号
二审合议庭成员： 程永顺、岑宏宇、刘辉
二审结案日期： 2004年11月18日

判决要旨

发明专利的说明书应当对发明作出清楚、完整的说明，以所属技术领域的技术人员能够实现为准。发明专利申请说明书没有说明缩略语及符号的含义，同时前述缩略语及符号也具有多种含义的，不符合《专利法》二十六条第三款的规定。本领域普通技术人员通过发明专利申请的权利要求和说明书不能预见该发明的使用效果，因而不能实施该技术方案的，该发明申请亦不符合《专利法》二十六条第三款的规定。

起诉与答辩

专利复审委员会第1810号复审请求审查决定（以下简称第1810号决定）认定：

《专利法》第二十六条第三款规定，说明书应当对发明作出清楚、完整的说明，以所属技术领域的技术人员能够实现为准。因此，为满足《专利法》第二十六条第三款的要求，说明书至少应当满足以下要求：1. 说明书中的各种符号及缩略语均应是本领域技术人员公知的，或者在说明书中作出了相应的注释或说明。2. 对于以活性成分为特征，且各成分的含量对于其药效有影响的新的药物制剂而言，表述清楚、完整的说明书不仅应具体公开各种活性成分，还应当明确记载各种活性成分之间的配比，以及实施说明书中所记载的技

术方案可以达到的效果。

具体就本申请而言:

1. 说明书中在描述各种制剂的组成时，使用了如“GNC”、“Co.”和“GS”等表达方式，这些缩略语及符号有多种含义，由于在说明书中没有对这些符号和缩略语进行说明，因此，无法确认这些符号及缩略语的确切含义。

2. 请求人要求保护的权利要求 1 实质为一种中西药组方静脉滴注液的配制方法。本领域技术人员都知道，一种组方药物的配制方法中应该明确给出所使用的各种药物的用量范围以及相应的效果。因为一种组方药物中各成分含量的改变极有可能导致该药物达不到应有的疗效，甚至导致毒副作用。由于药物是直接给患者使用的，在仅仅知道一种组方药物的成分种类，但不知道各成分的准确用量和效果时，本领域技术人员不能预见其使用效果。本发明说明书记载的技术方案中指出，所述滴注液以糖盐水 500ml 为基本液体，再将供肌肉注射用的中药注射液小安瓿（几毫升）和其他西药注射液（安瓿）锯开，加至糖盐水中。在说明书中同时公开了 101 种液剂的配方，但均没有给出各组分的配制用量。虽然请求人在答复复审通知书时指出，中药注射液为几毫升（3－9 毫升），其他西药注射液（1 安瓿），但该具体用量在原始公开的文本中没有记载，不能作为判断本发明是否充分公开的依据。

综上所述，本申请的说明书对于要求保护的技术方案没有作出清楚、完整的说明，本领域技术人员在现有说明书公开的技术内容的教导下，无法将其付诸实践来达到说明书中所提及的效果。据此，被告作出第 1810 号决定，维持专利局于 1996 年 4 月 19 日对第 90108585. 5 号发明专利申请作出的驳回决定。

原告饶家叙诉称：第 1810 号决定的要点是本专利申请中不应使用拉丁语及药物配比不清楚，从而公开不充分。关于在本专利申请中是否可使用拉丁语的问题，原告认为，中药自古以来就是药罐煨药，直到解放后，医务人员和科技人员们才发明了中药注射液。原告是将当时（1990 年）的中药肌肉注射的注射液加入西药大输液中（另加部分西药注射液），使之大大提高一个档次，也就是直接进入血液中。而当时所使用的西药大输液的注射液主要是：5％的葡萄糖注射液、10％的葡萄糖注射液、生理盐水和葡萄糖氯化钠注射液。原告使用的中药注射液就是要在这些大输液中才能使用，这是公理，也是常理，在全国各大中小医院，是司空见惯的事。原告也按常规使用了几个拉丁语，不料专利复审委员会认为医药领域一般技术人员看不懂这几个医用常用拉丁语，而原告认为这些拉丁字在医生平日常用药中也不会引起歧义。关于配比不清楚的问题，原告认为其发明就是将中药肌肉注射液加入到西药大输液中，由西药大输液（500ml）、中药肌肉注射液（几毫升）、西药注射液（安瓿）组成。其配比在说明书中有明确记载（101 个配方），在使用数量上也不会引起歧义。综上，原告认为被告所作的第 1810 号决定在认定事实和适用法律上是不正确的，请求法院依法撤销该决定。

被告专利复审委员会辩称：第 1810 号决定认定事实清楚，适用法律正确，审理程序合法。在第 1810 号决定中已经明确指出："本领域技术人员都知道，一种组方药物的配制方法中应该明确给出所使用的各种药物的用量范围以及相应的效果。因为一种组方药物中各成分含量的改变极有可能导致该药物达不到应有的疗效，甚至导致毒副作用。由于药物是直接给病人使用的，在仅仅知道一种组方药物的成分种类，但不知道各成分的准确用量和效果时，本领域技术人员不能预见其使用效果。本发明说明书记载的技术方案中指出，所述滴注液以糖盐水 500ml 为基本液体，再将供肌肉注射用的中药注射液小安瓿（几毫升）和其他西药注射液（安瓿）锯开，加至糖盐水中。在说明书中同时公开了 101 种液剂的配方，但均没有给出各组分的配制用量。虽然请求人在答复复审通知书时指出，中药注射液为几毫升（3~9 毫升），其他西药注射液（1 安瓿），但该具体用量在原始公开的文本中没有记载，不能作为判断本发明是否充分公开的依据。由于本申请的说明书对于要求保护的技术方案没有作出清楚、完整的说明，本领域技术人员在现有说明书公开的技术内容的教导下，无法将其付诸实践来达到说明书中所提及的效果。"原告对于上述认定并没有提出任何具有实质内容的反驳意见。基于上述事实，原告在起诉状中所列理由及事实不能成立，请求法院驳回原告的诉讼请求，维持专利复审委员会第 1810 号决定。

原审查明事实

原审法院经审理查明：饶家叙于 1990 年 10 月 17 日向原中国专利局申请了名称为"中西药组方静脉滴注"的发明专利（以下简称本申请），申请号为 90108585.5，公开日为 1991 年 11 月 20 日。本申请原始公开的权利要求 1 的内容如下：

1. 本发明涉及医药领域。

本发明的特征是把现有的中药肌肉注射的药品和部分西药注射液按照中西医结合的理论，加入西药大输液的注射液中，按照中医君臣佐使的方法创造了新的药物，也改变了原有中药注射液的给药途径，这些新的药物从静脉滴入人体。

具体操作如下：一般是用糖盐水 500ml 作基本液体。再将中药注射液（供肌注用的）小安瓿（一般是几毫升）和其他西药注射液（安瓿）锯开后，加入大输液（指糖盐水）中。即可开始输给病人（从静脉中）。

101 种组合方式

组方

5%GNC + 板蓝根 + Vit c

10%GS + 板蓝根 + Vit c

5%GS + 板蓝根 + Vit c

Co. Nacl + 板蓝根 + Vit c

5%GNC + 参麦针 + Vit c

Co. Nacl + 参麦针

5%GNC + 参麦针

Co. Nacl + Co. 黄连素

0.9%Nacl + Co. 黄连素

0.9%Nacl + Co. 黄连素 + Vit c

5%GNC + Co. 丹参 + 板蓝根 + Vit c

5%GNC + Co. 丹参 + 红花 + Vit c

5%GNC + Co. 黄连素

5%GNC + Co. 丹参 + 红花

Co. Nacl + 柴胡

Co. Nacl + Co. 丹参 + 红花 + Vit c

5%GNC + Co. 黄连素 + Vit c

Co. Nacl + Co. 黄连素 + Vit c

Co. Nacl + 板蓝根 + Co. 丹参 + 柴胡 + Vit c

…。

10%GS + 鱼腥草。

本申请原始公开说明书记载，本发明在于把现有中药肌肉注射的药品和部分西药注射液按照中西医结合的理论，加入西药大输液的注射液中，按照中医君臣佐使的配伍方法，创造了新的药物，也改变了原有中药注射液的给药途径，这些新的药物从静脉滴入人体，直接到达心脏，从而循环全身，使药物能迅速为人体所吸收，从而既安全又快速的达到抢救急病和治愈疑难病的目的。

专利局原审查部门认为：本申请说明书中没有记载大输液，即糖盐水浓度和 101 种组方中各注射液的配比用量，也没有对其中所使用的符号“GNC”、“GS”和“CO”的含义作出说明，因而本申请不符合《专利法》第二十六条第三款的规定，故于 1996 年 4 月 19 日驳回了该申请。

饶家叙不服该驳回决定，于 1996 年 6 月 17 日向专利复审委员会提出复审请求，其主要理由为：原始公开的说明书中对于要求保护的技术方案的描述是清楚明白的，一般专业技术人员完全能按照这一描述实施。

专利复审委员会对本申请进行了审查后发出了复审通知书，指出饶家叙应当对说明书中使用的各种符号及缩略语进行说明，同时指出饶家叙要求保护的权利要求实质为一种中西药组方静脉滴注液。在仅仅教导一种组方药物的成分种类，但不知道各成分的准确用量时，本领域技术人员不能将其直接给患者使用，也就是说，本领域技术人员在本申请说明书公开技术内容教导下，无法将其付诸实践来达到说明书中所提及的效果。

饶家叙在 2000 年 3 月 15 日对上述通知书进行了答复，但仍没有给出说明书中所用符号及缩略语的具体含义。同时饶家叙指出：大输液（如糖盐水）500 毫升、中药注射液几毫升（3 ~ 9 毫升）、西药注射液（1 安瓿）即可达临床使用的要求。

在本案诉讼过程中，原、被告均向本院提交了本申请公开说明书、第 1810 号决定书来证明各自的主张。

在庭审过程中，被告为了证明原告在专利申请说明书中使用的“GNC”、“Co.”和“GS”等缩略语及符号具有多种含义，向本院提交了由科学出版社出版的《英汉化学化工词汇》（1984 年 8 月第三版）第 1534、1535 页复印件。在该工具书中，“GS glycol succinate”的中文释义为“乙二醇丁二酸酯”，原告则认为，“GS”是葡萄糖的缩写，并当庭出示了《医学拉丁语》一书，但承认该书并未指明“GS”等缩略语的含义，只是主张本领域普通技术人员如医药领域普通大学生在学完该书后应该知道其含义。

原审审理结果

原审法院认为：《专利法》第二十六条第三款规定，说明书应当对发明或者实用新型作出清楚、完整的说明，以所属技术领域的技术人员能够实现为准。也就是说，说明书应该满足充分公开发明或实用新型的要求。

在本申请中，原告要求保护的权利要求 1 实质为一种中西药组方静脉滴注液的配制方法，在说明书中同时公开了 101 种液剂的配方。但在说明书中描述各种液剂的组成时，原告使用了“GNC”、“Co.”和“GS”等缩略语及符号。被告认定上述缩略语及符号有多种含义，并以“GS”为例作出了说明，对此原告没有相反的证据予以反驳，且其无证据证明这些缩略语及符号对本领域的普通技术人员来说是公知的，且含义是确切的。此外，原告在说明书中亦未对上述缩略语及符号作出相应的注释或说明，以使所属领域的技术人员能够清楚、准确地理解该发明。

本申请说明书中所公开的101种液剂的配方，虽公开了每一种配方的组分，但没有给出各组分之间的配比，使得本领域技术人员无法预见该液剂的使用效果。虽然，原告在答复复审通知书中明确了中药注射液为几毫升（3－9毫升），其他西药注射液（1安瓿），但此并未记载在原始公开的文本中，不能作为判断本发明是否充分公开的依据。

综上所述，本申请的说明书未对要求保护的技术方案作出清楚、完整的说明，不符合《专利法》第二十六条第三款的规定。原告的诉讼理由不能成立。专利复审委员会的第1810号决定认定事实清楚，适用法律正确，程序并无不当，应予维持。依照《中华人民共和国行政诉讼法》第五十四条第一项之规定，本院判决如下：

维持国家知识产权局专利复审委员会第1810号复审请求审查决定。

饶家叙不服原审判决，提起上诉。理由是：在“中西药组方静脉滴注”发明专利申请说明书中使用的拉丁语在医生日常用药中不会引起歧义；其中记载的药物配比是清楚的。请求二审法院撤销专利复审委员会的第1810号决定；责令国家知识产权局发给“中西药组方静脉滴注”发明专利《专利证书》。

专利复审委员会服从原审判决。

二审查明事实

二审法院查明的事实与原审法院查明的事实基本相同，另查明：在原审法院开庭审理时，饶家叙在回答原审合议庭关于“认为GS是葡萄糖有无依据”的询问时，陈述：“在药店买药时就能看到，另外，我认为本领域普通技术人员是医药领域的普通大学生，这儿有一本《医学拉丁语》，是他们都要学习的。”在回答一审合议庭“书中哪一部分指明这些符号的含义”的提问时，饶家叙陈述：“没有提及，书中没有明确指出，但是学完了就知道。”

二审审理结果

二审法院认为：发明专利的说明书应当对发明作出清楚、完整的说明，以所属技术领域的技术人员能够实现为准。

本案中，饶家叙提出的“中西药组方静脉滴注”发明专利申请的权利要求1公开的实质是一种中西药组方静脉滴注液的配制方法。在“中西药组方静脉滴注”发明专利申请的权利要求1和说明书中记载了101种液剂的组成，在该专利申请权利要求1和说明书中饶家叙使用了“GNC”、“Co.”和“GS”等缩略语，但是饶家叙在“中西药组方静脉滴注”发明专利申请说明书中没有说明这些缩略语及符号的含义，同时这些缩略语及符号也具有多种含义。在专利复审委员会认定“GNC”、“Co.”和“GS”等缩略语及符号具有多种含义，并且以“GS”为例对其认定进行说明后，饶家叙没有提出任何证据支持其所提出的“Co.”和“GS”等缩略语及符号是本领域普通技术人员公知的、其含义是确切的主张。

“中西药组方静脉滴注”发明专利申请的权利要求1和说明书中记载的101种液剂的配方，虽然公开了每种配方的组分，但是没有公开每个配方中各组分之间的配比，本领域普通技术人员通过阅读“中西药组方静脉滴注”发明专利申请的权利要求1和说明书不能预见该配方的使用效果，因而不能实施该技术方案。饶家叙虽然在其2000年3月15日对专利复审委员会意见通知书的答复中明确中药注射液为几毫升（3~9毫升）安瓿，其他西药注射液（1安瓿），但在“中西药组方静脉滴注”发明专利申请说明书中没有记载上述内容，且该内容也不能补入到“中西药组方静脉滴注”发明专利申请说明书中，因此，饶家叙的上述说明不能作为判断“中西药组方静脉滴注”发明专利申请公开是否充分的依据。

饶家叙的上诉理由均不能成立，其上诉请求，本院不予支持。

综上，一审判决认定事实清楚，适用法律正确。依据《中华人民共和国行政诉讼法》第六十一条第一款第（一）项的规定，判决：

驳回上诉，维持原判。

一审案件受理费1 000元，由饶家叙负担；二审案件受理费1 000元，饶家叙以其生活困难为由提出免交的申请，本院经审查，决定免收其二审案件受理费。

11. "一种混铁车"发明专利权无效纠纷案

——鞍钢附企冶金车辆厂诉国家知识产权局专利复审委员会

原告（被上诉人）：鞍钢附企冶金车辆厂
被告（原审被告）：国家知识产权局专利复审委员会
第三人（上诉人）：大连重工集团有限公司
案由：专利权无效纠纷

原审案号：北京市第一中级人民法院（2004）一中行初字第118号
原审合议庭成员：姜颖、仪军、赵明
原审结案日期：2004年6月21日
二审案号：北京市高级人民法院（2004）高行终字第319号
二审合议庭成员：程永顺、刘辉、岑宏宇
二审结案日期：2004年12月9日

判决要旨

技术偏见是指在某段时间内、在某个技术领域中，技术人员对某个技术问题普遍存在的、偏离客观事实的认识。在判断是否存在技术偏见时需要考虑：可称之为偏见的认识至少应当是具有指导意义的认识，且人们长期形成了某种偏离客观事实的认识。对于克服了偏见的发明，应当在说明书中对存在的技术偏见有所记载，或者有其他证据证明确实存在技术偏见，并应解释为什么说该发明克服了偏见，新的技术方案与偏见之间的差距以及为克服偏见所采用的技术手段。

起诉与答辩

专利复审委员会第5544号无效宣告请求审查决定（以下简称第5544号决定）系专利复审委员会就鞍钢附企冶金车辆厂（以下简称鞍钢车辆厂）针对大连重工集团有限公司（以下简称大连重工公司）享有的第95113931.2号发明专利（以下简称本专利）所提出的无效宣告请求作出的。专利复审委员会在该决定中认定：1. 关于现有技术。鞍钢车辆厂提供的证据1的公开日在本专利申请日之前，可以作为本专利现有技术的对比文件。鞍钢车辆厂提供的证据2、补充证据1－6证明了大连重工公司曾制造了320t混铁车，并在本专利

申请日前移交给马鞍山钢铁公司，但大连重工公司提交的附件1证明大连重工公司制造的320t混铁车在马鞍山钢铁公司内部使用，特别是附件1第8页证明大连重工公司开发研制的本专利产品是由马鞍山钢铁公司承担工业性试验及运行，马鞍山钢铁公司作为特定人在工业性试验及运行中应当承担保密义务，因此这种特定人的内部试验不能构成本发明技术方案的公开使用。鞍钢车辆厂提供的补充证据7是内部图纸，鞍钢车辆厂没有提供相关的辅助证据，以构成证明图纸所涉及的产品在先公开的完整的证据链，补充证据7不能构成本专利的现有技术。补充证据8和9是图册，其中没有公开技术信息，人们无法从补充证据8和9直接获得本专利的整体技术方案，不能构成本专利的现有技术。补充证据10－12是鞍钢车辆厂的内部图纸，大连重工公司对补充证据10－12的真实性提出异议，即使考虑鞍钢车辆厂提供的补充证据10－12是内部图纸，鞍钢车辆厂没有提供相关的辅助证据，以构成证明图纸所涉及的产品在先公开的完整的证据链，也不能构成本专利的现有技术。鞍钢车辆厂提供的补充附件1－3是公知常识的证据，可以作为本专利现有技术的对比文件。总之，在鞍钢车辆厂提供的证据中，可以用于评价本专利专利性的现有技术证据为证据1、补充附件1－3。2. 关于本专利是否符合《专利法实施细则》第二条第一、二款。本专利是一种混铁车的发明专利，是对混铁车的结构提出的新的技术方案，符合专利法意义上的发明专利。3. 关于新颖性。在本专利中，支撑圆筒13内的两端装有可拆卸的端盖11，端盖11是用螺栓与支撑圆筒连接的，检修时，可以打开两侧的端盖，由此可以证明该端盖在支撑圆筒的端部，而鞍钢车辆厂提供的证据1和补充附件1－3现有技术中，均没有公开位于支撑圆筒端部的端盖，因此本专利具有《专利法》第二十二条第二款规定的新颖性。从属权利要求2－5是以技术特征对其所直接引用的权利要求1的进一步限定，在权利要求1具有新颖性的前提下，同样具有新颖性。4. 关于创造性。在本专利中，支撑圆筒13内的两端装有可拆卸的端盖11，端盖11是用螺栓与支撑圆筒连接的，检修时，可以打开两侧的端盖，由此可以证明该端盖在支撑圆筒的端部。鞍钢车辆厂提供的证据1公开了一种混铁车，该混铁车的罐体由中间圆筒、圆锥筒和支撑筒三部分构成，封闭装纳铁水空间的盖板安装在圆锥筒内，并且鞍钢车辆厂认为：这种盖板只能安装在圆锥筒内，而不能安装在支撑圆筒的端部，否则该混铁车不能正常工作。与证据1相比较，本专利的区别特征在于支撑圆筒内的两端装有可拆卸的端盖，即该端盖安装在支撑圆筒的端部，这种改进使罐体的中间圆筒、圆锥筒和支撑筒三部分可均用于装纳铁水，由此扩大了装纳铁水空间，因此本专利具有有益的技术效果，同时克服了技术上的偏见，本专利与证据1相比较，具有突出的实质性特点和显著的技术进步。补充附件 1 -3 没有公开端盖安装在支撑圆筒的端部这一技术特征，从补充附件 1 - 3 中也不能得到这样的启示，本专利与补充附件 1 - 3 相比较，具有突出的实质性特点和显著的技术进步。此外，与证据 1、补充附件 1 - 3 及它们的结合相互比较，本专利同样具有突出的实质性特点和显著的技术进步，具有《专利法》第二十二条第三款规定的创造性。从属权利要求 2 - 5 是对权利要求 1 的进一步限定，在权利要求 1 具有创造性的前提下，同样具有创造性。因此，被告作出第 5544 号决定，维持本专利权有效。

原告鞍钢车辆厂诉称：1. 第 5544 号决定认定的主要事实不清。(1) 对补充证据 10 的认定是错误的。因补充证据 10 是构成本专利现有技术证据链之一，其与补充证据 7 是同一张图纸的复印件，且该图示结构与补充证据 6 所示结构完全相同，都是大连重工公司用来证明图示结构与本专利保护内容完全相同的侵权证据。而补充证据 11、12 则是补充证据 10 中的部件图，它们也都是用来证明大连重工公司的专利产品具体结构的。如果补充证据 10 - 12 是不真实的，那么大连重工公司向沈阳市中级人民法院提供的作为专利侵权证据的补充证据 6、7 就不具真实性。(2) 对现有技术证据的认定是片面的。证据 2 证明了大连重工公司在申请日前与马鞍山钢铁公司有销售行为，而补充证据 1 - 12 则是对这一销售行为及所涉及产品的具体结构的进一步证明，是本专利所要求保护的技术内容的在先公开的完整的证据链，缺一不可，证据 2 和补充证据 1 - 12 足以构成本专利的现有技术。(3)《专利法实施细则》第二条第一款规定发明专利应是对产品的结构提出的新的技术方案，而原告提出的证据证明，本专利所要求保护的技术内容已被证据 1 所覆盖，证据 2 和补充证据 1 - 12 证明其已公开使用，因此不符合该款要求。(4) 对新颖性的认定是错误的。从补充证据 1 - 12 以及大连重工公司向专利复审委员会提交的附件 1 中均可以看出“罐体两端开盖机构便于拆、砌耐火衬作业”，该专利所要保护的技术内容已包含在证据 1、证据 2 及其补充证据 1 - 12 的对比文件中，因此，本专利不具备《专利法》第二十二条第二款规定的新颖性。(5) 对创造性的认定是武断的。第 5544 号决定认为本专利之所以有创造性的惟一理由是：“本专利的区别特征在于支撑圆筒内的两端装有可拆卸的端盖，即该端盖安装在支撑圆筒的端部，这种改进使罐体的中间圆筒、圆锥筒和支撑筒三部分可均用于装纳铁水，由此扩大了装纳铁水空间，因此本专利具有有益的技术效果，同时克服了技术上的偏见。”而在大连重工公司提交专利复审委员会的附件 1 中对产品主要特征“通风好、便于维修”的描述，却是“由于筒型车罐体二端的端盖可以打开，罐内温度能够迅速通风下降，从而缩短了维修时间，同时从二端可以进入罐内工作，改善了工作条件，降低了劳动强度，同时也为机械拆砖和运砖创造了条件”。另外，该专利说明书的文字描述及其附图结构所示中，均没有公开该“端盖位于支撑筒的端部”的结构特征。由证据1和证据2可见，端盖是安装在罐体两端的，并不是决定中主观臆断的“安装在支撑圆筒的端部”。因此，决定对创造性的认定是武断、不公正的。2. 决定的理由定性上有误，导致决定要点于法无据。由于专利复审委员会的决定理由是错误的，所以其决定的要点亦是错误的。（1）对于作为商品买卖又没有保密条款约束的产品进行工业性试验及运行的用户是特定人的认定没有法律根据，完全是人为的武断，有失公正。（2）对创造性的有益效果的认定完全是人为的凭空想象，得不到说明书的支持，不符合《专利法》第二十二条第三款创造性的规定，适用法律错误。综上，原告请求法院撤销第5544号决定。

被告专利复审委员会辩称：1. 在无效宣告请求中，从鞍钢车辆厂提供的证据2和补充证据1－6中可以认定下述事实：在本专利研究设计过程中，大连重工公司制造了专利产品，并且在马鞍山钢铁公司内完成了工业性试验及运行。然而根据附件1、2可知，马鞍山钢铁公司为与大连重工公司共同参与研究，负责工业性试验及运行，这种承担工业性试验及运行的特定人负有保密义务，因此，这种特定人的内部工业性试验及运行不能构成本发明技术方案的公开使用。鞍钢车辆厂提供的补充证据7、补充证据10－12是内部图纸，不能构成本专利的现有技术；补充证据8和9是图纸，其中没有公开技术信息。2. 在口头审理过程中，鞍钢车辆厂和大连重工公司就证据1公开的技术特征与本专利进行了比较，并就本专利混铁车支撑筒端部设置端盖这一技术特征分别陈述了意见，在此基础上，被告作出第5544号决定。因此，被告认为原告所述事实和理由不能成立，请求法院维持第5544号决定。

第三人大连重工公司没有提交书面意见，其在庭审中表示同意被告的答辩意见，认为被告作出的第5544号决定正确，应予维持。

原审查明事实

原审法院经审理查明：1988年5月20日，马鞍山钢铁公司与大连重型机器厂签订马钢320t筒型混铁水车订货合同，约定马鞍山钢铁公司向大连重型机器厂购买320t筒型混铁水车12辆。1991年11月，马鞍山钢铁公司又购买同样产品2辆。1995年7月18日，马鞍山钢铁股份有限公司修建工程公司出具《320t混铁车设备运行报告》，其中记载到：由大连重型机器厂制造的14台混铁车，在马鞍山钢铁股份有限公司投入运行后，经过15个月的运行证实，运转正常。1995年11月29日，机械工业部重大装备司组织专家对大重集团公司完成的“320t筒型混铁水车”进行鉴定，并出具了《科学技术成果鉴定证书》，认为："1990 年 14 台 320T 筒型混铁水车竣工出厂后，于 1994 年 4 月至 1995 年 7 月在马钢连续 15 个月负载运行……至今负载运行已达 19 个月，设备使用良好，运行正常。"在该《科学技术成果鉴定证书》"主要技术文件目录及提供单位"中写明：《设备运行报告》由马鞍山钢铁股份有限公司提供；在"主要完成单位和协作单位名单"中列明：马鞍山钢铁股份有限公司为协作单位，负责工业性试验及运行。在庭审中，被告和第三人对于该 14 台混铁车于 1994 年 4 月投入使用的事实没有异议，但认为这种使用属于工业性试验和运行。

1995 年 11 月 13 日，大重集团公司向原中国专利局提出名称为"一种混铁车"的发明专利申请，该申请于 1999 年 1 月 20 日被授权公告，专利号为 95113931.2，专利权人为大重集团公司。2003 年 6 月 13 日，本专利的专利权人由大重集团公司变更为大连重工公司。本专利授权公告的权利要求包括独立权利要求 1 及其从属权利要求 2－5，其中，权利要求 1 的内容如下：

一种混铁车，由走行装置、台架、倾翻机构、罐体组成，每辆车有两组台架，台架安放在两套走行装置上，罐体由两端台架托起，倾翻机构装在传动侧台架上，其特征在于上述罐体外形中间为圆筒，两端各有一个支撑圆筒，两者之间用圆锥筒连接焊在一起而成，两端支撑圆筒内装有可拆卸的端盖，支撑圆筒外部装有承重滚圈，传动侧支撑圆筒外部装有链轮，链轮用链条连接倾翻机构。

在本专利的说明书中记载有如下内容：原有的鱼雷型混铁车有如下缺点：倾翻机构采用直齿开啮合传动，其工作时噪声和振动较大……倾翻旋转是通过耳轴与轴承座滑动摩擦实现的，加大了摩擦力，降低了传动效率。鱼雷型罐体由于两端不能开盖通风，车体内的高温，短时间内不能冷却，而且维修时罐体内的拆砖、废砖运出和新砖运入，基本上靠人工体力劳动，无法实现机械化操作，使维修时间过长，作业条件恶劣。本专利采用内导式齿形链……它有传动平稳、振动和噪声低的特点……罐体两端的支持圆筒装有可拆卸的端盖，维修时打开端盖，使空气流通，罐内温度下降快，便于检修，拆砖机杆可以通过两端伸进罐体进行拆砖，小型皮带运输机页可进入罐内进行运送砖块，实现了用机器操作代替人工作业，缩短了维修时间。

2002 年 10 月 10 日，鞍钢车辆厂针对本专利向专利复审委员会提出无效宣告请求，其请求的理由是本专利不符合《专利法》第二十二条第二款、第三款和实施细则第二条第一款、第二款及第三十条的规定。在无效程序中，原告提交了 17 份证据，其中：

证据 1 系日本公开特许公报（A）1984－209953 及中文译本（简称对比

文件)，公开日为1984年11月28日。对比文件公开了一种运送铁水用的铁水罐车，罐车用多轴转向台车支撑炉体两端部，炉体为全长几乎同径的圆筒状结构，两端部为较短的圆锥部，有若干缩径，圆筒形的中空支撑筒部，整体设在其外侧，在圆锥部内，固定有开口的端板，关闭该开口的盖板，利用止固螺栓等可取出的手段，固定在端板上。通过取出炉体两端盖板，除去内侧的耐火砖，能够打开炉体的两端，更换炉体内的耐火砖极其容易。由于支撑筒部设置在该盖板的外方，炉体内的铁水热量很难传导到筒部，因此，很少发生热变形。从附图6中可以看出，其盖板是设置在圆锥部中间偏向支持圆筒的地方。

补充证据10系AY02A－00－00 320t筒型混铁车总装配图复印件。

2003年10月8日，专利复审委员会作出第5544号决定。

在庭审中，鞍钢车辆厂主张本专利的端盖只能设置在支撑圆筒靠近圆锥筒的一端；被告则认为本专利的端盖是设置在支撑圆筒的最外端。

原审审理结果

原审法院认为：

1. 关于现有技术。专利法意义上的现有技术应当是在申请日以前公众能够得知的技术内容。处于保密状态的技术内容由于公众不能得知，因此不属于现有技术。所谓保密状态，不仅包括受保密协议约束的情形，还包括社会观念或者商业习惯上被认为应当承担保密义务的情形。原告提交的补充证据10是一张图纸，从中看不出公开日期，也没有其他证据证明在本专利申请日以前公众能够得知，第5544号决定认定其不构成本专利的现有技术是正确的。

2. 关于《专利法实施细则》第二条第一款。《专利法实施细则》第二条第一款规定："专利法所称发明，是指对产品、方法或者其改进所提出的新的技术方案。"该规定是对发明专利保护客体的限定，即作为专利法保护客体的发明应该是针对产品、方法或者其改进所提出的技术方案。而其中所说的"新的"是针对授予专利权的发明所提出的基本要求。本专利是一种混铁车的发明专利，是对混铁车这种产品的结构提出的技术方案，因此符合《专利法实施细则》第二条第一款的规定。至于原告关于本专利不是新的技术方案的主张，应该按照《专利法》第二十二条的有关规定进行审查。

3. 关于新颖性。发明专利的新颖性，是指在申请日以前没有同样的发明在国内外出版物上公开发表过、在国内公开使用过或者以其他方式为公众所知，也没有同样的发明由他人向国务院专利行政管理部门提出过申请并且记载在申请日以后公布的专利申请文件中。本案中，虽然在本专利申请日之前，大连重型机械厂将14台混铁车出售给马鞍山钢铁公司并于1994年4月在马鞍山钢铁公司投入使用，但由于马鞍山钢铁公司系本专利研制过程中的协作单位，负责专利研制过程中的工业性试验及运行，马鞍山钢铁公司在这过程中负有协作及保密义务，因此这种工业性试验及运行不构成使用公开。原告关于从1994年4月后在马鞍山钢铁公司的使用属于工业性考核并据此认为该使用行为构成使用公开的主张，没有事实和法律依据，本院不予支持。

对比文件的公开日在本专利申请日之前，构成本专利的现有技术。将本专利与对比文件相比较，对比文件仅公开了设置在圆锥部中间偏向支持圆筒的地方的盖板，而没有公开本专利权利要求1“两端支持圆筒内装有可拆卸的端盖”的技术特征，因此本专利权利要求1具有《专利法》第二十二条第二款规定的新颖性。从属权利2－5是对权利要求1的进一步限定，在权利要求1具有新颖性的前提下，权利要求2－5也具有新颖性。

4. 关于创造性。创造性，是指同申请日以前已有的技术相比，该发明有突出的实质性特点和显著的进步。如果一项发明克服了技术偏见，采用了人们由技术偏见而舍弃的技术手段，从而解决了技术问题，则这种发明具有突出的实质性特点和显著的进步，具备创造性。对于克服了偏见的发明，应当在说明书中对存在的技术偏见有所记载，或者有其他证据证明存在技术偏见，并应解释为什么说该发明克服了偏见，新的技术方案与偏见之间的差距以及为克服偏见所采用的技术手段。

具体到本案，第5544号决定认定本专利与对比文件相比，本专利的端盖安装于支持圆筒的端部，而对比文件的盖板安装在圆锥筒内，本专利端盖位置的改进使本专利罐体的中间圆筒、圆锥筒和支持圆筒三部分均可用于装纳铁水，由此扩大了装纳铁水空间，因此本专利具有有益的技术效果，同时克服了技术上的偏见，从而认为本专利权利要求1具有创造性。对此，本院认为：首先，本专利说明书并未记载现有技术中存在端盖不能安装于支持圆筒内的技术偏见，本专利的发明目的亦不在于克服技术偏见。其次，专利复审委员会也没有举证证明确实存在这样的技术偏见。仅仅以鞍钢车辆厂关于端盖不能安装于支持圆筒内的主张和对比文件未采用此种技术方案不足以证明技术偏见的存在。再次，本专利的说明书也没有记载本专利与技术偏见之间的差距以及克服技术偏见所采用的手段。如果本专利不存在克服技术偏见的情形，则对于所属领域普通技术人员来说，在对比文件的基础上改变端盖的设置位置，将端盖设置在支持圆筒内以扩大装纳铁水空间是容易想到的，这种改变不具有突出的实质性特点，也没有取得意想不到的效果。因此，被告认定本专利克服了技术上的偏见，并据此认为本专利具有创造性，没有事实和法律依据，本院应予以纠正。

综上所述，专利复审委员会作出的第5544号决定认定事实不清，证据不足，应予以撤销。被告专利复审委员会应当在查清事实的基础上重新作出无效宣告请求审查决定。依照《中华人民共和国行政诉讼法》第五十四条第（二）项第1目之规定，本院判决如下：

一、撤销国家知识产权局专利复审委员会作出的第5544号无效宣告请求审查决定；

二、国家知识产权局专利复审委员会就原告鞍钢附企冶金车辆厂针对第95113931.2号发明专利提出的无效宣告请求重新作出无效宣告请求审查决定。

大连重工公司不服原审判决，提出上诉，请求撤销原判，维持专利复审委员会作出的第5544号决定。理由是：本专利与对比文件公开的技术内容相比，具有创造性，两者的炉体结构完全不同，在支撑圆筒内装有可拆卸的端盖，有利于提高罐体的整体结构强度，降低了罐体小锥体两侧根部的应力和变形，克服了客观存在的技术偏见，具有突出的实质性特点和显著的进步。

专利复审委员会、鞍钢车辆厂服从原审判决。

二审查明事实

二审查明事实与原审相同。

二审审理结果

二审法院认为：原审判决及第5544号决定中关于现有技术及本专利权利要求1具有新颖性的认定，证据充分，符合法律规定，各方当事人亦无异议。本争议的焦点在于：本专利权利要求1是否具有创造性。

根据《专利法》第二十二条第三款的规定，发明专利的创造性是指同申请日以前已有的技术相比，该发明有突出的实质性特点和显著的进步，也就是说，既要有非显而易见性，还要求表现在突出的技术效果上的显著的进步。如果发明克服了某种技术偏见，则具备创造性。《审查指南》对技术偏见的解释，是指在某段时间内，在某个技术领域中，技术人员对某个技术问题普遍存在的、偏离客观事实的认识。在判断是否存在技术偏见时需要考虑：可称之为偏见的认识至少应当是具有指导意义的认识，且人们长期形成了某种偏离客观事实的认识。专利复审委员会认为，与对比文件相比较，本专利权利要求1的区别特征在于支撑圆筒内的两端装有可拆卸的端盖，即该端盖安装在支撑圆筒的端部，这种改进使罐体的中间圆筒、圆锥筒和支撑筒三部分可均用于装纳铁水，由此扩大了装纳铁水空间，因此，本专利具有有益的技术效果，同时克服了技术上的偏见，本专利与证据1相比较，具有突出的实质性特点和显著的技术进步。专利权人指出，与对比文件相比，本专利克服了在支撑圆筒内不能装纳铁水的技术偏见。对此，本院认为，根据本专利说明书及附图的记载，并不能看出该端盖安装在支撑圆筒的最外端，仅仅是安装在支撑圆筒内，本专利说明书中记载的该发明的目的是“减少倾翻阻力，提高传动效率，降低维修劳动强度，缩短维修时间”。其背景技术是一种鱼雷型混铁车，罐体两端没有开盖，本专利两端有支撑圆筒和圆锥筒，且在支撑圆筒内装有端盖。可见，本专利说明书并未记载现有技术中存在端盖不能安装于支撑圆筒内的技术偏见，本专利的发明目的亦不在于克服该技术偏见。而对比文件中公开了罐体、支撑圆筒和圆锥筒，并从附图中可以看出，支撑圆筒靠近圆锥筒一侧有端盖，专利权人大连重工公司仅以对比文件的技术方案没有将该端盖安装在支撑圆筒的最外端而主张存在技术偏见的意见，得不到证据的充分支持，所以，本专利权利要求1在支撑圆筒内装有端盖这一区别技术特征，并没有给本专利的技术方案带来突出的实质性特点和显著的技术进步。原审判决对于本专利权利要求1创造性的认定是正确的，本院予以支持。由于专利复审委员会未针对本专利权利要求1的从属权利要求2-5的创造性进行评价，所以，该委应当重新作出无效宣告请求审查决定，在认定本专利权利要求1不具备创造性的基础上，对权利要求2-5进行审查。

综上，大连重工公司关于本专利权利要求1具备创造性，应当维持有效的上诉请求及理由，缺乏事实和法律依据，本院不予支持。原审判决认定事实清楚，适用法律正确，应予维持。依照《中华人民共和国行政诉讼法》第六十一条第一款第（一）项之规定，本院判决如下：

驳回上诉，维持原判。

一审案件受理费1 000元，由国家知识产权局专利复审委员会负担；二审案件受理费1 000元，由大连重工集团有限公司负担。

12. “数控剥线机”实用新型专利权无效纠纷案

——何伟斌、戴文忠诉国家知识产权局专利复审委员会

原告（上诉人）：何伟斌
原告：戴文忠
被告（被上诉人）：国家知识产权局专利复审委员会
案由：专利权无效纠纷

案号：北京市第一中级人民法院（2004）一中行初字第68、78号
原审合议庭成员：刘海旗、李燕蓉、任进
原审结案日期：2004年6月18日
二审案号：北京市高级人民法院（2004）高行终字第352号
二审合议庭成员：程永顺、岑宏宇、刘辉
二审结案日期：2004年12月13日

判决要旨

判断一项技术方案是否具有创造性，应以构成这项技术方案并且区别于现有技术的具体技术特征或技术手段作为基础，对于双方存有争议的区别技术特征更应结合具体的事实和证据逐一加以客观分析。无效请求人没有提供将区别技术特征应用于专利所属技术领域的证据，本领域的普通技术人员从已提供的对比文件中亦得不到技术启示的，不能据此否认本专利的创造性。

起诉与答辩

专利复审委员会第5593号无效宣告请求审查决定（以下简称第5593号决定）系专利复审委员会就戴文忠针对何伟斌享有的专利号为99210833.0、名称为“数控剥线机”的实用新型专利（以下简称本专利）所提出的无效宣告请求作出的。专利复审委员会在该决定中认定：

对比文件2是专利文献，公开日为1992年9月17日，早于本专利申请日1999年5月6日，因此对比文件2相对于本专利来说构成现有技术。对比文件2双方有争议的部分，根据委托翻译的结果，应译为“马达”。

关于创造性。本专利权利要求1保护的技术方案中具有如下技术特征：

（1）一种数控剥线机；

(2) 包括箱体，控制面板，机械控制部位；

(3) 箱体内装有电脑单片机；

(4) 控制面板上设有各种数控按钮；

(5) 机械控制部位设有导线进线装置、剪剥装置和出线装置；

(6) 箱体内还分别设有进线步进电机、剪剥步进电机及出线步进电机；

(7) 这些步进电机分别与机械控制部位的进线装置、剪剥装置和出线装置的电气和机械对应连接。

对比文件 2 公开了一种自动电线剪剥机，用于电线切断、剥皮工作，其公开了本专利权利要求 1 的上述特征（1）（2）和（5）以及特征（6）（7）中除了“步进电机”之外的其他部分和特征（4）中除了“数控”以外的部分。

对比文件 2 为最接近的现有技术。将本专利权利要求 1 要求保护的技术方案与对比文件 2 公开的内容相比，存在如下区别技术特征：即上述特征（1）（3）和特征（4）中的“数控”和特征（6）（7）中的步进电机。在权利要求 1 要求保护的技术方案中步进电机与电脑单片机配合使用，通过“数控按钮”的控制，实现“数控剥线机”的效果，因此，上述区别技术特征在要求保护的技术方案中所起的作用就是采用“数控”的方式保证剪剥电线的效率和质量。对比文件 2 公开的内容中没有明确指出“自动电线剪剥机”是采用“数控”的方式，但其显示的“电线剪剥机”是“自动”工作的。“自动”的含义是指：不用人力而用机械、电气等装置直接操作。数字程序控制机床，简称“数控机床”，从 20 世纪 50 年代问世以来，在对精度要求较高的加工领域得到广泛的应用。“数控机床”中的伺服电机采用步进电机或者电液脉冲马达。本专利权利要求 1 所述的“剥线机”是机床的一种。对本领域普通技术人员来说，在现有技术即对比文件 2 公开了“电线剪剥机”能够“自动”工作的技术方案的情况下，选择“数控”的方式是本领域的公知常识，可以认为现有技术整体上给出了采用“数控”方式应用到最接近的现有技术（对比文件 2）中以保证剪剥电线的效率和质量的技术启示，也就是给出了解决其存在的技术问题的技术启示。由此可见，相对于现有技术，本领域普通技术人员得到权利要求 1 要求保护的技术方案是容易的。此外，权利要求 1 要求保护的技术方案具有剥线速度快、效率高、剥线标准的技术效果，将对比文件 2 和公知常识相结合客观上也具有快速剥皮、剥线标准的技术效果，因此，权利要求 1 要求保护的技术方案相对于现有技术没有产生预料不到的技术效果。综上所述，本专利权利要求 1 要求保护的技术方案不具有实质性特点和进步，不符合《专利法》第二十二条第三款的规定，不具有创造性。

权利要求 2 的附加技术特征为：（8）控制面板上的各种数控按钮与电脑单片机的相应接线方式为雌雄插口式连接。“雌雄插口式连接”即将插头插入插座之中，是将两个部件进行电连接最常用的方式。因此，上述区别技术特征是本领域的公知常识。在权利要求 1 要求保护的技术方案不具有创造性的基础上，权利要求 2 也不具有创造性。

权利要求 3 的附加技术特征为：

（9）进线装置设有进线口，进线轮，进线压紧轮及导管；

（10）剪剥装置设有剪刀导向孔、剪刀及压片；

（11）出线装置设有出线轮及出线压紧轮。

上述特征（9）、特征（10）剪剥装置中的剪刀及剪刀导向孔以及特征（11）均被对比文件 2 所公开。请求人认为，对比文件 2 公开的扭转部件 6b、滑动基板 17、18 以及盖孔 11 的组合相当于上述特征（10）中的压片。对此，合议组认为，对比文件 2 公开的扭转部件 6b 是为了将电线进行扭转，滑动基板 17、18 是为了配合剪刀 19、20 在滑动基板 22a、22b 内滑动而设置的，盖孔 11 是为了保证剪剥单元 6 的移动范围的。这些部件均与本专利权利要求 3 中的压片不同，它们的组合与压片所起的作用也不同，因此，不能认为上述部件公开了特征（10）中的压片，采用此压片可以使电线顺利进入出线装置，从而保证剥线的标准。现有技术整体上也并未给出将上述区别技术特征应用到最接近的现有技术中以解决其存在的技术问题的启示。在这种情况下，本专利权利要求 3 的技术方案对本领域普通技术人员来说是不容易的，并且能够产生有益的技术效果。由此可见，相对于请求人提交的对比文件 2、附件 1 并结合本领域普通技术人员公知的技术，本专利权利要求 3 要求保护的技术方案具有实质性的特点和进步，这些证据尚不能破坏它的创造性。

综上，专利复审委员会作出第 5593 号决定，宣告第 99210833.0 号实用新型专利的权利要求 1、2 无效，在权利要求 3 的基础上维持专利权有效。

原告戴文忠起诉称：原告提交的对比文件编号为〈0015〉一段明确提到线材夹板以及将包线夹紧的内容，已经公开了压板技术特征，并且进行了阐述，被告在决定中认为原告提交的对比文件没有公开本专利压片的技术特征，或者给出技术启示，从而认定本专利权利要求 3 具有创造性属于认定事实有误，因此请求法院纠正决定中这一疏漏，撤销第 5593 号决定。其在庭审中进一步述称，本专利文件中对压片的作用没有阐述，专利复审委员会仅仅从这两个字就能清楚解释其作用和效果，正说明这是公知常识。

原告何伟斌诉称：1. 被告认定事实错误。（1）第 5593 号决定对本专利与对比文件 2 的区别特征的认定方式和认定结果是错误的。权利要求中限定的技术特征是一个完整的概念，具有不可分割性，被告将完整的技术特征进行分割并与对比文件2相比较加以认定的方式是错误的。在错误的前提下得出的结论也必然是错误的。(2)被告认定剥线机是机床的一种的，这是错误的。从机床的定义及国际国内的实际操作中，剥线机与机床均被视为不同的技术领域。被告认定数控机床给出了数控剥线机的技术启示显然是在错误的前提下得出的错误结论。(3)被告认定由“数控机床+自动剥线机”就可“容易地”得出本专利的“数控剥线机”是错误的。数控剥线机技术方案在长期内没有得到解决，被告的逻辑是错误的，且其认定有悖于我国专利法鼓励发明创造的立法目的。(4)被告认为本专利不具有创造性的认定是错误的。本专利与对比文件2限定的技术方案具有实质性的区别和有益效果，本专利具有专利法意义上的实质性特点和进步。总之，数控机床与剥线机不属于同一技术领域，不具有可比性；退一步说，即使二者属于一个技术领域，但被告在决定中只提及数控这一个技术概念，也没有提及任何的可比性技术方案，数控概念并不能影响本专利的创造性。2. 决定适用法律错误。被告不正确适用正常的判断基准，即是否有“显著的进步”，而适用在“特定情况下的辅助性判断基准”，即“预料不到的技术效果”，显然错误适用了法律。综上所述，原告认为第5593号决定认定事实不清，适用法律错误，本专利具有专利法意义上的创造性，请求法院依法撤销上述决定，维持99210833.0号专利权有效。

被告专利复审委员会针对原告戴文忠的起诉辩称：关于压片，从对比文件2的相关内容、其他文字及附图中，没有看到将“压片”运用到要求保护的技术方案中的技术启示。同时，原告在无效过程中认为，扭转部件6b，滑动基板17，18以及盖孔11的组合相当于压片，被告坚持决定中对此观点的评述。

被告专利复审委员会针对原告何伟斌的起诉辩称：本专利涉及的是一种剥剪电线的装置，它是一种由动力驱动的固定式机器，用来加工电线，这种装置并未被排除于机床这个上位的概念范围之外。即使是从专利分类的角度来说，分入对比文件2的分类或本专利的分类的专利文献也有同时被分入机床类的情形。分类是根据要求保护的发明的技术主题从功能或用途的角度进行的，结果不是惟一的。关于创造性，被告在进行创造性的判断时，针对的是权利要求书中记载的内容及对比文件2中记载的现有技术。决定书中列举了区别特征并且在对比文件2公开了“自动”剥线的基础上结合公知常识，认定得到权利要求1-2要求保护的技术方案是容易的。要求保护的权利要求1和2在客观上具有的技术效果并未优于现有技术与公知常识结合后所能具有的技术效果，因此没有产生预料不到的技术效果。在很容易得到要求保护的技术方案，而且其技术效果也不是预料不到的情况下，权利要求1和2不具有创造性。

综上，专利复审委员会认为第5593号决定认定事实清楚，适用法律正确，审理程序合法，原告的诉讼请求不能成立，请求法院驳回原告的诉讼请求，维持第5593号决定。

何伟斌针对戴文忠的起诉述称：本专利权利要求3中限定的“压片”与进线口和导管一起解决的是电线偏离的问题，使电线更加顺利地进入出线装置，从而保证了剥线标准，与对比文件中“压板、线材夹板、将包线夹紧”完全不同，不具有可比性，专利复审委员会对此事实的认识是清楚的。

戴文忠针对何伟斌的起诉未提交书面陈述意见，其庭审中表示同意专利复审委员会对权利要求1、2的评述。

原审查明事实

原审法院经审理查明：“数控剥线机”实用新型专利由何伟斌于1999年5月6日向国家知识产权局申请，于2000年12月27日被授权公告，专利号为99210833.0。本专利的授权权利要求为：

“1. 一种数控剥线机，包括有箱体（24），控制面板（25），机械控制部位（26）和安装在箱体内的电脑单片机组成，其特征在于：控制面板（25）上设有各种数控按钮，机械控制部位（26）设有导线进线装置、剪剥装置和出线装置，所述箱体（24）内分别设有进线步进电机（18）、剪剥步进电机（19）及出线步进电机（21），这些步进电机分别与机械控制部位（26）的进线装置、剪剥装置和出线装置的电气和机械对应连接。

2. 如权利要求1所述的数控剥线机，其特征在于控制面板（25）上的各种数控按钮与电脑单片机的相应接线方式为雌雄插口式连接。

3. 如权利要求1所述的数控剥线机，其特征在于进线装置设有进线口（1）、进线轮（2）、进线压紧轮（14）及导管（4），剪剥装置设有剪刀导向孔（5）、剪刀（6）及压片（11），出线装置设有出线轮（7）及出线压紧轮（10）。”

针对上述专利权，戴文忠于2002年8月14日向专利复审委员会提出无效宣告请求，其理由是：对比文件1、2、3公开了本专利权利要求1－3要求保护的技术方案，因此权利要求1－3不具有新颖性和创造性，并提交了包括对比文件2（公开日为1992年9月17日的日本公开特许公报（A）特开平4－261315）在内的3份对比文件作为证据。何伟斌于2002年10月6日提交了意见陈述书，并提交了修改的权利要求书。

2003年7月15日专利复审委员会进行了口头审理，口头审理中，戴文忠放弃对比文件1和对比文件3作为证据，认为对比文件2是最接近的对比文件，明确宣告本专利无效的理由为：本专利权利要求2不符合《专利法实施细则》第二条第二款的规定，相对于对比文件本专利不符合《专利法》第二十二条规定的新颖性、创造性。何伟斌放弃2002年10月6日提交的权利要求书的替换文本，其对戴文忠提交证据的真实性没有异议，但认为对比文件2译文中的“步进机”应该译为“电机”。

双方在指定期限内，未针对译文有争议的部分向专利复审委员会提交双方认可的翻译文本，专利复审委员会委托专业翻译机构对该部分进行了翻译，将争议部分译为“马达”。双方表示认可。

2003年11月17日，专利复审委员会作出第5593号决定。

庭审时何伟斌坚持认为专利复审委员会将完整的技术方案进行分割对比的方式是错误的，由此导致结论错误，但对决定中具体认定的本专利已被对比文件2公开的技术特征并未表示异议，并强调“数控”理念的公知不能否定如本专利般将其具体运用的技术方案的创造性。

原审审理结果

原审法院认为：

1. 关于权利要求1的创造性。鉴于各方当事人对将对比文件2作为与本专利最接近的现有技术以判断本专利的创造性这一点均无异议，本院亦予认可。专利复审委员会将本专利权利要求1的技术方案归纳为7个技术特征，并将其与对比文件2相比较。这种归纳方式不仅实践中常用而且不违反法律的相关规定，专利权人何伟斌对此种归纳方式所持的异议没有法律依据，本院不予支持。在此基础上，专利复审委员会认定本专利权利要求1相对于对比文件2的区别技术特征在于：数控、电脑单片机以及步进电机，并进一步认定步进电机与电脑单片机配合使用，通过按钮的控制，起到了采用数控方式保证剪剥电线的效率和质量的作用。本院认为，专利分类是从功能或者应用的角度对要求保护的发明创造进行的分类，故专利权人提交的专利检索文件并不能否认剥线机属于广义上的机床的一种，专利权人对此所提的异议，本院不予支持。专利权人何伟斌进一步提出，即使认定剥线机属于机床的一种，在没有任何具体技术方案的情况下，专利复审委员会仅凭“数控”的概念，也不能否认本专利的创造性。对此，本院认为，数控机床的公知，并不必然导致将数控技术运用到机床领域的发明创造都失去了创造性。但是，本专利作为实用新型专利，其要保护的是对“产品的形状、构造或者其结合”所提出的新的、适于实用的技术方案，在本专利中，这个技术方案应该是一个有“特定形状、构造或者其结合”的数控剥线机。而如专利复审委员会在决定中认定的，本专利权利要求1所述的剥线机除了“数控”及与其相关的电脑单片机等特征之外的各种具体结构在对比文件2中均已公开，而对于如何实现“数控”的具体结构在本专利权利要求1中并没有描述，电脑单片机的工作原理又并非本专利的保护范围，在此种情况下，本领域普通技术人员在“剥线机可以自动工作”的启示下，很容易想到选择数控这种方式，也即很容易得到本专利权利要求1所述的技术方案，故专利复审委员会在此认定的基础上，进一步论述因本专利权利要求1的技术方案也不能产生预料不到的技术效果，所以不具有创造性的结论是正确的，应予维持。专利权人何伟斌所持异议缺乏事实依据，本院不予支持。

2. 关于权利要求2、3的创造性。权利要求2相对于权利要求1增加了一个技术特征，即“接线方式为雌雄插口式连接”，该连接方式为公知常识，故专利复审委员会在认定权利要求1不具有创造性的基础上，否定了权利要求2的创造性是正确的，应予维持。

专利复审委员会认为权利要求3中“压片”这一技术特征在对比文件中未被公开，在此基础上维持权利要求3有创造性。对此，本院认为，尽管请求人戴文忠所指出的对比文件中“线材夹板”等与本专利的“压片”不同，但是为了防止电线偏离预定的方向而设置一个如本专利中压片这样的结构，是本领域普通技术人员无须付出创造性劳动即很容易想到的，本专利说明书中对压片的作用没有提及也从反面说明了这一问题，本专利权利要求3亦不具有创造性，故戴文忠关于此所提出的异议具有事实依据，本院予以支持。专利复审委员会仅以“压片”这一技术特征在对比文件2中没有公开为由而认定权利要求3具有创造性有误，应予纠正。

3. 关于适用法律问题。专利权人何伟斌提出专利复审委员会适用“预料不到的技术效果”这一辅助性审查标准属于适用法律错误，对此本院认为，专利复审委员会是在认定“本专利的技术方案在结合对比文件和公知常识的情况下容易想到”这一前提下适用上述标准的，符合《专利法》及《审查指南》的相关规定，何伟斌这一起诉理由缺乏法律依据，本院不予支持。

综上，专利复审委员会作出的第5593号决定部分事实认定不清，适用法律不当，应予撤销。原告戴文忠请求撤销该决定的理由成立，本院予以支持。原告何伟斌要求撤销该决定的理由不足，缺乏事实和法律依据，本院不予支持。但因为两原告的起诉系针对同一决定，故依照《中华人民共和国行政诉讼法》第五十四条第（二）项之规定，判决：

一、撤销国家知识产权局专利复审委员会作出的第5593号无效宣告请求审查决定；

二、国家知识产权局专利复审委员会针对戴文忠就第99210833.0号实用新型专利提出的无效宣告请求重新作出决定。

何伟斌不服原审判决，提出上诉，请求撤销原判及专利复审委员会作出的第5593号决定，维持本案专利权有效。理由是：原审判决认定事实不清，适用法律错误。本案专利权利要求1与对比文件相比，存在4个区别技术特征，原审判决及无效决定中将4个区别技术特征抽象成一个概括的“数控方式”与对比文件的“自动方式”进行对比，这一做法不符合专利法的规定；专利复审委员会认定“剥线机是机床的一种”，缺乏证据支持；因此，“在‘剥线机可以自动工作’的启示下，很容易限定选择数控这种方式”是对事实错误的认定。本案专利权利要求1所公开的技术方案，可以直接从控制面板上的数控按钮输入所需的切割长度、线头、线尾、剥头和线径等参数，由单片机根据以上各种参数的值对电线进行切割和剥头，不需要调节任何机械部位就能达到所需要的电线的长度和半剥、全剥的剥离方式，具有创造性。本专利权利要求1的从属权利要求2、3同样具有创造性。

专利复审委员会、戴文忠服从原审判决。

二审查明事实

二审法院经审理查明：何伟斌于1999年5月6日向国家知识产权局提出名称为“数控剥线机”的实用新型专利申请，2000年12月27日被公告授予专利权，专利号为99210833.0，专利权人为何伟斌。授权的权利要求如下：

“1. 一种数控剥线机，包括有箱体，控制面板，机械控制部位和安装在箱体内的电脑单片机组成，其特征在于：控制面板上设有各种数控按钮，机械控制部位设有导线进线装置、剪剥装置和出线装置，所述箱体内分别设有进线步进电机、剪剥步进电机及出线步进电机，这些步进电机分别与机械控制部位的进线装置、剪剥装置和出线装置的电气和机械对应连接。

2. 如权利要求1所述的数控剥线机，其特征在于控制面板上的各种数控按钮与电脑单片机的相应接线方式为雌雄插口式连接。

3. 如权利要求1所述的数控剥线机，其特征在于进线装置设有进线口，进线轮、进线压紧轮及导管，剪剥装置设有剪刀导向孔、剪刀及压片，出线装置设有出线轮及出线压紧轮。”

针对本案专利权，戴文忠于2002年8月14日向专利复审委员会提出无效宣告请求，其理由是：本案专利不符合《专利法》第二十二条第二、三款的规定，不具有新颖性和创造性。同时提交了3份证据，其中证据2为公开日为1992年9月17日的日本公开特许公报（A）特开平4－261315，该证据公开了一种自动电线剪剥机，用于电线切断、剥皮工作。戴文忠还提交了附件1，即上海人民出版社1974年8月出版的《万用电表》一书部分复印件3页。何伟斌于2002年10月6日提交了意见陈述书，并提交了修改后的权利要求书。

2003年7月15日，专利复审委员会进行了口头审理，戴文忠放弃了证据1和证据3，将证据2作为与本专利最接近的对比文件，无效理由为：本案专利权利要求2不符合《专利法实施细则》第二条第二款的规定，相对于对比文件，本专利不具备新颖性和创造性。何伟斌在口头审理过程中放弃了对权利要求书的修改，并提出对比文件中文译文中的“步进机”应当译为“电机”。由于戴文忠、何伟斌在专利复审委员会指定期限内，均未针对译文有争议的部分提交双方认可的译文，故该委委托专业翻译机构对该部分进行了翻译，译为“马达”。

2003年11月17日，专利复审委员会作出第5593号决定，宣告本专利权利要求1、2无效，在权利要求3的基础上维持专利权有效。理由是：证据2的公开日早于本专利权申请日，相当于本专利来说是现有技术。本专利权利要求1保护的技术方案中具有如下技术特征：（1）一种数控剥线机；（2）包括有箱体、控制面板、机械控制部位；（3）箱体内装有电脑单片机；（4）控制面板上设有各种数控按钮；（5）机械控制部位设有导线进线装置、剪剥装置和出线装置；（6）箱体内还分别设有进线步进电机、剪剥步进电机及出线步进电机；（7）这些步进电机分别与机械控制部位的进线装置、剪剥装置和出线装置的电气和机械对应连接。本案专利与对比文件相比存在如下区别技术特征：即上述特征（1）中的“数控”、特征（3）（4）中的“数控”和特征（6）（7）中的步进电机。在权利要求1要求保护的技术方案中步进电机与电脑单片机配合使用，通过“数控按钮”的控制，实现“数控”、“剥线机”的效果，因此，区别技术特征在要求保护的技术方案中所起的作用就是采用“数控”的方式保证剪剥电线的效率和质量。对比文件公开的内容中没有明确指出“自动电线剥线机”是采用“数控”的方式，但对比文件公开的内容中显示的“电线剪剥机”是“自动”工作的。“自动”的含义是指：不用人力而用机械、电气等装置直接操作。数字程序控制机床，简称“数控机床”，从20世纪50年代问世以来，在对精度要求较高的加工领域得到广泛的应用。本专利权利要求1所述的“剥线机”是机床的一种。对本领域普通技术人员来说，在现有技术即对比文件公开了“电线剥线机”能够“自动”工作的技术方案的情况下，选择“数控”的方式是本领域的公知常识，可以认为现有技术整体上给出了采用“数控”方式应用到最接近的现有技术中以保证剪剥电线的效率和质量的技术启示，也就是给出了解决其存在的技术问题的技术启示。由此可见，相对于现有技术，本领域普通技术人员得到权利要求1要求保护的技术方案是容易的。此外，权利要求1要求保护的技术方案具有剥线速度快、效率高、剥线标准的技术效果，将对比文件和公知常识相结合客观上也具有快速剥皮的技术效果，并获得任意剥皮长度，也就是具有剥线标准的效果。因此，权利要求1要求保护的技术方案相对于现有技术没有产生预料不到的技术效果。综上所述，本专利权利要求1要求保护的技术方案不具有实质性特点和进步，不符合《专利法》第二十二条第三款的规定，不具有创造性。本专利权利要求2的附加技术特征为“控制面板上的各种数控按钮与电脑单片机的相应接线方式为雌雄插口式连接。”将两个部件进行电连接，最常用的方式就是将插头插入插座之中，即“雌雄插口式连接”是本领域的公知常识。因此，权利要求2亦不具有创造性。本专利权利要求3与对比文件和附件1相比，剪剥装置的压片没有被公开，采用此压片可以使电线顺利进入出线装置，从而保证剥线的标准。现有技术整体上也并未给出将上述区别技术特征应用到最接近的现有技术中以解决其存在的技术问题的启示。本专利权利要求3的技术方案对本领域普通技术人员来说是不容易想到的，并且能够产生有益的技术效果。由此可见，相对于请求人提交的对比文件、附件1，结合本领域普通技术人员公知的技术，本专利权利要求3要求保护的技术方案具有实质性的特点和进步，因此，上述证据尚不能破坏它的创造性。

二审审理结果

二审法院认为：上诉人何伟斌提出本专利权利要求1符合《专利法》关于实用新型创造性的规定，该主张能否成立是本案争议的焦点。根据《专利法》第二十二条第三款的规定，实用新型的创造性是指：同申请日以前已有的技术相比，具有实质性的特点和进步。

本专利权利要求1公开了一种数字控制式剥线机的技术方案，其中具体包括数字控制部分的结构特征和机械控制部分的结构特征以及对应连接的方式，构成了运用数字控制的技术手段，从而使剥线机产生剪剥电线标准统一、速度快、效率高的有益技术效果的完整的技术方案。对比文件是一种自动剥线机，与本专利权利要求1相比，专利复审委员会在第5593号决定中认定，对比文件没有公开本专利权利要求1中的电脑单片机、控制面板上有数控按钮以及步进电机等技术特征，对此各方当事人均无异议。上述区别技术特征使本专利权利要求1的技术方案实现了不同于对比文件的功能，即将所要剪剥的电线的各种数据参数通过数控按钮输入到电脑单片机，再由单片机根据输入的数据依程序控制各步进电机的动作，从而实现剪剥工作自动化基础上的数字控制，也就是说，上述区别技术特征能够带来优于对比文件的有益技术效果。故相对于对比文件，本专利权利要求1的技术方案具有创造性。

技术方案的构成是发明的最重要因素，发明的目的和效果都是通过具体的技术手段或技术特征来实现完成的。判断一项技术方案是否具有创造性，应以构成这项技术方案并且区别于现有技术的具体技术特征或技术手段作为基础，对于双方存有争议的区别技术特征更应结合具体的事实和证据逐一加以客观分析。本案中，专利复审委员会和原审法院均忽略了本专利权利要求1与对比文件之间的具体区别技术特征，采取简单抽象的办法，将其概括为“自动”与“数控”的区别，进而认定选择“数控方式”为公知常识，由“自动”到“数控”显而易见，因此，本专利权利要求1不具有创造性。这一作法有失科学严谨，其结论也是不能令人信服的。

作为无效请求人，戴文忠仅仅向专利复审委员会提供了一种自动剥线机的技术方案，而没有提供将数字控制技术应用于剥线机领域的具体的技术方案。也就是说，从已提供的对比文件中得不到有关数字控制技术手段的启示。对于剥线机技术领域的普通技术人员来说，采用何种技术手段将数字控制技术与现有技术中的剥线机相结合，并非是显而易见的。虽然数控方式本身属于现有技术，可以广泛地运用于众多的技术领域，但是如果想要否定本案专利权利要求1的创造性，还应当运用披露了数字控制具体技术特征的对比文件进行对比。专利复审委员会及原审法院仅以数控这种方式是公知的，得出本领域普通技术人员在“剥线机可以自动工作”的启示下，很容易得到本专利权利要求1的技术方案的结论，证据尚不充分。因此，在现有证据的基础上，否定本专利权利要求1的创造性，依据不足，第5593号决定以及原审判决认定本专利权利要求1不具有创造性不能成立，应予纠正。由于不能否定本专利权利要求1的创造性，其从属权利要求2、3的创造性亦不能予以否定。

综上所述，何伟斌关于维持本专利权有效的上诉理由有事实和法律依据，予以支持。第5593号决定以及原审判决认定事实有误，证据不足，应予更正。依照《中华人民共和国行政诉讼法》第六十一条第一款第（三）项、最高人民法院《关于执行〈中华人民共和国行政诉讼法〉若干问题的解释》第七十条之规定，判决如下：

一、撤销北京市第一中级人民法院（2004）一中行初字第78号行政判决；

二、撤销国家知识产权局专利复审委员会作出的第5593号无效宣告请求审查决定；

三、维持何伟斌拥有的99210833.0号“数控剥线机”实用新型专利权有效。

一、二审案件受理费各1 000元，均由国家知识产权局专利复审委员会负担。

商 标

13. "中融"商标侵权纠纷案

——杭州中融投资管理有限公司诉中融基金管理有限公司

原告(上诉人):杭州中融投资管理有限公司
被告(被上诉人):中融基金管理有限公司
案由:侵犯商标专用权纠纷

原审案号:北京市第一中级人民法院(2003)一中民初字第3576号
原审合议庭成员:马来客、姜颖、任进
原审结案日期:2003年12月4日
二审案号:北京市高级人民法院(2004)高民终字第136号
二审合议庭成员:刘继祥、孙苏理、胡平
二审结案日期:2004年3月19日

判决要旨

企业名称与他人注册商标相同,但企业名称经工商行政管理机关核准登记时间早于商标的核准注册时间,且商标权人并无证据证明企业名称登记为不当行为的,企业名称登记人依法享有专用权。企业名称登记人将与他人注册商标相同或近似的文字作为其商品或服务名称,旨在体现其企业字号,并非是对他人注册商标的单独或者突出使用,且没有恶意的,不构成商标侵权。

起诉与答辩

杭州中融投资管理有限公司(以下简称杭州中融公司)诉称:原告于2001年6月提出了"中融"文字商标的注册申请。商标局于2003年1月正式核准原告的注册申请,核定服务项目包括基金投资、金融管理、有价证券的发

行等等。据此，原告已经依法取得了“中融”文字商标在基金投资等项目中的专用权。但是，被告中融基金管理有限公司（以下简称中融基金公司）于2003年2月20日签署并在《中国证券报》、《上海证券报》等全国性媒体上及光大银行、农业银行等代销银行的网站上发布了“中融融华债券型证券投资基金”招募说明书，将该基金的名称确定为“中融融华债券型证券投资基金”。原告认为，由于“中融”文字商标在基金投资、有价证券的发行等项目的使用由原告专有，被告将原告享有专用权的文字商标“中融”用作其推出的证券投资基金的名称的行为违反了《商标法实施条例》第五十条第（一）项的规定，侵犯了原告的商标专用权。据此，原告请求法院判令被告：立即停止商标侵权行为，在全国性报纸上向原告书面致歉，并赔偿原告经济损失50万元。

被告中融基金公司辩称：1. 原告的商标是以不正当手段取得注册，并且与被告的在先权利相冲突。首先，原告将包括基金管理在内的多个与其经营范围无关的项目列入了商标的注册范围，其行为显然违反了相关法律规定。其次，在原告提交商标申请之前，中国证券监督管理委员会（以下简称中国证监会）已经正式批准筹建中融基金管理有限公司。此后，中国证监会不会再批准第二家带“中融”字样的基金管理公司，也不会批准中融基金公司以外的其他基金管理公司发行带“中融”字样的基金，从而确立了被告的名称合法性和在基金这一特定行业内对“中融”二字的专有使用权。因此，如果原告在基金领域内使用“中融”商标，则构成对被告合法拥有的在先权利的损害。2. 被告发行中融融华基金不可能造成与原告的混淆或误认。首先，被告是经中国证监会批准、国家工商总局核准名称、持有《基金管理公司法人许可证》的企业法人，在全国范围内享有名称权。其次，“中融融华债券型证券投资基金”的名称由四个部分组成：基金管理人简称（“中融”）+基金简称（“融华”）+基金特点（“债券型”）+“证券投资基金”字样。在基金发行和交易活动中，或使用基金的全称，或使用“中融融华”基金的简称，从来不单独使用“中融”的称呼，这与商标的使用方式有明显区别，且“中融”也仅是作为企业字号来使用，故不会导致混淆。再次，被告专门从事基金管理业务和发起设立基金，原告则无权从事这两项业务，两者的业务范围没有重叠，既不存在竞争，也不会导致误认。同时，双方服务的客户对象也完全不同，基金业的相关公众为基金的买卖者和证券业专业人士，他们仅凭一般的常识就可以轻易识别原告与被告为不同的市场主体，不会产生混淆与误认。据此，被告认为，在不存在混淆可能的前提下，被告的行为并未侵犯原告的商标专利权，故请求法院驳回原告的诉讼请求。

原审查明事实

原审法院经审理查明：2001年7月13日，中国证监会作出了同意筹建中融基金管理有限公司的批复，该批复载明：公司筹建期限自本文下发之日起6个月。筹建就绪后，应向我会申请正式开业。

2001年7月30日，国家商标局受理了杭州中融公司在商品和服务分类第36类上注册"中融"商标的申请，受理编号为2001134563。

2001年10月17日，"中融基金管理有限公司"的企业名称被国家工商行政管理总局预先核准，保留期至2002年4月17日。在保留期内，不得用于经营活动，不得转让。

2002年6月5日，中国证监会同意中融基金管理有限公司开业，并核准了公司章程。2002年6月13日，中融基金公司经深圳市工商行政管理局登记成立，经营范围为凭中国证券监督委员会核发的《基金管理公司法人许可证》从事经营业务，营业期限为自2002年6月13日至2052年6月13日。2002年6月19日，中国证监会为被告中融基金管理有限公司核发了《中华人民共和国基金管理公司法人许可证》，该许可证有效期至2005年6月19日。

2003年1月21日，杭州中融公司申请的"中融"文字商标经国家商标局核准注册，核定的服务项目为第36类，包括：保险、基金投资、金融管理及有价证券的发行等，有效期限自2003年1月21日至2013年1月20日。商标注册证号为：第1959133号。

2003年2月13日，中国证监会批复同意设立中融融华债券型证券投资基金，基金管理人为中融基金公司，并同意其办理基金注册登记业务。

2003年2月20日，中融基金公司在《中国证券报》、《上海证券报》和《证券时报》发布了中融融华债券型证券投资基金发行公告和《中融融华债券型基金招募说明书》。公告中表明，自2003年2月25日至2003年3月26日，被告中融基金公司通过其直销中心及中国光大银行、中国农业银行等代销网点公开发售中融融华债券型证券投资基金。该基金的发行公告及招募说明书在中融基金公司的网站及光大银行、农业银行等网站上同时发布。

另查明，以大成基金管理有限公司作为基金管理人的基金名称为"大成债券投资基金"，以天同基金管理有限公司作为基金管理人的基金名称为"天同180指数证券投资基金"，以招商基金管理有限公司作为基金管理人的基金名称为"招商安泰系列开放式证券投资基金"。

原审审理结果

原审法院认为：原告杭州中融公司经国家商标局核准注册了“中融”文字商标，因此，其对该商标在核定的服务项目（如基金投资、金融管理及有价证券的发行等）范围内享有商标专用权，受法律保护。

《商标法实施条例》第五十条第（一）项规定：在同一种或者类似商品上，将与他人注册商标相同或者近似的标志作为商品名称或者商品装潢使用，误导公众的，属于侵犯注册商标专用权的行为。本案中，原告指控被告侵犯其商标权的行为是其在证券投资基金上使用了原告的注册商标“中融”作为商品名称，故被告在投资基金上使用“中融”是否为商品名称的使用以及是否足以误导公众是判定被告是否侵权的关键。

根据被告提供的证据可见，以基金管理人的字号作为基金名称的首部是证券行业的惯例。在原告向国家商标局申请注册“中融”文字商标之前，被告已经向中国证监会申请设立中融基金公司，在“中融”商标获得核准注册之前，被告中融基金公司已经工商行政管理机关登记成立，其有权在不侵犯他人合法权利的情况下使用自己的企业名称。故被告将“中融”二字使用于基金名称的首部，系按照行业惯例在基金名称中加入管理人简称的做法，属于在基金命名领域对自己企业名称的合理使用。因此，被告将“中融”使用于投资基金中的行为，不属于《商标法实施条例》第五十条第（一）项规定的商品名称的使用。由于被告使用“中融”字号的企业被批准筹建于原告“中融”商标申请被受理之前，故被告的上述使用行为亦不存在侵犯原告在先权利的可能。此外，对于从事证券行业的业内人士来说，“中融融华债券型证券投资基金”中，“融华”是该基金的名称，而“中融”只是基金管理人的简称，相关公众不会对该基金的来源产生混淆。

综上，被告在其发行的“中融融华债券型证券投资基金”中使用“中融”二字的行为，属于对其字号的合理使用，有合法依据。并且，被告对“中融”的使用并非作为商品名称，亦不会误导公众，不构成对原告商标专用权的侵犯。原告要求判令被告立即停止侵权、在全国性报纸上书面致歉并赔偿经济损失50万元的诉讼请求，没有事实和法律依据，不予支持。依照《中华人民共和国商标法实施条例》第五十条第（一）项之规定，判决：

驳回杭州中融投资管理有限公司的诉讼请求。

杭州中融公司不服原审判决，提起上诉，理由为：1. 中融基金公司不能因中国证监会同意其筹建而享有任何对于“中融”字号的在先权利。中融基金公司的企业名称在工商管理部门核准登记的时间毕竟是在杭州中融公司向国家商标局申请“中融”商标之后。2. 中融基金公司在其同种商品上使用“中融”作为其商品名称，侵犯了杭州中融公司的注册商标专用权。我国证券行业并不存在以基金管理人的字号冠以基金名称首部的惯例。证券投资基金在其设立后即具有相对独立性，基金名称属于商品名称，中融基金公司的使用行为属于商品名称性质的使用。中融基金公司虽对“中融”享有企业名称权，但其对企业名称及字号的使用也应当符合法律规定，不应当侵犯他人的合法权益。法律对中融基金公司企业名称的保护是对其企业名称全称的保护，而不是对其名称中“中融”字号的保护。况且，中融基金公司在得知杭州中融公司已经获得国家商标局核准同类商品商标保护的情况下，仍然以“中融”命名其基金商品，属于对其企业字号的非合理使用，完全会在投资者中产生误认和混淆，具有侵犯杭州中融公司注册商标权的主观故意。一审判决将证券行业的业内人士等同于社会公众作为判断能否在这一特定主体中造成误导和混淆是不当的。综上，一审判决认定事实和适用法律均有错误，请求二审法院予以纠正，撤销一审判决，依法支持杭州中融公司的全部诉讼请求。

中融基金公司服从原审判决。

二审查明事实

二审查明事实与原审相同。

二审审理结果

二审法院认为：中融基金公司的企业名称经工商行政管理机关核准登记时间以及中国证监会为中融基金公司核发基金管理公司法人许可证的时间均早于杭州中融公司“中融”文字商标的核准注册时间，这是本案不争的事实。杭州中融公司并无证据证明中融基金公司在工商行政管理部门进行企业名称登记为不当行为。故中融基金公司对其企业名称与杭州中融公司对其注册商标同样依法享有专用权。中融基金公司在其发行的债券型证券投资基金的首部冠以“中融华融”字样，旨在体现其企业字号，并非是对“中融”二字的单独或者突出使用。无论基金发起人在对基金命名时以企业字号是否为行业惯例，也无论中融基金公司在其以往发行的其他基金上是否曾以“中融”冠名，都不能证明中融基金公司现在在其发行的债券型证券投资基金上使用“中融”字样具有侵犯杭州中融公司注册商标权的恶意。况且，在此之前杭州中融公司并未以其“中融”商标使用于同种金融服务，杭州中融公司无证据证明中融基金公司在其发行的债券型证券投资基金上使用“中融”字样的行为在相关公众中对该债券基金的管理者实际上产生了混淆。

综上，杭州中融公司的上诉理由和请求缺乏事实与法律依据，本院不予支持。一审判决事实清楚，证据充分，适用法律正确，判决结果并无不当，应予维持。依照《中华人民共和国民事诉讼法》第一百五十三条第一款第（一）项之规定，判决：

驳回上诉，维持原判。

一、二审案件受理费各 10 010 元，均由杭州中融投资管理有限公司负担。

14."世纪通宝及图"商标权撤销纠纷案

——上海元和计算机系统集成有限公司诉国家工商行政管理总局商标评审委员会、中国农业银行

原告(上诉人):上海元和计算机系统集成有限公司
被告(被上诉人):国家工商行政管理总局商标评审委员会
第三人(被上诉人):中国农业银行
案由:商标权撤销纠纷

原审案号:北京市第一中级人民法院(2003)一中行初字第539号
原审合议庭成员:赵静、苏杭、任进
原审结案日期:2003年11月20日
二审案号:北京市高级人民法院(2004)高行终字第58号
二审合议庭成员:刘继祥、李嵘、张雪松
二审结案日期:2004年4月15日

判决要旨

商品与服务类似,是指商品和服务之间存在特定联系,容易使相关公众混淆。认定商品或者服务是否类似,应当结合相关公众对商品或者服务的一般认识综合判断。

起诉与答辩

第1198号裁定系被告国家工商行政管理总局商标评审委员会(以下简称商标评审委员会)针对中国农业银行(以下简称农业银行)(申请人)就上海元和计算机系统集成有限公司(以下简称元和公司)(被申请人)注册的第1772799号"世纪通宝及图"商标(以下简称争议商标)提出的撤销申请而作出。商标评审委员会在该裁定中认定:1. 争议商标的文字部分"世纪通宝"虽然与申请人申请及注册在先的"通宝卡"商标有部分文字相同,但两商标指定使用商品和服务项目不类似。申请人"通宝卡"商标指定使用于第36类信用卡服务等金融事务上,虽然该种服务的重要载体之一为磁性识别卡、密码磁卡,但申请人提供该种磁卡及消费者持有该种磁卡并非是为了获取销售磁卡的利润或单纯拥有该种磁卡为目的,而是为了提供该种磁卡所代表的金融服务

及获取该种服务。而第9类商品中的磁性识别卡、密码磁卡本身即为消费者购买的对象，指定使用于第9类磁性识别卡、密码磁卡商品上的商标是为了区别不同的磁卡商品生产者。因此，申请人商标指定使用服务与争议商标指定使用商品虽然都可能在磁性识别卡、密码磁卡上标示各自的商标，但由于二者销售、发行渠道不同，销售、发行目的及各自所蕴含的内容不同，两商标在正常使用中不会造成消费者将申请人提供的服务与被申请人生产的产品相混淆的后果，未构成相同或类似商品与服务项目上的近似商标。2. 由于申请人“世纪通宝”商标也使用于信用卡服务、借记卡服务等金融事务服务项目上，其所使用服务项目与争议商标指定使用商品不属于相同或类似商品与服务，因此申请人“世纪通宝”商标与争议商标虽然文字、图形相同，但亦未构成类似商品与服务上的相同商标。鉴于申请人“世纪通宝”商标与争议商标所使用的商品与服务不相同也不类似，因此，不能认定被申请人在非类似商品上注册“世纪通宝”商标构成现行《商标法》第三十一条规定的以不正当手段抢先注册他人已经使用并有一定影响的商标。虽然申请人称其“世纪通宝”商标是1999年委托北京市蓝马广告公司设计，但并未提供证据证明，因此，也不能认定争议商标的申请注册属于现行《商标法》第三十一条规定的损害他人现有的在先权利的行为。3. 因为争议商标与申请人“世纪通宝”商标指定使用商品与服务项目不类似，且申请人“世纪通宝”商标在争议商标申请注册时尚未申请注册，因此也不能认定争议商标属于现行《商标法》第十三条规定的就相同或者类似商品申请注册的商标是复制、模仿他人未在中国注册的驰名商标或者就不相同或者不相类似商品申请注册的商标是复制、模仿他人损害他人已经在中国注册的驰名商标。仅因前述法定要件不符合现行《商标法》第十三条规定，就已决定了对争议商标不能适用现行《商标法》第十三条的规定而撤销注册，故对申请人使用于金融服务上的“世纪通宝”商标是否驰名，亦无需再作认定。因此，对申请人为支持其“世纪通宝”商标为驰名商标提供的证据1－4及被申请人为反驳申请人前述证据提供的证据10，商标评审委员会均不予考虑。基于上述理由，商标评审委员会依据《商标法》第四十一条第二款、第三款和第四十三条规定，作出维持元和公司注册的第1772799号“世纪通宝及图”商标的第1198号裁定。

原告元和公司对被告作出的上述裁定结论没有异议，但认为被告在该裁定中认定的事实和所阐述的观点有几处存在严重错误，必须予以纠正，故在法定期限内向法院提起行政诉讼，请求法院撤销被告作出的第1198号裁定，并判令被告重新作出裁定。原告在诉讼中明确第1198号裁定中认定的事实和所阐述的观点存在严重错误的地方为：1. 被告已经查明却故意在《裁定书》中掩盖“第三人同时将世纪通宝商标使用于第9类商品”的事实。2. 被告已经查明却故意在《裁定书》中掩盖“第三人在提供银行服务的同时也将借记卡作为一种商品进行销售”的事实。3. 被告在《裁定书》中以原告的名义表述原告从未在《答辩书》中说过的观点。原告在《答辩书》第三页中的原话仅是就两商标的注册情况而言的，而在实际的使用过程中，无论是第三人的“通宝卡”商标，还是“世纪通宝”商标，只要第三人将它们印在“借记卡”上，那就超出了第36类服务商标的范围，而变成了第9类商品商标，这样就必然会与原告的注册商标之间存在权利冲突。所以，被告将原告在《答辩书》中的上述原话“简略表述”为“不存在权利冲突”，这显然违反了原告的本意。4. 上述事实与本次商标争议具有重大关联，因为原告和第三人同时在第9类商品上使用相同的“世纪通宝”商标，就必然会发生权利冲突和造成混淆后果。因此，被告所说“不会相混淆”的观点不能成立。

被告商标评审委员会辩称：1. 原告认为我委在裁定书中认定的事实有错误，理由是我委在裁定书中将被申请人答辩书中原话为“由于这两个注册商标被核准在完全不同的商品和服务上，因此无论是否近似，申请人都无权以其‘通宝卡’注册商标为依据指责我公司的‘世纪通宝’商标注册不当”表述为“两商标被核准注册于不同的商品和服务上，无论两商标是否近似均不存在权利冲突”。我委认为裁定书中的上述表述只是我委对原告答辩理由的简略表述，并未违背原告的本意，且亦非经我委查明和认定的事实，对案件裁决结果既毫无影响，也不属于认定事实错误的范畴。2. 原告认为我委裁定书中关于磁性识别卡、密码磁卡是信用卡服务的重要载体之一的观点错误，并认为在正常使用中不会造成混淆的观点不成立。对此我委认为，农业银行的“世纪通宝”商标使用于信用卡服务等金融事务上，虽然该种服务的重要载体之一为磁性识别卡、密码磁卡，但申请人提供该种磁卡及消费者持有该种磁卡并非是为了获取销售磁卡的利润或单纯以拥有该种磁卡为目的，而是为了提供该种磁卡所代表的金融服务及获取该种服务。而第9类商品中的磁性识别卡、密码磁卡商品上的商标是为了区别不同的磁卡商品生产者。因此，农业银行提供的信用卡服务与原告注册使用的“世纪通宝”商标虽然都可能在磁性识别卡、密码磁卡上标示各自的商标，但由于二者销售、发行渠道不同，销售、发行目的及各自所蕴含的内容不同，两商标在正常使用中不会造成消费者将农业银行提供的服务与原告生产的产品相混淆的后果。正是基于此前提，我委维持了原告第1772799号商标的注册。综上，我委对第1772799号“世纪通宝及图”商标争议案的裁定认定事实清楚，适用法律正确，故请求法院维持该裁定，驳回原告的诉讼请求。

第三人农业银行陈述意见认为：被告的具体行政行为合法有效；第三人的“通宝卡”商标与原告的“世纪通宝及图”商标是分别注册于不同类别的服务和商品商标；原告的起诉理由缺乏事实与法律依据，请求法院驳回原告的诉讼请求。

原审查明事实

原审法院经审理查明：争议商标“世纪通宝及图”于2001年5月14日申请注册，注册号为第1772799号，注册人为元和公司。争议商标于2002年5月21日获准注册，核定使用于第9类商品项目下的已录制的计算机程序（程序）、磁性识别卡、计算机外围设备、计算机软件（已录制）、密码磁卡、电子字典、计算器、软盘。2002年9月19日，农业银行针对争议商标提出撤销申请，其撤销理由为：争议商标与其金穗借记卡即世纪通宝卡商标相同，且与其第1471685号“通宝卡”注册商标近似；“世纪通宝”商标图案系其于1999年委托北京市蓝马广告公司设计、天津环球磁卡股份有限公司制作。金穗借记卡，即世纪通宝卡是其重要的金融产品，具有相当社会影响，属于驰名商标。

针对农业银行的撤销请求及其理由，元和公司答辩称：申请人“世纪通宝”商标未申请注册，也未被认定为驰名商标，不能享有《商标法》第十三条的特别保护。另外，“通宝卡”注册商标属于第36类服务商标，争议商标属于第9类商品商标，由于这两个注册商标被核准在完全不同的商品和服务上，因此无论是否近似，申请人都无权以其“通宝卡”注册商标为依据指责我公司的“世纪通宝”商标注册不当。且申请人一直在“银行”服务项目上使用“世纪通宝”商标，因此，无论申请人商标知名度多高也不能据以撤销使用和注册于9类“计算机及其外部设备”商品上的争议商标，请求维持争议商标注册。为支持其使用和注册争议商标并非复制、模仿、翻译农业银行的商标，并非出于恶意，元和公司共向被告提交了11份证据。

另查明，农业银行于1999年10月14日向国家工商行政管理局商标局申请注册“通宝卡”文字商标（注：“卡”放弃专用权），于2000年11月7日获准注册，注册证号为第1471685号，核定使用于第36类服务项目下的金融服务、金融管理、金融咨询、信用卡服务、借款卡服务、电子转账、租金收款、信用卡的发行、金融资助、珍贵纪念品发行。农业银行在撤销申请中主张构成驰名商标的“世纪通宝”卡文字及其图形在争议商标申请注册时尚未申请注册。

再查明：第1198号裁定第2页在关于“被申请人答辩称”的描述中载明：“另外，申请人在先注册的“通宝卡”商标属于36类服务商标，争议商标属于9类商品商标，两商标被核准注册于不同的商品和服务上，无论两商标是否近似均不存在权利冲突。”而原告在《答辩书》第三页中的原话为“由于这两个注册商标被核准在完全不同的商品和服务上，因此无论是否近似，申请人都无权以其‘通宝卡’注册商标为依据指责我公司的‘世纪通宝’商标注册不当。”

原审审理结果

原审法院认为：依法注册的商标为有效商标。在商标撤销程序中判断两商标是否构成相近似时，应当将争议商标与他人在同一种商品（服务）或者类似商品（服务）上已经注册的或者初步审定的商标进行对比，而不是与他人实际使用而未注册的商标进行对比。注册人对其注册商标的使用是否超出核定使用的范围不属于商标撤销中判断两商标是否构成相近似的评判标准。本案中，农业银行申请撤销争议商标所引用的商标为其“世纪通宝卡”图案商标和“通宝卡”文字商标。由于“世纪通宝卡”文字及其图形商标在争议商标申请注册时尚未申请注册，因而不能作为合法有效的引证商标。由于“通宝卡”文字商标早于争议商标注册，故可作为引证商标使用。如前所述，由于商标的实际使用情况不是衡量争议商标与在先注册商标是否构成相同或相近似的法定要素，因此，无论是早于争议商标注册的“通宝卡”商标，还是晚于争议商标注册的“世纪通宝”商标的实际使用情况都与评判争议商标的显著性无关，故被告在第1198号裁定中不予涉及并无不当。

由本案查明事实可知，第三人农业银行在先注册的“通宝卡”商标属于第36类服务商标，核准使用范围是金融服务、金融管理、金融咨询、信用卡服务、借款卡服务、电子转账、租金收款、珍贵纪念品发行、信用卡的发行、金融资助等服务；而争议商标属于第9类商品商标，核准使用范围是已录制的计算机程序（程序）、磁性识别卡、计算机外围设备、计算机软件（已录制）、密码磁卡、电子字典、计算器、软盘等商品。就商标的整体外观形态来看，虽两商标中均有“通宝”二字，但在先注册的“通宝卡”商标属于纯文字商标，而争议商标属于文字和图形的组合商标，且文字部分为“世纪通宝”。因此，两商标无论从被核准使用的商品和服务类别上看，还是从商标的整体外观形态上看，均明显不同，不会造成普通消费者对“同一种商品（服务）或者类似商品（服务）”的生产者或提供者来源的混淆。

被告在裁定书中将原告的答辩理由进行概况或简略表述，这类表述即使与原文有所出入，因其并非属于被告依职权对案件事实进行的认定，故不属于认定事实错误的范畴。

综上，原告认为被告在裁定书中认定的事实和所阐述的观点存在错误的理由不能成立。商标评审委员会在认定“通宝卡”商标与“世纪通宝及图”商标不构成近似商标的基础上，作出维持第1772799号注册商标的第1198号裁定，其证据充分，适用法律正确，程序合法，且原告对被告作出的第1198号裁定的结论并没有异议，因此，被告作出的第1198号裁定结论有事实和法律依据，应予维持。本院依照《中华人民共和国行政诉讼法》第五十四条第（一）项之规定，判决如下：

维持被告国家工商行政管理总局商标评审委员会商评字〔2003〕第1198号《关于第1772799号“世纪通宝及图”商标争议裁定书》。

元和公司不服原审判决，提起上诉，请求撤销一审判决及商标评审委员会的裁定，判令商标评审委员会重新作出裁定。主要理由是：1. 商标评审委员会滥用职权。一审法院指出在商标撤销程序中，应将争议商标与他人在同种商品（服务）或类似商品（服务）上已经注册的或初步审定的商标进行对比，而不是与他人实际使用而未注册的商标进行对比。而商标评审委员会在其裁定书中用大量篇幅将原审第三人实际使用但未注册的商标与争议商标进行对比，该行为属于滥用职权。2. 商标评审委员会超越职权。商标评审委员会无权对农业银行的“世纪通宝”商标的实际使用情况加以评判，但商标评审委员会在其裁定书中对上述情况大加评判，强调农业银行只是将“世纪通宝”商标指定使用于信用卡服务等项目上，掩盖了农业银行超出第36类服务项目的范围，将该商标实际使用于第9类商品的事实。3. 商标评审委员会适用法律法规错误。本案应适用的法律法规为《最高人民法院关于审理商标民事纠纷案件适用法律若干问题的解释》第11条第3款、第12条以及国家工商行政管理局《关于保护服务商标若干问题的意见》第4条。

针对上诉人的上诉，商标评审委员会答辩：我委依法审查认定相关事实，不存在超越和滥用职权。根据《商标评审规则》的规定，商标评审委员会审理依据《商标法》第41条请求撤销注册商标的案件，应当针对当事人的申请和答辩的事实、理由及请求进行评审。农业银行依据《商标法》第41条向我委提出撤销第1772799号“世纪通宝”商标的申请涉及《商标法》第31条、第13条及《商标法实施条例》第29条。我委在裁定中将第三人实际使用于信用卡服务等金融事务上的“世纪通宝”商标与争议商标进行对比，系对争议商标是否构成《商标法》第13条和第31条规定的禁止注册商标进行分析判定，并非将“世纪通宝”作为《商标法》第41条第3款规定的在先注册商标。基于农业银行称其“世纪通宝”为具有较高知名度的金融服务商标，我委必须就争议商标指定使用的商品是否与信用卡服务等金融服务项目构成类似进行判定，上诉人认为我委对此法律问题的判定系滥用职权和超越职权没有事实及法律依据。综上，请求维持一审判决及商标评审委员会的裁定。农业银行服从一审判决。

二审查明事实

二审法院查明的事实与原审查明的事实基本相同，另查明：商标评审委员会于2003年6月25日作出［2003］第1198号《关于第1772799号“世纪通宝及图”商标争议裁定书》，裁定农业银行对元和公司注册的1772799号“世纪通宝及图”商标所提撤销理由不成立，该注册商标予以维持。

二审审理结果

二审法院认为：二审法院审理上诉案件，应当对原审法院的裁判和被诉具体行政行为是否合法进行全面审查。商标评审委员会审理依据《商标法》第41条请求撤销注册商标的案件，应当针对当事人的申请和答辩的事实、理由及请求进行评审。

本案商标撤销申请人即农业银行向商标评审委员会提出的撤销申请涉及《商标法实施条例》第29条、《商标法》第31条、第13条的相关内容。故商标评审委员会根据申请人的请求事项在其裁定中依序对在先注册的农业银行“通宝卡”商标与元和公司“世纪通宝及图”商标是否构成类似商品或服务上的近似商标；元和公司“世纪通宝及图”商标的注册是否损害了他人现有的在先权利，是否是以不正当手段抢先注册他人已经使用并有一定影响的商标；元和公司“世纪通宝及图”商标的注册是否属于在相同或者类似商品上复制、模仿或者翻译他人未在中国注册的驰名商标等3个方面进行了分析，系商标评审委员会在其职权范围内，根据商标撤销申请人的请求所作出的，符合法律法规及有关规章的规定。上诉人所提商标评审委员会超越职权及滥用职权的上诉理由没有依据，本院不予支持。

商标评审委员会所确定的本案审查的关键并无不当，即将农业银行的“通宝卡”注册商标所核定使用的第36类中的相关服务及农业银行的“世纪通宝”商标所实际使用的商品或服务分别与元和公司的“世纪通宝及图”商标所核定使用的第9类中的相关商品进行对比。如果涉及的商品或服务为类似商品或服务，就再进行商标是否相同或近似的对比。

商品与服务类似，是指商品和服务之间存在特定联系，容易使相关公众混淆。认定商品或者服务是否类似，应当结合相关公众对商品或者服务的一般认识综合判断。根据申请人提供的证据，商标评审委员会认定农业银行的“世纪通宝”商标使用在第36类的相关服务上，并无不当。商标评审委员会结合商品的生产和销售渠道、服务的方式及对象等对本案所涉及的第9类商品及第36类服务是否类似所作的论述正确，表明上述商品及服务之间不存在特定联系，不容易使相关公众产生混淆。上诉人认为商标评审委员会适用法律错误的上诉理由不能成立。

一审判决中关于“在商标撤销程序中，判断是否近似，应当将争议商标与他人在同一种商品（服务）或类似商品（服务）上已经注册的或初步审定的商标进行对比，而不是与他人实际使用而未注册的商标对比”、“商标的实际使用情况不是衡量争议商标与在先注册商标是否构成相同或近似的法定要素”及认为商标评审委员会裁定书中“对农业银行的‘世纪通宝’商标的实际使用情况不予涉及并无不当”的论述有误，但不影响判决结果，本院予以纠正。

综上，一审判决认定事实基本清楚，判决理由基本正确，适用法律亦无不当。元和公司的上诉理由不能成立，对其上诉请求本院不予支持。根据《中华人民共和国行政诉讼法》第六十一条第（一）项之规定，判决如下：

驳回上诉，维持原判。

一、二审案件受理费各1 000元，均由上海元和计算机系统集成有限公司负担。

15. “中化”商标侵权及不正当竞争纠纷案

——中国中化集团公司诉浙江中化网络股份有限公司等

原告（被上诉人）：中国中化集团公司

被告（上诉人）：上海中化网络有限公司

被告（上诉人）：浙江中化网络股份有限公司

被告（原审被告）：北京盛园恒丰农业科技发展有限责任公司

案由：侵犯商标专用权及不正当竞争纠纷

原审案号：北京市第一中级人民法院（2003）一中民初字第9923号

原审合议庭成员：刘海旗、仪军、彭文毅

原审结案日期：2003年12月24日

二审案号：北京市高级人民法院（2004）高民终字第214号

二审合议庭成员：刘继祥、孙苏理、胡平

二审结案日期：2004年5月19日

判决要旨

将与他人注册商标相同或者近似的文字作为企业的字号在相同或者类似商品或服务上突出使用，足以导致相关公众对商品或服务来源产生混淆，或使消费者误认为该商品或服务与商标权人有某种关系的，属于侵犯商标专用权的行为。将与他人注册商标相同或者近似的文字作为企业名称中的字号注册使用，借助于合法的形式占有或侵害他人商业信誉，导致消费者对商品或服务的来源产生混淆或者误认为不同的经营者之间具有某种关联关系的，应当属于不正当竞争行为。

起诉与答辩

原告中国中化集团公司（以下简称中化公司）诉称：“中化”二字作为原告注册的商标或商标的一部分，已经合法注册并被国家工商行政管理总局商标局（以下简称国家商标局）认定为驰名商标。三被告于2003年3月6日在北京签订《中国化工网信息发布合同书》（以下简称信息合同），其中，被告浙江中化网络股份有限公司（以下简称浙江中化公司）、上海中化网络有限公司（以下简称上海中化公司）均使用了“中化”二字作为其商号或字号。同时，

被告浙江中化公司还将“中化”二字屡次并多处使用在其作为主营业务的有偿服务网站上。原告认为，被告浙江中化公司、上海中化公司企业名称中的字号或商号与原告依法注册并被认定的驰名商标相同或相近似，易使相关公众产生误认。事实上，被告北京盛园恒丰农业科技发展有限责任公司（以下简称北京盛园恒丰公司）对此已构成了误认。被告浙江中化公司、上海中化公司将原告的注册商标用于其企业名称并与被告北京盛园恒丰公司在北京签订信息合同的行为侵犯了原告的注册商标专用权，同时违反了反不正当竞争法的有关规定。综上，原告请求法院判令：1. 终止三被告签订的《中国化工网信息发布合同书》，三被告立即停止针对原告注册商标专用权的侵权行为和不正当竞争行为；禁止两被告在其企业名称、网站、商品及所有相关服务上使用原告的注册商标；2. 被告浙江中化公司赔偿原告经济损失 300 万元；3. 三被告就其侵权行为消除影响，向原告公开赔礼道歉；4. 三被告承担本案全部诉讼费用，并承担原告因本案而发生的证据保全公证费、律师费及其他合理费用。

被告浙江中化公司辩称：该公司注册成立于 2000 年 8 月 7 日，系一家专业从事互联网信息服务的高新技术企业，而原告的主营业务为石油、化肥、化工品、橡胶、塑料的国际国内贸易和相关领域的实业投资，双方是分属于两个截然不同行业领域的企业。该公司之所以将“中化”作为公司字号，是对其主营网站“中国化工网”的简称，并非有意抄袭、模仿原告的注册商标。被告北京盛园恒丰公司在原告起诉后仍按信息合同的规定支付了合同尾款 6400 元人民币，且在此之前从未提出过任何异议或征询，上述行为表明其并未对该公司和原告产生混淆或误认。同时，该公司认为，由于原告的“中化”文字商标被认定为驰名商标之前并未经核准注册，其被认定为驰名商标是非法的，该公司企业字号先于原告以相同文字申请注册的商标获得核准，原告的“中化”文字商标系侵犯了该公司字号的在先权利，故该公司已向商标局提出撤销原告驰名商标的申请；并且“中化”作为“中国化工”领域通用名称的简称被作为商标注册也是不合法的，原告无权禁止他人正当使用。因此，该公司请求法院驳回原告的诉讼请求。

被告上海中化公司辩称：该公司为被告浙江中化公司在上海设立的控股子公司，专门从事互联网信息服务。该公司的企业名称获准登记的时间比原告“中化”文字商标获准注册的时间早 7 个月，故该公司就企业名称享有的在先权利应受合法保护。该公司其他答辩意见与被告浙江中化公司一致。故该公司请求法院依法驳回原告的诉讼请求。

被告北京盛园恒丰公司辩称：在签署信息合同时，被告浙江中化公司、被告上海中化公司在合同中及其网站上一直使用“中化”及“中国化工网”等名称，且从事与化工有关的业务，考虑到“中化”在化工行业的影响力，该公司一直以为被告浙江中化公司、被告上海中化公司是原告的下属企业，该网站是原告开办经营的，因此是在毫不知情的情况下签订了该信息合同。该公司保留对被告浙江中化公司、被告上海中化公司另行起诉的权利。对于原告所提出的对侵权行为消除影响并公开赔礼道歉的请求，该公司表示愿意采取相应的措施予以弥补。

原审查明事实

原审法院经审理查明：原告中化公司是我国特大型国有企业，成立于1950年的“中国进出口总公司”，在建国初期承担为国家进口急需的生产、生活和战略物资的任务，后几度更名。自60年代初，该公司正式调整为专营石油、化工、医药、医疗器械的专业进出口公司后，开始逐步使用“中化”作为其简称，至今已有四十余年的历史。自70年代开始，该公司以“中化”(SINOCHEM)的品牌享誉国际石油化工领域，成为国际贸易界举足轻重的化工品贸易商。在国内，其年贸易额长期位于国内同行业榜首。该公司先后14次被美国《财富》杂志评为全球500强企业之一，2002年销售收入排名第248位，“中化”(SINOCHEM)在全国乃至世界范围内拥有极高知名度和良好的声誉。

在本案审理过程中，经国家工商管理总局核准，原告于2003年9月17日进行了变更登记，其企业名称由“中国化工进出口总公司”变更为“中国中化集团公司”。

原告中化公司于1988年获得国家商标局颁发的两个商标注册证，其核准注册的商标均为一椭圆加“中化”加“SINOCHEM”的图文组合商标(简称涉案商标)。其中，“SINOCHEM”为中国中化集团公司的英文简称。该商标注册证号分别为315477号、316788号，分别核定使用于第26类及第28类即化工原料、化学试剂、白乳胶和工业用染料、釉料、食用染料等商品。该两件商标于1998年被国家商标局核准续展注册至2008年。2002年2月8日，国家商标局发出商标监(2002)9号“关于认定‘中化’等商标为驰名商标的通知”，认定包括“中化”在内的6件商标为驰名商标。2002年11月22日，原告获得国家商标局颁发的“中化”文字商标的商标注册证，该商标注册证号为1951056号，核定使用服务项目为第35类，包括饭店管理、广告代理、广告宣传、计算机数据库信息编入、计算机数据库信息系统化、进出口代理、贸易业务的专业咨询、商业信息、推销(替他人)(商品截止)。

被告浙江中化公司于2000年8月7日经核准注册成立，其经营范围主要包括技术开发、服务，计算机网络工程，电子商务等。该公司主营“中国化工网”（http：//www.hi2000.com），并以此对外从事营利性商业服务。在该网站页面上，被告浙江中化公司屡次并多处使用了“中化”二字作为缩略语，如“中化信箱”、“中化网络”、“今日中化”等。

被告上海中化公司是被告浙江中化公司在上海设立的控股子公司，于2002年4月26日经核准注册成立，专门从事互联网信息服务。

2003年3月6日，被告浙江中化公司、被告上海中化公司（甲方）与被告北京盛园恒丰公司（乙方）在北京签署了《中国化工网信息发布合同书》，约定，“甲方负责把乙方的企业名称及所有产品的信息分类加入到其网站上；甲方为乙方提供50兆的硬盘空间，此硬盘空间由甲方安放在北京电报大楼”，甲乙双方还约定，“此信息合同的服务期限为一年，总价款为人民币16 000元”。在信息合同签订后，被告北京盛园恒丰公司依据该合同支付了60%的价款，即人民币9 600元。2003年4月7日，被告北京盛园恒丰公司按约支付了合同全部尾款人民币6 400元。

原审审理结果

原审法院认为：根据《最高人民法院关于审理商标民事纠纷案件适用法律若干问题的解释》第二十二条之规定，人民法院在审理商标纠纷案件中，根据当事人的请求和案件的具体情况，可以对涉及的注册商标是否驰名依法作出认定。由此可见，行政机关作出的商标驰名的认定，并不具有绝对的法律效力，当事人对该认定持有异议的，由人民法院依法予以审查。本案中，中化公司成立于1950年，是在全球具有相当信誉的综合型国际企业集团。60年代起，该公司正式调整为专业进出口公司后，开始逐步使用“中化”作为其简称，至今已有四十余年的历史。此后，该公司以“中化”（SINOCHEM）的品牌享誉国际石油化工领域。在国内，其年贸易额长期位于国内同行业榜首。从该公司先后14次被美国《财富》杂志评为全球500强企业之一、2002年销售收入排名第248位的情况来看，其使用的“中化”（SINOCHEM）简称及标识在全国乃至世界范围内已拥有极高知名度和良好的声誉。因此，“中化”（SINOCHEM）可以被认定为一个驰名标识。1988年，原告经国家商标局核准在第26类、第28类商品上注册了涉案商标。在该商标中，“中化”、“SINOCHEM”构成了该组合商标的文字部分，是该商标的主要部分，亦是相关公众识别该商标的依据。因“SINOCHEM”为中国中化集团公司的英文简称，且该英文简称已长期在国际贸易领域正式使用并被相关公众所熟知和认可，故可以认定国内国际的相关公众看到此商标就可以联想到是原告。由此，国家商标局依据《中华人民共和国商标法》第十四条的规定，认定“中化”商标为驰名商标并无不妥。但根据涉案商标从相关公众对商标的知晓程度、持续使用时间、驰名范围等方面综合考虑，应认定涉案商标在2000年被告浙江中化公司成立之前该商标即为驰名商标。被告浙江中化公司、被告上海中化公司以国家商标局认定“中化”为驰名商标非法为由进行抗辩，不予支持。被告浙江中化公司有关“中化”是中国化工的通用简称，原告中化公司虽将其注册为商标，但无权禁止他人正当使用的抗辩理由，缺乏事实依据，本院亦不予支持。

从被告浙江中化公司所经营的“中国化工网”以及被告上海中化公司作为其控股子公司与被告浙江中化公司共同就该网站提供营利性商业服务的行为来看，基于原告的“中化”商标为驰名商标，且二被告从事的经营活动均与化工领域有关，故二被告应当知道使用“中化”作为企业名称会误导消费者，并足以使公众误认为二被告与原告存在某种关联关系或为同一市场主体，使他人对商品或服务的来源产生混淆，其行为具有明显的“搭便车”的故意，造成了“中化”驰名商标的淡化。因此，二被告在申请企业字号时未遵循公平、诚实信用的原则和公认的商业道德，具有明显的过错。其行为违反了《中华人民共和国商标法》第五十二条第五项之规定，使用他人驰名商标的主要部分，给他人的驰名商标专用权造成了损害，同时违反了《中华人民共和国反不正当竞争法》第二条的规定，构成不正当竞争，故二被告应承担相应的法律责任。

被告浙江中化公司在其经营且对外提供营利性商业服务的“中国化工网”上屡次并多处使用“中化”作为缩略语，如“中化信箱”、“中化网络”、“今日中化”等，亦会使相关公众对其提供服务的来源产生混淆。事实上，被告北京盛园恒丰公司多次表示其在信息合同签订和履行过程中已将二被告误认为原告的下属企业。被告浙江中化公司、被告上海中化公司的行为已经误导了公众，侵犯了原告的商标专用权，同时违反了诚实信用原则，亦构成不正当竞争。

二被告以被告北京盛园恒丰公司在起诉后仍支付了合同余款继续履行了该合同为由，主张没有造成公众的混淆，从而不构成侵权的主张，因其抗辩理由与所证明的事实没有必然的因果关系，不予支持。被告北京盛园恒丰公司因受误导与其他二被告签订信息合同，且在商业经营中未使用原告的注册商标，故其行为未侵犯原告的商标专用权，亦不构成不正当竞争，故原告有关被告北京盛园恒丰公司构成侵权的指控，不予支持。

鉴于被告浙江中化公司、被告上海中化公司的行为已构成侵权，故应当承担相应的法律责任，包括停止侵权、消除影响、公开赔礼道歉、赔偿损失等。

对于原告主张立即终止履行三被告间签订的信息合同的诉讼请求，因被告北京盛园恒丰公司的行为不构成侵权，且在另外两被告终止使用“中化”字样后，其行为亦不构成侵权，故对此诉讼请求不予支持。

对于原告主张的消除影响、公开赔礼道歉的诉讼请求，予以支持，其方式将根据被告浙江中化公司、被告上海中化公司侵权的范围和后果予以确定。二被告应连续30日在“中国化工网”显著位置上登载致歉声明，公开向原告中国中化集团公司赔礼道歉。

由于原告中化公司没有就其因被侵权所受到的损失及被告浙江中化公司、被告上海中化公司侵权获得的非法利益提供充分的证据，故其要求二被告赔偿经济损失300万元的诉讼请求，不予全部支持。对于二被告应予承担的赔偿数额，将依据《中华人民共和国商标法》第五十六条第二款的规定，参照二被告侵权的情节、后果等因素予以酌情确定。原告中化公司在庭审时表示放弃要求被告承担证据保全公证费、律师费及其他合理费用的诉讼请求，本院不持异议。

综上所述，椭圆加“中化”加“SINOCHEM”的图形组合商标为驰名商标。被告浙江中化公司及被告上海中化公司的行为已对原告商标权构成了侵犯，同时构成不正当竞争，应承担相应的法律责任。被告北京盛园恒丰公司的行为不构成侵权。

依照《民法通则》第一百一十八条、第一百三十四条第（一）（七）（九）（十）项，《商标法》第五十二条第（五）项、第五十六条第二款，《反不正当竞争法》第二条，最高人民法院《关于受理商标民事纠纷案件适用法律若干问题的解释》第二十二条之规定，判决：

一、浙江中化公司、上海中化公司自判决生效之日起，停止在企业名称、网络、商品及所有相关服务上使用“中化”二字；

二、浙江中化公司、上海中化公司自判决生效之日起10日内，赔偿中化公司经济损失50万元；

三、浙江中化公司、上海中化公司自判决生效之日起连续30日在“中国化工网”显著位置登载致歉声明；

四、驳回中化公司其他诉讼请求。

浙江中化公司、上海中化公司不服原审判决，提起上诉。浙江中化公司和上海中化公司共同上诉称：1. 国家商标局于2002年2月8日曾认定1951056号“中化”文字商标为驰名商标，未曾认定315477、316788号组合商标为驰名商标。一审中，中化公司并未请求认定二组合商标为驰名商标，也未提供相应证据。一审法院仅以中化公司之主体或其企业名称为公众所熟知为由，而将组合商标认定为驰名，难以令人信服。2. 最高人民法院《关于审理商标民事纠纷案件适用法律若干问题的解释》已对《商标法》第五十二条第（五）项进行了明确规定，两上诉人实施的行为并不符合司法解释的有关规定，一审判决却不顾两上诉人与中化公司处于完全不同行业、所提供的商品或服务不相同也不类似之事实，强行适用《商标法》第五十二条第（五）项，显属不当。3. 中化公司企业名称的简称“中化”的声誉专有权利不能自然直接延及涉案的组合商标及“中化”文字商标，一审判决认定中化公司企业名称的简称声誉可延及涉案组合商标，缺乏法理基础。4. 一审法院认定涉案组合商标在2000年浙江中化公司成立前即为驰名商标，不符合当时有效的《驰名商标认定和管理暂行规定》之第三条，显然违反了法定程序并超越职权。综上，二上诉人的行为并未侵害中化公司的商标权，也未构成不正当竞争。请求二审法院撤销原审判决，驳回中化公司的诉讼请求。

中化公司和盛园恒丰公司服从原审判决。

二审查明事实

二审法院查明事实与原审相同。

二审审理结果

二审法院认为：最高人民法院《关于审理商标民事纠纷案件适用法律若干问题的解释》第一条中规定，将与他人注册商标相同或者近似的文字作为企业的字号在相同或者类似商品上突出使用，容易使相关公众产生误认的，属于侵犯注册商标专用权的行为。本条中所称的在相同或者类似商品上使用，当然也包括服务。中化集团公司是第773539号商标的合法所有人，该组合商标中包含有“中化”字样，核定使用的范围是广告服务、商业信息服务。浙江中化公司开办的中国化工网主要为化工企业提供产品信息服务，中国化工网设有“中化网络”、“今日中化”、“中化邮箱”等栏目，浙江中化公司的行为足以导致相关公众对服务来源产生混淆，或使消费者误认为该服务与中化公司有某种关系，显然已构成对中化公司第773539号注册商标权的侵犯，应当承担停止侵权、赔偿损失的法律责任。两上诉人关于与中化公司处于不同行业、所提供的商品或服务不相同也不相类似、不构成商标侵权的主张不能成立，不予支持。

将与他人注册商标相同或者近似的文字作为企业名称中的字号注册使用，就行为性质来看，主要是借助于合法的形式占有或侵害他人商业信誉，其目的在于“搭便车”，其结果势必导致消费者对商品或服务的来源产生混淆或者误认为不同的经营者之间具有某种关联关系，应当属不正当竞争行为。本案中，中化公司1988年注册了第315477、316788号组合商标，核定使用的范围是化工原料、化工试剂和工业用染料、釉料，均与化工行业有关。1994年12月14日中化公司又注册了第773539号组合商标，核定使用范围是广告及商业信息服务。上述商标中均含有“中化”文字，且已持续宣传并使用十余年，在国际、国内化工行业被普遍知晓并有着良好声誉。一审法院认定上述涉案商标在2000年即浙江中化公司成立之前即已成为驰名商标并无不妥，浙江中化公司和上海中化公司关于一审法院认定涉案商标为驰名商标缺乏事实和法律依据且违反法定程序的主张不予采信。浙江中化公司成立于2000年8月7日，上海中化公司成立于2002年4月26日，系浙江中化公司的控股子公司，两企业均以“中化”为其企业名称中的字号，并且两企业的经营活动均属于化工领域，均与化工产品或其信息服务有关，所针对的消费者也均是化工企业。两企业将“中化”作为其企业名称中的字号，足以使相关消费者对商品或服务的来源产生混淆或者使消费者误认为两企业与中化公司有某种关联关系，且有明显的“搭便车”故意，违反了公平诚信的原则，其行为已构成不正当竞争。浙江中化公司与上海中化公司应当承担相应的法律责任。综上，一审判决认定事实、适用法律并无不当，本院应予维持。浙江中化公司和上海中化公司的上诉理由不能成立。其上诉请求不予支持。据此，依照《中华人民共和国民事诉讼法》第一百五十三条第一款第（一）项之规定，判决：

驳回上诉，维持原判。

一、二审案件受理费各25 010元，均由浙江中化网络股份有限公司和上海中化网络有限公司负担。

16. “黑天鹅及图”商标转让撤销纠纷案

——广东黑天鹅饮食文化有限公司诉国家工商行政管理总局商标评审委员会、哈尔滨黑天鹅集团股份有限公司

原告（上诉人）：广东黑天鹅饮食文化有限公司
被告（被上诉人）：国家工商行政管理总局商标评审委员会
第三人（被上诉人）：哈尔滨黑天鹅集团股份有限公司
案由：商标转让撤销纠纷

原审案号：北京市第一中级人民法院（2003）一中行初字第503号
原审合议庭成员：刘海旗、李燕蓉、彭文毅
原审结案日期：2003年12月9日
二审案号：北京市高级人民法院（2004）高行终字第92号
二审合议庭成员：刘继祥、胡平、孙苏理
二审结案日期：2004年6月1日

判决要旨

2001年修改并实施的《商标法》第四十一条具体列举了商标争议事项，其中不包括撤销转让注册不当商标问题。申请撤销转让注册不当商标不属商标评审委员会管辖。

起诉与答辩

2002年4月29日，原告广东黑天鹅饮食文化有限公司（以下简称广东黑天鹅公司）以第三人哈尔滨黑天鹅集团股份有限公司（以下简称哈尔滨黑天鹅集团公司）非法受让由哈尔滨市黑天鹅大酒店注册的第42类服务上的第772907号“黑天鹅及图”商标为由，向被告商标评审委员会提出撤销转让注册不当商标申请。被告商标评审委员会于2002年8月28日以根据《中华人民共和国商标法》及《中华人民共和国商标法实施条例》的规定，原告的申请事项不属于其受案范围为由，作出［2002］评00636BL号通知书，对该评审申请不予受理。

原告广东黑天鹅公司不服［2002］评00636BL通知书，在法定期限内提起行政诉讼，其诉称：哈尔滨市黑天鹅大酒店于1994年11月28日在第42类

"餐馆、快餐馆、鸡尾酒会服务、咖啡馆、自动餐馆"服务上注册了第772907号"黑天鹅及图"商标。后由于长年亏损，哈尔滨市黑天鹅大酒店于1997年9月16日申请注销，1997年9月23日哈尔滨市道外工商分局准予公告注销。在哈尔滨市黑天鹅大酒店已被依法注销三年之后，第772907号注册商标竟于2000年9月28日被国家工商行政管理总局商标局核准转让予哈尔滨黑天鹅集团公司名下。原告针对第772907号商标向被告提出"撤销转让注册不当商标申请"，而被告对该申请不予受理，原告认为：1. 第772907号"黑天鹅及图"属于《商标法》第四十一条规定的可以提请被告裁定撤销的注册不当商标，任何以欺骗手段或者其他不正当手段——而不论行为人具体通过何种程序取得注册的商标，均属于不当注册商标。对于不当注册的商标，任何单位或者个人可以请求被告裁定撤销该注册商标。因此，被告对原告针对该商标提出的撤销注册不当商标申请应当受理。本案第772907号"黑天鹅及图"商标在其原注册人已于1997年9月被工商局依法注销三年之后被转让予哈尔滨黑天鹅集团公司名下。显然，该转让是通过虚构、隐瞒事实真相甚至伪造申请书等欺骗手段取得商标注册的行为，属于注册不当行为，该商标即为注册不当商标。因此，被告应当对原告针对第772907号"黑天鹅及图"商标提出的撤销注册不当商标的申请予以受理并进行评审、作出裁定。2. 被告在新《商标法》实施以前受理"撤销转让注册不当商标申请"的事实亦说明"转让注册不当商标"属于《商标法》第四十一条规定的应当撤销的商标。因此，被告应当受理原告针对第772907号"黑天鹅及图"商标提出的撤销注册不当商标申请。3. 被告针对原告提出的申请作出的不予受理决定是对其原来对该种案件予以受理的行政行为的重大改变，亦是其对基本相同的商标法规定作出的不同解释。此种改变和不同解释必须经过一定程序后方能实施，否则，应当予以撤销。4.《商标法实施条例》虽已公布，但自2002年9月15日才开始施行。因此，被告援引尚未施行的规定作出不予受理决定，明显属于适用法律不当，被告由此作出的不予受理决定不能成立。请求人民法院判令被告：撤销［2002］评00636BL号通知书；依法受理原告针对"黑天鹅及图"商标（注册号为772907）提出的"撤销注册不当商标申请"。

被告商标评审委员会辩称：1. 原告提起的撤销商标的转让注册不当申请不属于我委受案范围，我委对该评审申请不予受理符合职权法定的基本原则。2001年12月1日，修改后的商标法正式开始施行，新商标法对商标评审委员会的职权范围做了明确限定。新《商标法》第二条第二款规定，国务院工商行政管理部门设立商标评审委员会，负责处理商标争议事宜。商标争议事宜，具体系指新《商标法》第三十二条、三十三条、四十一条、四十九条所规定的几种情形。依据职权法定的基本法律原则，商标评审委员会只能在法律授权的范围内行使职权，超越上述范围受理案件即属越权，属于《行政诉讼法》第五十四条第二项规定的超越职权的具体行政行为，人民法院可依法予以撤销。依据商标法规定，我委受理各类商标争议事宜主要是解决商标之可注册性问题，而非当事人之间的其他民事权利纠纷。2. 原告所谓本案第三人"以欺骗手段或者不正当手段"受让取得商标专用权即属《商标法》第四十一条所指"以欺骗手段或者不正当竞争手段取得注册"的行为，是对法律概念的混淆，于法无据。"以欺骗手段或者不正当手段取得注册"是指原始商标注册人取得专用权之恶意，而非指继受取得之恶意。第三人作为受让人，其行为属受让取得商标专用权的行为，而非原始申请注册取得专用权的行为，不属于上述《商标法》第四十一条第一款所规定的行为。原告诉称本案第三人哈尔滨黑天鹅集团公司是用欺骗手段或者不正当手段取得注册的，应由答辩人撤销其转让注册，是对法律规定的误解。原告与第三人之间的纠纷核心也并非是要解决"黑天鹅及图"商标可注册性问题，而是对原注册人哈尔滨黑天鹅大酒店注销后对其财产——第772907号注册商标"黑天鹅及图"予以处分的行为的法律效力之争议，并非依据商标法即可予以裁决，故对此民事纠纷我委不予受理是完全符合法律规定的。综上所述，我委对原告所提撤销转让注册不当商标申请不予受理的决定适用法律、法规正确，符合法定程序，处理得当，请求人民法院依法判决维持我委的上述具体行政行为。

第三人哈尔滨黑天鹅集团公司述称：第三人哈尔滨黑天鹅集团公司受让第772907号注册商标合法，本案原告广东黑天鹅公司对第三人哈尔滨黑天鹅集团公司所有的"黑天鹅及图"注册商标权提出的异议和提起的诉讼，没有任何事实根据和法律依据，不能成立。被告对撤销注册不当商标申请不予受理通知书合法。第三人哈尔滨黑天鹅集团公司对被告商标评审委员会的书面答辩意见完全同意。另外，依据商标法的有关规定，当事人对商标评审委员会的决定不服的，应在30日内向法院起诉。而根据法院给第三人的参加诉讼通知书，本案原告广东黑天鹅公司的起诉已远远超过了法定的期限，请贵院查明原告广东黑天鹅公司的起诉是否已超过了法定的期限，并驳回原告的起诉。

原审查明事实

原审法院经审理查明：1989年11月29日，哈尔滨市黑天鹅大酒店取得营业执照。1994年11月27日，哈尔滨市黑天鹅大酒店获得"黑天鹅及图"注册商标，核定的服务项目为第42类餐馆、快餐馆、鸡尾酒会服务、咖啡馆、自助餐馆，注册有效期自1994年11月27日至2004年11月27日，商标注册证号为第772907号。

1996年12月，哈尔滨市黑天鹅大酒店（乙方）与哈尔滨黑天鹅名人俱乐部（甲方）签订商标使用许可合同书，载明双方均为哈尔滨黑天鹅集团的所属企业，根据集团统一管理、统一宣传、统一使用商标的发展战略，将第772907号注册商标证注册的42类商标与甲方共同使用，甲方对注册商标享有与乙方同等的权利。

1997年9月，哈尔滨黑天鹅集团公司作出“关于统一使用黑天鹅注册商标的决定”，载明根据集团统一使用和管理黑天鹅注册商标的要求和集团的发展战略，为更好的经营宣传哈尔滨黑天鹅名人俱乐部，现将哈尔滨市黑天鹅大酒店予以注销。其注册商标由黑天鹅名人俱乐部统一使用，该注册商标所有权归哈尔滨黑天鹅集团公司所有。该决定由哈尔滨黑天鹅集团公司、哈尔滨黑天鹅名人俱乐部、哈尔滨市黑天鹅大酒店、哈尔滨市黑天鹅冰箱冰柜商场、哈尔滨市黑天鹅实业有限公司盖章。

1997年9月16日，哈尔滨市黑天鹅大酒店向哈尔滨市道外工商分局申请注销，其注销申请中载明：废业后，出现债权、债务问题均由黑天鹅实业有限公司负责清理。1997年9月23日，其公章销毁。

2000年7月21日，哈尔滨商标事务所代理哈尔滨市黑天鹅大酒店、哈尔滨黑天鹅集团公司向国家工商行政管理总局商标局申请转让哈尔滨市黑天鹅大酒店第772907号注册商标。同年9月28日，国家工商行政管理总局商标局核准第772907号注册商标转让予哈尔滨黑天鹅集团公司。

2002年4月29日，广东黑天鹅公司向商标评审委员会提出撤销转让注册不当商标申请书，理由是注册人因经营不善，于1997年9月被核准注销，在第772907号商标注册人已不存在的情况下，除由注册人之财产合法处分人或继受人作为转让人或受让人而进行的转让之外，不可能再产生任何合法有效的转让。鉴于本案受让人并非注册人的合法继受人，且第772907号商标之转让又是在注册人注销近三年的情况下进行的，因此，该商标之转让注册是通过向商标局提供虚假证明文件等不当手段取得的，应予撤销。

2002年8月28日，商标评审委员会作出［2002］评00636BL通知书，对广东黑天鹅公司的撤销注销不当商标申请不予受理。

原审审理结果

二审法院认为：本案争议的内容为商标评审委员会对于广东黑天鹅公司提出的撤销转让注册不当的申请是否应予受理。本案中，商标评审委员会系于2002年8月28日作出不予受理的决定，其法律依据是商标法及其实施条例，而我国商标法实施条例系 2002 年 9 月 15 日施行，故商标评审委员会在商标法实施条例尚未生效前即适用，缺乏法律依据，本院予以纠正。本案的核心问题是按照商标法的规定，商标评审委员会是否有权受理本案争议。

我国《商标法》第二条第二款规定，国务院工商行政管理部门设立商标评审委员会，负责处理商标争议事宜。而对于可以由商标评审委员会受理的案件，在《商标法》第三十二条、第三十三条、第四十一条、第四十九条中分别作出了规定。《商标法》第三十二条规定："对驳回申请、不予公告的商标，商标局应当书面通知商标注册申请人。商标注册申请人不服的，可以自收到通知之日起十五日内向商标评审委员会申请复审，由商标评审委员会做出决定，并书面通知申请人。"《商标法》第三十三条规定："对初步审定、予以公告的商标提出异议的，商标局应当听取异议人和被异议人陈述事实和理由，经调查核实后，做出裁定。当事人不服的，可以自收到通知之日起十五日内向商标评审委员会申请复审，由商标评审委员会做出裁定，并书面通知异议人和被异议人。"《商标法》第四十一条规定："已经注册的商标，违反本法第十条、第十一条、第十二条规定的，或者是以欺骗手段或者其他不正当手段取得注册的，由商标局撤销该注册商标；其他单位或者个人可以请求商标评审委员会裁定撤销该注册商标。已经注册的商标，违反本法第十三条、第十五条、第十六条、第三十一条规定的，自商标注册之日起五年内，商标所有人或者利害关系人可以请求商标评审委员会裁定撤销该注册商标。对恶意注册的，驰名商标所有人不受五年的时间限制。除前两款规定的情形外，对已经注册的商标有争议的，可以自该商标经核准注册之日起五年内，向商标评审委员会申请裁定。"《商标法》第四十九条规定："对商标局撤销注册商标的决定，当事人不服的，可以自收到通知之日起十五日内向商标评审委员会申请复审，由商标评审委员会做出决定，并书面通知申请人。"由上述法律规定可以看出，商标评审委员会受理案件的范围应为是否应该授予注册商标专用权的案件即是否应该授权的案件，其解决的是商标可否注册问题。

我国《商标法》第三十九条规定，转让注册商标经核准后，予以公告。受让人自公告之日起享有商标专用权。由此规定可以看出，转让已经注册的商标，应由商标局进行核准，而无需另行注册，其只涉及权利人的移转，不涉及商标本身是否应该授权即商标可否注册的问题。这与商标评审委员会具有的审查是否应该授权的案件是不同的，对此类核准转让注册商标是否得当的申请，商标评审委员会没有权利受理及进行审查。

本案中，广东黑天鹅公司申请的事项系哈尔滨市黑天鹅大酒店于 2000 年 9 月 28 日转让"黑天鹅及图"注册商标是否应予核准的问题，其正确的提法应该是商标局核准转让“黑天鹅及图”注册商标的行为是否得当，不涉及“黑天鹅及图”注册商标是否应予授权的问题，故商标评审委员会对此申请不予受理，是符合商标法有关规定的。

综上，虽然商标评审委员会适用尚未施行的商标法实施条例是错误的，但其依据商标法的规定对广东黑天鹅公司的申请作出的［2002］评 00636BL 号通知书的结论是正确的，应予维持。因此，广东黑天鹅公司关于撤销［2002］评 00636BL 号通知书并由商标评审委员会依法受理其针对“黑天鹅及图”注册商标提出的“撤销注册不当商标申请”的诉讼请求，没有法律依据，本院不予支持。依照《中华人民共和国行政诉讼法》第五十四条第（一）项之规定，判决如下：

维持国家工商行政管理总局商标评审委员会作出的［2002］评 00636BL 号撤销注册不当商标申请不予受理通知书。

广东黑天鹅公司不服原审判决，提起上诉。其上诉称：1. 哈尔滨黑天鹅大酒店的公章已于 1997 年 9 月 23 日销毁，哈尔滨黑天鹅大酒店与哈尔滨黑天鹅集团公司签订的商标转让合同书使用了假公章，故该合同不应认定。2. 根据商标法有关规定，商标评审委员会应受理我公司提出的申请。请求二审法院撤销一审判决和商标评审委员会［2002］评 00636BL 号通知书，作出公正判决。商标评审委员会和哈尔滨黑天鹅公司服从原审判决。

二审查明事实

二审法院查明事实与原审相同。

二审审理结果

二审法院认为：本案争议的焦点在于申请撤销转让注册不当商标事宜是否属于商标评审委员会职权范围。《商标法》经修改后于 2001 年 12 月 1 日起生效，新《商标法》第二条第二款规定，国务院工商行政管理部门设立商标评审委员会，负责处理商标争议事宜。新《商标法》第四十一条具体列举了商标争议事项，其中不包括撤销转让注册不当商标问题，即申请撤销转让注册不当商标不属商标评审委员会管辖。本案中广东黑天鹅公司于 2002 年 4 月 29 日以转让注册不当为由向商标评审委员会申请撤销第 772907 号商标的转让注册，商标评审委员会于 2002 年 8 月 28 日作出［2002］评 00636BL 号通知书，对广东黑天鹅公司的评审申请不予受理，商标评审委员会所作决定符合法律规定，并无不当。广东黑天鹅公司若对本案中的转让注册商标持有异议，可另外寻求其他法律救济途径。综上，商标评审委员会［2002］评00636BL号通知书及一审判决认定事实清楚，适用法律正确，审理程序合法，本院应予维持。上诉人广东黑天鹅公司的上诉理由不能成立，其上诉请求不予支持。据此，依照《中华人民共和国行政诉讼法》第六十一条第一款第（一）项之规定，判决如下：

驳回上诉，维持原判。

一、二审案件受理费共计2 000元，由广东黑天鹅饮食文化有限公司负担。

17. "Ebifai"、"漫步者"商标侵权及不正当竞争纠纷案

——北京爱德发高科技中心诉广州市漫步者科技有限公司

原告：北京爱德发高科技中心

被告：广州市漫步者科技有限公司

被告：北京市慧满达商贸中心

被告：张满

案由：侵犯商标专用权及不正当竞争纠纷

一审案号：北京市海淀区人民法院（2004）海民初字第4927号

一审合议庭成员：马秀荣、宋莹、贾柏岩

一审结案日期：2004年6月18日

判决要旨

经营者为了取得不正当利益而故意混淆与处于相同或相似领域内经营者的注册商标、商号，可以认定其具有利用他人商标信誉的故意，构成商标侵权和不正当竞争，应当承担包括停止使用其企业名称和赔偿损失在内的民事责任。

起诉与答辩

原告北京爱德发高科技中心（以下简称爱德发）诉称：1997年7月14日，我中心经国家工商行政管理总局商标局批准注册了"漫步者"和"Edifier"商标，核定用于第9类商品，包括电子计算机、电子计算机外部设备、音像设备等。1998年4月起，我公司先后许可北京市漫步者科技有限公司、北京爱迪发科技有限公司、深圳漫步者科技有限公司和北京易迪飞科技有限公司四家公司生产、销售商标为"漫步者"和"Edifier"的音箱。现我公司已发展为跨国集团公司，产品销往多个国家和地区，在海内外有六家公司和北京、深圳两个生产基地，年产多媒体有源音箱500万台（套）。我公司以"漫步者"和"Edifier"为商标的多媒体音箱及家用音响获得了极高的知名度和各方好评，并多次获奖。2002年3月25日，广州市漫步者科技有限公司（以下简称广州漫步者）法定代表人陈月冰收购原番禺市飞仕电声有限公司，并分别于同年3月29日和9月9日申请在第9类商品上使用"EbIfiar爱德发"和

“Ebifai 爱得发”商标，我公司依法对该两项商标申请提出异议。2002 年 11 月 27 日，番禺市飞仕电声有限公司更名为广州漫步者。2002 年 11 月起，广州和北京市场上相继出现该公司生产的“EbIfai 爱德发”多媒体音箱，包装及外形与我公司生产的音箱相同。广州市工商行政管理局经我公司投诉对该公司作出行政处罚，没收该公司生产的侵权音箱 138 箱、配件及包装箱一批。2002 年 11 月，北京市慧满达商贸中心（以下简称慧满达）在北京销售未通过国家安全认证且质量低劣的“EbIfai 爱德发”音箱，经我公司投诉，北京市海淀区质量技术监督局因质量不合格依法没收了一批侵权音箱。慧满达因不参加年检于 2000 年 11 月被吊销营业执照。2003 年 11 月 16 日，慧满达的法定代表人张满注册北京恒昌鑫隆计算机配件经营部，并在该经营部营业地继续以慧满达名义销售广州漫步者生产的侵权音箱。我公司所有的“漫步者”、“Edifier”商标构成中国驰名商标，广州漫步者使用“漫步者”商标作为企业字号，并以“EbIfai 爱德发”为商标，在同类商品上突出使用，且型号类似，外观和包装近似，极大地误导了公众。此外，该公司的产品质量低劣，并以低廉的价格冲击我公司“漫步者”产品市场，严重损害我公司声誉，侵犯了我公司的商标权。慧满达和张满作为我公司的原销售代理商应知广州漫步者生产的音箱是商标侵权产品，但仍予销售，且在销售侵权音箱时故意将我公司的“漫步者”、“Edifier”音箱与广州漫步者的侵权音箱相混淆，构成侵权。请求判令三被告停止商标侵权、消除影响；销毁带有“漫步者”字样的产品宣传材料及外包装；赔偿我公司经济损失 50 万元、律师费 3 万元及调查费5 041.6元，共计 535 041.6 元；广州漫步者 10 日内变更企业名称，不得再使用“漫步者”字样；认定我公司所有的“漫步者”、“Edifier”商标构成中国驰名商标。

被告广州漫步者辩称：1. 我公司于 2002 年向国家工商行政管理总局商标局提出“EbIfiar 爱德发”（第九类）和“Ebifai 爱得发”（第九类）的注册申请，已通过初审并公告；爱德发的“漫步者”、“Edifier”商标为全英文或中文，我公司商标系中英文对照的“EbIfiar 爱德发”和“Ebifai 爱得发”，且我公司的商标以英文在上中文在下组成图案，与爱德发的商标并不相同。商标评审委员会虽然受理了爱德发的异议，但目前尚在审议阶段，并未认定我公司商标违法，广州市工商行政管理局的行政处罚也不能证明我公司的商标不能依法获得注册。因此“EbIfiar 爱德发”和“Ebifai 爱得发”商标为我公司合法注册的商标，未侵犯爱德发的商标权。2. 我公司的名称由广州市工商行政管理局番禺分局依法核定变更，应受法律保护，爱德发要求我公司变更名称的诉讼请求无事实和法律依据。爱德发的商标不是驰名商标，且我公司并无欺骗公众的行为，故不适用撤销企业名称登记的规定。我公司未在产品上突出使用企业名称，没有证据证明我公司的使用误导了公众。音箱特定的结构和功能决定音箱产品外观必然近似，且我公司产品的外包装与爱德发产品并不相似。3. 我公司自1994年开始生产飞仕牌音箱，2002年11月开始在部分音箱上使用“EbIfai爱德发”商标。2002年底广州市工商行政管理局作出行政处罚后我公司一直未再使用“EbIfiar爱德发”和“EbIfai爱德发”商标。我公司生产的“EbIfai爱德发”音箱数量极为有限，也未从生产中获利，爱德发关于50万元的赔偿请求并无根据。4. 爱德发要求认定其商标为驰名商标依据不足，相关网络消息和不明来源的评比报告不具备权威性和独立性，不符合驰名商标的认定条件。爱德发关于销毁我方全部产品和材料的请求不符合法律规定。综上，请求驳回爱德发的全部诉讼请求。

被告慧满达辩称：我中心并未销售过广州漫步者生产的“EbIfai爱德发”音箱，因此未侵犯爱德发的商标权。

被告张满辩称：慧满达仅代理销售过广州漫步者的飞仕牌音箱，我只是销售音箱的从业人员，只负责销售，不能判定音箱的商标是否合法。我从未故意混淆爱德发与广州漫步者的音箱。请求驳回对我的诉讼请求。

一审查明事实

一审法院经审理查明：1997年7月14日，爱德发（2000年1月之前的名称为北京爱德发高科技集团）在第9类电子计算机、电子计算机外部设备、音像设备等产品上核准注册了“漫步者”和“Edifier”商标。爱德发将上述商标使用于主要产品音箱上，音箱正面使用明显的英文商标“Edifier”；产品包装将上述两商标同时并列使用；在宣传中将两商标并列使用并使用蓝白两色。爱德发的音箱产品分三个系列，80多个品种，价格从几十元到千元，主要用于电脑等多媒体产品，销售场所多为电脑市场，以中低档产品为主。

爱德发先后与北京漫步者科技有限公司、北京爱迪发科技有限公司、深圳市漫步者科技有限公司、北京易迪飞科技有限公司建立商标使用许可关系。

自1997年以来，爱德发及其授权公司对使用“漫步者”或“Edifier”商标的产品在《电脑爱好者》、《电脑界》、《中国电脑教育报》、《电脑采购周刊》、《中国计算机报》、《电脑商情报》、《电脑文摘》、《计算机应用文摘》、《新潮电子》、《微型计算机》、《学电脑》、《大众硬件》、《IT时尚手册》《游戏基地》、《PC个人电脑》、《sina游戏天堂》、《电脑高手》、《电脑发烧友》等刊物及中国人民大学等大学校园内刊登广告或进行其他方式的宣传。此外，“漫步者”音箱曾获北京市海淀区百项表彰拳头产品等奖项，并被北京市工商局评为2003年度北京市著名商标，另在多家媒体举办的活动中获得首选品牌等奖。迄今，除本案外，爱德发亦向商标局提出过对其他企业的“漫游者”、“漫步者”等商标的异议。爱德发的产品销售区域分布于全国大部分省市，其中广东为主要销售地，深圳市漫步者科技有限公司是主要合作伙伴。自2000年起至2003年，爱德发自己的代理商每年有10到15家，代理销售额度从每月不低于90万元升至430余万元。

2002年3月25日，陈月冰收购番禺市飞仕电声有限公司80%的股权，任该公司法定代表人。同月29日，陈月冰在第9类商品上申请注册“Eblfiar爱德发”商标，又于2002年9月9日申请注册“Ebifai爱得发”商标，两商标图案均系英文在上中文在下排列。2002年11月27日，番禺市飞仕电声有限公司变更企业名称为广州漫步者。该公司原产品为飞仕牌音箱，但因经营不善曾于1999年2月到6月停业整顿。2002年11月起开始生产“Ebifai爱德发”牌音箱，分为RT－301、RT－302、RT－303、IT－800和IT－900等型号，成本约90元。

2003年5月30日与9月15日，爱德发在公告期内对“Eblfiar爱德发”和“Ebifai爱得发”商标提出异议，商标局予以受理。

2002年11月21日，爱德发与深圳市漫步者科技有限公司向广州市工商局投诉，经该局前往广州漫步者检查，发现现场大量生产“EbIfai爱德发”音箱，主要产品型号为IT－800和IT－1000。产品外包装突出标注有“EbIfai爱德发”字样，下注“广州漫步者科技有限公司”。工商局查明广州漫步者生产“EbIfai爱德发”音箱1200套（200箱），其中客户提走样品货372套（62箱），库存828套（138箱）。广州工商局于2003年1月10日作出行政处罚，责令广州漫步者停止商标侵权，没收、销毁侵权音箱138箱及配件和包装箱。后工商局对没收物品予以销毁。

慧满达在1999年曾是北京漫步者工贸有限公司“漫步者”多媒体音箱的代理商，代理产品为爱德发的“漫步者”音箱，型号有五种，时间三年。后双方于2001年底终止代理关系。2000年11月17日，慧满达被吊销营业执照。2003年11月16日，张满成立个体商户北京恒昌鑫隆计算机配件经营部，营业地在北京市海淀区海淀大街3号鼎好天地电子市场4247号。

关于慧满达是否销售广州漫步者的产品，2004年2月3日，爱德发的工作人员自鼎好天地电子市场4247摊位购得广州漫步者生产的“FACEK”音箱一对，该产品外包装上印有突出的型号RT－331A及突出的企业名称，型号着色为蓝白两色；在销售凭证上标注明产品名为“漫步者331A”，后加注“广州”，售价280元，凭证上加盖慧满达公章。爱德发的类似产品是R331T，价格在300元左右，成本约160元。爱德发另提供2002年11月12日发票一张，证明慧满达售有“EbIfai 爱德发”音箱，但发票上仅有音箱字样，且发票系税务局发票。爱德发申请该公司原销售人员张树楠出庭作证。张树楠证称，其任爱德发渠道部副经理时负责北京市场，2002 年 11 月发现北京市场上有假冒音箱，以客户身份电话询问得知北京地区的代理是慧满达。因其与张满认识，故委托中发电子市场的朱玲代为购买，朱玲电话联系张满要求购买 2 套，张满派人送货后，张树楠从朱玲处获得凭证并在市场税务局开得发票。朱玲在书面证言中称音箱是从同一市场的张满的代理商另一魏姓商人处取得。慧满达及张满予以否认。

2002 年 12 月 30 日，北京市海淀区质量技术监督局经举报查实，个体经营户北京慧满利通计算机经营部从广州漫步者购入爱德发牌 IT - 1000 有源音箱 8 套，库存 7 套，每套进价 120 元，售价 125 元。该产品为不合格产品。北京市海淀区质量技术监督局于 2003 年 1 月 21 日作出责令停止销售、罚款及没收违法所得 25 元的处罚。北京慧满利通计算机经营部的经营者范喜园与张满系夫妻关系。该处罚决定书由张满签收，现场检查时张满亦在场并签字。

爱德发为本案支出律师费 3 万元，来往广州差旅费用及购买证物费用 5 041.6元。

一审审理结果

一审法院认为：爱德发对其注册的“漫步者”和“Edifier”商标享有在同类产品上的专用权利，任何人未经许可不得在同种或类似商品上使用与其相同、近似的商标或作为企业名称使用在同类商品上。

广州漫步者在其产品上使用的商标“EbIfai 爱德发”，其中英文部分与爱德发的英文商标“Edifier”的字母形状与排列相似，中文部分与爱德发的字号相同，其变更后的字号与爱德发的中文商标“漫步者”相同。双方均将上述标识使用于音箱产品，且主要为价格在 1000 元以下的多媒体有源音箱，销售场所多为电脑市场，受众主要为电脑使用者或一般消费者，故二者的产品、受众、销售场所均相同。对于电器类的音箱产品，商标、商号等标识是消费者区别产品的主要根据，因此，上述重要标识的相同和近似必将导致消费者的误认。

广州漫步者原名称为番禺市飞仕电声有限公司，原产品商标为“飞仕”、“FACEK”。自 2002 年 11 月以来，该公司法定代表人陈月冰先是申请了与爱德发的“Edifier”商标近似的“Ebifai”、“EbIfiar”商标，并包含了爱德发的字号，后又将企业名称变更。广州漫步者认同陈月冰申请注册商标是其商业策略，并自称该商标为其自有商标，故可以认定广州漫步者与陈月冰申请注册的商标有关联，并有使用及意图使用的行为。爱德发自1997年注册“漫步者”和“Edifier”商标以来始终投入使用，并在与电脑相关的媒体上发布广告，相关产品的销售量逐年递增，在同行业及消费者中具有一定的知名度。广州漫步者在经营效益欠佳时不是在产品质量和销售策略上努力，而是采取混淆与爱德发关系的手段，具有不正当利用他人商标信誉和商业信誉的故意。综合上述因素，已经构成对爱德发商标权的侵犯和不正当竞争。

广州漫步者的侵权行为在受到工商部门的处罚后，停止了对“EbIfai爱德发”商标的使用，但在“飞仕”产品的包装上采取突出注明企业名称、突出与爱德发相近似的产品型号，并使用与爱德发相同的蓝白色组合的方法。此种方式仍然影射着与爱德发产品的某种联系，令普通消费者难以分清。本案中，销售凭证上将产品名称写为“漫步者331”的证据足以说明，尽管广州漫步者的产品商标为“飞仕”，但其向消费者强调的仍是“漫步者”，故侵犯了爱德发的商标权。广州漫步者应当停止上述侵犯商标权及不正当竞争行为，并消除影响、赔偿损失。

除不得再行使用与爱德发相同或相似的商标外，广州漫步者亦不得在商标或商号中使用爱德发的商号。广州漫步者在其字号中使用同类企业中具有一定知名度的商标并登记注册属恶意行为，法律应予干涉，故不仅应当停止对“漫步者”名称的突出使用，亦应采取变更或其他方式停止使用现名称。爱德发的产品及其商标在消费者及业界具有一定影响，广州漫步者应予公开消除影响。

关于驰名商标认定的请求，依据我国商标法，并无驰名商标权这一独立的权利，商标是否驰名仅作为某些情况下给予保护的要件。鉴于驰名商标是基于商业使用形成的状态，时间、范围、程度均处在变化之中，因此驰名与否均与特定时间和地域有关，爱德发要求本院在判决主文中径行确认“漫步者”和“Edifier”为驰名商标的请求与驰名商标本身的含义不符，亦无法律根据，且本案中商标是否驰名亦不影响行为认定，故对该请求本院无法支持。

被告慧满达曾系爱德发的代理商，对爱德发产品品牌及销售应当熟悉，对其所售广州漫步者产品易与爱德发产品混淆，应已了解，故慧满达销售侵犯他人商标权的商品的行为亦构成侵权。张满作为个体工商户，在其经营场所销售产品时使用业已吊销的慧满达的公章，系属共同销售行为，应共同承担责任。对于其妻子范喜园所经营之个体工商户的销售行为，张满在库房现场可表明其明知他人销售侵权产品仍予帮助，同样构成侵权。慧满达及张满均应立即停止销售、赔偿损失。

广州漫步者在2002年11月至12月一个月间生产了1200套侵权产品，除部分被工商局销毁外，有372套流入市场。广州漫步者虽未提供销售数量的证据，但按上述生产和销售规模应可确定时至2004年5月的销售量。广州漫步者从侵权产品中所获利润按照其提供的成本及出厂价格表及当庭陈述，可确认单位利润至少为25－35元；对爱德发而言，其某一产品的成本价在160元时销售价在200至300元之间，最低利润为40元。按双方接近的利润水平计算，广州漫步者的侵权利润应在20万元以上。另外，广州漫步者的产品曾因质量不合格受到质量技术监督部门的处罚，此种质量的产品市场售价与他人产品同等，这与假冒爱德发的商标声誉不无关系，且质量问题会给爱德发的商业声誉造成损害，应在赔偿中予以考虑。爱德发为制止侵权行为往来的差旅费及律师费亦应由广州漫步者一并承担。

慧满达及张满的赔偿额将参照其经营规模予以酌定，同时对诉讼支出亦应负担部分。另外，因其所售侵权产品质量问题可能给爱德发造成不良影响，亦应承担消除影响的法律责任。

综上，依据《中华人民共和国商标法》第五十二条第（一）项、第（二）项、第（五）项，《中华人民共和国反不正当竞争法》第五条第（三）项，《最高人民法院关于审理商标民事纠纷案件适用法律若干问题的解释》第一条第（一）项的规定，判决：

一、被告广州市漫步者科技有限公司立即在其音箱或类似产品上停止使用任何字体、排列或组合的“Ebifai”、“EbIfiar”、“EbIfai”、“爱德发”、“爱得发”、“漫步者”商标；

二、本判决生效之日起30日内，被告广州市漫步者科技有限公司停止使用现名称中“漫步者”字号；

三、本判决生效之日起30日内，被告广州市漫步者科技有限公司在《中国计算机报》上刊登声明，为原告北京爱德发高科技中心消除影响，逾期不履行，本院将拟定一份公告刊登于相关媒体，费用由被告广州市漫步者科技有限公司负担；

四、本判决生效之日起10日内，被告广州市漫步者科技有限公司赔偿原告北京爱德发高科技中心301 000元；

五、被告北京市慧满达商贸中心、被告张满立即停止销售侵犯原告北京爱德发高科技中心商标权及企业名称的产品；

六、本判决生效之日起30日内，被告北京市慧满达商贸中心、被告张满在《中国计算机报》上刊登声明，为原告北京爱德发高科技中心消除影响，逾期不履行，本院将拟定一份公告刊登于相关媒体，费用由不履行此义务的被告负担；

七、本判决生效之日起10日内，被告北京市慧满达商贸中心、被告张满连带赔偿原告北京爱德发高科技中心10 707元；

八、驳回原告北京爱德发高科技中心的其他诉讼请求。

案件受理费10 360元，由被告广州市漫步者科技有限公司负担9 000元，被告北京市慧满达商贸中心、被告张满共同负担1 360元。诉讼保全费3 195元，由被告广州市漫步者科技有限公司负担。

18. “爱多收 ATONIK”商标权撤销纠纷案

——旭化学工业株式会社诉国家工商行政管理总局商标局

原告（上诉人）： 旭化学工业株式会社

被告（被上诉人）： 中华人民共和国国家工商行政管理总局商标局

案由： 商标权撤销纠纷

原审案号： 北京市第一中级人民法院（2004）一中行初字第719号

原审合议庭成员： 张广良、姜颖、赵明

原审结案日期： 2004年10月12日

二审案号： 北京市高级人民法院（2004）高行终字第450号

二审合议庭成员： 刘继祥、孙苏理、李嵘

二审结案日期： 2004年12月7日

判决要旨

我国《商标法》第四十九条中所称的“商标局撤销注册商标的决定”应当指商标局就撤销注册商标申请所作出的所有决定，既包括维持注册商标继续有效的决定，也包括撤销注册商标的决定。

起诉与答辩

原告旭化学工业株式会社诉称：原告于2002年4月15日以连续三年停止使用注册商标为由向中华人民共和国国家工商行政管理总局商标局（以下简称商标局）申请撤销杜比斯有限公司在第1类植物细胞赋活素商品上注册的第226544号“爱多收 ATONIK”商标，被告就原告的申请作出了维持该商标继续有效的决定。原告认为，被告作出的撤200200192号决定主要证据不足，适用法律、法规错误，违反法定程序，请求法院予以撤销。

被告商标局辩称：1. 本案是三年不使用撤销案件，不属于人民法院的直接受理范围。按照《商标法》第四十九条的规定，商标局撤销注册商标类型的案件，应当向商标评审委员会申请复审，而不是直接向人民法院提起诉讼。2. 被告作出撤200200192号决定是以事实为基础、以法律为依据的合法行政行为。被告据此请求法院驳回原告的诉讼请求，维持其作出的撤200200192号决定。

原审审理结果

原审法院认为：我国《商标法》第四十九条规定：对商标局撤销注册商标的决定，当事人不服的，可以自收到通知之日起15日内向商标评审委员会申请复审，由商标评审委员会做出决定，并书面通知申请人。当事人对商标评审委员会的决定不服的，可以自收到通知之日起30日内向人民法院起诉。该规定中所称的"商标局撤销注册商标的决定"应当指商标局就撤销注册商标申请所作出的所有决定，既包括维持注册商标继续有效的决定，也包括撤销注册商标的决定。本案系原告对商标局就其撤销申请作出的维持注册商标继续有效的决定不服提起的行政诉讼，按照上述法律规定，原告应当先向商标评审委员会申请复审，而不应当直接向人民法院起诉。因此，本案诉讼不属于人民法院的受案范围，应予驳回。依照《中华人民共和国行政诉讼法》第三十七条、第四十一条第（四）项，最高人民法院法释〔2000〕8号《关于执行〈中华人民共和国行政诉讼法〉若干问题的解释》第三十三条之规定，本院裁定如下：

驳回原告旭化学工业株式会社的起诉。

旭化学工业株式会社不服原审裁定，提起上诉，请求撤销一审裁定，本案继续由北京市第一中级人民法院审理。理由是：1. 一审裁定对《商标法》第四十九条的解释不准确，扩大了"商标局撤销注册商标的决定"的范畴。"维持注册商标继续有效的决定"不属于《商标法》第四十九条所规定的"商标局撤销注册商标的决定"。本案中，上诉人直接向法院起诉符合法律规定。2. 一审裁定对《商标法》第四十九条的解释背离了商标局及商标评审委员会的一贯做法，亦与（2002）一中行初字第471号行政判决书的认定相反。3. 一审法院的做法导致上诉人的合法权利无法行使。

二审审理结果

二审法院经审查认为：本案涉及对《商标法》第四十九条的理解问题。提起商标权撤销申请的一方当事人，其作为公众利益的代表，或因该撤销申请与其有利害关系，当商标局作出维持注册商标权有效的决定时，其有权作为一方当事人向商标评审委员会提起复议，并在不服复议决定时，向有管辖权的人民法院提起诉讼。"商标局撤销注册商标的决定"指商标局就撤销注册商标申请所做出的所有决定，既包括维持注册商标继续有效的决定，也包括撤销注册商标的决定。对《商标法》第四十九条作上述理解，是对双方当事人利益及社会公众利益的全面保护，也符合商标法的立法宗旨。故一审法院裁定并无不当，应予维持。旭化学工业株式会社的上诉请求缺乏事实及法律依据，本院依法不予支持。依照《中华人民共和国行政诉讼法》第六十一条第（一）项、《关于执行〈中华人民共和国行政诉讼法〉若干问题的解释》第三十三条第（二）项之规定，裁定如下：

驳回上诉，维持原裁定。

二审案件受理费 1 000 元，由旭化学工业株式会社负担。

19.“中石、ZHONGSHI 及图”商标侵权纠纷案

——武汉市中升润滑油有限公司诉北京市华夏长城高级润滑油有限公司

原告：武汉市中升润滑油有限公司

被告：北京市华夏长城高级润滑油有限公司

案由：侵犯商标专用权纠纷

一审案号：北京市第一中级人民法院（2004）一中民初字第7774号

一审合议庭成员：彭文毅、任进、李燕蓉

一审结案日期：2004年12月14日

判决要旨

即使注册商标权人与他人签订商标转让协议中未就商标核准转让前商标受让方是否有权使用注册商标的问题做出明确约定，也可以从签约目的及履行行为等事实认定商标权人的真实意思表示是同意受让人使用注册商标的。如果商标权人不允许受让人在其未办理商标转让手续之前使用含有注册商标的标识，商标权人应当在协议中明示，否则其应当承担因未明示所产生的法律后果。

起诉与答辩

原告武汉市中升润滑油有限公司（以下简称中升公司）诉称：我公司是“中石、ZHONGSHI及图”组合商标（注册证号为1330538，以下简称1330538号注册商标）专用权人。我公司与被告北京市华夏长城高级润滑油有限公司（以下简称华夏长城公司）签有商标转让协议，约定我公司将该注册商标有偿转让给被告，但被告在我公司尚未履行转让手续之前，未经我公司许可，使用带“中石”字样的标识生产、销售各种润滑油产品，被告的行为侵犯了我公司对该注册商标依法享有的专用权。故起诉请求判令被告立即停止使用其含“中石”字样的标识，并赔偿我公司经济损失50万元。

被告华夏长城公司辩称：我公司与原告中升公司签订的1330538号注册商标转让协议中明确规定，原告以16万元价格将该注册商标转让给我公司，同时我公司撤回在商标评审委员会对原告该注册商标的复审申请。原告明知我公司早于原告注册商标之前就在使用含“中石”字样的标识，且我公司也已按

协议约定向原告先期支付了11万元的转让金，并撤回了商标注册异议，但原告违背协议，有意拖延不去国家商标局办理商标转让登记。我公司认为转让协议本身表明原告已经同意我公司使用含“中石”字样的标识，故我公司并未侵权，而是原告违约，且我公司诉原告违约纠纷案已经湖北省中级人民法院判决认定原告违约事实成立；而原告却违背客观事实，在明知违约纠纷尚在上诉审理期间的情况下有意制造虚假和解，将1330538号注册商标抵偿给武汉市中球石油化工制造厂，反而诉我公司侵权，原告严重违背诚实信用，故我公司请求法院驳回原告的诉讼请求。

一审查明事实

一审法院经审理查明：原被告双方均系润滑油产品经营者。1999年11月7日，经国家商标局批准，武汉市中生东风汽车配件有限公司获得“中石、ZHONGSHI及图”注册商标专用权，注册证号为1330538号，核定使用商品为第4类：润滑脂、润滑油、传动带润滑油、工业用油、润滑剂。2001年4月26日，国家商标局裁定驳回了被告对1330538号注册商标的注册异议，2001年5月23日，被告不服裁定向商标评审委员会提起复审申请。

2001年8月10日，武汉市中生东风汽车配件有限公司变更为武汉市中升润滑油有限公司。2002年8月25日，原告与被告达成和解协议，协议中约定：“甲（原告）乙（被告）双方因‘中石’商标的异议一直悬而未结。为了正视现实，从实际出发，寻求有效的解决办法，双方本着互惠互利的友好协商原则，特制定如下协议：1. 甲方自愿转让1330538号注册商标给乙方。2. 甲乙双方签订具有法律效力的协议，待乙方撤诉，甲方取得1330538号注册商标证后，甲乙双方到国家商标局办理1330538号注册商标转让手续。3. 乙方给付甲方转让费人民币16万元，前期预付11万元，待甲方取得商标注册证后甲乙双方到国家商标局办理商标转让手续时，付清剩余转让费5万元。……”双方当事人对协议中所述“取得商标注册证后”及“撤诉”的含义系指“原告变更注册人名义手续后”和“被告撤回其在商标评审委员会的复审申请”一节没有异议。协议签订后，被告当日向原告支付了预付款11万元，并于2002年11月5日撤回了其在商标评审委员会的复审申请。

2003年12月1日，1330538号注册商标人名义变更为原告。2004年3月，被告以原告对1330538号注册商标的转让登记事宜有意拖延不办构成违约为由，向湖北省武汉市中级人民法院提起诉讼。该法院以（2004）武知中字第43号民事判决判令中升公司于判决生效之日起30日内依法办理1330538号注册商标转让手续，将该商标转让给华夏长城公司，并驳回了华夏长城公司其他诉讼请求。中升公司不服，提起上诉，同时，中升公司在明知1330538号注册商标转让协议诉讼未完结的情况下又以和解的形式将1330538号注册商标转让给武汉市中球石油化工制造厂。2004年10月12日，湖北省高级人民法院作出（2004）鄂民三终字第22号民事判决，在认定原审判决正确的同时认定中升公司上述和解转让1330538号注册商标的行为已构成恶意转让，判决驳回了中升公司的上诉，维持原判。上述事实双方当事人均表示认可。

为证明被告未经许可使用含“中石”字样的标识，原告提交了被告产品广告页、产品图片等证据。被告予以认可，但表示其所使用的“中石”标识与原告的注册商标有明显区别，不会造成消费者误认。

另查，原被告双方在商标转让协议中没有约定在办理商标转让登记手续前被告是否有权使用含“中石”字样的标识。

一审审理结果

一审法院认为：本案争议焦点是，被告在原告未办理第1330538号注册商标转让登记手续之前，使用含“中石”字样的标识，是否构成商标侵权。

原被告双方因“中石”二字在标识问题上的纠纷由来已久，原告在明知被告一直使用含“中石”二字标识的情况下，为解决纠纷而与被告签订了1330538号注册商标转让协议，并收取了被告支付的11万元预付转让金，同时被告撤回了其在商标评审委员会的商标注册复审申请。虽然双方协议中未就商标核准转让前被告是否有权使用“含‘中石’字样标识”的问题做出明确约定，但是依据民事行为与意志相一致的原则，从原被告签约目的及原告收取转让金行为等事实可以认定原告的真实意思表示是同意被告使用“中石”二字，而以原告认可被告使用“中石”二字及转让商标为条件，从而由被告给付原告转让金，撤回商标注册异议申请则是被告的真实意思表示。本院无法作出如下确认，即被告的真实意思表示是，被告既要支付转让金，又要撤回商标注册异议申请，却不能在该注册商标核准转让前继续使用“中石”二字。除非原告特别注明，否则本院只有以诚实信用及公平之民法准则作出原告已同意的推定，如果原告在接受被告转让金时不允许被告在其未办理商标转让手续之前使用含有“中石”字样的标识，原告负有在协议中明示其意思表示的义务，否则其应自行承担因未明示所产生的法律后果。

虽然使用他人注册商标或使用与他人注册商标相近似的标识应当获得注册商标专用权人的许可，且须以商标权人明确意思表示为前提，但因本案当事人双方的签约目的是为解决双方“中石”商标异议问题，本质指向被告对含“中石”字样标识的使用问题。本院不可无视这一客观事实来理解双方的真实意思表示，并作出原告不同意被告使用的推论。

鉴于此，原告诉称被告使用含“中石”字样的标识与原告商标相近似一节已无评判之必要，本院不再予以评判。

综上所述，原告诉称被告未经许可使用含有“中石”字样的标识，侵犯其1330538号注册商标专用权一节与事实不符，对其主张本院不予支持。依据《中华人民共和国民法通则》第四条之规定，本院判决如下：

驳回武汉市中升润滑油有限公司的诉讼请求。

案件受理费10 010元，由武汉市中升润滑油有限公司负担。

各方当事人均服从一审判决。

20."谭"、"谭府"商标侵权纠纷案

——北京市北京饭店诉四川谭氏官府菜餐饮发展有限责任公司北京分公司

原告:北京市北京饭店

被告:四川谭氏官府菜餐饮发展有限责任公司北京分公司

案由:侵犯商标专用权及不正当竞争纠纷

一审案号:北京市第二中级人民法院(2004)二中民初字第10801号

一审合议庭成员:董建中、张晓津、何暄

一审结案日期:2004年12月15日

判决要旨

被告在其经营的酒楼内使用与原告注册商标相同的文字以及在广告宣传中突出使用了原告注册商标相同的文字的行为,侵犯原告的注册商标专用权。

起诉与答辩

北京市北京饭店(以下简称北京饭店)诉称:原告是"谭"、"谭府"、"谭家菜"注册商标专用权人,上述商标具有较高知名度。被告四川谭氏官府菜餐饮发展有限责任公司北京分公司(以下简称谭氏官府菜公司北京分公司)在广告宣传中突出使用了"谭"字样,在其经营场所悬挂的店内牌匾中使用了"谭府"字样,并在其经营场所悬挂的店外牌匾中使用了"谭氏官府菜"字样,上述行为分别侵犯了原告享有的"谭"、"谭府"注册商标专用权;被告在广告宣传中使用了"谭家菜"及有关谭氏官府菜系自北京饭店引入的菜品等虚假陈述,仿冒了原告所提供的"谭家菜"知名服务的特有名称,构成不正当竞争。原告认为被告的上述侵权行为给原告造成了经济损失,故诉至法院请求判令被告停止侵权行为,在《北京日报》、《北京晚报》和《北京青年报》上发表声明消除影响,赔偿原告经济损失50万元,并承担本案诉讼费用。

被告谭氏官府菜公司北京分公司辩称:被告在其店堂内悬挂的"谭府"牌匾系书法作品,并非用于商业目的,"谭氏官府菜"牌匾与原告的注册商标亦不相近似;原告指控的相关报道均是相关媒体的独立报道,并非原告的宣传

报道，与被告无关；被告经营的谭氏官府菜具有更高的知名度，被告的店堂、服务与原告谭家菜餐厅差异较大，不会对相关公众产生误导，被告的行为不构成不正当竞争；商标评审委员会已经受理了四川谭氏官府菜餐饮发展有限责任公司（以下简称谭氏官府菜公司）提出的撤销“谭”、“谭家菜”商标的申请，本案应中止审理。因此，被告的涉案行为不构成商标侵权和不正当竞争，不同意原告的诉讼请求。

一审查明事实

一审法院经审理查明：北京饭店设立的谭家菜餐厅自1958年开始经营。

经国家工商行政管理局商标局核准，1995年2月21日北京饭店取得“谭家菜”文字注册商标专用权，注册证书号为第778473号，该标识中的“谭家菜”文字为行书手写体；1996年9月7日，北京饭店取得“谭”、“谭府”文字注册商标专用权，注册证书号分别为第869914号和第869912号，上述标识中的“谭”、“谭府”文字为幼圆体；上述三商标核定使用的服务类别均为第42类“餐馆、自助餐馆、快餐馆、供膳宿寄宿处、备办酒席等”。2003年3月，“谭家菜”文字商标被北京市工商行政管理局认定为2002年度北京市著名商标。

谭氏官府菜公司北京分公司成立于2004年2月19日，其经营的谭氏官府菜酒楼主营官府菜。该酒楼悬挂的店外牌匾上使用了书法家沈鹏书写的“谭氏官府菜”文字，该酒楼悬挂的店内牌匾上使用了书法家何应辉书写的“谭府”文字。

2004年8月12日的《北京日报》第7版刊载了题为《百万鱼翅赠送食客谭氏官府菜凭什么?》的文章，其中关于谭氏官府菜酒楼创办者曾海明有如下叙述：“但就在曾海明从北京引进谭府菜在成都开张时，号称中国第一贵的谭氏官府菜根本没有几个人理会。”

2004年8月12日的《北京青年报》第C22版刊载了题为《CBD看雅典，官府餐厅百万鱼翅免费送》的文章，文章中对谭氏官府菜酒楼有以下叙述：“……原来它是由四川一家以经营房地产为主业的大型民企——四川长富集团经营的，自1999年从北京饭店引入四川去经营发展，并创立了一个新的品牌‘谭氏官府菜’，以经营一流餐饮而闻名……”

2004年8月13日的《北京晚报》第46版刊载了题为《谭氏官府菜新菜新品》的文章，该文章题目中的“谭”字字号大于其他文字。

上述三篇文章末尾均有谭氏官府菜酒楼的地址和电话，其中《北京日报》的相关报道还有该酒楼的招聘信息、联系电话和联系人等内容。在上述《谭氏官府菜新菜新品》和《CBD看雅典，官府餐厅百万鱼翅免费送》文章中，在对菜系和谭氏官府菜酒楼经营的菜品介绍文字中使用了“谭家菜”文字。

2004年10月22日，谭氏官府菜公司向商标评审委员会提交了撤销涉案“谭”、“谭家菜”文字注册商标的申请。2004年11月2日，商标评审委员会受理了该申请。

另查明，1994年8月辽宁科学技术出版社出版的《新编厨师培训教材》中在“五、地方菜种繁多”项目下，列有第19项官府菜，并介绍“官府菜是享有高官厚禄的文武官员家厨的特色菜肴系列，最常见的是以个别菜流传于世，也有形成一整套具有独特风格菜肴的，如北京的谭家菜，山东的孔府菜”。

一审审理结果

一审法院认为：本案争议的焦点问题是被告谭氏官府菜公司北京分公司在店堂内外使用“谭府”、“谭氏官府菜”牌匾、在相关宣传报道中突出使用“谭”字是否侵犯原告所享有的涉案“谭”、“谭府”注册商标专用权；被告的相关宣传报道是否对原告所主张的知名服务特有名称“谭家菜”构成仿冒，是否构成不正当竞争。

第一，关于被告谭氏官府菜公司北京分公司在店堂内外使用“谭府”、“谭氏官府菜”牌匾、在相关宣传报道中突出使用“谭”字是否侵犯原告所享有的涉案“谭”、“谭府”注册商标专用权问题。

原告北京饭店作为“谭”、“谭府”、“谭家菜”文字注册商标专用权人，其所享有的注册商标专用权依法受到我国法律的保护。

根据我国商标法的有关规定，未经注册商标所有人的许可，在同一种服务或者类似服务上使用与其注册商标相同或者近似的商标的，为侵犯注册商标专用权的行为。判断是否构成侵犯注册商标专用权，应当判断被控侵权服务与注册商标核定使用的服务是否相同或近似，被控侵权标识与该注册商标是否相同或近似。本案被控侵权服务与涉案注册商标核准的服务均为第42类餐馆等，属于同类服务。被告提出的原告涉案注册商标核定使用的服务类别为酒楼，其提供的餐饮服务与上述类别并非同一类别的抗辩主张，缺乏依据，不予采信。

被告在其经营的酒楼所悬挂的店内牌匾上使用了“谭府”文字，该文字的字体虽与原告的注册商标“谭府”的字体有差异，但文字与原告的注册商标相同，易使相关公众对服务的来源产生误认，侵犯了原告所享有的“谭府”注册商标专用权。该牌匾上使用的“谭府”文字虽系书法作品，但该牌匾起到了标识和区别服务来源的作用，相关公众结合该酒楼名称及所经营的菜品会将“谭府”文字与被告提供的餐饮服务联系起来，因此，该牌匾上的“谭府”文字系作为商业标识使用。被告提出的该牌匾系书法作品，并非商业性使用的服务标识的抗辩主张，依据不足，不予采信。

根据相关法律规定，商标法所称商标的使用，包括将商标用于商品、商品包装或者容器以及商品交易文书上，或者将商标用于广告宣传、展览以及其他商业活动中。被告在《北京晚报》刊载的《谭氏官府菜新菜新品》文章的题目中，突出使用了“谭”字，属于在与原告的注册商标“谭”相同的餐饮服务的广告宣传中突出使用该标识的行为，易引起相关公众的误认，侵犯了原告对“谭”文字所享有的注册商标专用权。被告虽提出该文章系媒体的独立报道、与其无关的主张，但该文章内容为专门介绍被告经营的谭氏官府菜酒楼的情况，并附有被告的地址、联系电话等内容，因此，可以认定该文章为被告发布的广告宣传报道，被告的上述抗辩主张缺乏依据，不予采信。

原告还指控被告在店外牌匾上使用的“谭氏官府菜”文字侵犯了原告所享有的“谭”注册商标专用权，但将被控侵权标识与原告的注册商标进行整体隔离比对，二者在文字的字形、读音、含义上有较大差异，无法得出“谭”是“谭氏官府菜”的实质部分的结论，亦无法得出二标识相近似的结论。因此，被告的上述行为不构成对原告享有的“谭”文字注册商标专用权的侵犯，原告的上述主张依据不足，不予支持。

被告谭氏官府菜公司北京分公司还提出了中止本案审理的申请，鉴于根据本案现有证据可以查明相关事实，商标评审委员会对涉案注册商标的处理结果不影响本案的实际处理，因此本院对其申请不予准许。

第二，关于被告的相关宣传报道是否对原告所主张的知名服务特有名称“谭家菜”构成仿冒，是否构成不正当竞争问题。

根据我国反不正当竞争法及其他相关规定，经营者在市场交易中，应当遵循自愿、平等、公平、诚实信用的原则，遵守公认的商业道德。擅自使用与他人知名服务的特有名称、包装、装潢相同或者近似的名称、包装、装潢，造成与他人的知名服务相混淆，使购买者误认为是该知名服务的行为为不正当竞争行为。知名服务特有的名称，是指知名服务独有的与通用名称有显著区别的服务名称，但该名称已经作为商标注册的除外。

本案原告自 1958 年起经营谭家菜，通过多年的经营，已经使得“谭家菜”在一定范围内为相关的消费者所知晓，具有一定的知名度。因此，可以认定北京饭店提供的“谭家菜”餐饮服务为知名服务。但该服务的名称“谭家菜”系北京饭店的注册商标，其对“谭家菜”所享有的注册商标专用权依法受到我国商标法的保护，因此，“谭家菜”不应作为知名服务的特有名称予以保护。原告提出被告的相关宣传报道仿冒了“谭家菜”知名服务的特有名称，构成不正当竞争的主张缺乏依据，本院不予支持。被告提出“谭家菜”的知名度是基于历史原因，而非基于北京饭店的经营行为，北京饭店提供的“谭家菜”餐饮服务不是知名服务的主张，依据不足，不予采信。

综上，本案原告主张被告的涉案行为侵犯了其享有的“谭”、“谭府”注册商标专用权，请求法院判令被告承担停止侵权、赔偿损失的法律责任的诉讼主张，理由正当，予以支持。关于赔偿经济损失的数额问题，原告所提赔偿请求数额过高，不予全额支持。本院将根据本案的具体情况，综合考虑被告侵权的方式、范围、主观过错程度，被告侵权行为持续的时间及获利状况等因素，酌情确定被告赔偿原告经济损失的数额。

依据《中华人民共和国商标法》第五十二条第（一）项、第五十六条，《最高人民法院关于审理商标民事纠纷案件适用法律若干问题的解释》第一条第（一）项，《中华人民共和国反不正当竞争法》第二条、第五条第（二）项的规定，判决：

一、四川谭氏官府菜餐饮发展有限责任公司北京分公司于本判决生效之日起停止涉案侵犯北京市北京饭店所享有的“谭”和“谭府”注册商标专用权的行为；

二、四川谭氏官府菜餐饮发展有限责任公司北京分公司于本判决生效之日起15日内赔偿北京市北京饭店经济损失20万元；

三、驳回北京市北京饭店的其他诉讼请求。

案件受理费10 010元，由北京市北京饭店负担3 010元，由四川谭氏官府菜餐饮发展有限责任公司北京分公司负担7 000元。

各方当事人均服从一审判决。

21. "VICTOR"、"DANA及图"、"PERFECT CIRCLE"商标侵权纠纷案

——（美国）德纳公司诉北京信德中实商贸有限公司

原告：（美国）德纳公司
被告：北京信德中实商贸有限公司
案由：侵犯商标专用权及不正当竞争纠纷

一审案号：北京市第二中级人民法院（2004）二中民初字第8007号
一审合议庭成员：邵明艳、张晓津、何暄
一审结案日期：2004年12月16日

判决要旨

被告不能举证证明其销售的被控侵权商品有合法来源的，应承担商标侵权责任。如果商标为文字与图案的组合，则文字在商标相近似判断过程是主要部分。文字不同，图案相同或近似，通常不应认定为相近似。

起诉与答辩

原告德纳公司诉称：该公司系汽车配件公司。该公司在中国已注册了如下商标："PERFECT CIRCLE"、"DANA"、"DANA及图"、"菱形图形"、"屑形图形"、"VICTOR"、"CLEVITE"。该公司对上述商标享有注册商标专用权。2003年1月，被告北京信德中实商贸有限公司（以下简称信德中实公司）未经原告的许可在其销售的活塞、离合器片、制动器片、离合器总泵、制动器片92、制动器片87、大修包、涨紧器、气门、汽缸、轴瓦等汽车配件的包装上使用了与上述注册商标相同或相近似的商标。2003年6月，中国北京市工商行政管理局朝阳分局对被告进行了行政处罚。原告认为被告信德中实公司未经许可使用注册商标"PERFECT CIRCLE"、"DANA"、"DANA及图"、"菱形图形"、"VICTOR"、"CLEVITE"、"屑形图形"的行为侵害了原告的注册商标专用权，未经许可使用"屑形图形"的行为构成不正当竞争，因此，请求法院判令被告停止侵权、在中国《法制日报》上公开赔礼道歉、赔偿原告经济损失50万元（其中包括原告为本案而支付的合理费用108 840元）、承担本案的诉讼费用。

被告信德中实公司辩称：该公司为代理销售汽车配件、润滑油等产品的销售商，不生产、包装汽车配件；该公司确实销售过包装上标有“PERFECT CIRCLE”和“DANA及图”商标的离合器总泵、活塞、离合器片；使用标有“VICTOR”商标的大修包包装的油底垫壳；包装标有“屑形图形”和“TXY及图”的制动器片92和气门；包装标有“DANA及图”商标的制动器片87。但是，这些产品均有合法来源，该公司对上述产品的包装是否侵权并不知情，因此，未侵害原告的商标权。该公司从未销售过原告所指控的使用涉嫌侵权包装的空压机、轴瓦、汽缸。“TXY”及菱形图形的商标专用权归美国TXY公司所有，虽然该商标尚未在中国注册，但是其与原告的商标并不相同或相近似，且该公司并不具有侵权故意，因此，该公司销售标有上述商标的汽车配件的行为亦不构成侵害原告注册商标专用权。原告德纳公司所使用的含有“屑形图形”的产品包装并非知名商品特有包装装潢，且该公司未实施任何不正当竞争行为，因此不构成不正当竞争。综上，请求法院驳回原告的诉讼请求。

一审查明事实

一审法院经审理查明：1987年5月10日，（美国）达纳公司在中国注册了第286119号“PERFECT CIRCLE”商标，核定使用商品为第19类，续展有效期至2007年5月9日，核定续展使用商品为第12类。1990年9月8日注册商标专用权人变更为德纳公司。1987年7月10日，（美国）达纳公司在中国注册了第292103号“DANA”商标，核定使用商品为第19类，续展有效期至2007年7月9日，核定续展使用商品为第12类。1990年9月8日注册商标专用权人变更为德纳公司。1987年5月10日，（美国）达纳公司在中国注册了第286122号“DANA及图”商标，核定使用商品为第19类，续展有效期至2007年5月9日，核定续展使用商品为第12类。1991年9月20日，注册商标专用权人变更为德纳公司。1990年8月30日，达纳公司在中国注册了第527697号“菱形图形”商标，核定使用商品为第12类，续展有效期至2010年8月29日。1991年9月20日注册商标专用权人变更为德纳公司。2003年8月28日，德纳公司在中国注册了第3280040号“屑形图形”商标，核定使用商品为第12类，有效期至2013年8月27日。1987年5月10日，（美国）达纳公司在中国注册了第286121号“VICTOR”商标，核定使用商品为第19类，续展有效期至2007年5月9日，核定续展使用商品为第12类。1990年10月30日，注册商标专用权人变更为德纳公司。2002年3月7日，德纳公司在中国注册了第1725626号“CLEVITE”商标，核定使用商品为第6类，有效期至2012年3月6日。

德纳亚洲（香港）有限公司亚太地区经理林鸿明声明其于1991年进入德纳公司。同时在该声明中就德纳公司的历史发展、公司规模及业绩、商标注册使用、在华投资等情况加以介绍。

信德中实公司成立于2002年12月6日，经营范围包括销售汽车配件、润滑油、机械设备等内容。

2003年11月12日，中国北京市工商行政管理局朝阳分局对信德中实公司进行行政处罚。根据处罚决定书中载明的事实，信德中实公司自2003年1月开始销售包装有“VICTOR”、“DANA及图”、“PERFECT CIRCLE”商标的汽车配件。上述产品并非德纳公司出品。2003年6月，信德中实公司被查处时，已经销售带有上述商标的汽车配件共计2115元，总非法经营额为20 020元。北京市工商行政管理局朝阳分局对信德中实公司作出如下处罚决定：1. 立即停止销售标有“VICTOR”、“DANA及图”、“PERFECT CIRCLE”商标的侵权汽车配件；2. 没收尚未售出标有“VICTOR”、“DANA及图”、“PERFECT CIRCLE”商标的侵权汽车配件，包括：离合器总泵120支，活塞34套，大修包26套（实际是油底垫壳45个）；3. 处以罚款60 000元。

根据对信德中实公司进行行政处罚的工商档案，涉案离合器总泵的外包装图案为：包装盒侧面的下方均为红色屑形图案（其中含内括DANA的菱形图案），上方为斜向排列黑体的PERFECT CIRCLE。涉案活塞的外包装图案为：包装盒上底中间印有斜向排列黑体的PERFECT CIRCLE，右下角印有内括TXY的菱形图案，侧面下方为蓝色屑形图案（其中含内括TXY的菱形图案），上方为斜向排列黑体的PERFECT CIRCLE。涉案大修包的外包装上使用了印有黑体VICTOR的标签。被告在庭审期间主张其在行政处罚之后未再销售上述三种产品，原告对此予以认可。

行政处罚时被告处存有如下产品：前刹车蹄51盒、后刹车蹄63盒，其外包装盒侧面下方均为白底蓝色屑形图案，上方斜向排列黑体的TXY INTERNATIONAL，其中前刹车蹄外包装蓝色屑形图案中含有一个内括TXY的菱形图案，后刹车蹄外包装盒侧面右下方标有内括TXY的菱形图案；进排气门53盒，外包装盒侧面下方为蓝色屑形图案（含内括TXY的菱形图案），上方斜向排列黑体的TXY INTERNATIONAL；链条涨紧器（空压机）67盒，外包装盒侧面下方为蓝色屑形图案（含内括TXY的菱形图案），上方为斜向排列黑体的TXY INTERNATIONAL。被告信德中实公司在答辩中承认其销售过包装标有“PERFECT CIRCLE”和“DANA及图”的离合器片、标有“DANA及图”商标的制动器片87以及标有“TXY及图”、“屑形图形”的制动器片92，但否认制动器片92上带有“菱形图形”。原告于庭审时认可富润公司是德纳产品的经销商，但其庭后向法院提交德纳公司上海代表处以及德纳亚洲（香港）有限公司向法院出具的证明，证明德纳公司从未授权富润公司经销德纳产品。

根据原告德纳公司向本院提交的包装样品及宣传册，原告产品包装（活塞环）的图案为：包装盒上方均印有黑体斜向排列的PERFECT CIRCLE，正面及两侧下方为红色屑形图案，右下方为内括 DANA 的菱形图案和“People Finding A Better Way”，背面印有“Dana Corporation”。根据被告信德中实公司提交的证据，美国 TXY 公司的“TXY 及菱形图形”商标图样为一个内括 TXY 字样的菱形图案。

德纳公司在庭审中主张被告信德中实公司将从别处购得的产品装入自行印制包装盒内进行销售，但其未向本院提交相应的证据予以证明，且被告对此予以否认。

德纳公司为本案支付代理费 30 000 元，同时其主张为本案支付调查费 68 830 元，并在庭审期间出示了相应的发票。

另，双方当事人认可：本案中链条涨紧器、涨紧器、空压机系同一产品的不同称谓；进排气门与气门系同一产品；前刹车蹄、后刹车蹄均为制动器片(又称制动蹄片)，所谓“92”、“87”是指同一产品的生产年份。

一审审理结果

一审法院认为：依据中华人民共和国商标法，原告德纳公司已在中国就涉案“PERFECT CIRCLE”、“DANA”、“DANA 及图”、“菱形图形”、“屑形图形”、“VICTOR”及“CLEVITE”商标进行注册，原告对上述商标所享有的注册商标专用权应当受中国法律的保护。

根据本案已经查明的事实，2003 年 1 月 ~6 月，被告信德中实公司销售了带有“VICTOR”、“DANA 及图”、“PERFECT CIRCLE”商标标识的离合器总泵 120 支、活塞 34 套和大修包 26 套（实际油底垫壳 45 个），销售额共计 2115 元，总非法经营额为 20 020 元。虽然被告主张上述产品分别来源于朱建青、封韬、陈全峰，但是被告就此所提交的证据不足以证明其上述主张，因此本院对其上述主张不予采信。被告的上述行为侵害了原告所享有“VICTOR”、“DANA 及图”、“PERFECT CIRCLE”的注册商标专用权，应当承担相应的民事责任。

被告信德中实公司在答辩中承认其销售过包装标有“PERFECT CIRCLE”和“DANA 及图”的离合器片、标有“DANA 及图”商标标识的制动器片 87，虽然其主张上述产品来源于富润公司，但是其未能向法院提交充分的证据来证明上述主张，因此，可以确定被告的上述销售行为侵害了原告所享有的上述

"PERFECT CIRCLE"、"DANA 及图"注册商标专用权，应当就此承担相应的民事责任。

依据现有证据，行政处罚时被告处存有如下产品：前刹车蹄 51 盒、后刹车蹄 63 盒、进排气门 53 盒、链条涨紧器（空压机）67 盒。经对比：被告的上述产品外包装上的屑形图案与原告享有商标权的图案实质相同，被告的产品外包装上标有含 TXY 的菱形图案，与原告享有商标权的菱形图形商标相比，虽然都含有菱形，但是前者中字母 TXY 占据整个图案的核心位置，与原告的"菱形图形"商标及"DANA 及图"存在实质部分的区别，不构成相近似。根据原告向法院提交的证据，屑形图形商标的注册时间为 2003 年 8 月 28 日，而被告被行政处罚的时间为 2003 年 11 月 12 日，因此，原告主张被告上述产品包装侵害其"屑形图形"注册商标专用权的主张，缺乏权利依据，本院不予支持。鉴于涉案的含 TXY 的菱形图案与原告享有商标权的涉案商标图案不相近似，因此，对于原告提出的上述产品包装侵害其注册商标专用权的主张，本院亦不予支持。虽然被告答辩中承认其销售过标有"TXY 及图"、"屑形图形"的制动器片 92，但其否认使用了原告的"菱形图案"，且原告未能向法院提交相应的证据，因此，对于原告所提出的被告销售上述产品的行为侵害其注册商标专用权的主张，本院不予支持。虽然原告在起诉时指控被告销售的汽缸、轴瓦产品的包装上分别使用了与原告的"DANA 及图"相同的商标标识和与"CLEVITE"相近似的商标标识，但是原告并未就此向法院提供相应的证据，因此，原告所提出的被告上述行为侵害其涉案"DANA 及图"、"CLEVITE"注册商标专用权的主张，本院亦不予支持。

关于原告指控被告销售使用"屑形图形"包装的产品的行为构成不正当竞争的问题。原告在本案主张被告销售带有"屑形图形"包装装潢的产品与其知名商品特有包装装潢相同、相近似，构成不正当竞争。原告在本案中主张其带有"屑形图形"的包装为其知名商品的特有包装装潢，但是由于原告向本院提供的证据材料不足以证明上述包装装潢属于其知名商品的特有包装装潢，因此本院对其上述主张不予支持，对其提出的被告涉案行为构成不正当竞争的主张亦不予支持。

另外，原告德纳公司还主张被告信德中实公司将从别处购得的产品装入自行印制的包装盒内进行销售，但鉴于其并未向本院提交相应的证据予以证明，因此本院对其上述主张不予支持。

鉴于原告在本案所主张的权利系财产性权利，不具有人身属性，同时其所主张的侵权事实亦不具有权利人身份受到侵害的事实，故对其所提出的公开赔礼道歉的诉讼请求不予支持。

原告德纳公司在本案中提出由被告信德中实公司赔偿经济损失50万元（其中包括为本案而支付的费用108 840元）的诉讼主张，但其未能提交充分的证据予以证明，故本院将结合被告涉案侵权行为给原告所造成损失的合理程度、涉案侵权行为性质、持续期间、涉案产品数量等因素综合酌定本案的赔偿数额。

综上，被告信德中实公司销售涉案汽车配件产品的行为侵犯了原告德纳公司的注册商标专用权，应承担停止侵权、赔偿经济损失的民事责任。依据《中华人民共和国民法通则》第一百三十四条，《中华人民共和国商标法》第五十一条，第五十二条第（二）项，第五十六条第一款、第三款的规定，判决如下：

一、北京信德中实商贸有限公司于本判决生效之日起停止销售包装上带有与德纳公司涉案“DANA及图”、“PERFECT CIRCLE”注册商标相同标识的活塞、离合器总泵、离合器片、制动器片汽车配件产品以及销售使用带有与德纳公司涉案“VICTOR”注册商标相同标识的大修包包装的油底垫壳汽车配件产品；

二、北京信德中实商贸有限公司于本判决生效之日起10日内赔偿德纳公司经济损失4万元；

三、驳回德纳公司的其他诉讼请求。

案件受理费10 010元，由北京信德中实商贸有限公司负担7 007元；由德纳公司负担3 003元。

各方当事人均服从一审判决。

22. "HONDA" 商标侵权纠纷案

——(日本)本田技研工业株式会社等诉重庆力帆实业(集团)有限公司等

原告: (日本)本田技研工业株式会社
原告: 五羊—本田摩托(广州)有限公司
原告: 新大洲本田摩托有限公司
原告: 嘉陵—本田发动机有限公司
被告: 曹亚文
被告: 重庆力帆实业(集团)有限公司
案由: 侵犯商标专用权纠纷

一审案号: 北京市第二中级人民法院(2003)二中民初字第6284号
一审合议庭成员: 邵明艳、何暄、张晓津
一审结案日期: 2004年12月20日

判决要旨

人民法院在处理商标纠纷案件中,根据当事人的请求和案件的具体情况,可以对涉及的注册商标是否驰名作出认定。如被控侵权行为所涉及商品与涉案注册商标所核定使用的商品属于相同或类似商品,注册商标与被控侵权商标相同或近似,则不需要适用驰名商标的特殊保护。

起诉与答辩

原告(日本)本田技研工业株式会社(以下简称本田株式会社)、五羊—本田摩托(广州)有限公司(以下简称五羊本田公司)、新大洲本田摩托有限公司(以下简称新大洲本田公司)、嘉陵—本田发动机有限公司(以下简称嘉陵本田公司)共同诉称:原告本田株式会社是一家主要制造摩托车、汽车、发动机等产品的大型公司,拥有"HONDA"、"本田"文字注册商标专用权。"HONDA"商标多次被国际知识产权保护组织评为驰名商标,"HONDA"及"本田"商标已经于1999年和2000年两次被中国国家工商行政管理局商标局认定为中国重点保护商标。原告本田株式会社制造的标有"HONDA"商标的产品以优良的质量和可靠的性能在全世界享有极高的声誉。

原告本田株式会社的各种产品自从进入中国市场以来，一直受到各种各样的侵权行为及假冒产品的侵扰。原告五羊本田公司、新大洲本田公司和嘉陵本田公司作为原告本田株式会社的第314940号“HONDA”注册商标在中国的被许可人，也受到侵权产品的侵扰，并因此而蒙受了巨额的直接经济损失。

原告本田株式会社的“HONDA”产品自从进入中国市场以来，从未授权本案被告使用“HONDA”注册商标，亦从未与被告建立任何形式的合作关系。2000年，原告本田株式会社发现北京市自立自强摩托车商店销售标有“HONGDA”标志的“力帆”牌“LF110－B”型摩托车，遂公证购买了该摩托车一辆。该摩托车的销售发票上盖有北京市自立自强摩托车商店的印章，该字号的经营者是被告曹亚文。上述所购“力帆”牌“LF110－B”型摩托车的随车资料以及车体上的标牌表明，该摩托车系由被告重庆力帆实业（集团）有限公司（简称力帆实业公司）前身重庆力帆轰达实业（集团）有限公司制造。

为证明中国市场上还有侵权车辆被销售，原告本田株式会社于2002年12月11日在中国浙江省丽水市容达汽车摩托车有限公司购买了被告力帆实业公司制造的“力帆”牌“LF150－A”型摩托车一辆，该摩托车上标有“HONGDA”标志。

被告擅自制造、销售标有与原告本田株式会社的“HONDA”注册商标近似的“HONGDA”标志的摩托车产品的行为，已经构成了对原告本田株式会社注册商标专用权的侵犯。被告擅自制造、销售标有“HONGDA”标志的摩托车的行为，混淆了四原告与被告制造的商品，误导了消费者，不仅损害了四原告在中国的切身利益，而且侵犯了原告本田株式会社的注册商标专用权，侵害了四原告的商誉，使四原告蒙受了巨大经济损失。故请求法院：1. 判决被告立即停止制造、销售侵犯四原告“HONDA”注册商标专用权的摩托车产品的侵权行为；2. 判决被告立即采取诸如全部销毁库存的侵权商品，全部追回并销毁已流入销售商、市场和社会的侵权商品，以及在受到被告侵权行为影响的范围内发布澄清事实的公告等有效措施，消除因被告的侵权行为所产生的影响；3. 判决被告全部销毁其侵犯原告注册商标专用权的商品以及有关的商标标识、广告宣传材料等相关资料，以及用于制造侵权商品的模具、印版等其他作案工具；4. 判决被告赔偿四原告因被告的侵权行为而受到的经济损失12 512 563.70元人民币；5. 判决被告承担本案的全部诉讼费用以及原告本田株式会社因本案所支付的调查费、制止和消除侵权行为等实际费用；6. 判决被告以在新闻媒介上刊登启事的方式，就其侵犯四原告注册商标专用权行为对四原告赔礼道歉；7. 认定原告本田株式会社的“HONDA”商标为驰名商标。

被告力帆实业公司辩称：1. 本案五羊本田公司、新大洲本田公司、嘉陵本田公司三原告与本田株式会社作为本案共同原告无法律依据。本公司认为，上述三原告作为涉案商标被许可人，其获得的商标许可范围不尽相同，其中新大洲本田公司和五羊本田公司只获得了涉案第314940号注册商标被许可权，嘉陵本田公司获得的则是第314940号和第314944号两个注册商标的被许可权。从上述三原告提供的获得商标被许可权备案证明显示，新大洲本田公司、五羊本田公司、嘉陵本田公司获得许可的时间为2001年11月2日、2000年6月30日、2001年12月15日，而本案原告本田株式会社诉称的侵权起始时间为1999年6月，故在上述三原告根本还未获得权利的情形下，不能作为共同原告行使诉权。2. 原告指控被告在同类产品中使用了与其注册商标“HONDA”相近似的标志“HONGDA”，可以按一般商标侵权认定规则来判定，没有必要审理和认定其“HONDA”和“本田”商标为驰名商标。3. 原告指控被告制造、销售“LF150－A”型摩托车产品的证据是在浙江丽水取得的，不仅与本公司的住所地不一致，也与本案被告曹亚文的住所地不一致，本案受理法院对此无管辖权，原告应当另行提出起诉。4. 本公司没有实施原告所指控的商标侵权行为。本公司制造、销售的摩托车上使用的是自己的注册商标。本公司创立于1992年初，主要制造摩托车发动机和摩托车，是中国同类产品的知名厂家。本公司在中国已注册了多个商标，其中包括第12类上的第868524号“力帆”商标和第868501号“LIFAN”商标，并获得“轰达”文字商标的使用许可权。该“力帆”和“LIFAN”两注册商标已成为本公司摩托车和发动机产品的主要商标。本公司使用的“力帆”和“LIFAN”商标多次被评为国内著名商标，在中国公众中有极高的知名度，本公司确无必要在制造的摩托车上使用原告涉案商标以提高知名度。本公司制造、销售摩托车的整体环节均能证明，原告指控的七处标有“HONGDA”标志的摩托车为本公司所制售的说法不能成立，因为本公司上游五个配套厂家提供的摩托车配件，没有“HONGDA”标志，全国七个不同省市的“力帆”牌摩托车的购买用户，均能证明在下游随机调查消费者购买的“LF110－B”型摩托车上无原告指控的“HONGDA”标志。原告公证证据保全程序存有瑕疵，不能证明涉案摩托车是本公司制造的产品，原告提供的两份公证书中称对涉案摩托车进行了封存，但公证书未对封存地的状态和证物封存方式进行必要描述，证据实物被先后转移放置到两个地方，每个地点的库房内不仅仅存有被控侵权的“力帆”牌“LF110－B”型摩托车一辆，还有其他多辆品牌摩托车，实际勘验看到的摩托车本身没有贴任何封条，无从判定库房是否封存。本公司销售摩托车有相应的代理体系，卖给原告“力帆”牌“LF110－B”型摩托车者不是本公司的经销商，其取得上述物证的渠道不属正常的流通途径。取证购买的摩托车上存有的“HONGDA”标志的部位是可以用不干胶粘贴或者是可以易于更换的小部件，具备本公司产品出厂后被他人加贴加印的现实条件。本公司产品目前在中国属于名牌产品，不能排除有人通过拼装方式仿冒本公司产品的可能性。

综上，本公司认为，四原告的起诉多处违反法律程序，且缺乏证明本公司实施了侵犯原告注册商标专用权的必要证据，法院应依法驳回四原告的全部诉讼请求。

被告曹亚文辩称：本案五羊本田公司、新大洲本田公司、嘉陵本田公司与本田株式会社作为共同原告参加诉讼无法律依据。被告从未销售过涉案“力帆”牌“LF110－B”型摩托车。被告位于中国北京市怀柔区南大街15号，并未在原告购买涉案摩托车的中国北京市顺义区府前中街11号北京市燕泽洲商城设立过任何形式的销售摩托车的柜台，涉案摩托车不是从被告处购买的。综上，被告不同意四原告的诉讼请求。

在本案诉讼过程中，被告力帆实业公司、曹亚文辩称：原告本田株式会社公证购买的“LF110－B”型摩托车的时间为2000年12月27日，本案应适用2001年10月27日修正前的中国商标法。原告涉案“HONDA”注册商标核准使用商品不包括摩托车。原告所指控的涉案“LF110－B”型摩托车上的“HONGDA”标志，不是作为商标使用，而是作为商品装潢使用，该标志是被告力帆实业公司的前身重庆力帆轰达实业（集团）有限公司企业名称中“轰达”的汉语拼音，涉案注册商标“HONDA”不符合汉语拼音的拼写方法，“轰达”不是该注册商标的译音，“HONGDA”与“HONDA”从发音表达上不存在近似，二者在字母上也存在差别，尤其是“LIFAN”与“HONGDA”组合使用后，使得“HONDA”与“LIFAN－HONGDA”之间明显不同。从原告商品、被告商品的具体特点、产品之间的差异大小、价格高低、各自享有知名度、消费者购买摩托车商品的注意力等综合因素，涉案“LF110－B”型摩托车上的“HONGDA”标志不会“足以”造成与原告产品之间的“误认”，因此，使用上述标志不构成侵犯原告注册商标权。原告在本案所提交的证据材料不能证明被告持续制造了标有被控侵权标志的摩托车，原告据此提出的巨额赔偿无事实和法律依据，其主张的被告制造侵权产品的数量、侵权产品的利润率均缺乏依据。

一审查明事实

一审法院经审理查明：原告本田株式会社于1948年9月24日在日本注册成立，是主要制造汽车、摩托车、发动机等产品的公司。1988年5月29日，本田株式会社经中国国家工商行政管理局商标局核准注册了“HONDA”商标，核准使用商品为第19类：航空、船舶、车辆和其他运输工具等，续展后有效期为2008年5月29日，经核准续展注册在商品国际分类第12类，该商标注册号为314940。1988年5月29日，本田株式会社经中国国家工商行政管理局商标局核准注册了“本田”商标，核准使用商品为第19类：航空、船舶、车辆和其他运输工具等，续展后有效期为2008年5月29日，经核准续展注册在商品国际分类第12类，商标注册号为314944。“HONDA”及“本田”商标于1999年和2000年两次被中国国家工商行政管理局商标局认定为中国重点保护商标。

原告五羊本田公司是本田株式会社和广州摩托集团公司于1992年7月14日在中国注册成立的合资企业。经营范围为：制造摩托车及其零部件、销售本企业产品及提供售后服务。2000年10月，经中国国家工商行政管理局商标局商标使用许可合同备案，原告本田株式会社许可五羊本田公司使用第314940号“HONDA”注册商标，许可使用期限自为2000年6月30日至2008年5月29日。

原告新大洲本田公司是于1992年12月18日在中国注册成立的中外合资企业。主要经营范围为：制造摩托车、电动自行车、助动车、发动机及其零部件等。2001年11月19日，经中国国家工商行政管理局商标局商标使用许可合同备案，原告本田株式会社许可新大洲本田公司使用第314940号“HONDA”注册商标，许可使用期限为自2001年11月2日至2008年5月29日。原告新大洲本田公司为使用“HONDA”注册商标的摩托车产品进行了广告宣传。

原告嘉陵本田公司是本田株式会社和中国嘉陵工业股份有限公司于1993年1月12日在中国注册成立的中外合资企业。主要经营范围为：制造、销售汽油发动机、通用发动机及整机、摩托车及其零部件等。2002年8月14日，经中国国家工商行政管理局商标局商标使用许可合同备案，本田株式会社许可嘉陵本田公司使用第314940号“HONDA”商标，许可使用期限为自2001年12月15日至2008年5月29日。

被告力帆实业公司原企业名称为重庆力帆轰达实业（集团）有限公司，成立于1997年12月1日，住所地为重庆市沙坪坝区上桥张家湾60号，法定代表人为尹明善，主要经营范围为：研制、开发、制造、销售车辆配件、摩托车配件等，该企业名称变更日期为2001年11月6日。该公司成员企业包括：重庆市轰达车辆配件研究所、重庆市力帆摩托车制造有限公司、重庆力帆摩托车厂、重庆力帆摩托车有限公司。

1993年7月21日，重庆市轰达车辆配件研究所与上海中摩实业公司签订合作协议，约定联合兴办上海中摩实业公司重庆力发摩托车厂，该协议中止后，1995 年 5 月 20 日经向中国重庆市工商行政管理局沙坪坝分局申请办理企业更名手续，将上述企业名称变更为重庆力发摩托车厂，并于 1998 年 1 月 18 日，经上述工商局核准，将该企业名称又变更为重庆力帆摩托车厂。该企业住所地为重庆市沙坪坝区上桥张家湾 60 号，法定代表人为尹明善。

被告曹亚文为个体工商户，其字号名称为北京市自立自强摩托车商店，注册登记日为 2000 年 2 月 1 日。

1998 年 10 月 8 日，中国国家工商行政管理局商标局（1999）商标异字第 3547 号裁定书表明，重庆市车辆配件研究所申请的“轰达 SINO－HONGDA”商标被驳回，理由是“HONDA”商标已为中国消费者所知晓，“HONGDA”易使消费者误认为与原告本田株式会社有某种联系。

2001 年 10 月 29 日，中国国家工商行政管理局总局商标评审委员会商评字（2001）第 4487 号异议复审终局裁定书表明，重庆市车辆配件研究所申请的“轰达 SINO－HONGDA”商标被终局驳回，理由是“SINO－”意为“中国的”，“HONGDA”与“HONDA”近似，该商标易使消费者误解为“中国的”“HONGDA”（轰达），易造成消费者对商品来源的误认，与“HONDA”构成近似商标。

2002 年 3 月 2 日，中国国家工商行政管理总局商标局（2002）商标异字第 00280 号裁定书表明，被告力帆实业公司申请的“LIFAN－HONGDA”商标被驳回，理由是“HONDA”已为中国消费者所知晓和熟悉，“HONGDA”与“HONDA”在字母组合和读音上非常接近，消费者容易将该商标与本田株式会社加以不恰当的联系，从而导致误认误购。

2002 年 6 月 9 日，中国国家工商行政管理总局商标局（2002）商标异字第 00281 号裁定书表明，被告力帆实业公司申请的“力帆轰达 LIFAN－HONGDA”商标被驳回，理由是“HONDA”已为中国消费者所知晓和熟悉，“HONGDA”与“HONDA”在字母组合和读音上非常接近，“轰达”与“HONDA”发音几乎完全相同，且“轰达”易被视为“HONDA”的中文对应音译，消费者容易将该商标与本田株式会社加以不恰当的联系，从而导致误认误购。

1996 年 12 月 7 日，重庆市轰达车辆配件研究所经中国国家工商行政管理局商标局核准注册了“轰达”（繁体）文字商标，核定使用商品为第 12 类：火车及其零部件、汽车、电车及其零部件等，注册商标号为 910005，注册有效期限自 1996 年 12 月 7 日至 2006 年 12 月 6 日。1996 年 9 月 7 日，上海中摩实业公司重庆力发摩托车厂经中国国家工商行政管理局商标局核准注册了

"力帆"文字商标，核定使用商品为第12类：摩托车、摩托车发动机、摩托车零件（轮胎除外），注册商标号为868524，注册有效期限自1996年9月7日至2006年9月6日。2002年4月18日，上述第868524号"力帆"文字注册商标变更注册人名义为被告力帆实业公司。1996年9月7日，上海中摩实业公司重庆力发摩托车厂经中国国家工商行政管理局商标局核准注册了"LIFAN"文字商标，核定使用商品为第12类：摩托车、摩托车发动机、摩托车零件（轮胎除外），注册商标号为868501，注册有效期限自1996年9月7日至2006年9月6日。2002年4月18日，上述第868501号"LIFAN"文字注册商标变更注册人名义为被告力帆实业公司。

2000年12月27日，经中国北京市公证处公证，案外人韩登营于北京市顺义区府前中街11号的燕泽州商城购买了标有"HONGDA"标志的"力帆"牌"LF110-B"型摩托车一辆。该摩托车发动机号为Y0013374，车驾号码/车辆识别代码为LF3PCH0BXYC001206。该摩托车的销售发票上盖有北京市自立自强摩托车商店的印章。该北京市自立自强摩托车商店位于北京市怀柔区南大街15号，经营者是被告曹亚文。上述所购"力帆"牌"LF110-B"型摩托车的保修卡、合格证以及车体上的标牌表明，该摩托车由被告重庆力帆轰达实业（集团）有限公司（力帆实业公司前身）制造，出厂日期为2000年3月15日。该摩托车上与车把相连接的立轴上的金属标贴标有"重庆力帆轰达实业（集团）有限公司"、"厂牌 力帆型，型号LF110-B，排量106ml，出厂日期00年3月"。该摩托车上的油箱两侧贴有"LIFAN HONGDA"标贴，发动机左右边盖压刻有"LIFAN HONGDA"字样，发动机启动电机座的右侧压刻有"HONGDA"字样、排气管两侧压刻有"LIFAN HONGDA"字样。该摩托车单价为5 050元人民币。

2002年12月11日，经中国长安公证处公证，案外人吴少俊在浙江省丽水市容达汽车摩托车有限公司购买了被告力帆实业公司制造的"力帆"牌"LF150-A"型摩托车一辆，该摩托车发动机号码为：Y0048128，车驾号码/车辆识别代码为LF3PCK0AXYA002422。该摩托车上除标有"LIFAN""力帆轰达"商识外，还在发动机左右边盖压刻有"LIFAN-HONGDA"标志，在发动机顶部前端贴有"LIFANHONGDA"字样的标贴。该摩托车合格证上的出厂日期为2000年5月24日，单价为人民币6 000元。

另查：2001年，中国汽车技术研究中心和中国汽车工业协会编发的《中国汽车工业年鉴》中2000年摩托车产量居前50名企业分排量常量统计表显示：被告力帆实业公司2000年110ml摩托车制造量为78 338辆，150ml摩托车制造量为13 612辆。按摩托车排量常量统计，涉案"力帆"牌"LF110-

B”型摩托车属110ml排量的摩托车，涉案“力帆”牌“LF150－A”型摩托车属150ml排量的摩托车。

原告本田株式会社主张其为本案诉讼进行证据保全的花费共为人民币30 050元；为本案支出的调查费、代理费等实际花费等合计人民币144 741.54元。原告本田株式会社提交的证据材料显示其1999年摩托车产品利润率为10.2%，2000年为6.6%，2001年为7.0%，但原告在本案主张其摩托车产品利润率为10%。

四原告按照涉案“力帆”牌“LF110－B”型摩托车出厂日2000年3月15日至2002年6月30日，计算原告因涉案注册商标专用权被侵犯所受损失为：78 338（被告力帆实业公司2000年110ml排气量摩托车产量）÷9（110ml排气量摩托车共有机种）÷366（一年天数）×838（侵权天数）×5 050（涉案摩托车销售单价）×10%（原告摩托车产品利润率）＝10 064 316.39元人民币；四原告按照涉案“力帆”牌“LF150－A”型摩托车出厂日2000年5月24日至2002年6月30日，计算原告因涉案注册商标专用权被侵犯所受损失为：13 618（被告力帆实业公司2000年150ml排气量摩托车产量）÷7（150ml排气量摩托车共有机种）÷366（一年天数）×768（侵权天数）×6000（涉案摩托车销售单价）×10%（原告摩托车产品利润率）＝2 448 274.31元人民币。

二被告对上述赔偿数额的计算方式持有异议，主张被告力帆实业公司制造的110ml排气量摩托车有17个机种，中国国内摩托车的平均利润率在5%以内，中国重庆地区摩托车利润率只有2%，但其未提交相应的证据予以证明。

再查，本案在审理过程中，被告力帆实业公司提交的证据12及证据27中，重庆伟华机械工业有限公司及重庆奥美科技有限公司作为出证单位，在其《证明》中写有“据我公司所知，力帆从2000年以后便未使用‘HONGDA’，而是使用的‘力帆LIFAN’商标”内容。

一审审理结果

一审法院认为：涉案“HONDA”商标在中国经核准予以注册，原告本田株式会社作为上述注册商标权人，其所享有的注册商标专用权，应受中国法律保护。

中国《商标法》于2001年10月27日进行了修正，并于2001年12月1日起生效。鉴于本案四原告指控被告力帆实业公司及曹亚文实施涉案侵权行为期间为2000年3月15日至2002年6月30日，其中公证购买涉案“力帆”牌“LF110－B”型摩托车日为2000年12月27日，公证购买涉案“力帆”牌

"LF150－A"型摩托车日为2002年12月11日，上述被控侵权行为发生在《商标法》修正生效日前，并延续至《商标法》修正生效日后，因此，本案应适用修正后的《商标法》。被告力帆实业公司、曹亚文主张本案应适用修正前的中国《商标法》，于法无据，本院不予采纳。

根据《商标法》的规定，本案原告本田株式会社对其所所主张的第314940号"HONDA"商标享有注册商标专用权，他人未经许可，不得在同一种或者类似商品上使用与该注册商标相同或者近似的商标，也不得销售侵犯该注册商标专用权的产品。

按照中国相关法律规定，商标普通使用许可合同的被许可人经商标注册人明确授权，可以提起诉讼。本案三原告五羊本田公司、新大洲本田公司、嘉陵本田公司均为原告本田株式会社第314940号"HONDA"注册商标普通使用许可合同的被许可人，经涉案"HONDA"注册商标专用权人本田株式会社明确授权，该三原告可以参加本案诉讼。鉴于本案被告力帆实业公司被控实施侵权行为，即制造、销售标有"HONGDA"标志的"LF110－B"、"LF150－A"摩托车的行为期间为2000年3月15日至2002年12月11日，上述三原告在此期间内已取得许可使用涉案第314940号"HONDA"注册商标的权利，因此，上述三原告具有在本案提出主张的权利基础。被告力帆实业公司、曹亚文以三原告五羊本田公司、新大洲本田公司、嘉陵本田公司取得涉案注册商标使用许可的时间分别为2000年6月、2001年11月及2001年12月为由，主张上述三原告不存在共同的权利基础，不应作为本案共同的原告，依据不足，本院不予采纳。

关于四原告指控被告力帆实业公司、曹亚文制造、销售标有与涉案注册商标相近似标志的摩托车产品，构成侵犯注册商标专用权问题。

首先，依据现有证据，涉案"力帆"牌"LF110－B"、"LF150－A"型摩托车制造者为被告力帆实业公司，"LF110－B"型销售者为曹亚文，上述摩托车上标有"LIFAN HONGDA"、"HONGDA"、"LIFAN－HONGDA"、"LIFANHONGDA"标志。本案被告力帆实业公司主张，涉案公证书未对涉案"力帆"牌"LF110－B"型摩托车单独封存及对封存地状态等进行描述，违反证据保全程序，该摩托车的销售者不是被告力帆实业公司的经销商，该摩托车上标有"HONGDA"标志的部位是易于粘贴的不干胶标贴或易于更换的小部件，有通过拼装方式仿冒被告力帆实业公司摩托车产品的可能性，不能证明该摩托车是被告力帆实业公司制造。

对此，本院认为，公证购买的涉案"力帆"牌"LF110－B"型摩托车，虽未单独加贴封条并被转移过封存场所，但该摩托车一直处于公证机关的监控之下，被告力帆实业公司认为涉案封存方式违反公证证据保全程序，缺乏法律依据。

根据中国1997年1月1日施行的《车辆识别代号（VIN）管理规则》，车辆识别代号是制造厂识别车辆所指定的一组17位字码。涉案侵权摩托车的车辆识别代号分别为LF3PCHOBXYC001206（LF110 - B型）和LF3PCKOAXYA002422（LF150 - A型）。根据上述管理规则，第1~3位是制造商识别代码，涉案摩托车的识别号是LF3，第4~8位说明车辆特征包括发动机型式、排气量等信息：其中P代表普通车，C代表四冲程，H代表110毫升排气量，K代表150毫升排气量，OB代表型号 - B，OA代表型号 - A，第9位是校验位，第10位表示车辆制造年份，第11位是装配厂，第12~17位表示制造顺序号。车辆识别代号一般打印在车架转向立管右侧上面，不易模仿。涉案公证书所载上述两种型号摩托车的发动机号码、车辆识别代号等特征，与该摩托车实物均相一致并标注规范，且经对涉案摩托车实物核查，本案中被控侵权的“LIFAN HONGDA”、“HONGDA”、“LIFAN - HONGDA”、“LIFAN-HONGDA”标志，除部分以标贴形式加贴外，还有部分标志是使用机械方式压刻在摩托车发动机等相关部位上，在此基础上，被告力帆实业公司仅凭一篇关于存在拼装仿冒其他品牌摩托车情形的新闻报道，以及所述标志易于粘贴或标有上述标志的部件易于更换，主张涉案摩托车具有通过拼装方式被仿冒的可能性，其主张不具有充分性，亦缺乏证据支持。

被告力帆实业公司虽提交相当数量的证据材料，用以证明其制造的“力帆”牌“LF100 - B”、“LF100 - A”型摩托车上均没有上述涉嫌侵犯原告商标权的标志、其配套零件厂商未制造过标有上述标志的相关配件、部分摩托车购买者所购买的相同型号的摩托车上均无上述标志，但其配套零件制造商出具的《证明》，并不足以证明其制造的配套零部件外观与摩托车装配后相应零部件外观具有一致性，部分摩托车购买者以公证形式出具的证言及所附摩托车照片，亦不足以证明该摩托车自制造出厂及购买时起至公证出证前的期间内摩托车的标志状态，因此，上述证据材料缺乏相关证据印证，不能推翻涉案公证购买“力帆”牌“LF110 - B”、“LF150 - A”型摩托车的证明效力。同样，涉案公证购买“力帆”牌“LF110 - B”型摩托车的销售凭证上，盖有被告曹亚文个体工商户的字号名称“北京市自立自强摩托车商店”的印章，而被告曹亚文所提供的律师调查笔录，不足以推翻上述公证购买涉案摩托车的证据效力，被告曹亚文主张其未销售涉案“力帆”牌“LF110 - B”型摩托车，依据不足，本院不予采信。

综上，应认定被告力帆实业公司制造、销售了标有涉案“HONGDA”、

"LIFAN HONGDA"、"LIFAN - HONGDA"、"LIFANHONGDA" 标志的"力帆"牌"LF110 - B"、"LF150 - A"型摩托车，被告曹亚文销售了标有涉案"HONGDA"、"LIFAN HONGDA"、"LIFAN - HONGDA"标志的"力帆"牌"LF110 - B"、型摩托车，二被告相应抗辩主张，依据不足，证据不充分，本院不予采纳。

其次，中国商标法规定，未经商标注册权人许可，在同一种商品或者类似商品上使用与其注册商标相同或者近似的商标的，构成侵犯注册商标专用权。中国最高人民法院《关于审理商标民事纠纷案件适用法律若干问题的解释》规定：商标近似，是指被控侵权的商标与原告的注册商标相比较，其文字的字形、读音、含义或者图形的构图及颜色，或者其各要素组合后的整体结构相似，或者其立体形状、颜色组合近似，易使相关公众对商品的来源产生误认或者认为其来源与原告注册商标的商品有特定的联系。认定商标近似按照以下原则：以相关公众的一般注意力为标准；既要进行对商标的整体比对，又要进行对商标主要部分的比对，比对应当在比对对象隔离的状态下分别进行；应当考虑请求保护的注册商标的显著性和知名度。

涉案第 314940 号"HONDA"注册商标核准使用的商品为商品国际分类第 12 类，核定使用商品为航空、船舶、车辆和其他运输工具，该核定使用商品范围属于国际商品分类第 12 类大类别，根据《商标注册用品商品和服务国际分类》，摩托车应属于第 12 类范围中的商品，亦即属于原告涉案注册商标核准使用的商品。故涉案摩托车产品属于与涉案第 314940 号"HONDA"注册商标同一种的商品。二被告在陈述质证意见时，主张原告涉案注册商标核准使用的商品不包括摩托车产品，依据不足，本院不予采信。

商标最基本的功能是使消费者能够识别商品及其来源。从原告涉案注册商标"HONDA"在中国注册、使用和宣传，以及被中国国家工商行政管理局商标局列为重点保护商标的事实来看，涉案"HONDA"注册商标具有一定知名度和显著识别性。将涉案"力帆 LF110 - B"、"LF150 - A"型摩托车上标有的"HONGDA"、"LIFAN HONGDA"、"LIFAN - HONGDA"、"LIFANHONGDA"标志与原告涉案注册商标"HONDA"相比对，其中，以相关消费者的一般注意力来看，从整体及主要部分隔离比对，"HONGDA"与"HONDA"二者仅相差中间一个字母，并且"HONDA"作为在具有较强流动性的车辆等商品上被较为广泛地使用的注册商标，其按照日语的发音而形成的特有的文字与中文"轰达"在发音上相似，为相关消费者所知悉，相关消费者易对"HONGDA"与"HONDA"在文字外形及读音上产生混淆，进而对"HONGDA"所标志产品的来源容易产生误认，因此，应认定"HONGDA"标志与注册商标

"HONDA" 二者相近似。将"LIFAN HONGDA"、"LIFAN - HONGDA"与"HONDA"相比对，前者中的"HONGDA"与"HONDA"在文字外形、读音上相近似，将"LIFANHONGDA"与"HONDA"相比对，由于"LIFAN-HONGDA"与"LIFAN HONGDA"在文字外形、读音上相同，后者按文字读音分为两组文字排列，前者虽合为一组文字排列，但读音未变，因此，应认定"LIFANHONGDA"的文字拼写和组合读音中包含有与"HONDA"相近似部分。对于"LIFAN HONGDA"、"LIFAN - HONGDA"、"LIFANHONGDA"标志来说，虽由"LIFAN"与"HONGDA"组合使用，但对于相关消费者而言，基于涉案注册商标"HONDA"所具有的知名度和显著识别性，易于将"HONGDA"作为该组合标志的主要部分，又基于"HONGDA"与"HONDA"相近似，易使相关消费者对上述标志与"HONDA"注册商标所标志的产品及其制造者之间是否具有合作生产、许可使用、关联企业等方面产生误认和联想，进而对"HONDA"注册商标的识别功能产生不利的影响，故应认定"LIFAN HONGDA"、"LIFAN - HONGDA"、"LIFANHONGDA"标志与涉案注册商标"HONDA"相近似。据此，本院认定涉案"力帆"牌"LF110 - B"、"LF150 - A"型摩托车上使用"HONGDA"、"LIFAN HONGDA"、"LIFAN - HONGDA"、"LIFANHONGDA"标志，构成了对涉案"HONDA"注册商标专用权的侵犯，被告力帆实业公司制造、销售标有上述标志的涉案摩托车产品，对原告本田株式会社享有的涉案注册商标专用权及三原告五羊本田公司、新大洲本田公司、嘉陵本田公司享有的涉案注册商标的使用权构成了侵犯，应当承担相应的法律责任。被告曹亚文销售标有"HONGDA"、"LIFAN HONGDA"标志的涉案"力帆"牌"LF110 - B"型摩托车产品，构成了对四原告所享有的"HONDA"注册商标专用权或使用权的侵犯，其应承担相应的法律责任。

根据中国《商标法实施条例》的规定，在同一种或者类似商品上，将与他人注册商标相同或者近似的标志作为商品名称或者商品装潢使用，误导公众的，属于侵犯注册商标专用权的行为。二被告辩称，涉案摩托车上所使用的"HONGDA"、"LIFAN HONGDA"标志不是作为商标使用，而是作为商品装潢使用，该标志是被告前身重庆力帆轰达实业（集团）企业名称中"力帆"和"轰达"的汉语拼音，涉案上述使用方式具有合理理由，"HONGDA"与"HONDA"从发音表达上不存在近似，"LIFAN"与"HONGDA"组合与"HONDA"之间明显不同，涉案"LF110 - B"型摩托车上的"HONGDA"标志不会"足以"造成与原告产品之间的"误认"。对此，本院认为，虽然"力帆"和"轰达"是被告前身重庆力帆轰达（集团）实业有限公司的企业字号，但该字号应限于中文文字"力帆"和"轰达"，在"LIFAN"已经作为注册商标予以使用及相关消费者易对“HONGDA”或“LIFAN－HONGDA”与涉案“HONDA”注册商标产生混淆和误认的情况下，不能视为上述标志的使用是对被告力帆实业公司企业字号的合理使用。基于上述法律规定及本院前述理由，二被告关于涉案摩托车上的标志与涉案注册商标不相近似等抗辩主张，缺乏事实与法律依据，本院不予采纳。

根据中国商标法规定，销售侵犯注册商标专用权的商品的，构成侵犯注册商标专用权，销售不知道是侵犯注册商标专用权的商品，能证明该商品是自己合法取得的并说明提供者的，不承担赔偿责任。被告曹亚文虽不是被告力帆实业公司的经销商，其对所销售涉案摩托车的标志是否构成侵权不具有客观判断能力，但其未能提交相关的证据证明所销售摩托车的来源，因此，按照中国商标法的规定，其应当承担停止侵权、赔偿经济损失的法律责任。被告曹亚文主张其未销售标有涉案侵权标志的摩托车，不承担法律责任，依据不足，本院不予采纳。

第三，根据现有证据，涉案“力帆”牌“LF110－B”型、“LF150－A”型摩托车均为被告力帆实业公司制造。虽涉案公证购买的“力帆”牌“LF110－B”型摩托车由被告曹亚文销售、涉案公证购买的“LF150－A”型摩托车由案外人销售，尽管所涉及的摩托车型号不同，销售地及销售商不同，但原告在本案指控所针对的是被告力帆实业公司制造、销售标有涉案侵权标志的上述两种型号摩托车产品，不论涉案上述两种型号摩托车在中国何地进行过销售，均应由制造者依据其制造行为一并承担责任。本院依据被告曹亚文住所地及其销售标有侵权标志摩托车的侵权行为地均在本院辖区而对本案具有管辖权，因而被告力帆实业公司实施制造涉案上述两种型号摩托车的侵权行为，应在本院审理本案侵权事实的范围之内。二被告关于涉案“力帆”牌“LF150－A”型摩托车的相关事实应另案处理、不在本院审理本案的管辖范围之内的主张，依据不足，本院不予采纳。

关于四原告请求二被告赔偿其经济损失数额问题。按照中国最高人民法院《关于审理商标民事纠纷案件适用法律若干问题的解释》规定，注册商标专用权人因被侵权所受到的损失，可以根据权利人因侵权所造成商品销售减少量或者侵权产品销售量与该注册商标商品的单位利润乘积计算。本案中，四原告计算因涉案注册商标专用权被侵犯所受损失的方式为：力帆”牌“LF110－B”型摩托车，78 338（被告力帆实业公司2000年110ml排气量摩托车产量）÷9（110ml排气量摩托车共有机种）÷366（一年天数）×838（侵权天数）×5 050（涉案摩托车销售单价）×10％（原告摩托车产品利润率）＝10 064 316.39元人民币；“力帆”牌“LF150－A”型摩托车，13 618（被告力帆实业公司2000年150ml排气量摩托车产量）÷7（150ml排气量摩托车共有机种）÷366（一年天数）×768（侵权天数）×6000（涉案摩托车销售单价）×10%（原告摩托车产品利润率）=2 448 274.31元人民币，两项合计人民币12 512 563.70元人民币。

本院认为，上述计算内容有缺乏依据之处。首先，虽然涉案公证两次购买被告力帆实业公司制造的两种型号摩托车的时间分别为2000年12月及2002年12月，但上述摩托车均制造于2000年，没有证据表明被告力帆实业公司2001年及2002年均制造、销售了涉案标有侵权标志的两种型号摩托车。四原告认可被告力帆实业公司提交的证据材料中出证单位所作证明，即力帆公司从2000年以后便未使用'HONGDA'，而是使用的'力帆 LIFAN'商标"，具有证明被告力帆实业公司在2000年或之前使用了涉案侵权标志"HONGDA"的证据效力。涉案标有侵权标志的两种型号的摩托车数量的计算应以其实际销售数量为准，实际销售数量难以确定，可以实际制造数量作为依据。现本案原告未能证明被告实际销售涉案摩托车的数量，被告力帆实业公司未提供涉案两种型号摩托车的销售数量，本院依据审理中查明的涉案两种型号摩托车制造数量，作为本案侵权产品的数量。据此，本院确定，被告力帆实业公司2000年制造涉案两种型号摩托车产品数量为本案侵权产品的数量：即78 338（被告力帆实业公司2000年110ml排气量摩托车产量）除以9（110ml排气量摩托车共有机种）为8704辆；13 618（被告力帆实业公司2000年150ml排气量摩托车产量）除以7（150ml排气量摩托车共有机种）为1945辆。其次，原告本田株式会社提交的证据材料显示，其1999年摩托车产品利润率为10.2%，2000年为6.6%，2001年为7.0%，四原告在本案主张其摩托车产品利润率为10%依据不足，而以被告力帆实业公司制造标有侵权标志的涉案两种型号摩托车的2000年当年的原告摩托车产品利润率6.6%为准，较为合理。第三，结合本案具体情况，鉴于涉案标有侵权标志的两种型号摩托车上均同时标注有"力帆"、"LIFAN"商标，该摩托车所附带的说明书、保修卡、合格证等资料均显示"力帆"品牌，因此，应当认为，"力帆"品牌标识与涉案侵权标志"HONGDA"或"LIFAN HONGDA"作为商标标识，对于摩托车商品价值的实现，均产生影响作用，因此，对于原告因被告涉案侵犯注册商标专用权行为而被挤占的实际市场份额来说，涉案侵权标志不是被告获取涉案摩托车产品经济利益的唯一因素，故本案在依据确定的涉案两种型号摩托车的制造数量、原告摩托车产品合理的利润率的前提下，考虑涉案侵权标志的实际影响力，计算本案四原告因被告涉案侵权行为所受经济损失的数额。

本案二被告主张被告力帆实业公司制造的110ml排气量摩托车共有17个

机种，“力帆”牌“LF110－B”型摩托车是110ml排气量摩托车17个机种之一，被告力帆实业公司制造、销售摩托车产品的利润率为2%，但其对此未提交相应的证据予以证明，因此，本院对其上述主张，不予采信。

原告本田株式会社主张其为本案诉讼进行证据保全费用共为人民币30 500元，为本案支出的调查费、代理费、购买涉案摩托车等实际费用合计人民币186 291.54元人民币。鉴于原告本田株式会社所提交的证据不能充分证明其上述支出费用的真实性和关联性，且上述支出费用中含有本案诉讼主张之外的事项，因此，本院将根据本案诉讼的具体情况，酌情确定二被告赔偿四原告为本案支出费用的合理数额。

鉴于被告曹亚文未能提交销售涉案标有侵权标志摩托车的来源，因此，其应就销售涉案摩托车行为承担停止涉案侵权行为、赔偿经济损失的法律责任。但四原告及曹亚文均未提交关于曹亚文销售涉案摩托车产品数量、获利的相应证据，本院将综合被告曹亚文涉案侵权行为的性质、经营规模等情况，酌情确定被告曹亚文赔偿四原告经济损失的数额。本案四原告请求被告曹亚文与被告力帆实业公司连带赔偿其经济损失的诉讼主张，缺乏依据，本院不予支持。

虽三原告五羊本田公司、新大洲本田公司、嘉陵本田公司基于与原告本田株式会社的商标许可使用合同关系及原告本田株式会社的明确授权，可以就本案认定的侵权事实主张权利，并享有就利益受到损害请求相应赔偿的权利，但由于该三原告获得涉案注册商标许可使用的时间不同，其各自因侵权所受损害期间、程度亦有差别，因此，该三原告所应获得的赔偿份额也不相同。鉴于四原告并未就此提出明确主张及相应的计算依据，故本院对四原告各自应获得的具体赔偿份额不予确定。

鉴于注册商标专用权从本质上属于知识产权中的一项财产性权利，四原告未能提交证据证明与其商誉有关的相应权利受到损害，因此，四原告请求二被告承担消除影响、赔礼道歉法律责任的诉讼主张，本院不予支持。

关于原告本田株式会社请求认定涉案“HONDA”注册商标为驰名商标问题，本院认为，中国商标法对驰名商标的保护作了明确规定，中国法律对于驰名商标予以较一般注册商标更为特殊的保护，包括禁止在与注册商标不相同或者不相类似的商品上使用与该注册商标相同或近似的商标、误导相关公众的行为，也包括禁止在与未注册商标同一种或者类似的商品上使用与该未注册商标相同或近似的商标，易导致混淆的行为。人民法院在处理商标纠纷案件中，根据当事人的请求和案件的具体情况，可以对涉及的注册商标是否驰名作出认定。就本案而言，原告本田株式会社的涉案注册商标不需要适用驰名商标的特殊保护，因为被告被控侵权行为所涉及的摩托车产品与原告涉案注册商标所核定使用的商品属于同一种商品，而判断在与注册商标同一种或者类似的商品上所使用的标志是否误导相关消费者，以及该标志是否与该注册商标近似，并不以认定该注册商标是否驰名为前提。因此，本院在本案中没有必要对原告的涉案注册商标是否驰名做出判断和认定。原告关于认定涉案注册商标为驰名商标的诉讼请求，本院不予支持。

综上，被告力帆实业公司、曹亚文制造、销售标有涉案标志的摩托车的行为，对四原告享有的涉案注册商标专用权、使用权构成了侵害，四原告主张二被告承担停止涉案侵权行为、赔偿经济损失法律责任的诉讼请求，理由正当，本院予以支持。鉴于责令二被告承担停止涉案侵权行为的法律责任足以达到遏制涉案侵权行为的目的，四原告请求销毁库存的侵权商品，追回并销毁已流入销售商、市场和社会的侵权商品，销毁有关的商标标识、广告宣传材料等相关资料以及用于制造侵权商品的模具、印版等其他作案工具的诉讼主张，本院不予支持。

依照《中华人民共和国商标法》第五十一条、第五十二条第（一）项、第（二）项、第（五）项、第五十六条，《中华人民共和国商标法实施条例》第五十条第（一）项，最高人民法院《关于审理商标民事纠纷案件适用法律若干问题的解释》第九条第二款、第十条、第十三条、第十五条、第十七条、第二十一条第一款、第二十二条第一款的规定，判决：

一、重庆力帆实业（集团）有限公司于本判决生效之日起，停止制造、销售标有侵犯涉案第 314940 号“HONDA”注册商标专用权的“HONGDA”、“LIFAN HONGDA”、“LIFAN - HONGDA”、“LIFANHONGDA”标志的摩托车产品；

二、曹亚文于本判决生效之日起，停止销售标有侵犯涉案第 314940 号“HONDA”注册商标专用权的“HONGDA”、“LIFAN HONGDA”、“LIFAN - HONGDA”、“LIFANHONGDA”标志的摩托车产品；

三、重庆力帆实业（集团）有限公司于本判决生效之日起 10 日内，赔偿（日本）本田技研工业株式会社、五羊—本田摩托（广州）有限公司、新大洲本田摩托有限公司、嘉陵—本田发动机有限公司经济损失 1 468 602. 8 元人民币，赔偿因本案而支出的合理费用 68 000 元人民币；

四、曹亚文于本判决生效之日起 10 日内，赔偿（日本）本田技研工业株式会社、五羊—本田摩托（广州）有限公司、新大洲本田摩托有限公司、嘉陵—本田发动机有限公司经济损失 4 000 元人民币，赔偿因本案而支出的合理费用 2 000 元人民币；

五、驳回（日本）本田技研工业株式会社、五羊—本田摩托（广州）有限公司、新大洲本田摩托有限公司、嘉陵—本田发动机有限公司的其他诉讼请求。

案件受理费 73 504. 28 元人民币，由重庆力帆实业（集团）有限公司负担 58 000 元人民币；由曹亚文负担 800 元人民币；由（日本）本田技研工业株式会社、五羊—本田摩托（广州）有限公司、新大洲本田摩托有限公司、嘉陵—本田发动机有限公司共同负担 14 704. 28 元人民币。

各方当事人均服从一审判决。

著 作 权

23. "3ds Max"系列软件著作权侵权纠纷案

——Autodesk 股份有限公司诉北京龙发建筑装饰工程有限公司

原告（被上诉人）： Autodesk 股份有限公司
被告（上诉人）： 北京龙发建筑装饰工程有限公司
案由： 侵犯计算机软件著作权纠纷

原审案号： 北京市第二中级人民法院（2003）二中民初字第 6227 号
原审合议庭成员： 刘薇、宋光、梁立君
原审结案日期： 2003 年 9 月 16 日
二审案号： 北京市高级人民法院（2003）高民终字第 1310 号
二审合议庭成员： 陈锦川、胡平、张冬梅
二审结案日期： 2003 年 12 月 29 日

判决要旨

软件最终用户未经软件著作权人许可擅自复制、安装他人软件用于经营并获取商业利益的，属于商业性使用行为，该行为构成对于著作权人依法享有的软件著作权的侵犯。

起诉与答辩

原告 Autodesk 股份有限公司（以下简称 Autodesk 公司）诉称：原告是计算机软件 3ds Max 3.0、3ds Max 4.0、3ds Max 5.0、AutoCAD 14.0 和 AutoCAD 2000 的著作权人。3ds Max 系列软件是一种三维建模、动画及渲染解决方案软件，AutoCAD 14.0 和 AutoCAD 2000 是二维制图及详图和三维设计工具。被告是一家专业从事住宅及公用建筑装饰设计及施工的企业。2002 年 4 月 23 日和 2003 年 10 月 11 日，北京市版权局执法人员对被告在北京的九个经营网点使

用计算机软件的版权状况进行检查，发现被告未经著作权人许可擅自安装并使用 3ds Max 3.0 共 2 套、3ds Max 4.0 共 10 套、3ds Max 5.0 共 2 套、AutoCAD 14.0 共 31 套和 AutoCAD 2000 共 16 套。2003 年 6 月 17 日，原告向北京市第二中级人民法院申请对被告的另外四家经营网点进行诉前证据保全，发现被告未经著作权人许可擅自安装并使用 3ds Max 4.0 共 7 套、3ds Max 5.0 共 6 套、AutoCAD 14.0 共 9 套和 AutoCAD 2000 共 11 套。故请求法院依法判令被告：1. 立即停止侵权行为；2. 在《北京晚报》和《北京青年报》中缝以外非广告版面上向原告公开赔礼道歉；3. 赔偿原告经济损失 1 737 700 元；4. 赔偿原告诉讼合理支出 52 250 元；5. 承担本案全部诉讼费用。

被告北京龙发建筑装饰工程有限公司（以下简称龙发公司）辩称：被告的计算机中安装有可以替代涉案软件的软件，个别员工在计算机中私自安装了涉案软件。原告索赔数额过高，缺乏依据。请求法院依法判决。

原审查明事实

原审法院经审理查明：原告 Autodesk 公司是美利坚合众国的一家公司。

美利坚合众国于 1989 年 3 月 1 日加入《伯尔尼保护文学和艺术作品公约》，中华人民共和国亦于 1992 年 7 月 1 日加入该公约。

原告就涉案的五种计算机软件 3ds Max 3.0、3ds Max 4.0、3ds Max 5.0、AutoCAD 14.0、AutoCAD 2000 在美利坚合众国进行了版权注册。

3ds Max 系列软件是一种三维建模、动画及渲染解决方案软件，AutoCAD 14.0 和 AutoCAD 2000 是二维制图及详图和三维设计工具。

被告是一家专业从事住宅及公用建筑装饰设计及施工的企业。

2002 年 4 月 23 日和 2003 年 10 月 11 日，北京市版权局执法人员对被告在北京市的九个经营网点使用计算机软件的版权状况进行检查，发现被告未经著作权人许可擅自安装并使用 3ds Max 3.0 共 2 套、3ds Max 4.0 共 10 套、3ds Max 5.0 共 2 套、AutoCAD 14.0 共 31 套和 AutoCAD 2000 共 16 套。2003 年 6 月 17 日，原告向本院申请对被告在北京市的另外四家经营网点进行诉前证据保全，发现被告未经著作权人许可擅自安装并使用 3ds Max 4.0 共 7 套、3ds Max 5.0 共 6 套、AutoCAD 14.0 共 9 套和 AutoCAD 2000 共 11 套。上述软件总计为：3ds Max 3.0 共 2 套、3ds Max 4.0 共 17 套、3ds Max 5.0 共 8 套、AutoCAD 14.0 共 40 套和 AutoCAD 2000 共 27 套。

3ds Max 3.0 软件的市场价格为 18 800 元，3ds Max 5.0 的市场价格为 24 000元，AutoCAD 14.0 的市场价格为 10 000 元，AutoCAD 2000 的市场价格为 18 500 元。

原审审理结果

原审法院认为：原告是计算机软件 3ds Max 3.0、3ds Max 4.0、3ds Max 5.0、AutoCAD 14.0、AutoCAD 2000 软件的著作权人。中华人民共和国和美利坚合众国同为《伯尔尼保护文学和艺术作品公约》的成员国，该公约确定了“国民待遇原则”。根据我国相关法律的规定，外国人的软件，依照其开发者所属国或者经常居住地国同中国签订的协议或者共同参加的国际条约享有的著作权，受我国法律的保护。因此，原告作为涉案五种计算机软件的著作权人，其著作权应当受到我国相关法律的保护。

被告是一家专业从事住宅及公用建筑装饰设计及施工的企业，未经著作权人许可而擅自复制、安装涉案五种软件用于其经营并获取商业利益，属于商业性使用行为。被告的上述行为构成对于原告依法享有的计算机软件著作权的侵犯，依法应当承担相应的责任。因此，原告关于被告立即停止侵权行为的诉讼请求，本院予以支持。

鉴于被告 2002 年 4 月 23 日因侵犯涉案软件著作权被北京市版权局给予行政处罚后仍继续其侵权行为，其侵权主观故意明显，故原告关于被告登报赔礼道歉的诉讼请求本院予以支持，本院将根据被告侵权行为的情节，确定被告在一家本市公开发行的报纸上就其侵权行为向原告赔礼道歉。

关于赔偿经济损失的数额问题，鉴于使用软件侵权复制品给计算机软件著作权人造成的损失相当于其正常许可使用、销售该软件的市场价格。因此，本院将以涉案五种软件的市场价格为基准，综合考虑被告使用涉案软件的商业目的、被告的主观故意状态、实施侵权行为的方式及后果等因素确定被告的赔偿数额。原告虽提出证据 48 试图证明 3ds Max 4.0 的价格为 35 800 元，但该价格与本院确认的同为 3ds Max 系列软件的 3.0 版和 5.0 版软件的价格差别过大，且与原告提交的其他证据不一致，故本院对于原告证据 48 的证明目的不予确认，将参照本案其他证据，根据软件价格的一般规律，确定 3ds Max 4.0 的市场价格。

被告依法应当承担原告为制止侵权行为所支付的合理开支，故原告关于被告支付翻译费和调查取证费的诉讼请求本院予以支持；但由于原告律师费的数额超过有关规定确定的数额，故本院将根据有关规定确定该数额。

综上所述，依据《中华人民共和国著作权法》第四十七条第（一）项、第四十八条，《计算机软件保护条例》第五条第三款、第二十四条第一款第（一）项，《最高人民法院关于审理著作权民事纠纷案件适用法律若干问题的解释》第二十一条的规定，判决如下：

一、北京龙发建筑装饰工程有限公司自本判决生效之日起立即停止对Autodesk股份有限公司计算机软件3ds Max 3.0、3ds Max 4.0、3ds Max 5.0、AutoCAD 14.0和AutoCAD 2000著作权的侵权行为；

二、北京龙发建筑装饰工程有限公司自本判决生效之日起30日内在《北京晚报》上就其侵权行为向Autodesk股份有限公司赔礼道歉，消除不良影响（内容须经本院审核，逾期不执行，本院将在一家本市发行的报纸上公布本判决主要内容，相关费用由北京龙发建筑装饰工程有限公司负担）；

三、北京龙发建筑装饰工程有限公司自本判决生效之日起10日内向Autodesk股份有限公司赔偿经济损失人民币149万元，赔偿Autodesk股份有限公司为诉讼而支出的合理费用人民币32 250元；

四、驳回Autodesk股份有限公司的其他诉讼请求。

龙发公司不服原审判决，提起上诉。

二审审理结果

二审法院在审理过程中，上诉人龙发公司以其与被上诉人Autodesk股份有限公司达成和解协议为由，申请撤回上诉。

二审法院经审查认为，上诉人龙发公司申请撤回上诉，理由正当，符合法律规定，应予准许。依照《中华人民共和国民事诉讼法》第一百五十六条之规定，裁定如下：

准许上诉人北京龙发建筑装饰工程有限公司撤回上诉，各方均按原审判决执行。

一审案件受理费18 968元，由北京龙发建筑装饰工程有限公司负担；二审案件受理费18 968元，减半收取9 484元，由北京龙发建筑装饰工程有限公司负担。

24.《中华人民共和国税收征管法实施细则与税收征管全书》著作权侵权纠纷案

——季怀银、高燕凌、刘其昌、王小红、赵志伟诉当代中国出版社

原告（上诉人）：季怀银、高燕凌、刘其昌、王小红、赵志伟
被告（上诉人）：当代中国出版社
案由：侵犯著作权纠纷

原审案号：北京市第一中级人民法院（2003）一中民初字第8398号
原审合议庭成员：刘勇、任进、仪军
原审结案日期：2003年11月25日
二审案号：北京市高级人民法院（2004）高民终字第130号
二审合议庭成员：陈锦川、魏湘玲、张冬梅
二审结案日期：2004年3月18日

判决要旨

出版者对其出版行为的授权、稿件来源和署名、所编辑出版物的内容应尽合理注意义务。出版者仅以与作者订有出版合同、作者保证不存在著作权问题为依据，不能证明其对侵犯他人著作权问题已尽合理注意义务。

起诉与答辩

原告季怀银、高燕凌、刘其昌、王小红、赵志伟诉称：2002年7月，原告与他人合作编写了《中华人民共和国税收征管法实施细则与税收征管全书》（以下简称《税收征管全书》），并于2002年9月由中国财政经济出版社出版发行。2002年11月，被告当代中国出版社出版发行了《新税收征管法实施细则与纳税筹划实务全书》（以下简称《纳税筹划全书》），书中有73万余字抄袭《税收征管全书》，这部分内容的作者是原告季怀银、高燕凌、刘其昌、王小红、赵志伟。原告认为，被告的行为侵犯了原告依法享有的署名权、复制权和发行权，为此，请求判令被告停止侵权，公开致歉，并赔偿因被告侵权给原告造成的经济损失36.792万元。

被告当代中国出版社辩称：我社出版《纳税筹划全书》的稿件来源于组稿人孟学文向龙小燕、严红等的征集，我社与孟学文签有出版协议，协议中明确约定因侵犯著作权产生的侵权责任由孟学文承担。况且我社已经尽到了出版审查义务，如有侵权问题发生，原告不应只告我社，而应将孟学文、龙小燕、严红等一并追加为共同被告，否则不利于查清事实。另外，原告主张的索赔额存在不当之处，1.《纳税筹划全书》的码洋标价是虚价，含有经销商营销中的折扣等不确定价格成分，实际印数和销售价格均低于所示码洋，该事实有印刷加工合同、复膜厂关于承揽加工 500 套《纳税筹划全书》书封的证明和载有《纳税筹划全书》每套书实际售价 95～140 元不等内容的出库单等证据证明。2. 即便我社被认定构成侵权，原告也无权以出版社的市场获利作为索赔标准，该部分权利应由中国财政经济出版社主张，原告无权主张。3. 由于原告已从中国财政经济出版社获得了基本稿酬，该部分稿酬权利已经用尽，原告如有损失也仅限于印数稿酬部分，原告主张经济损失 36.792 万元，没有依据。综上，我社未侵犯原告的著作权，不同意原告的诉讼请求。

原审查明事实

原审法院经审理查明：2002 年 7 月，原告季怀银、高燕凌、刘其昌、王小红、赵志伟与他人合作编写了《税收征管全书》，并于 2002 年 9 月由中国财政经济出版社出版发行。2002 年 11 月，被告当代中国出版社出版发行了《纳税筹划全书》，书中未经原告许可使用了《税收征管全书》中原告的创作部分，并且将原告的作品署成他人姓名。在庭审中原告与被告共同认可了被告使用原告作品字数达 63 万字的事实。

被告的《纳税筹划全书》版权页显示：该书印数为 2000 套，定价为每套 880 元（全书四卷含电子版），字数 2000 千字。署名页上署有龙小燕、严红等名，但无孟学文之名。

在本院审理中，被告请求追加孟学文、龙小燕、严红等为本案的共同被告，原告不予同意。

原审审理结果

原审法院认为：依照民事诉讼的原告请求原则，原告作为《税收征管全书》中的作者有权就《纳税筹划全书》侵犯著作权问题选择起诉当代中国出版社或者该书作者，现原告选择以当代中国出版社为本案被告，诉讼法律关系成立，本院不持异议，龙小燕、严红等并非本案必要的共同被告，原告不请求追加，本院不予追加。因书中署名没有孟学文，原告如起诉孟学文没有事实依据，被告以与孟学文签有免责协议为由，请求追加孟学文为本案的共同被告，同样受到原告意思表示的制约，因原告表示反对而不予追加。

由于被告对于未经许可使用原告作品63万字的事实没有异议，本院对此予以确认。依照合同效力原则，合同对人的效力只及于签订合同的各缔约人，被告与孟学文的免责协议对协议以外的人没有拘束力，被告仍应就此承担民事法律责任，现被告以免责协议为由进行抗辩，理由不能成立，本院不予支持。被告作为出版者，理应严格依照国家法律法规对所出版作品尽其审查注意义务，被告的现有证据不能证明被告尽到了这一义务，相反却导致他人抄袭原告作品并予出版的损害后果的发生，据此，本院依法认定被告侵犯了原告对自己的作品依法享有的署名权，以及许可他人以复制发行的方式使用其作品并由此获得报酬的权利，被告理应就此承担停止侵权，赔礼道歉及赔偿损失的民事法律责任。

关于赔偿额，根据出版行业的交易习惯，出版销售额即图书价格应当包括支付给作者的稿酬、图书出版成本和市场利润三项，其中稿酬所得属于作者，而其他价值部分应属于出版者，据此，原告以被告的出版获利推定为原告直接损失的主张，请求范围过大，被告抗辩成立，对原告的这一主张本院不予采纳，同时本院将依据有关的损害赔偿方法，结合被告侵权过错程度，以及损害后果确定赔偿数额。因本案不再以被告获利情况作为赔偿数额计算依据，故对被告该方面相关证据本院不作赘评。

由于被告未经许可使用了原告作品，侵犯了原告的原作品著作权，损害赔偿的计算理应包括基本稿酬部分，被告以合法状态下的基本稿酬的获酬权一次用尽原则比附侵权赔偿，于法无据，且有悖公平，对其主张，本院不予支持。

综上所述，依照《中华人民共和国著作权法》第十条第一款第（二）、（五）、（六）项以及第二款、第四十七条第（一）项之规定，本院判决如下：

一、被告当代中国出版社停止对《新税收征管法实施细则与纳税筹划实务全书》复制、发行行为；

二、被告当代中国出版社于本判决生效之日起30日内，赔偿原告季怀银、高燕凌、刘其昌、王小红、赵志伟经济损失170 100元；

三、被告当代中国出版社于本判决生效之日起30日内，在《中国新闻出版报》上，就其侵权行为向原告季怀银、高燕凌、刘其昌、王小红、赵志伟公开赔礼道歉，道歉内容需经本院审核。逾期不执行，本院将公布判决主要内容，其费用由被告当代中国出版社承担；

四、驳回原告季怀银、高燕凌、刘其昌、王小红、赵志伟其他诉讼请求。

季怀银、高燕凌、刘其昌、王小红、赵志伟及当代中国出版社均不服原审判决，提起上诉。季怀银、高燕凌、刘其昌、王小红、赵志伟请求对一审判决予以改判，判令当代中国出版社：1. 按照国家规定的原创作品基本稿酬标准100元/千字的5倍即31.5万元赔偿；2. 支付侵犯署名权赔偿金2万元；3. 承担律师费用和全部的诉讼费用。季怀银、高燕凌、刘其昌、王小红、赵志伟的上诉理由是：当代中国出版社的侵权行为严重，特别是《纳税筹划全书》第一部分第二编第二章《中华人民共和国税收征收管理法实施细则释义》共21.34万字与著作权人的作品完全相同，属于整版抄袭，情节特别严重。

当代中国出版社请求撤销原审判决第二、三项，公正判定案件受理费的承担，理由是：1. 现有证据不能确认季怀银、高燕凌、刘其昌、王小红、赵志伟具有就全部被抄袭文字请求权利保护的主体资格；2. 季怀银、高燕凌、刘其昌、王小红、赵志伟在与中国财政经济出版社的出版合同有效期内的经济权利仅限于取得稿酬的权利，也只有就稿酬所受损失要求赔偿的权利，一审判决支持其索赔请求是错误的；3. 当代中国出版社已尽合理注意义务，不具有侵权的过错，判令其承担赔偿损失和公开赔礼道歉，无法律依据；4. 仅以当代中国出版社为惟一被告，难以查明侵权事实，应驳回季怀银、高燕凌、刘其昌、王小红、赵志伟的诉讼请求；5. 一审判决判令当代中国出版社赔偿17.01万元于法无据，判令其承担全部案件受理费，明显不公。

二审查明事实

二审法院经审理查明：2002年7月，季怀银、高燕凌、刘其昌、王小红、赵志伟与他人合作编写了《税收征管全书》，其中税收征收管理法实施细则释义的作者是季怀银、高燕凌、刘其昌，其他部分作者为王小红、赵志伟、季怀银、刘其昌。该书于2002年9月由中国财政经济出版社出版发行。全书共3 500千字，分上、中、下三卷。上、中卷的主要内容是《税收征管法》、《税收征管法实施细则》、各个税种《条例》的释义和解答，各税种的征收、管理、稽核检查的具体操作办法、政策调整内容以及纳税人、征税人的权利义务。下卷收录了建国以来现行相关法律、法规等，分综合类、流转税类、所得税类、资源、财产税类等共十二类。

2002年11月，当代中国出版社根据与孟学文签订的《图书出版合同》出版发行了《纳税筹划全书》。该书定价为每套880元（全书共三卷加一电子版），共2000千字，分三个部分。第一部分为税收征管实务，第二部分为纳税筹划，第三部分为税收法规。该书所列编委会人员中有龙小燕、严红等姓名，但没有季怀银、高燕凌、刘其昌、王小红、赵志伟等人的姓名。

《税收征管全书》与《纳税筹划全书》有63万字相同。相同的63万字位于《税收征管全书》的上、中卷和《纳税筹划全书》的第一部分，分别占《税收征管全书》上、中卷字数的27.6%，占《税收征管全书》全书字数的18%；占《纳税筹划全书》第一、第二部分字数的32%，占《纳税筹划全书》全书字数的31.5%。《税收征管全书》没有《纳税筹划全书》第二部分"纳税筹划"内容，其下卷所收法律、法规和政策及对法律、法规、政策的编排与《纳税筹划全书》第三部分不相同。

二审审理结果

二审法院认为：在一审诉讼中，季怀银、高燕凌、刘其昌、王小红、赵志伟已提交证据证明其为《税收征管全书》的作者，当代中国出版社对此亦予以认可，故当代中国出版社关于现有证据不能确认季怀银、高燕凌、刘其昌、王小红、赵志伟具有就全部被抄袭文字请求权利保护的主体资格的上诉主张不能成立。季怀银、高燕凌、刘其昌、王小红、赵志伟对《税收征管全书》一书所享有的著作权受法律保护。

出版者对其出版行为的授权、稿件来源和署名、所编辑出版物的内容应尽合理注意义务。在未经许可的情况下，《纳税筹划全书》使用《税收征管全书》一书大量内容，构成对季怀银、高燕凌、刘其昌、王小红、赵志伟著作权的侵犯。当代中国出版社作为《纳税筹划全书》的出版者，仅以与作者订有出版合同、作者保证不存在著作权问题为据不能证明其对《纳税筹划全书》的内容侵犯他人著作权问题已尽合理注意义务，其行为构成对季怀银、高燕凌、刘其昌、王小红、赵志伟著作权的侵犯。《纳税筹划全书》一书的作者不参加本案诉讼，亦能查明本案事实，且季怀银、高燕凌、刘其昌、王小红、赵志伟不要求追加《纳税筹划全书》一书的作者为被告。故当代中国出版社关于其已尽合理注意义务、没有主观过错，仅以当代中国出版社为唯一被告难以查明侵权事实的主张不能成立，本院不予支持。

出版合同没有明确专有出版权内容的，出版者享有在合同有效期限内和在合同约定的地域范围内以同种文字的原版、修订版出版图书的专有权利。中国财政经济出版社与季怀银、高燕凌、刘其昌、王小红、赵志伟关于《税收征管全书》的出版合同没有明确约定专有出版权的内容，故中国财政经济出版社对《税收征管全书》一书所享有的是以同种文字的原版、修订版复制、发行图书的专有权利。《纳税筹划全书》使用《税收征管全书》一书的内容仅占《税收征管全书》一书全部内容的18%，该部分内容亦不足以构成《税收征管全书》及《纳税筹划全书》的实质内容，因此《纳税筹划全书》的出版不会直接损害中国财政经济出版社对《税收征管全书》的市场独占地位，其侵害的是著作权人所享有的合法权益。一审判决认定当代中国出版社侵犯了季怀银、高燕凌、刘其昌、王小红、赵志伟对原作品享有的署名权、复制发行权及获得报酬权，应承担停止侵权、赔礼道歉、赔偿损失的民事责任是正确的；当代中国出版社关于季怀银、高燕凌、刘其昌、王小红、赵志伟在与中国财政经济出版社的出版合同有效期内的经济权利仅限于取得稿酬的权利、只能就稿酬所受损失要求赔偿的主张不能成立，本院不予支持。

侵权人的赔偿应与被侵权人的损失相当。一审法院根据国家有关部门规定的稿酬标准，结合当代中国出版社侵权过错程度以及损害后果确定本案当代中国出版社的赔偿数额并无不妥。季怀银、高燕凌、刘其昌、王小红、赵志伟及当代中国出版社关于赔偿数额的主张不能成立。季怀银、高燕凌、刘其昌、王小红、赵志伟在一审诉讼中没有就律师费用提出索赔要求，故本院对其要求当代中国出版社赔偿律师费的主张亦不予支持。

综上，一审判决认定事实清楚，适用法律正确，上诉人的上诉理由不能成立，对其上诉请求，不应支持。依据《中华人民共和国民事诉讼法》第一百五十三条第（一）项之规定，判决如下：

驳回上诉，维持原判。

一审案件受理费 8 029 元，由当代中国出版社负担；二审案件受理费8 029 元，由季怀银、高燕凌、刘其昌、王小红、赵志伟负担 4 014.5 元，当代中国出版社负担 4 014.5 元。

25.《暗香》著作权侵权纠纷案

——陈涛诉沙宝亮、北京现代力量文化发展有限公司

原告（被上诉人）：陈涛
被告（上诉人）：沙宝亮
被告（上诉人）：北京现代力量文化发展有限公司
案由：侵犯著作权纠纷

原审案号：北京市朝阳区人民法院（2003）朝民初字第23918号
原审合议庭成员：李有光、谢甄珂、党淑平
原审结案日期：2003年12月4日
二审案号：北京市第二中级人民法院（2004）二中民终字第1923号
二审合议庭成员：董建中、梁立君、钟鸣
二审结案日期：2004年3月22日

判决要旨

公司的签约歌手接受公司工作安排参加表演，不应对侵害他人著作权的后果承担法律责任。公司组织演出，应由该公司取得著作权人许可，并支付报酬。

起诉与答辩

原告陈涛诉称：我于2002年5月接受电视连续剧《金粉世家》剧组的委托，创作了该剧主题歌《暗香》的歌词，并获得了相应报酬，我对《暗香》歌词享有著作权。沙宝亮和北京现代力量文化发展有限公司（以下简称现代力量公司）使用我作词的《暗香》制作《沙宝亮》歌曲专辑CD和同名磁带并出版发行，还制作了《暗香》MV在电视台播放，上述行为均未取得我的许可，亦未支付报酬，侵犯了我所享有的复制权与表演权。沙宝亮在2003年9月27日第四届中国金鹰电视艺术节开幕式（以下简称金鹰节）、10月18日第七届宁波国际服装节开幕式（以下简称服装节）上演唱我作词的歌曲《暗香》，亦未征得我许可，未支付报酬，其表演行为侵犯了我的表演权。陈涛为此诉至原审法院，请求判令沙宝亮立即停止侵权行为，未经许可不得再演唱其作词的歌曲《暗香》；现代力量公司立即停止侵权行为，停止销售收录歌曲

《暗香》的CD专辑《沙宝亮》及同名磁带；沙宝亮和现代力量公司共同向其赔礼道歉、消除影响，并赔偿经济损失20万元。

被告沙宝亮与现代力量公司共同辩称：歌曲《暗香》是一个词曲不可分割的音乐作品，陈涛将歌词作为单独部分主张著作权，前后矛盾。陈涛系接受电视剧组委托创作歌词，其本人不享有歌词的著作权。现代力量公司从三宝音乐工作室取得歌曲《暗香》的母带，汇制成专辑CD和磁带，并与案外人合作拍摄合成《暗香》MV，没有另组织沙宝亮进行演唱及录制，《暗香》MV仅交电视台满足观众点播要求，不存在出版、发行、销售专辑CD和磁带的行为。沙宝亮在金鹰节与服装节上演唱歌曲《暗香》均未收取报酬，且征得作者许可及支付报酬的责任应由演出组织者承担。沙宝亮是现代力量公司的签约歌手，制作CD、MV和磁带均是现代力量公司组织与安排的，沙宝亮不应对此承担责任。故不同意陈涛的诉讼请求。

原审查明事实

原审法院经审理查明：2002年5月，陈涛接受委托为三宝作曲的电视连续剧《金粉世家》主题歌《暗香》填词。就三宝音乐工作室录制沙宝亮演唱的含有该歌词的歌曲《暗香》，并用作电视连续剧主题歌，陈涛表示认可。

2003年4月前，现代力量公司与案外人共同制作了沙宝亮演唱歌曲《暗香》的MV，并交电视台播出。此后，现代力量公司又制作了《沙宝亮》歌曲专辑CD和同名磁带，均由案外人出版发行，2003年5月至8月的发行总量分别为57 087张、43 116盒。

2003年9月27日、10月18日，沙宝亮分别在案外人组织的金鹰节、服装节上演唱了陈涛作词的歌曲《暗香》。

就上述各项行为，沙宝亮本人和现代力量公司均不曾征得陈涛许可并支付报酬。

另，沙宝亮和现代力量公司提出电视连续剧《金粉世家》主题歌《暗香》、《沙宝亮》歌曲专辑CD和同名磁带中的歌曲《暗香》，以及《暗香》MV均是使用三宝音乐工作室的录音母带制作的，且各载体上均标明作词陈涛，陈涛对此不持异议。

原审审理结果

原审法院认为：歌曲《暗香》由词曲两部分组成，词曲作者对各自创作的部分单独享有的著作权均受著作权法保护。陈涛是《暗香》歌词的作者，受委托创作的作品，委托人和受托人未对著作权归属作明确约定的，著作权属于受托人。由此认定陈涛对《暗香》歌词享有著作权。沙宝亮在案外人组织的金鹰节、服装节上演唱歌曲《暗香》，是对陈涛作品进行表演的行为，其本人未就此征得陈涛许可，亦未提供证据证明上述活动的演出组织者履行了取得权利人许可及支付报酬的义务，因此，沙宝亮的表演行为侵犯了陈涛所享有的表演权，应就此承担停止侵权、赔偿损失的民事责任。现代力量公司为制作《暗香》MV而组织其签约歌手沙宝亮进行表演，使用了陈涛的歌词，由于沙宝亮和现代力量公司均未就该表演及使用行为征得许可，故共同侵犯了陈涛享有的表演权与复制权，应当停止侵权并连带赔偿陈涛经济损失。现代力量公司制作完成《沙宝亮》歌曲专辑CD和同名磁带，是对已有录音制品的复制行为，该行为亦应征得陈涛的许可并支付报酬。原审法院根据沙宝亮与现代力量公司侵权行为的具体情节与性质、主观过错程度、侵权后果等，酌情确定赔偿数额。依据《中华人民共和国民法通则》第一百三十条，《中华人民共和国著作权法》第十条第一款第（五）项、第（九）项、第二款、第三十六条第一款、第四十七条第（一）项、第四十八条第二款之规定，判决如下：

一、未经陈涛许可，沙宝亮不得表演陈涛作词的歌曲《暗香》；

二、未经陈涛许可，北京现代力量文化发展有限公司不得使用陈涛作词的歌曲《暗香》；

三、沙宝亮就其在第四届中国金鹰电视艺术节开幕式和第七届宁波国际服装节开幕式上的表演行为赔偿陈涛经济损失70 000万元（于本判决生效之日起10日内执行）；

四、北京现代力量文化发展有限公司就制作《暗香》MV的行为赔偿陈涛经济损失30 000元（于本判决生效之日起10日内执行）；

五、沙宝亮对上述第四项承担连带责任；

六、北京现代力量文化发展有限公司就制作《沙宝亮》CD专辑和同名磁带的行为赔偿陈涛经济损失40 000元（于本判决生效之日起10日内执行）；

七、驳回陈涛的其他诉讼请求。

沙宝亮不服原审判决，提起上诉，理由是：陈涛接受他人委托创作《暗香》歌词，该作品著作权可能属于第三人，陈涛未提供证据证明其是适格的诉讼主体。沙宝亮作为现代力量公司的签约歌手，表演《暗香》MV未取得任何收益，故无须征得著作权人的许可，亦无须支付报酬。沙宝亮参加演出的金鹰节及服装节均有演出组织者，表演者与演出组织者之间是劳务关系，应由演出组织者就表演歌曲《暗香》的行为在法律上承担责任。原审判决演唱者承担赔偿责任，于法无据。沙宝亮参加金鹰节演出只收取了2 000元劳务报酬，原审判决沙宝亮承担70 000元赔偿责任，没有事实及法律依据。请求二审法院撤销原审判决，驳回陈涛的诉讼请求。

现代力量公司不服原审判决，提起上诉，理由是：陈涛接受他人委托创作《暗香》歌词，该作品著作权可能属于第三人，陈涛未提供证据证明其是适格的诉讼主体。现代力量公司与案外人组织免费表演和制作《暗香》MV，无须取得著作权人的许可，亦无须支付报酬。由于陈涛接受委托为三宝作曲的歌曲《暗香》填词，陈涛应无权阻止三宝音乐工作室基于委托目的的合理使用。现代力量公司取得了三宝音乐工作室的授权，使用《暗香》歌曲的母带制作《沙宝亮》音乐专辑，由于三宝是《暗香》歌曲的曲作者，该歌曲是不可分割使用的合作作品，且三宝音乐工作室是歌曲《暗香》的录音制作者，因此现代力量公司无须再取得陈涛的许可。现代力量公司请求二审法院撤销原审判决，并按照法定许可稿酬标准向陈涛支付报酬。

陈涛服从原审判决。

二审查明事实

二审法院经审理查明：陈涛于2002年5月接受他人口头委托，为电视连续剧《金粉世家》的主题歌《暗香》填词。三宝音乐工作室录制了陈涛作词、三宝作曲、沙宝亮演唱的歌曲《暗香》，并将其用作电视连续剧主题歌。

沙宝亮是现代力量公司的签约歌手。2003年4月前，现代力量公司制作了歌曲《暗香》MV，其中的音乐部分直接复制了三宝音乐工作室录制的歌曲《暗香》，画面为演唱者沙宝亮。此后，现代力量公司制作了《沙宝亮》歌曲CD专辑和同名磁带，其中收录了三宝音乐工作室录制的歌曲《暗香》，在CD和磁带中附带的彩页上印有《暗香》的歌词，该CD和磁带由案外人国际文化交流音像出版社出版、星文文化传播有限公司发行。2003年5月至8月，CD专辑的发行总量为57 087张，磁带的发行总量为43 116盒。就使用歌曲《暗香》制作MV、歌曲专辑CD及磁带的行为，现代力量公司未曾取得陈涛的许可，亦未向陈涛支付报酬。

2003年9月27日，沙宝亮在金鹰节上演唱了陈涛作词的歌曲《暗香》；2003年10月18日，沙宝亮在服装节上再次演唱了陈涛作词的歌曲《暗香》。

另查，电视连续剧《金粉世家》、《沙宝亮》歌曲专辑CD和同名磁带以及《暗香》MV上，歌曲《暗香》的署名均为“作词陈涛”。

二审审理结果

二审法院认为：我国著作权法规定，受委托创作的作品，著作权的归属由委托人和受托人通过合同约定，合同未作明确约定或者没有订立合同的，著作权属于受托人。被上诉人陈涛受他人委托创作了《暗香》歌词，在其未与委托人约定著作权归属的情况下，作品的著作权属于陈涛。依据现有证据，电视连续剧《金粉世家》、《沙宝亮》歌曲专辑CD和同名磁带中，歌曲《暗香》的署名均为“作词陈涛”，由此可以确认，陈涛是歌曲《暗香》的词作者，其依法享有的著作权受法律保护。上诉人沙宝亮及现代力量公司均提出陈涛接受他人委托创作作品，著作权可能不属于陈涛本人，但二上诉人均未就此提出证据予以证实，故本院对二上诉人的该项上诉主张不予采信。

现代力量公司组织沙宝亮进行表演，制作完成《暗香》MV，其中使用了陈涛的歌词，该使用行为未取得陈涛的许可，亦未支付报酬，侵害了陈涛享有的著作权，现代力量公司应承担停止侵权行为、赔偿经济损失的法律责任。现代力量公司主张，制作《暗香》MV未取得任何收益，亦未向表演者沙宝亮支付报酬，属于著作权法规定的无须取得著作权人的许可、亦无须支付报酬的情况。对此，本院认为，现代力量公司制作《暗香》MV的目的在于配合《沙宝亮》音乐专辑CD及磁带进行宣传，应属于商业行为，现代力量公司的该项上诉主张不具有事实依据，本院不予支持。现代力量公司系被控侵权《暗香》MV的制作人，沙宝亮作为现代力量公司的签约歌手，接受该公司工作安排参加《暗香》MV的表演，其不应对《暗香》MV造成侵害他人著作权的后果承担法律责任。原审法院认定沙宝亮对此承担连带责任不妥，本院予以纠正。

现代力量公司在其制作的《沙宝亮》歌曲专辑CD和同名磁带中，收录了三宝音乐工作室制作的歌曲《暗香》，在CD和磁带附带的彩页上印有《暗香》歌词，该行为未取得陈涛的许可，亦未支付报酬，侵害了陈涛享有的复制权和获得报酬权。现代力量公司应就此承担停止涉案侵权行为、赔偿经济损失的民事责任。现代力量公司提出，其使用《暗香》歌曲的母带制作《沙宝亮》音乐专辑的行为已取得曲作者三宝及录音制作者三宝音乐工作室的授权，且词、曲是无法分割使用的合作作品，因此无须再征得词作者陈涛的许可。对此，本院认为，歌曲《暗香》由词、曲两部分组成，词、曲作者对各自创作的部分分别享有著作权，在表现形式上，歌曲的词、曲亦可以单独使用。据此，现代力量公司提出的歌曲《暗香》是不可分割使用的合作作品的上诉主张，缺乏事实依据，本院不予支持。由于歌曲《暗香》的曲作者及录音制作者不享有歌词的著作权，因此不能免除现代力量公司需征得词作者许可并支付报酬的法律责任。

我国著作权法规定，演出组织者组织演出，由该组织者取得著作权人许可并支付报酬。演出组织者的组织表演行为与被表演作品的著作权人具有直接的利害关系。本案中，沙宝亮虽在案外人组织的金鹰节、服装节上演唱了陈涛作词的歌曲《暗香》，但就该表演行为征得著作权人许可的责任在于涉案演出的组织单位。原审法院认定沙宝亮就其在金鹰节、服装节上使用陈涛的歌词进行表演的行为未取得陈涛许可，侵犯了陈涛所享有的表演权，法律依据不足。沙宝亮提出的应由演出组织者就表演歌曲《暗香》的行为承担责任的上诉主张，本院予以支持。

关于现代力量公司就其侵权行为应承担的赔偿数额，本院将参照国家版权局《录音法定许可付酬标准暂行规定》，结合现代力量公司侵权行为的性质、主观过错程度及侵权后果等因素，酌情予以确定。原审法院确认的赔偿数额不妥，本院予以改正。鉴于现代力量公司并未侵害陈涛享有的著作权中的人身权利，因此不应承担赔礼道歉、消除影响的法律责任；《沙宝亮》歌曲专辑 CD 和同名磁带中未经许可使用了陈涛享有著作权的歌词，该侵权行为应予停止。

综上，上诉人沙宝亮、现代力量公司的上诉理由部分成立，本院予以支持。原审判决认定事实部分不清，适用法律不当，本院依法予以改判。依照《中华人民共和国民事诉讼法》第一百五十三条第一款第（二）项，《中华人民共和国著作权法》第十条第一款第（五）项、第（九）项、第二款、第三十六条第一款、第四十七条第（一）项、第四十八条第一款的规定，判决如下：

一、维持北京市朝阳区人民法院（2003）朝民初字第 23918 号民事判决第二项，即未经陈涛许可，北京现代力量文化发展有限公司不得使用陈涛作词的歌曲《暗香》；

二、撤销北京市朝阳区人民法院（2003）朝民初字第 23918 号民事判决第一、三、四、五、六、七项；

三、北京现代力量文化发展有限公司于本判决生效之日起 10 日内就制作《暗香》MV 的行为赔偿陈涛经济损失人民币 4 000 元；

四、北京现代力量文化发展有限公司于本判决生效之日起 10 日内就制作《沙宝亮》CD 专辑和同名磁带的行为赔偿陈涛经济损失人民币 8 000 元；

五、驳回陈涛的其他诉讼请求。

一审案件受理费 5 510 元，由陈涛负担 1 510 元，由北京现代力量文化发展有限公司负担 4 000 元；二审案件受理费 5 510 元，由陈涛负担 1 510 元，由北京现代力量文化发展有限公司负担 4 000 元。

26.《盖世太保枪口下的中国女人》著作权侵权纠纷案

——张雅文诉赵冬苓、《电视电影文学》杂志社、
潇湘电影制片厂

原告（被上诉人）：张雅文
被告（上诉人）：赵冬苓
被告（原审被告）：《电视电影文学》杂志社
被告（原审被告）：潇湘电影制片厂
案由：侵犯著作权纠纷

原审案号：北京市第二中级人民法院（2002）二中民初字第7238号
原审合议庭成员：刘薇、宋光、梁立君
原审结案日期：2003年7月29日
二审案号：北京市高级人民法院（2003）高民终字第1305号
二审合议庭成员：陈锦川、张冬梅、焦彦
二审结案日期：2004年4月13日

判决要旨

著作权法规定的改编，是指在原有作品的基础上，通过改变作品的表现形式或用途，创作出具有独创性的新作品。改编作为一种再创作，应是利用了已有作品的基本内容，否则应为重新创作。

改编作品的著作权人在行使著作权时，不得侵犯原作品作者的著作权包括署名权。

起诉与答辩

原告张雅文诉称：我于2000年4月完成了20集电视文学剧本《盖世太保枪口下的中国女人》（以下简称《盖》剧）的创作。7月6日，我与潇湘电影制片厂艺术策划中心（以下简称艺术策划中心）签订了该剧本的拍摄权转让合同。按照该合同约定，我享有包括独立署名权在内的著作权。合同签订后，我向艺术策划中心交付了剧本第一稿，后经艺术策划中心要求，我又修改了第二稿。但潇湘电影制片厂（以下简称潇湘厂）不同意按我的剧本拍摄电视剧，在既无合同约定又无我授权的情况下，潇湘厂于2001年3月29日擅自与被告

赵冬苓签订了邀请其修改《盖》剧剧本的合同。之后，潇湘厂才与我商谈邀请赵冬苓加盟修改剧本之事，在双方未达成一致的情况下就将我的剧本交与赵冬苓修改。2001 年 7 月 15 日，我收到潇湘厂寄来的由赵冬苓修改得面目全非的《盖》剧剧本。我当即提出了质疑，却未得到任何答复。潇湘厂依然按照赵冬苓修改的剧本拍摄了《盖》剧。2002 年 3 月《盖》剧在中央电视台播出，署名方式为："编剧：张雅文，改编：赵冬苓"。作为艺术策划中心上级单位的潇湘厂所实施的上述行为，既违反了我与艺术策划中心所签合同的约定，同时又严重侵犯了我依法享有的修改权和保护作品完整权。被告赵冬苓在明知潇湘厂没有得到我授权的情况下，对《盖》剧剧本进行了不负责任的修改，使得剧本严重偏离了原剧本的主题及价值取向，构成了歪曲篡改，与潇湘厂共同侵犯了我对《盖》剧剧本享有的修改权及保护作品完整权。

同年 8 月，我购买了《电视电影文学》杂志 2002 年第 2 期，发现赵冬苓以"编剧"名义在杂志上发表了《盖》剧剧本 1～8 集，仅将我署名为"原著"。赵冬苓的上述行为侵犯了我的署名权及对剧本的发表权。故请求法院判令：1. 三被告在《中国电视报》上公开向我赔礼道歉，消除影响，并由《电视电影文学》杂志社在其杂志的显著版面刊登更正启示；2. 潇湘厂及赵冬苓连带赔偿我经济及精神损失 10 万元；3.《电视电影文学》杂志社停止销售《电视电影文学》杂志 2002 年第 2 期；4. 赵冬苓承担调查取证费、律师费及诉讼费。

被告赵冬苓辩称：我是在 2001 年 3 月接受《盖》剧剧组及潇湘厂的共同委托撰写的 16 集电视剧剧本《爱如大地》。在该剧本创作前，中央电视台文艺节目中心影视部（以下简称中央电视台影视部）及导演、责任编辑等虽向我提供了张雅文的剧本，但要求我在保留张雅文剧本中基本故事框架及人物主线的情况下，完全抛开张雅文的剧本进行重新创作。潇湘厂还出资支持我亲赴比利时采访，以丰富创作剧本的素材。因此，我是接受委托并按照潇湘厂、剧组、导演等的要求重新创作剧本。又因两个剧本同属一个题材、基于同一历史事件，所以剧本内容难免有相似之处。我不存在侵犯张雅文修改权及保护作品完整权的行为。中央电视台影视部及潇湘厂实际上就是根据我的剧本拍摄了 16 集的电视剧，并将剧名仍定为《盖》剧，我本应为该剧编剧，但因张雅文一再坚持及纠缠，潇湘厂动员我将"编剧"署名让与张雅文，仅给我署名为"改编"，当时为了保证《盖》剧的正常拍摄和播映，我才同意了该署名方式。我虽向《电视电影文学》杂志社提供了剧本，但当时即向杂志社提出要求在署名时应与电视剧的署名保持一致。是杂志社在咨询了导演后确定了该署名方式。我在看到电视剧署名情况后曾要求杂志社撤回该剧本的刊登，但该剧本已经付印，无法撤回。故我没有侵犯张雅文署名权的故意，且我发表的《盖》剧剧本，是我自己创作的剧本，不是张雅文的剧本，没有侵犯任何人的权利，请求法院依法驳回张雅文的诉讼请求。

《电视电影文学》杂志社辩称：《电视电影文学》杂志是一个专发影视剧本的文学类刊物。我社从报纸上得知16集电视剧《盖》剧正在拍摄，通过与《盖》剧导演联系，其告知我社该剧的编剧为赵冬苓，原著是张雅文。因此，我社在与赵冬苓联系并取得了剧本后，按照上述署名方式在杂志的2002年第2期上发表了《盖》剧剧本1~8集。后来，电视剧的署名发生变化，但杂志已经付印，无法更改。在张雅文找到我社并声明其是《盖》剧编剧后，我社在随后出版的2002年第3期上及时停载了《盖》剧剧本的后半部分，并刊发了告读者的停止连载《盖》剧剧本的《重要说明》。我社在不知道该如何为作者署名的情况下所为的行为，不构成侵犯张雅文的署名权，请求法院驳回张雅文的诉讼请求。

被告潇湘厂辩称：由于张雅文没能按照其与艺术策划中心签订的合同约定提交符合拍摄要求的剧本，所以我厂才与张雅文协商另外请人修改剧本，对此张雅文是同意的，只是对赵冬苓修改后的剧本内容有异议。因此，我厂不存在侵犯张雅文修改权及保护作品完整权的行为，请求法院驳回张雅文对我厂的诉讼请求。

原审查明事实

原审法院经审理查明：2000年7月6日，张雅文（乙方）与艺术策划中心（甲方）签订了一份关于20集电视剧文学剧本《盖》剧的《拍摄权转让合同》。该合同约定：乙方同意将其创作的20集电视剧《盖》剧文学剧本的电视、电影拍摄权转让给甲方。甲方具有独立影视拍摄权及影视出版发行权并保证拍摄质量。乙方享有著作权及独立署名权，并保证剧本质量。剧本应按照电视文学剧本格式撰写，所撰写内容应以电视技术可明确表现为基本要求，剧本应为甲方审定认可的完整电视文学剧本，总长度为20集。本着对剧本高度负责的态度，在保证质量的情况下，乙方遵照甲方提出的修改意见对剧本进行全面认真的修改，力争在合同签订之日起两个半月内将修改稿交付甲方。如甲方需乙方对剧本再次修改，双方再另行商议交稿时间。甲方以税后稿酬每集2万元向乙方支付稿酬，20集共计40万元人民币，分三次支付。签订合同之日，甲方向乙方支付定金15万元整，乙方将修改定稿后的剧本交付甲方时，甲方向乙方支付15万元整，甲方开机投拍前，向乙方付清最后应付稿酬10万元整。如6个月内不能开机投拍，甲方应将剩余10万元稿酬全部支付给乙方。

签订合同之日起，乙方不得将剧本转让给他人，否则按有关法律条款追究乙方违约责任，并追回定金，甲方向乙方支付定金后，4个月内没能继续履行合同，视甲方为自动放弃合同，乙方不予偿还定金，乙方如不能按期交付剧本，给甲方造成经济损失应由乙方负责赔偿，甲方向乙方支付第二笔稿酬后，甲方在一年内没能继续履行合同，视甲方为自动放弃合同，甲方在4年内没能进行投拍，视甲方自动放弃拍摄权，给乙方造成的损失与影响应由甲方承担，乙方有权自行处理剧本。合同还就《盖》剧如举行开机、首映式等新闻发布会，甲方应及时通知乙方参加等方面进行了约定。

合同签订后，潇湘厂向张雅文支付了15万元定金。张雅文于2000年9月，向艺术策划中心交付了《盖》剧剧本修改后的第一稿。艺术策划中心对该剧本进行了审读，并于2000年10月9日下午在中国妇女发展基金会及中央电视台影视部主持下召开了专家研讨会讨论《盖》剧剧本，专家们一致认为该剧本的题材很好，但剧本存在很多问题，不能投拍，需要修改。艺术策划中心将此意见告之张雅文后，张雅文针对剧本进行了修改，在2000年12月向艺术策划中心交付了修改后的第二稿。然而中央电视台影视部、潇湘厂及《盖》剧导演黄健中等在2001年初对该修改本进行审读后，仍然认为该剧本不能投入拍摄。

在此情况下，潇湘厂决定请赵冬苓另行修改剧本。2001年3月29日，潇湘厂、中国妇女发展基金会（甲方）与赵冬苓（乙方）签订了一份《合同书》。合同约定：甲方约请乙方根据甲方所提供的20集电视剧《盖》剧文学剧本之基本内容，负责对剧本的修改和创作。修改完成的剧本由甲方审定通过，达到甲方投拍标准。乙方享有该电视剧改编署名权，排名为：原作者为编剧；乙方为改编。剧本版权归甲方所有，乙方不得出版或在刊物上发表。甲方考虑到乙方创作时间的紧迫，向乙方支付修改剧本稿酬每集人民币6 000元，暂定20集，以修改定稿为准。合同还约定了违约责任等其他条款。

关于请赵冬苓修改剧本一事，潇湘厂曾与张雅文进行过协商。据张雅文在法庭上的陈述：2001年3月29日晚，潇湘厂向其提出《盖》剧剧本的题材很好，但张雅文创作的剧本存在很多问题，要么另请作家对《盖》剧剧本进行大的修改，要么只好放弃《盖》剧的拍摄。张雅文迫于无奈同意潇湘厂另请作家修改剧本，但提出了保留编剧署名、修改的剧本内容须经其同意、仍支付40万元稿酬不变等4个条件，潇湘厂当时口头表示接受，但没有在补充合同上签字，事后也没有寄送正式合同文本加以追认，故补充合同双方没有达成最后一致的意见。潇湘厂认为双方确实进行过协商，但认为双方协商的时间为2001年3月28日晚，且张雅文提出的4项条件的内容也不对。双方对此均提交了书面证人证言加以证明，但互不承认对方证人证言的真实性。

潇湘厂在与赵冬苓签订合同后，出资请赵冬苓亲赴比利时采访钱秀玲女士。潇湘厂及中央电视台影视部还向赵冬苓提供了署名张雅文编剧的19集《盖》剧剧本，供赵冬苓阅读，并要求赵冬苓在保留剧名、基本故事背景、基本人物名称的基础上，不要局限于张雅文剧本，进行重新创作。

2001年6月，赵冬苓向潇湘厂交付了其创作的16集电视连续剧剧本《爱如大地》。该剧本得到了潇湘厂、中央电视台影视部、电视剧导演等多方首肯，即决定以赵冬苓的修改稿为剧本投拍电视剧，剧名仍沿用《盖》剧名。

2001年7月14日，张雅文收到了潇湘厂寄出的赵冬苓修改后的《爱如大地》剧本。张雅文向潇湘厂、中央电视台影视部、导演等多次提出意见，认为赵冬苓修改后的剧本全盘否定了张雅文的作品，背离了原作的主题思想，并有违背历史真实、贬损比利时人民反战形象等问题，不同意在投拍电视剧时使用赵冬苓修改的剧本。但潇湘厂没有听从张雅文的意见，仍然以赵冬苓的修改稿为剧本，由中央电视台、中国妇女发展基金会、潇湘厂联合拍摄了16集电视连续剧《盖》剧。张雅文参加了《盖》剧开机的新闻发布会。2002年3月《盖》剧在中央电视台正式播映。署名方式为“编剧：张雅文，改编：赵冬苓”。

在《盖》剧播映的同时，张雅文所著同名20集电视剧文学剧本由中国青年出版社出版发行。该书登载了张雅文参加《盖》剧开机新闻发布会等照片，登载了比利时艾克兴市市长及比利时驻中国大使在《盖》剧开机新闻发布会上的讲话，登载了张雅文为该书所作的后序《此生不虚》。在这篇后序中张雅文写道：“三年来，我终于盼到这一天了，由我编剧的长篇电视连续剧《盖》剧及同名长篇小说、电视文学剧本，同时与广大观众和读者见面了。我的心情是难以言表的……我感谢中央电视台影视部、中国妇女发展基金会、潇湘厂，克服了众多困难，赴比利时成功地拍摄了《盖》剧……”

《盖》剧在中央电视台播映前，《电视电影文学》杂志社经与导演黄健中联系，获知《盖》剧已拍摄完成，即将播出，使用的是赵冬苓编剧的剧本，张雅文是原著。该社遂与赵冬苓联系，获得了赵的剧本，并以此署名方式在《电视电影文学》杂志2002年第2期中登载了《盖》剧剧本1~8集。电视剧播出后，杂志社发现署名方式与导演说的不一致，但该杂志已经付印，故杂志社没有作出更改仍然进行了出版发行。张雅文购买到该杂志后，便与杂志社提出交涉，杂志社遂在2002年第3期停止了连载，并刊登了告读者的《重要启事》，内容为：本刊第二期刊登了16集电视剧《盖》剧剧本1~8集，现因有关当事人发生版权纠纷，本刊经研究决定，对《盖》剧9~16集剧本终止刊登，特此向读者致歉。

本院以张雅文提交的第 2 稿剧本与《电视电影文学》杂志上刊登的署名赵冬苓为编剧的剧本进行了对比，结果是赵冬苓的剧本在电视剧名称、基本人物的设置及姓名、故事发生的时间、地点、故事基本框架及部分故事情节等处沿用了张雅文所著《盖》剧剧本的内容，但增加了一个人物“扬克”、删掉了一些人物如“尤里”、“洛霍”，并在大部分的故事情节、剧情安排、场景及人物描写等处与张雅文所著《盖》剧剧本不同。

原审法院另查明：张雅文于 2002 年 8 月 1 日，就潇湘厂及艺术策划中心没有按照 2000 年 7 月 6 日所签《拍摄权转让合同》的约定支付其剩余稿酬 25 万元而产生的纠纷，向湖南省长沙市中级人民法院提起诉讼。请求湖南省长沙市中级人民法院判决潇湘厂及艺术策划中心向张雅文支付剩余稿酬 25 万元并承担诉讼费、调查取证费、差旅费等。湖南省长沙市中级人民法院已于当月受理此案。潇湘厂及艺术策划中心于 2002 年 9 月 10 日提出反诉，理由是张雅文没能在合同约定的时间内交付可供拍摄的剧本，违反了合同关于保证作品质量及交稿时间的约定，构成违约，请求湖南省长沙市中级人民法院判决确认张雅文不是电视连续剧《盖》剧的编剧，不应享有《盖》剧剧本的著作权；张雅文赔偿因其违约给潇湘厂及艺术策划中心造成的损失 10 万元；退还潇湘厂及艺术策划中心支付给张雅文的定金的三分之一，即 5 万元，并承担诉讼费。湖南省长沙市中级人民法院受理了该反诉。该案正在审理之中。

原审审理结果

原审法院认为：本案存在争议的焦点问题有三点：

第一、由赵冬苓撰写的 16 集电视剧《盖》剧剧本是对张雅文所著 20 集电视剧《盖》剧剧本的修改，还是赵冬苓重新创作完成的。赵冬苓撰写的《盖》剧剧本是否侵犯了张雅文的修改权。

我国著作权法中规定作者享有的著作权中有一项为修改权，即修改或者授权他人修改作品的权利。所谓修改，应认为是对作品内容作局部的变更以及文字、用语的修正。修改不应包括在原有作品的基础上进行的再度创作。如果对作品的改动体现出了独创性，则超出了修改的范围，构成了改编。改编人对其改编后形成的新作品享有著作权，而修改人则不享有著作权。当然改编人在行使著作权时不得侵犯原作品的著作权。

本案原告张雅文对其创作的 20 集电视剧《盖》剧文学剧本享有著作权，受法律保护。赵冬苓接受潇湘厂及中国妇女发展基金会的共同委托，在张雅文创作的《盖》剧剧本的基础上进行修改所撰写的同名电视剧剧本，经本院对比除保留了原作品的基本人物框架及基本故事框架外，在大部分的故事情节、剧情场景安排及人物描写等方面均与原作品不同，已经超出了局部变动、文字修改的范畴，本院认为赵冬苓改写的剧本具有独创性，已经形成了新的作品，应认定赵冬苓改写剧本的行为构成改编。张雅文坚持认为赵冬苓改写剧本的行为只是修改而非改编，与事实不符，本院不予支持。赵冬苓虽主张其是“重新创作”，但又承认是根据潇湘厂及中央电视台影视部的要求在看过张雅文所著剧本并保留了基本人物及故事框架后，独立构思并重新撰写的。本院认为在这种情况下，赵冬苓所谓“重新创作”与著作权法意义上的独立创作完成是根本不同的，赵冬苓所撰写的剧本不是原创作品，应认定赵冬苓撰写的剧本是改编作品。赵冬苓的主张没有法律依据，本院不予支持。

第二、赵冬苓改编的剧本是否破坏了张雅文所著《盖》剧剧本的完整性。

我国著作权法规定作者享有保护作品完整权，即保护作品不受歪曲、篡改的权利。如果作者创作的作品被他人丑化，或被他人作了违背作者意愿的删除、增添等损害性改动，即应认定构成破坏了作品的完整性。本案张雅文认为赵冬苓未经许可修改了其剧本，经过赵冬苓修改的剧本改变了其原有的思想主题、故事情节、人物性格等，侵犯了其保护作品完整权，但因本院认定赵冬苓并非是对张雅文的剧本的修改，而是已经构成了改编，产生了一部新作品，该新作品自然应在思想主题、故事情节、人物塑造上体现改编者的创造性，赵冬苓的创作行为与采用简单的删除、增添等修改手法达到篡改作品的性质是不同的，且张雅文提供的证据6——钱宪文的信函不具有真实性，不足以证明赵冬苓的改编损害了张雅文的名誉以及张雅文创作的《盖》剧剧本的荣誉，故本院认定赵冬苓的作品不构成损害张雅文作品的完整性。

第三、赵冬苓改编张雅文所著《盖》剧剧本，是否经过了张雅文的许可。

艺术策划中心作为潇湘厂的下级单位不具有承担民事责任的主体资格，故艺术策划中心与张雅文于2000年7月6日签订的《拍摄权转让合同》所约定的权利义务应由潇湘厂承担，且潇湘厂以其行为表明其承认并实际履行了该合同，故本院认定该合同合法有效。按照该合同约定，张雅文应遵照艺术策划中心提出的修改意见对剧本进行全面认真的修改，直到交付可以投拍电视剧的定稿。但张雅文于2000年9月及12月交付的两部剧本手稿均没有通过审定，不能用于拍摄电视剧，致使双方所签《拍摄权转让合同》的履行出现问题。潇湘厂、中国妇女发展基金会为了保证《盖》剧能够成功拍摄，与赵冬苓签订合同书委托其“修改和创作”剧本。虽然潇湘厂曾就聘请他人另行修改剧本一事与张雅文进行了协商，张雅文也表示同意由他人进行修改，但双方没有就张雅文所提出的条件达成一致，而潇湘厂执意委托赵冬苓修改剧本并按赵冬苓改编后的剧本拍摄电视剧的行为既违反了双方所签《拍摄权转让合同》的约定，又侵犯了张雅文对其所创作的《盖》剧剧本所享有的著作权。

但是，张雅文在潇湘厂采用赵冬苓改编的《盖》剧剧本拍摄《盖》剧后所采取的行动是，在完全知道潇湘厂使用赵冬苓改编的《盖》剧剧本拍摄了电视剧的情况下，仅对改编本的内容提出过异议，从未就由赵冬苓改编剧本侵犯了其著作权一事向潇湘厂提出异议。不仅如此，张雅文还出席了《盖》剧开机仪式的新闻发布会，在《盖》剧拍摄完成并公开播映后，张雅文也没有就潇湘厂请赵冬苓改编剧本一事表示过反对，相反，对《盖》剧中“编剧：张雅文　改编：赵冬苓”的署名方式始终表示认可并依据此署名方式向潇湘厂追索稿酬。在其自行发表的同名《盖》剧剧本一书中，还表示了对潇湘厂的感谢。张雅文只是发现了赵冬苓在《电视电影文学》杂志上发表剧本并改变了署名方式后，才向本院提起诉讼，指控潇湘厂及赵冬苓修改剧本的行为侵犯了其著作权，故本院认为张雅文虽然没有与潇湘厂签订书面的授权其修改或改编剧本的合同，但从张雅文的行动所表示的态度来推断，可以认定张雅文对赵冬苓改编《盖》剧剧本的行为是认可的。赵冬苓的改编行为没有侵犯张雅文的著作权，但赵冬苓应当遵从其与潇湘厂及中国妇女发展基金会的合同约定，按照电视剧《盖》剧上的署名方式，在其发表的《盖》剧剧本上署名，否则即构成对张雅文的署名权的侵害。

综上，张雅文主张赵冬苓、潇湘厂未经许可修改了其创作的20集电视剧《盖》剧剧本，侵犯了其享有的著作修改权、保护作品完整权的主张，缺乏事实及法律依据，本院不予支持。赵冬苓在《电视电影文学》杂志上发表自己改编的电视剧本不构成对张雅文所著《盖》剧剧本发表权的侵犯，但其在杂志上发表剧本时的署名方式构成对张雅文署名权的侵犯，应承担公开赔礼道歉、消除影响的法律责任。张雅文虽提出了要求赵冬苓赔偿其经济及精神损失10万元的诉讼请求，但因本案只涉及对其著作权中的精神权利的损害，故本院只判令赵冬苓承担其所应承担的相应的法律责任，张雅文所提请求没有法律依据，本院不予支持。张雅文还提出赵冬苓应赔偿其为诉讼支出的合理费用及律师费，但因张雅文没有提供相应的票据凭证，故本院予以酌情考虑。《电视电影文学》杂志社没有尽到充分的审查义务，刊登了署名方式有错误的《盖》剧剧本，同样侵犯了张雅文的署名权，亦应承担公开赔礼道歉、消除影响的法律责任。根据《中华人民共和国著作权法》第四十六条第一款第（十一）项之规定，判决如下：

一、赵冬苓以任何方式使用改编的《盖世太保枪口下的中国女人》剧本时，均应在该改编作品作者署名的同时注明“编剧：张雅文，改编：赵冬苓”；

二、赵冬苓及《电视电影文学》杂志社于本判决生效之日起30日内共同在《电视电影文学》杂志上向张雅文公开赔礼道歉（内容须经本院核准），逾期不执行，本院将在一家全国发行的报纸上公布本判决内容，费用由赵冬苓及《电视电影文学》杂志社共同负担；

三、赵冬苓于本判决生效之日起7日内赔偿张雅文为诉讼支出的合理费用1 600元人民币；

四、《电视电影文学》杂志社于本判决生效之日起立即停止出版发行含有涉案侵权署名方式的《电视电影文学》杂志二〇〇二年第二期；

五、驳回张雅文对潇湘电影制片厂的诉讼请求；

六、驳回张雅文其他诉讼请求。

赵冬苓不服原审判决，提起上诉，请求撤销原审判决，驳回张雅文的诉讼请求。理由是：1. 原审法院虽然认定应以影视作品及合同约定的形式发表剧本，但却忽视了两个方面的重要事实，其一是制作方根据赵冬苓与张雅文在该剧剧本创作中付出的实际劳动，与赵冬苓重新签订补充协议，确认赵冬苓是该剧的编剧，后来在该剧播出前编剧的署名形式之所以发生变化，是由于赵冬苓顾全大局作出牺牲的结果；其二是《电视电影文学》杂志社刊发剧本的事实发生在该剧播出之前而不是播出之后，赵冬苓在剧本发表的全过程中，无任何侵害张雅文署名的故意或过失，原审法院却错误地判定赵冬苓承担侵权责任。2. 原审法院错误地判定赵冬苓为张雅文不合理的诉讼请求承担诉讼费用。

张雅文服从原审判决。但对原审判决关于其认可赵冬苓的改编行为的推定等问题持有异议。

二审查明事实

二审法院查明事实与原审相同。

二审审理结果

二审法院认为：著作权法规定的改编，是指在原有作品的基础上，通过改变作品的表现形式或用途，创作出具有独创性的新作品。改编作为一种再创作，应是利用了已有作品的基本内容，否则应为重新创作。赵冬苓的16集电视剧《盖》剧剧本虽然在大部分故事情节、剧情、场景安排及人物描写等方面均与张雅文的剧本不同，因而具有独创性，已经形成了新的作品；但该剧本在电视剧名称、基本人物的设置及姓名、故事发生的时间、地点、故事基本框架及部分故事情节等处沿用了张雅文所著电视剧《盖》剧剧本的内容，因此应当认为是保留了张雅文作品的基本内容，构成对张雅文作品的改编。赵冬苓上诉认为其16集电视剧《盖》剧剧本系重新创作的作品，缺乏事实依据。

使用他人作品应当同原作品著作权人订立许可使用合同或取得许可。本案中，张雅文与潇湘厂所签订的《拍摄权转让合同》中并没有约定潇湘厂有权以改编的方式使用张雅文所著的电视剧《盖》剧剧本，但潇湘厂与张雅文曾经就另请赵冬苓改编剧本一事进行过协商，张雅文在其电视文学剧本没有经过审定认可的情况下，为了确保该剧得以拍摄，同意了潇湘厂另请作家修改剧本的要求；虽然双方没有就因另请他人改编而导致的权利义务的具体内容达成最后的一致意见，但双方在署名为“张雅文编剧、赵冬苓改编”的问题上已达成一致，故署名问题已协商解决。因此可以认定张雅文对潇湘厂另请赵冬苓改编其剧本的行为是认可的，潇湘厂和赵冬苓的行为不构成对张雅文改编权的侵犯。

根据著作权法的规定，改编作品的著作权人在行使著作权时，不得侵犯原作品作者的著作权包括署名权。鉴于赵冬苓所创作的16集电视剧《盖》剧剧本是对张雅文所著电视剧《盖》剧剧本的改编而不是重新创作，张雅文曾与潇湘厂在署名为“张雅文编剧、赵冬苓改编”的问题上达成一致，故赵冬苓的16集电视剧《盖》剧剧本应当署名为“编剧：张雅文，改编：赵冬苓”。赵冬苓以其与制作方所签定的补充协议、制作方有关人员的证明等证据主张其本应署名为编剧的上诉理由不能成立。

在《电视电影文学》杂志社刊发剧本的过程中，赵冬苓在得知张雅文对《电视电影文学》杂志社刊登的剧本署名有异议后，并没有明确反对《电视电影文学》杂志社发表其剧本，而是表示如何署名由《电视电影文学》杂志社商黄健中后确定，可以认定其对如何署名采取的是放任的态度，故赵冬苓在杂志社刊发剧本的过程中仍然是有过错的，其应当承担侵害张雅文署名权的民事责任。

赵冬苓关于其不应为张雅文不合理的诉讼请求承担诉讼费用的主张，亦缺乏事实和法律依据，本院不予支持。

原审判决认定相关被告未构成侵犯修改权、保护作品完整权、发表权的理由有不当之处，但结果是正确的。

综上，原审判决认定事实基本清楚，适用法律和处理结果是正确的。赵冬苓的上诉理由不能成立，对其上诉请求，本院不予支持。依据《中华人民共和国民事诉讼法》第一百五十三条第一款第（一）项之规定，判决如下：

驳回上诉，维持原判。

一审案件受理费3 510元，由张雅文负担1 000元，由赵冬苓负担2 000元；二审案件受理费3 510元，由赵冬苓负担。

27.《美利坚合众国宪法》中译本著作权侵权纠纷案

——李道揆诉李世洞

原告（上诉人）：李道揆
被告（被上诉人）：李世洞
案由：侵犯著作权纠纷

原审案号：北京市第一中级人民法院（2003）一中民初字第7758号
原审合议庭成员：张广良、姜颖、苏杭
原审结案日期：2003年12月19日
二审案号：北京市高级人民法院（2004）高民终字第220号
二审合议庭成员：陈锦川、魏湘玲、张冬梅
二审结案日期：2004年4月19日

判决要旨

引用他人作品应客观、全面，维护所引用作品的完整性。如果对他人的观点存在学术上的不同看法，也应在尊重他人观点并予以客观引用的前提下，以适当的方式表明。对他人的作品进行适当改动是否构成对保护作品完整权的侵犯，应当视这种改动是否造成对他人作品歪曲和篡改进行个案确定。

起诉与答辩

原告李道揆诉称：原告自1980年开始至1988年潜心研究并写作了《美国政府和美国政治》一书，其第一版于1990年9月由中国社会科学出版社出版发行，1992年再版，1993年获中国社会科学院1988～1991年优秀科研成果奖。此后，经原告增订，由商务印书馆于1999年出版第二版，至今对学术界和社会公众仍有着广泛的影响。该书附录中《美利坚合众国宪法》中文本，系原告研究大量资料，精心翻译并多次修改的文本。2002年6月，中国社会科学出版社出版发行了被告主编的《美国研究词典》一书。该书引用了原告翻译的上述《美利坚合众国宪法》中译文。被告在引用时，未经原告同意，擅自修改了由原告注释的美国宪法修正案的提出日期6处和批准日期11处，尤其对修正案的批准日期进行了重大歪曲和篡改，并称之为“订正”。被告引用上述译文时不注明原告著作的版本，使读者认为被引用的为原告的最新版

本，而被告却删掉了原告1999年最新版本中的“第二十七条修正案”的内容并擅自进行了增补。被告还在原告的译文中删除了原作关于翻译来源、根据、翻译过程的说明文字，在译文中间擅自增补了说明。被告上述行为破坏了原告作品的完整性和准确性，使广大读者和学界人士对原告的作品产生了重大误解，侵犯了原告的著作权。故请求法院判令被告：1. 停止侵权，以原告所著《美国政府与美国政治》一书中附录2由原告翻译的《美利坚合众国宪法》中文本的原来文本为基础制作勘误表，随同原书一起销售，在此之前停止销售；2. 就其未经许可擅自删、改原告著作的行为向原告公开赔礼道歉，消除影响，恢复名誉；3. 支付原告作品使用报酬1 000元；4. 支付律师费2 000元；5. 支付精神损失赔偿费100元。

被告李世洞辩称：《美国研究词典》是武汉大学、华中科技大学、南开大学等院校合作编辑的工具书，被告为该书主编之一。被告获得原告同意，转载其《美国政府和美国政治》（中国社会科学出版社1990年版）附录的《美利坚合众国宪法》中译本。后发现该版排印错误太多，便依据美国著名学者莫里斯编《美国历史百科全书》，增补了原告该版没有的宪法修正案提出日期和第27条修正案。此种改动是在原告该版著作存在大量排印错误的情况下当作文字等技术问题处理的，并非如原告所言是“重大歪曲篡改”。被告删去原作关于翻译来源、根据、翻译过程的说明也不是对原告作品完整性的破坏。被告作为编辑作品的主编有权利进行上述改动。被告书中使用的是原告1990年的版本，《美国研究词典》书稿交出时间为1997年9月，当时原告1999年最新版尚未出版，原告以其1999年版内容为基础的指控没有事实依据。被告承认在《美国研究词典》所附说明中未注明原告著作的出版日期是疏漏，但不能否认被告使用的是原告1990年版本这一事实。原告称其多次要求被告进行纠正均被拒绝不符合事实。被告在庭审中进一步辩称：第一，原告称被告篡改了美国宪法修正案的批准日期没有根据。美国宪法修正案的批准日期是有不同意见的，被告依照美国官方及学者的权威学说来改正原告的文本，其作为《美国研究词典》的主编，有责任来订正其认为错误的部分；第二，原告要求被告停止销售《美国研究词典》，此项请求不应向被告提出；第三，原告要求被告支付1 000元使用费无根据，被告已经依据相关稿酬标准向原告支付了报酬；第四，原告要求被告支付律师费并赔偿精神损失同样没有法律依据。原告的作品系翻译作品，其仅针对译文中有独创性的部分享有著作权，本诉提起的原因在于原、被告在美国宪法修正案批准日期上意见分歧，但原告对该历史事实不享有著作权。原告所称的精神损失也仅系其想像。因此，请求法院驳回原告的诉讼请求。

原审查明事实

原审法院经审理查明:

1990 年，中国社会科学出版社出版了李道揆所著《美国政府与美国政治》一书。该书附录 2（第 751 至 774 页）为原告所翻译的《美利坚合众国宪法》，其中自第 763 页之后为宪法修正案的内容，共有二十六条。该版本中标注了各条宪法修正案的批准日期，没有标注提出日期。在译文后刊载有“说明”，其中提到:“《美利坚合众国宪法》的这个中文译本，系按照《美国百科全书》1975 年国际版第 7 卷所刊载的英文本译出……修正案的批准时间均依约翰·H·弗格逊和迪安·E·麦克亨利合著《美国政府制度》第 12 版（纽约：麦克劳－希尔图书公司 1973 年版）附录的《美利坚合众国宪法》所标明的日期……”

1999 年 3 月，商务印书馆出版了李道揆所著《美国政府与美国政治》一书第二版。该书附录 2（第 775 至 799 页）为李道揆翻译的《美利坚合众国宪法》，其中自第 787 页之后为宪法修正案的内容。与 1990 年版本相比，该版本中增加了宪法修正案第二十七条的内容，增加了各条修正案的提出日期。除 1999 年版本增加的第二十七条修正案之外，两个版本中第一至二十六条修正案批准日期均相同。在译文后所附的“说明”中提到:“……第 1 到第 26 条修正案的提出和批准日期，均依美国新闻署为纪念美国宪法诞生 200 周年出版的《美利坚合众国宪法》所注明的日期……”

2002 年 6 月，中国社会科学出版社出版了由刘绪贻和李世洞为主编的《美国研究词典》一书。该书附录 2（第 1161～1176 页）为《美利坚合众国宪法》中译文，其中自第 1169 页之后为宪法修正案的内容。译文及注释后刊载有如下内容:“转引自李道揆:《美国政府和美国政治》附录。其所附的说明文字略。编者增加了提出日期，对一些修正案的批准日期依据 R. B. 莫里斯编《美国历史百科全书》第 6 版（纽约，1982 年）作了订正。第 27 条宪法修正案为编者增补。”

庭审中原告以其 1999 年版本为依据，认为被告对其修正案的提出日期有 6 处修改，批准日期有 11 处修改，称“第二十七条修正案为编者增补”不准确；被告认为其引用的是原告著作 1990 年版本，该版本中并无修正案的提出日期和第二十七条修正案内容，对其他修改事实予以确认。以宪法第十四条修正案为例，李道揆 1990 年著《美国政府与美国政治》一书中注明该条“1868 年 7 月 9 日批准”；1999 年版本注明“1866 年 6 月 13 日提出，1868 年 7 月 9 日批准”；李世洞主编《美国研究词典》注明“1866 年 6 月 16 日提出，1868

年7月28日批准”。

李世洞主编《美国研究词典》第1175页，第二十七条修正案之后、注释之前有如下文字：“说明：后经修改或取代的宪法和修正案中的条款，均用〔〕标出，并在注释中注明。”原告译文中没有该段文字。

庭审中原告提交1991年11月5日被告写给原告的信函，证明原告许可被告在《美国社会百科词典》一书中使用其所翻译的《美利坚合众国宪法》中译本，被告当庭对该书出版过程及书名的变更情况作了说明，并于庭后提交相应证据材料。被告提交双方于1996年、2002及2003年间多次来往信函，其中原告未对被告使用其译文这一行为本身表示异议，双方就被告向原告道歉事宜有多次磋商。

1998年6月17日，中国社会科学出版社出具一份《出版说明》，称“由李世洞、刘绪贻任主编，王锦瑭等任副主编的《美国研究词典》已列入我社出版计划，现已进入编辑程序，预计将于1999年内出版。”

庭审中原被告双方均确认由本案被告李世洞对《美国研究词典》一书承担责任。

2003年5月6日，李世洞通过邮政汇款支付李道揆稿酬200元。庭审中，原告主张按其1999年版本，其作品字数为18 200字，被告认为字数为1万字。本院经审核，排除排版的影响，认定该作品的字数为15 000字左右。

2003年6月23日，李道揆支付北京李晓光律师事务所2 000元律师代理费。

原审审理结果

原审法院认为：我国著作权法规定，翻译已有作品而产生的作品，由翻译者对翻译作品享有著作权。本案中，原告系《美国政府与美国政治》与《美国研究词典》两书中《美利坚合众国宪法》的翻译者，依法对其翻译作品享有署名权、修改权、保护作品完整权等精神权利和复制权等财产权利。因本案原告的主张限于该作品中的宪法修正案部分，故本院对译文中其他部分不予评述。

本案被告李世洞主编的《美国研究词典》一书中引用了原告翻译的《美利坚合众国宪法》，从双方自1991年开始的多次书信往来中可以看出，被告的使用行为取得了原告的许可。

本案中，原告认为被告侵权的理由主要在于：被告没有标注其引用原告著作的版本；被告在原告译文和注释之间添加说明，有损原告作品的完整性；被告修改其译文中若干宪法修正案的提出日期和批准日期，侵犯其保护作品完整权。以下本院将逐一论述。

被告自1991年始即向原告要求使用其《美利坚合众国宪法》中文译本，且被告所主编的《美国研究词典》于1998年已交付中国社会科学出版社，当时原告的《美国政府与美国政治》1999年商务印书馆版尚未出版，本院由此确认，原告许可被告使用的是其著作的1990年版本。至于客观上被告的《美国研究词典》于2002年6月出版，迟于原告著作第二版的出版时间，因出版时间非被告所能控制，所以不能以此认为被告使用的就是原告著作1999年商务印书馆版本，原告主张被告使用的是1999年版本，缺乏事实依据，不能成立。被告在引用原告的译文后没有准确标注所引用原告著作的版本和出版时间，确有不当，但本院认为，此种注释不当的行为应属学术规范范畴，不宜采用著作权法进行规范。原告主张被告此一行为构成侵犯著作权缺乏法律依据，本院不予支持。被告根据其书出版当时的情况增加了美国宪法第二十七条修正案的内容，是以严谨、科学的态度，向读者提供完整的美国宪法，亦不构成对原告著作权的侵犯。

原告认为被告在原告译文正文和注释之间添加自己的“说明”，割裂了原告作品的整体性，使读者误认为注释为被告所作而非原作，因此侵犯了原告的著作权。对此，本院认为，被告作为《美国研究词典》一书的主编，有权对书中相关内容进行适当的调整和编排，添加编者说明属于其履行主编责任的行为，该说明应置于何处、是否不能放在所引用的译文和注释之间应依照学术领域内惯常作法或者学术规范来确定，著作权法对此并无规定，原告主张被告此一行为侵犯其著作权亦无法律依据，本院不予支持。

被告主编的《美国研究词典》中引用的《美利坚合众国宪法》中文译文与原告1990年版的《美国政府与美国政治》中的译文相比，在宪法修正案部分增加了各条修正案的提出日期，修改了11处批准日期。原告认为此种修改未经其许可，侵犯了原告对其作品享有的保护作品完整权等精神权利，并且被告在引文之后的说明文字中使用了“订正”字样，致使读者误认为原告原文有误，造成原告的精神损失。对此，本院认为，美国宪法修正案的提出日期及批准日期虽客观上属于历史事实，但根据原被告双方向本院提交的多部著作可知，由于年代历久，受保留资料的限制及所采用标准的不同，目前对此问题存在多种不同理解。原被告作为美国历史领域的研究人员，对此学术上有争议的问题有各自不同的观点实属正常，并且这种争议的存在正是学术得以发展的契机。但关于美国宪法各条修正案的具体提出和批准日期并非本案要解决的问题，对双方的观点作出孰是孰非的判断也不是法院的职责所在。本案中所涉及的作品是原告的翻译作品，不是其就美国宪法修正案的提出日期和批准日期问题所著的专门的学术论文，其中的具体日期并不是原告通过这篇译文所想要表达的观点。被告引用了原告的译文，如果其对译文中部分时间问题有不同的看法，应该以注释的形式表明自己的观点，但其没有采用规范的注释方式，而是直接进行了改动，其行为确有不当之处。但是，考虑到翻译作品的性质，这种改动不是著作权法通过赋予作者保护作品完整权所要禁止的对作品的歪曲、篡改行为，加之学术界对于如何注释有自己的规范，各学科均有惯为接受和采用的方法，考虑到学术发展和进步的需要，本院认为不宜将该问题纳入著作权法的调整范畴。因此，原告关于被告修订译文中若干修正案的批准日期的行为构成侵犯著作权并要求精神损害赔偿的主张，本院不予支持。但被告应在其主编之《美国研究词典》一书再版时，准确标明所引用原告著作的版本，并对上述修正案的批准日期问题以恰当的方式进行注释。

被告使用原告作品应该支付报酬。因双方未就稿酬问题进行约定，应按照有关稿酬的规定计算应支付数额。本案中其使用的原告作品应在 15 000 字左右，其支付的 200 元稿酬，本院认为偏低。本院将依据相关稿酬标准、本案所涉作品具体类型及该作品的字数等因素，酌情确定被告应向原告支付的稿酬数额，被告已支付的 200 元稿酬应予扣除。

原告为本次诉讼支付了 2 000 元律师费，对其合理部分本院予以支持。

综上，原告认为被告侵犯其著作权的主张，无事实和法律依据，其相关的诉讼请求本院不予支持；其要求被告另行支付 1 000 元使用费的诉讼请求有合法依据，本院予以支持。依据《中华人民共和国著作权法》第十条、第十二条之规定，判决如下：

一、被告李世洞于本判决生效之日起 10 日内支付原告李道揆作品使用费 1 000元及诉讼合理支出 500 元，上述数额总计人民币 1 500 元；

二、驳回原告李道揆其他诉讼请求。

李道揆不服原审判决，提起上诉。理由是：一审判决认定事实基本清楚，但判决结果违背法律规定。李世洞在引用上诉人译文时未经著作权人的同意，擅自进行改动，破坏了原作文字的准确性，侵犯了上诉人依法享有的对原作的“修改权”和“保护作品完整权”。根据《著作权法》第四十六条第四款的规定，李世洞应当依法停止侵害、消除影响、赔礼道歉、赔偿损失。一审判决称“不宜将该问题纳入著作权法的调整范畴”违背相关法律规定。请求二审法院撤销一审判决，依法改判。判令：李世洞停止侵害上诉人的著作权；李世洞在《美国研究词典》附录 2 中恢复其引用上诉人所著《美国政府和美国政治》（商务印书馆 1999 年版）一书中附录 2 由上诉人翻译的《美利坚合众国宪法》中文本的原来文本；李世洞就其未经上诉人同意擅自删、改上诉人著作的侵权行为，向上诉人赔礼道歉，消除影响，恢复名誉；李世洞向上诉人支付精神损失赔偿费 100 元。

二审查明事实

二审法院查明事实与原审相同。

二审审理结果

二审法院认为：二审双方当事人争议的焦点在于，李世洞引用李道揆翻译的《美利坚合众国宪法》的中文译文时，对该宪法修正案的批准日期所作修改，是否侵犯了李道揆对其翻译作品所享有的修改权和保护作品完整权。

引用他人作品应客观、全面，维护所引用作品的完整性。目前对美国宪法修正案的批准日期客观上存在多种不同的理解，学术上也可以有不同的观点，但在引用他人作品时，如果对他人的观点有不同看法，应在尊重他人观点并予以客观引用的前提下，以适当的方式表明。李世洞在引用李道揆《美利坚合众国宪法》的中文译文时，直接对其中的批准日期予以改动并称之为“订正”确有不当，但鉴于李世洞已表明改动是其所为，且这种改动不会对所引用作品的翻译本身造成歪曲和篡改，故不宜认定李世洞的行为构成对李道揆翻译作品著作权的侵犯。因此，李道揆关于李世洞修订其译文中若干修正案的批准日期的行为侵犯了其对该翻译作品所享有的修改权和保护作品完整权的主张不能成立。

综上，一审判决认定事实清楚，适用法律正确，应予维持。李道揆的上诉理由不能成立，对其上诉请求本院不予支持。依照《中华人民共和国民事诉讼法》第一百五十三条第一款第（一）项之规定，判决如下：

驳回上诉，维持原判。

一审案件受理费 134 元，由李道揆负担 34 元，由李世洞负担 100 元；二审案件受理费 134 元，由李道揆负担。

28. “百度 IE 搜索伴侣”著作权侵权及不正当竞争纠纷案

——百度在线网络技术（北京）有限公司诉北京三七二一科技有限公司

原告（上诉人）：百度在线网络技术（北京）有限公司
被告（上诉人）：北京三七二一科技有限公司
案由：侵犯著作权及不正当竞争纠纷

原审案号：北京市朝阳区人民法院（2003）朝民初字第 24224 号
原审合议庭成员：林子英、党淑平、谢甄珂
原审结案日期：2003 年 12 月 23 日
二审案号：北京市第二中级人民法院（2004）二中民终字第 2387 号
二审合议庭成员：邵明艳、张晓津、何暄
二审结案日期：2004 年 4 月 23 日

判决要旨

虽然注册表信息直接影响软件的运行，但注册表信息并非计算机软件作品的组成部分，对注册表信息的修改不应视为对软件作品的修改。

依据合法、公平、有序的互联网行业竞争规范，涉案两软件之间的冲突现象已经超出了软件正常冲突的合理范畴，修改他人软件注册表信息的技术措施具有不正当竞争行为的性质。

起诉与答辩

原告百度在线网络技术（北京）有限公司（以下简称百度公司）诉称：百度公司是一家在国内 IT 行业享有良好声誉的软件技术提供商和平台运营商。百度公司于 2002 年 6 月 17 日推出“百度 IE 搜索伴侣”软件的当日，即发现该软件的注册表信息被北京三七二一科技有限公司（以下简称三七二一公司）的“3721 网络实名”软件所删除，且不能正常运行。2002 年 7 月 3 日，百度公司推出“百度 IE 搜索伴侣”软件的升级版后，三七二一公司于当晚升级了“3721 网络实名”软件，依然删除百度公司软件的注册表信息，使该软件不能正常运行。同年 7 月 9 日，三七二一公司再次将“3721 网络实名”软件版本升级，增加了对“百度 IE 搜索伴侣”软件的安装拦截功能。2003 年以来，三

七二一公司在“3721 网络实名”软件中专门设置了一个程序（cnsminkp 文件），该程序对“3721 网络实名”软件的运行无任何帮助，专为阻止用户从百度网站下载“百度 IE 搜索伴侣”软件，致使所有安装了“3721 网络实名”软件的用户均不能正常运行“百度 IE 搜索伴侣”软件，给百度公司造成巨大的经济损失，并导致用户对百度公司软件可靠性的怀疑，严重损害了百度公司的声誉。百度公司认为三七二一公司的行为违反诚实信用原则及公认的商业道德，侵犯了其对“百度 IE 搜索伴侣”软件所享有的修改权、发行权和网络传播权，并构成了不正当竞争。故诉至法院请求判令三七二一公司停止侵权行为，在“3721. com”网站和“baidu. com”网站公开赔礼道歉，就侵犯著作权和不正当竞争行为赔偿经济损失 100 万元，赔偿其他经济损失 5 150 元并承担诉讼费用。

被告三七二一公司辩称：百度公司并未就其主张权利的作品及其为权利人进行举证，因此无法认定三七二一公司侵犯了其著作权。Cnsminkp 文件是三七二一公司“3721 网络实名”、“上网助手”等多种软件产品共同的组成部分，是负责进程管理、文件管理以及文件统筹的底层支持模块。删除该文件不影响“3721 网络实名”软件的表面功能，不意味着不影响该软件的其他功能。同样，“百度 IE 搜索伴侣”软件也影响三七二一公司的“3721 网络实名”软件的正常下载和安装，出现相同的冲突现象，故百度公司提出的涉案现象属于正常的软件冲突问题。现三七二一公司向用户作出了提示，并提供了可行的解决方法。对于冲突的软件，用户完全可以自主选择。综上，三七二一公司从未接触过“百度 IE 搜索伴侣”软件的代码或其他文档，没有实施侵犯著作权和不正当竞争的行为，故不同意百度公司的诉讼请求。

原审查明事实

原审法院经审理查明：

1998 年，三七二一公司推出地址栏搜索软件——“3721 网络实名”，供用户免费下载、安装。后该软件不断升级，并于 2003 年 6 月包含 cnsminkp 文件。

2002 年 6 月 17 日，百度公司在其网站上推出地址栏搜索软件——“百度 IE 搜索伴侣”，供用户免费下载、安装。之后，只要“百度 IE 搜索伴侣”软件和“3721 网络实名”软件均安装在计算机中，就会出现“3721 网络实名”软件不能正常运行，且“3721 网络实名”软件在 IE 中设置的“启用网络实名”等 3 个选项被取消的现象。

同年 7 月，不论先安装“3721 网络实名”软件或者“百度 IE 搜索伴侣”

软件，查看注册表信息“［ab］代码”，均出现在后安装者替换在先安装者。

同年12月23日，未安装“百度IE搜索伴侣”软件时，登陆三七二一网站（网址http：//3721. com），则弹出“3721网络实名”软件的安装提示框。若已安装“百度IE搜索伴侣”软件，再登陆三七二一网站，则不弹出“3721网络实名”软件的安装提示框。此现象在2003年11月17日亦存在。

2003年10月17日，安装“3721网络实名”软件后，在系统目录中即出现cnsminkp文件；之后，再登陆百度网站（网址http：//bar. baidu. com），则无法通过点击鼠标左键正常下载“百度IE搜索伴侣”软件，仅可通过点击鼠标右键另存为方式下载“百度IE搜索伴侣”软件，但无法安装；删除cnsminkp文件后，仍仅可通过点击鼠标右键另存为方式下载“百度IE搜索伴侣”软件，但能够安装，且运行正常。

2003年11月12日，“百度IE搜索伴侣”软件与其他地址栏搜索软件之间存在相互不能正常下载、安装的现象。

2003年11月17日，在安装“3721网络实名”软件的前提下，下载安装“百度IE搜索伴侣”软件，则弹出提示用户卸载“3721网络实名”或者“上网助手”的对话框。卸载“3721网络实名”软件后，再登陆百度网站，可以通过点击鼠标左键方式下载“百度IE搜索伴侣”软件，且能正常安装运行。

诉讼中，双方均认可先安装“百度IE搜索伴侣”软件，登录三七二一网站，亦仅能使用鼠标右键另存为方式下载“3721网络实名”软件，但可以安装运行。

“3721网络实名”软件中还包含cnsmincg. ini文件，该文件内容含有“百度”、“百度”、“baidu. com”等字符串。百度公司未就该文件对“百度IE搜索伴侣”软件的影响举证，亦未举证证明安装“3721网络实名”软件前后，“百度IE搜索伴侣”软件的内容存在变化。

另，百度公司为此次诉讼支出公证费5 150元。

原审审理结果

原审法院认为：百度公司作为“百度IE搜索伴侣”软件的著作权人，享有许可他人修改、发行和通过网络传播该软件的权利。百度公司并未举证证明三七二一公司未经许可对“百度IE搜索伴侣”软件进行了增补、删节，或改变指令、语句顺序；也未举证证明三七二一公司未经许可向公众提供了该软件的原件、复制件或通过网络传播了该软件。含有cnsminkp文件的“3721网络实名”软件对“百度IE搜索伴侣”软件的下载安装制造的障碍，可以通过卸载“3721网络实名”软件或删除其中的cnsminkp文件或其他技术手段加以解决，以达到使“百度IE搜索伴侣”软件正常下载、安装的目的。由此可以判断，“3721网络实名”软件并未导致“百度IE搜索伴侣”软件绝对的不能下载安装，仅对“百度IE搜索伴侣”软件的发行和通过网络传播设置了障碍，没有根本阻止该软件的发行及网络传播。故对百度公司提出的三七二一公司侵犯其对“百度IE搜索伴侣”软件所享有的修改权、发行权和网络传播权的诉讼主张不予支持。

“百度IE搜索伴侣”软件和“3721网络实名”软件均系供互联网用户免费下载、具有地址栏搜索功能的商业软件，百度公司和三七二一公司均通过收取注册费等形式获利，双方存在竞争关系。百度公司和三七二一公司均采取了用自己的软件注册表信息替代对方软件注册表信息的措施，可以认定双方均通过不正当的技术手段阻止了用户使用对方软件，导致双方原本平等地接受用户的选择，变为只有一方能被用户选择，另一方丧失了被选择的机会。

作为同是提供地址栏搜索软件的经营者，三七二一公司和百度公司在保证自己的软件有效下载、安装的同时，均不应有意采取针对或影响对方软件正常下载、安装的技术措施，使对方处于不平等的竞争地位。本案双方均采用了技术手段阻止对方软件的正常下载。三七二一公司还采用了不正当的技术手段进一步阻止用户对“百度IE搜索伴侣”软件的安装。

百度公司和三七二一公司均采取技术措施替代对方软件注册表信息以及阻止用户正常下载对方软件的行为，尤其是三七二一公司进一步阻止“百度IE搜索伴侣”软件安装的行为，减少了对方的交易机会，以不正当手段谋取竞争优势，违反了公平、诚实信用的原则，三七二一公司实施的行为构成不正当竞争。由于三七二一公司未就“百度IE搜索伴侣”软件影响“3721网络实名”软件的下载和安装提出相应诉讼请求，故本院对此不予处理。

由于三七二一公司的行为并未根本地导致“百度IE搜索伴侣”软件无法下载、安装，百度公司可以通过相应的手段使用户实现下载、安装该软件的目的，且百度公司并未就三七二一公司损害其声誉予以举证，故对于百度公司提出三七二一公司的行为导致用户对其软件可靠性怀疑，严重损害其声誉，以及要求三七二一公司赔礼道歉的诉讼请求不予支持。

鉴于“百度IE搜索伴侣”软件属免费下载软件，且三七二一公司的行为并未根本地导致“百度IE搜索伴侣”软件无法下载、安装，百度公司又未就三七二一公司的不正当竞争行为使其遭受的经济损失举证，故对于百度公司提出三七二一公司赔偿经济损失的诉讼请求，不予支持。但三七二一公司应当支付百度公司为本次诉讼支出的合理费用。

综上，原审法院依据《中华人民共和国民事诉讼法》第六十四条第一款、

《中华人民共和国反不正当竞争法》第二条第一款、第二十条第一款之规定，判决：

一、北京三七二一科技有限公司于本判决生效之日起不得妨碍“百度IE搜索伴侣”软件以点击鼠标左键的方式正常安装；

二、北京三七二一科技有限公司于本判决生效之日起10日内赔偿百度在线网络技术（北京）有限公司为诉讼支出的合理费用5 150元；

三、驳回百度在线网络技术（北京）有限公司的其他诉讼请求。

百度公司不服原审判决，提起上诉，请求撤销原判并判令：三七二一公司立即停止对“百度IE搜索伴侣”软件的识别，取消旨在误导用户的各种提示，停止以各种方式妨碍“百度IE搜索伴侣”软件正常下载、安装、运行的侵权行为；三七二一公司在“3721. com”网站和“baidu. com”网站公开赔礼道歉；三七二一公司赔偿因涉案著作权侵权行为和不正当竞争行为给百度公司造成的经济损失100万元及其他损失5150元；由三七二一公司承担本案诉讼费用。其上诉理由为：第一，原审认定三七二一公司的行为不构成侵犯著作权不当，属适用法律错误。根据有关法律规定，三七二一公司妨碍著作权人行使其所享有的著作权的涉案行为构成对百度公司所享有的发行权和网络传播权的侵犯；第二，原审判决并不足以使三七二一公司停止涉案侵权行为。三七二一公司涉案侵权行为主要表现为阻止用户正常下载、安装和运行百度公司涉案软件，但原审判决结果却忽略了下载和运行两个重要步骤，未禁止其妨碍用户正常从百度网站下载涉案软件的行为，不能促使三七二一公司停止侵权行为；第三，原审未支持百度公司要求三七二一公司公开赔礼道歉和赔偿经济损失的诉讼请求，缺乏事实和法律依据。原审认定“3721网络实名”软件对“百度IE搜索伴侣”软件的下载、安装和运行设置了不必要的技术障碍，这种障碍无法满足用户的需求，用户必然对百度公司软件的可靠性产生怀疑，客观上损害了百度公司的声誉，应当承担赔礼道歉的责任。百度公司的“百度IE搜索伴侣”软件虽为免费工具软件，但该软件可能给著作权人带来的收益是巨大的。对于提供搜索服务的企业而言，使用软件的用户数及网络流量即意味着巨大的经济收益。百度公司请求赔偿数额的计算是基于百度公司的实际损失和三七二一公司的违法所得，法院对赔偿请求应予以支持。

三七二一公司辩称：百度公司的上诉请求中有关要求三七二一公司停止相关行为的请求超出了原审所提诉讼请求的范围，该请求范围亦不明确；百度公司并非百度网站的经营者，不应就涉案发生在该网站上的行为作为权利人主张权利；百度公司并未提供证据证明其对涉案“百度IE搜索伴侣”软件享有著作权，且软件安装过程中产生注册表信息修改增删的原因是多方面的，注册表信息的变化不能表明软件被修改，只有将前后两个软件的代码进行比对，才能判断是否被修改；虽然存在两软件冲突的现象，但并非三七二一公司直接实施的行为所导致的，而是通过软件用户在安装使用过程中出现的，因此不存在不正当或不公正问题；百度公司并无证据证明其经济损失或商誉受到损害的情况，其也不能通过诉讼达到均分市场的目的。因此请求法院驳回百度公司的诉讼请求。

三七二一公司不服原审判决，提起上诉，请求撤销原判第一、二项并判决驳回百度公司的诉讼请求。理由为：三七二一公司是国内中文上网服务的开创者和行业领先者，其主营业务是向互联网用户和企业提供网络关键词服务，即“3721网络实名”。百度公司涉案软件与三七二一公司涉案软件之间虽然存在冲突，但属于正常的软件冲突，并不存在侵犯著作权或不正当竞争问题。原审判决未能查明导致涉案技术现象的真正原因，三七二一公司就原审判决所认定的技术现象已经通过公开渠道向用户告知了软件可能存在冲突的情况以及解决冲突的方法，原审判决不应认定其存在过错；原审判决在未了解本行业的技术背景和商业背景的情况下所作出的判决，缺乏依据，且会对该行业造成负面影响。原审判决第一项缺乏可执行性，因为该项判决的执行取决于双方的技术升级状况，不仅需要三七二一公司重新进行技术上的研究，而且也不是该公司单方可以控制的。

百度公司辩称：涉案软件之间的冲突并非正常冲突，三七二一公司的行为侵犯了百度公司的著作权，且构成不正当竞争，应当承担相应的法律责任。

二审查明事实

二审法院经审理查明：2002年6月17日，百度公司在其网站上推出地址栏搜索软件——“百度IE搜索伴侣”，供用户免费下载、安装。之后即出现“百度IE搜索伴侣”软件和“3721网络实名”软件均安装在计算机中时，“3721网络实名”软件不能正常运行，且“3721网络实名”软件在IE中设置的“启用网络实名”等3个选项被取消的现象。卸载“百度IE搜索伴侣”软件并选定上述三个选项后，“3721网络实名”软件即可正常运行。

2003年11月12日，“百度IE搜索伴侣”软件与“新浪IE通”地址栏搜索软件、“CNNIC通用网址”软件之间在运行时存在冲突的现象。

2004年2月17日，在本案二审审理期间，先安装“3721网络实名”软件，再下载安装“百度IE搜索伴侣”软件时，安装失败并弹出“软件冲突警告”对话框，选择其中每一选项后，安装均失败。而卸载“3721网络实名”软件后，即可成功下载安装“百度IE搜索伴侣”软件。上诉人百度公司据此主张三七二一公司在原审判决之后继续实施涉案侵权行为。

2004年2月10日，天津市质量监督检验站第70站对于三七二一公司委托检验“3721网络实名”软件作出检验结论，并出具2004-003号检验报告。该检验报告备注栏载明：“对在已安装3721网络实名软件的系统上进一步安装其他同类浏览器地址栏搜索软件时，会改变系统原有网络实名软件功能的情况进行检验”。该检验报告的检验结论为：在安装了“3721网络实名”软件的情况下，再安装“百度IE搜索伴侣”软件或“CNNIC通用网址”软件，这两个软件对注册表中“3721网络实名”软件的部分项目进行了删除，使“3721网络实名”软件无法正常使用。经检验，安装“百度IE搜索伴侣”软件和“CNNIC通用网址”软件将改变用户已安装的“3721网络实名”软件的功能。上诉人三七二一公司据此主张从技术角度看，“3721网络实名”软件与“百度IE搜索伴侣”软件或“CNNIC通用网址”软件之间存在正常的软件冲突问题。百度公司虽对出具上述检验报告的检验站的资质提出质疑，但对该证据所载明的现象予以认可。

“3721网络实名”软件中还包含cnsmincg.ini文件，该文件内容含有“百度”、“百度”、“baidu.com”等字符串。百度公司主张该文件是cnsminkp文件运行时需调用的文件，该文件与cnsminkp文件共同对百度公司的涉案软件起到屏蔽作用，阻碍了百度公司涉案软件的正常下载、安装和运行，但三七二一公司主张上述两文件为两个独立的文件，cnsmincg.ini文件仅起到对同类地址栏搜索软件的进行识别以进行冲突提示的作用。百度公司未就此进一步举证证明，亦未举证证明安装“3721网络实名”软件前后，“百度IE搜索伴侣”软件的内容存在变化。

原审判决查明双方均认可先安装“百度IE搜索伴侣”软件，登陆三七二一网站，亦仅能使用鼠标右键另存为方式下载“3721网络实名”软件，但可以安装运行。两上诉人对此均提出异议。百度公司主张阻碍百度公司涉案软件下载的行为是三七二一公司所为，百度公司未曾对三七二一公司的涉案软件下载采取任何技术措施，其可通过鼠标左键或右键正常下载。三七二一公司主张百度公司不仅限制了“3721网络实名”软件的下载，而且不能正常安装运行，对此三七二一公司未能提供证据予以证明。经查，在2003年12月10日原审谈话笔录中，双方曾对原审判决中所查明的上述事实予以认可。在二审审理过程中，上诉人百度公司向二审法院提交了北京市国信公证处出具的（2004）京国证民字第01403号公证书，证明三七二一公司在原审判决后利用原审判决存在的漏洞继续进行侵权行为，原审判决不足以制止涉案侵权行为。三七二一公司对该证据材料的真实性不持异议，但认为该证据不属于新证据的范畴，如果该证据所涉及的行为与原审指控的是相同的行为，无须再举证；如是不同的行为，应另案起诉。且该证据不能证明上述公证书记载的现象是由三七二一公司导致的，不能排除该现象是百度公司通过技术手段造成的。

鉴于三七二一公司对该证据的真实性不持异议，二审法院对其真实性予以确认。虽然三七二一公司提出该现象产生的原因有可能系百度公司通过技术手段造成的，但其未对此予以举证证明，故二审法院对该证据证明力予以确认。鉴于百度公司在原审指控的是三七二一公司通过“3721 网络实名”软件拦截“百度 IE 搜索伴侣”软件的正常下载安装等行为，而该证据所记载的拦截安装的现象发生在原审判决后，从行为性质上看，该证据所涉及的行为应属百度公司所指控的涉案行为在本案审理期间的延续，属于本案审理范围。

上诉人三七二一公司向二审法院提交了天津市质量监督检验站第 70 站于 2004 年 3 月出具的“3721 网络实名”检验报告，证明先安装“3721 网络实名”软件，后安装“百度 IE 搜索伴侣”软件，“3721 网络实名”软件被破坏，不能安装运行，从技术角度看存在正常的软件冲突问题。百度公司对出具检验报告的检验站的资质提出质疑，认为其并非法定的检验软件质量的机关。同时百度公司对该证据所载明的现象予以认可，但认为存在上述冲突的原因在于三七二一公司首先采取了妨碍“百度 IE 搜索伴侣”软件正常下载、安装和运行的行为，百度公司为此采取了相应的防卫措施。鉴于百度公司对该证据所记载的现象的真实性予以认可，二审法院对其中所记载的涉案两软件之间存在冲突现象的真实性予以确认。

在二审审理过程中，上诉人百度公司提出原审判决对其诉讼请求的表述有误，其主张三七二一公司赔偿因著作权侵权和不正当竞争行为给其造成的经济损失 100 万元，并未确定侵犯著作权的行为和不正当竞争行为各 50 万元的赔偿数额。经查，百度公司原审诉讼请求为：请求判令三七二一公司承担因著作权侵权及不正当竞争行为给百度公司造成的经济损失 100 万元。

在二审审理期间，百度公司认可其并非百度网站的经营者，但主张其系该网站内容的著作权人。经查，百度网站（网址为 www. baidu. com）的所有者为北京百度网讯科技有限公司，在百度网站标注的版权声明表明，百度公司为该网站相关内容的权利人。百度公司主张在本案中三七二一公司对其“百度 IE 搜索伴侣”软件的软件版和插件版均实施了阻碍其正常下载、安装、运行的行为，其中其网页上显示“点此在线安装”所下载的为该软件的插件版，显示“下载本地安装”所下载的为该软件的软件版。

二审法院对原审法院查明的其他事实予以认可。

二审审理结果

二审法院认为：

根据我国著作权法的有关规定，如无相反证明，在作品上署名的公民、法人或者非法人单位为作者。本案中百度公司虽并非百度网站的经营者，但其在百度网站所标注的版权声明表明，百度公司为该网站相关内容的权利人。据此，百度公司应为涉案“百度 IE 搜索伴侣”软件的著作权人，其所享有的著作权应当受到我国法律的保护。三七二一公司虽对百度公司为“百度 IE 搜索伴侣”软件的著作权人提出异议，但其未提供相反证明，因此本院对其上述抗辩主张不予采纳。百度公司在本案主张其享有“百度 IE 搜索伴侣”软件的插件版和软件版的著作权，但该软件的插件版和软件版仅表明用户获取该软件的不同渠道和技术手段，二者并不就此构成著作权法意义上的不同作品，因此其上述主张缺乏法律依据，本院不予支持。

百度公司作为“百度 IE 搜索伴侣”软件的著作权人，未经其许可，他人不得对该软件进行修改或是通过网络传播该软件。根据本案查明的事实，2002 年 7 月，“百度 IE 搜索伴侣”软件与“3721 网络实名”软件之间存在在后安装者修改在先安装者注册表信息的情况。虽然注册表信息直接影响软件的运行，但注册表信息并非计算机软件作品的组成部分，对注册表信息的修改不应视为对软件作品的修改；而且，我国著作权法所规定的信息网络传播权是指以有线或者无线方式向公众提供作品，使公众可以在其个人选定的时间和地点获得作品的权利。本案中虽然存在“3721 网络实名”软件与“百度 IE 搜索伴侣”软件相冲突，影响“百度 IE 搜索伴侣”软件正常下载、安装、运行的情况，但百度公司未举证证明三七二一公司未经许可，提供百度公司涉案软件并通过网络传播该软件，因此，百度公司据此主张三七二一公司侵犯了其对“百度 IE 搜索伴侣”软件所享有的著作权并要求其承担停止侵权、赔礼道歉及赔偿经济损失的法律责任，于法无据，本院不予支持。

根据我国反不正当竞争法的有关规定，经营者在市场交易中，应当遵循自愿、平等、公平、诚实信用的原则，遵守公认的商业道德。互联网行业作为新兴行业，发展速度很快。为规范网络的健康发展，我国除制订相关法律法规外，中国互联网协会还组织制订了互联网行业自律规范——《中国互联网行业自律公约》，鼓励从业单位为促进行业共同发展加以自律，鼓励、支持开展合法、公平、有序的行业竞争，反对采用不正当手段进行行业内竞争，并规定从业者应尊重、保护消费者及用户合法权益，反对制作和传播对计算机网络及他人计算机信息系统具有恶意攻击能力的计算机程序等，以创造良好的行业发展环境。

本案中，涉案“百度 IE 搜索伴侣”软件和“3721 网络实名”软件均为供互联网用户免费下载具有地址栏搜索功能的商业软件，百度公司虽不是百度网站的经营者，但其与三七二一公司均作为提供地址栏搜索软件的经营者，属于同行业竞争者，具有竞争关系。百度公司和三七二一公司在对各自的商业软件进行经营的过程中不得采取不正当的技术措施，影响对方涉案软件的正常下载、安装和运行。三七二一公司提出百度公司并非百度网站的经营者，其不能就该网站上发生的涉案行为主张权利的抗辩主张，依据不足，本院不予采信。

根据本案查明的事实，百度公司与三七二一公司的涉案两软件之间所存在的冲突是不断发展变化的，两公司都曾对各自软件进行升级。在 2002 年 7 月，存在无论先安装哪个涉案软件，均出现在后安装者修改在先安装者注册表信息的情况，致使在先安装的软件不能正常运行。软件之间的正常冲突现象表现为在后安装的软件生效，但仍保留在先安装的软件，用户仍有对在先安装的软件的选择权。而上述涉案冲突现象的存在使用户的计算机操作系统无法再识别在先安装的软件，继而用户无法再使用在先安装的软件，而只能使用在后安装的软件，此冲突现象不仅使用户不能正常行使选择权，而且使在先安装的软件不能接受用户的平等选择，从而使软件权利人丧失了相应的交易机会。因此，依据合法、公平、有序的互联网行业竞争规范，涉案两软件之间的上述冲突现象已经超出了软件正常冲突的合理范畴，上述修改他人软件注册表信息的技术措施具有不正当竞争行为的性质。

根据本案现有证据，在 2003 年 10 月 17 日，在先安装“3721 网络实名”软件后，系统目录中出现 cnsminkp 文件。再登陆百度网站，则无法通过点击鼠标左键的通常方式下载“百度 IE 搜索伴侣”软件，仅可通过点击鼠标右键以另存为方式下载，但无法安装；删除 cnsminkp 文件后，仍仅可通过点击鼠标右键以另存为方式下载，但可安装运行。显然，“3721 网络实名”软件对“百度 IE 搜索伴侣”软件的下载、安装和运行产生了阻碍。三七二一公司虽认为上述现象系由于正常的软件冲突或可能由于其他原因所致，但其未就此举证证明。因此，可以认定上述现象的产生与该公司“3721 网络实名”软件中的 cnsminkp 文件有关。三七二一公司虽主张 cnsminkp 文件对其软件具有特定的功能，但该文件确实存在阻碍“百度 IE 搜索伴侣”软件下载、安装的问题，而三七二一公司又未对该现象产生的原因进一步举证证明，因此，可以认定该阶段的软件冲突也超出了正常软件冲突的范畴，三七二一公司的上述行为阻碍了“百度 IE 搜索伴侣”软件的正常下载、安装和运行。

依据二审查明的事实，在 2004 年 2 月 17 日，安装“3721 网络实名”软件后，下载安装“百度 IE 搜索伴侣”软件时，安装失败并弹出“软件冲突警告”对话框，选择其中每一选项后，安装均失败。而卸载“3721 网络实名”软件后，即可成功下载安装“百度 IE 搜索伴侣”软件。上述四选项均不能成功安装的事实，表明普通用户丧失了对“百度 IE 搜索伴侣”软件的选择权，三七二一公司使用上述技术措施所造成的上述冲突超出了正常软件冲突的范畴。鉴于百度公司在原审指控的是三七二一公司通过“3721 网络实名”软件拦截“百度 IE 搜索伴侣”软件的正常下载安装等行为，而上述冲突现象发生在原审判决后，从行为性质上看，该行为应属百度公司所指控的涉案行为在本案审理期间的延续，属于本案审理范围。故对于三七二一公司提出的上述行为超出本案审理范围，应另案处理的抗辩主张，本院不予采纳。

综上，三七二一公司的上述行为不仅使用户不能正常行使其选择权，而且使百度公司的“百度 IE 搜索伴侣”软件不能接受用户的平等选择，从而使软件权利人丧失了相应的交易机会。现百度公司指控三七二一公司的上述行为构成不正当竞争，本院予以支持。

关于三七二一公司提出的涉案两软件之间及两软件与其他地址栏搜索软件之间存在的冲突为正常的技术冲突，对双方均无损害，且其为避免正常的技术冲突，已向用户作出卸载“3721 网络实名”软件的提示，卸载后亦可避免冲突的发生，因此其行为并不构成不正当竞争的上诉主张，本院认为，虽然“百度 IE 搜索伴侣”软件于 2002 年 6 月 17 日推出时确与“3721 网络实名”软件存在冲突，但仅限于“3721 网络实名”软件不能正常运行的情况；涉案两软件与其他地址栏软件之间的冲突也大多表现为相关软件不能正常运行，而不涉及相关软件的下载、安装问题。而三七二一公司的涉案行为不仅表现为使百度公司的“百度 IE 搜索伴侣”软件不能正常运行，而且表现为不能正常下载、安装等方面，对此三七二一公司又未能作出合理说明，因此其涉案行为不应视为正常的软件冲突的表现。虽然百度公司认可“百度 IE 搜索伴侣”软件亦对“3721 网络实名”软件的安装运行产生妨碍，但三七二一公司不能以二者之间存在非正常的冲突为由，对其实施的涉案不正当技术措施所造成的后果免除相应的法律责任。因此，三七二一公司的上述主张依据不足，本院不予支持。

综上，百度公司与三七二一公司为同业竞争者，三七二一公司上述修改软件注册表信息、阻碍点击鼠标左键正常下载安装运行、弹出软件冲突警告对话框中任一选项均导致安装失败的涉案行为阻碍了“百度 IE 搜索伴侣”软件的正常下载、安装和运行，构成了不正当竞争。

百度公司认可其对三七二一公司的涉案软件的安装运行亦采取了屏蔽措

施，但其主张该行为系出于防御目的，如三七二一公司停止其涉案行为，其亦将停止上述行为。百度公司的上述行为虽有不当之处，但三七二一公司对此未提出主张，故本院对此不予处理。百度公司在本案中主张“3721 网络实名”软件中含有“百度”、“百 度”、“baidu. com”等字符串的 cnsmincg. ini 文件是 cnsminkp 文件运行时需调用的文件，该文件与 cnsminkp 文件共同对百度公司的涉案软件起到屏蔽作用，阻碍了百度公司涉案软件的正常下载、安装和运行，但三七二一公司主张上述两文件为两个独立的文件，cnsmincg. ini 文件仅起到对同类地址栏搜索软件的进行识别以进行冲突提示的作用。百度公司未就此进一步举证证明，本院对其上述主张不予支持。

百度公司请求法院就三七二一公司涉案不正当竞争行为判令其承担停止侵权及赔偿因本案诉讼而支出的合理费用的法律责任的主张，理由正当，本院予以支持。鉴于百度公司未提交证据证明三七二一公司的涉案行为对其商誉造成损害，因此，百度公司主张三七二一公司承担赔礼道歉法律责任的上诉请求，依据不足，本院不予支持。鉴于百度公司作为涉案商业软件的经营者，并非百度网站的实际经营者，其免费向用户提供涉案软件，亦未能举证证明三七二一公司涉案行为给其造成的经济损失，且责令三七二一公司停止涉案行为足以达到维护其正当合法权益，规范涉案不正当竞争行为的目的。因此，百度公司主张三七二一公司承担赔偿经济损失的上诉请求，本院不予支持。

原审判决主文第一项表述为三七二一公司不得阻碍“百度 IE 搜索伴侣”软件以点击鼠标左键的方式正常安装，该表述并未涵盖涉案妨碍“百度 IE 搜索伴侣”软件正常下载、安装和运行的不正当竞争行为，因此原审上述表述欠妥，本院对此予以纠正。

上诉人百度公司所提上诉理由部分成立，其相应的上诉请求本院予以支持。上诉人三七二一公司所提上诉理由缺乏依据，其相应的上诉请求本院不予支持。原审法院认定事实部分不清，本院予以纠正。本院依照《中华人民共和国反不正当竞争法》第二条第一款、第二十条第一款，《中华人民共和国民事诉讼法》第一百五十三条第一款第（三）项之规定，判决如下：

一、维持北京市朝阳区人民法院（2003）朝民初字第 24224 号民事判决第二项，即北京三七二一科技有限公司于本判决生效之日起 10 日内赔偿百度在线网络技术（北京）有限公司为诉讼支出的合理费用 5 150 元；

二、撤销北京市朝阳区人民法院（2003）朝民初字第 24224 号民事判决第一、三项，即第一项北京三七二一科技有限公司于本判决生效之日起不得妨碍“百度 IE 搜索伴侣”软件以点击鼠标左键的方式正常安装；第三项驳回百度在线网络技术（北京）有限公司的其他诉讼请求；

三、自本判决生效之日起，北京三七二一科技有限公司停止以“3721 网络实名”软件阻碍百度在线网络技术（北京）有限公司“百度 IE 搜索伴侣”软件正常下载、安装和运行的涉案不正当竞争行为；

四、驳回百度在线网络技术（北京）有限公司的其他诉讼请求。

一审案件受理费 15 036 元，由百度在线网络技术（北京）有限公司负担 4 511 元，由北京三七二一科技有限公司负担 10 525 元；二审案件受理费 15 036元，由百度在线网络技术（北京）有限公司负担 4 511 元，由北京三七二一科技有限公司负担 10 525 元。

29. "郭富城音乐电视"著作权侵权纠纷案

——华纳唱片有限公司诉北京唐人街餐饮娱乐有限公司

原告（被上诉人）：华纳唱片有限公司
被告（上诉人）：北京唐人街餐饮娱乐有限公司
案由：侵犯著作权纠纷

原审案号：北京市第二中级人民法院（2003）二中民初字第8846号
原审合议庭成员：邵明艳、张晓津、梁立君
原审结案日期：2003年12月5日
二审案号：北京市高级人民法院（2004）高民终字第156号
二审合议庭成员：陈锦川、魏湘玲、张冬梅
二审结案日期：2004年4月28日

判决要旨

音乐电视（MTV）如果凝聚了导演、演员、摄影、剪辑、服装、灯光、特技、合成等创造性劳动，包含了制作者大量的创作，形成了视听结合的艺术表现形式，就应认定为以类似摄制电影方法创作的作品。

起诉与答辩

原告华纳唱片有限公司（以下简称华纳公司）诉称：该公司是郭富城演唱的《爱的呼唤》、《有效日期》、《听风的歌》三首MTV作品的著作权人。2003年2月25日，其发现被告北京唐人街餐饮娱乐有限公司（以下简称唐人街公司）以营利为目的，将其享有著作权的上述作品以卡拉OK的形式向公众放映。该公司作为上述作品的著作权人从未许可被告唐人街公司以上述形式使用涉案作品，原告认为被告未经许可擅自放映涉案作品的行为侵犯了原告的著作权。故诉至法院，请求判令被告：立即停止侵害原告对涉案作品所享有的放映权的行为；在《人民日报》上发表公开向原告赔礼道歉的声明；赔偿原告经济损失30万元及因本案诉讼支出的合理费用5万元并承担本案诉讼费用。

被告唐人街公司辩称：原告以由表演者郭富城演唱的歌曲摄录制作的MTV只是一种传播词曲作品的技术手段，MTV本身并不具备著作权法所述作品的独创性，并不是著作权法所称的作品，而属于录音录像制品，且原告提供

的国际唱片业协会出具的版权认证报告也表明原告所享有的权利为录音制作者权；唐人街公司卡拉OK的5000首曲库中确实包括涉案三首歌曲并可以由客人点击播放，但涉案三首歌曲是其自北京昆达星光科技发展有限公司购买的卡拉OK点播系统的专用曲库中所包含的。因此，被告未侵犯原告所享有的录音制作者权，录音制作者权并不包括放映权。故原告的主张缺乏法律依据，请求法院驳回原告的诉讼请求。

原审查明事实

原审法院经审理查明：1997年，华纳公司制作发行了《郭富城呼风唤爱卡拉OK精选1997 2VCD》光盘。该光盘中共包括24首MTV，其中包括《爱的呼唤》、《有效日期》、《听风的歌》3首MTV作品。该光盘背面彩封标注有"P +1997 Warner Music Hong Kong Limited"，即华纳公司录音制作者权标记P和版权标记。在该光盘开始播放时，屏幕上出现"PRESENTED BY WARNER MUSIC HONG KONG"字样；在涉案3首MTV作品播放时，均在屏幕左上角出现"WARNER MUSIC HONG KONG"字样，且《爱的呼唤》、《有效日期》曲目名称下载明："OP：Davy Music（admin. by Warner/Chappell Music H. K. Ltd.）/ Warner/ Chappell Music H. K. Ltd."；《听风的歌》曲目名称下载明："BMG Music Publishing H. K. Ltd. / Warner/ Chappell Music H. K. Ltd."，原告华纳公司称OP为Original Publisher的缩写，意为原始发行人。2003年5月26日，国际唱片业协会亚洲区办事处出具版权认证报告，证明华纳公司为《爱的呼唤》、《有效日期》、《听风的歌》等三首歌曲的录音制作者权人。

2003年2月25日，北京市天为律师事务所接受国际唱片业协会的转委托，来到唐人街公司B8083室，对郭富城MTV的部分歌曲进行点播，用数码摄像机对歌曲的播放过程进行了摄像，并刻录光盘一张。该光盘中包含《爱的呼唤》、《有效日期》、《听风的歌》等共15首歌曲。此外，还取得餐费发票一张，金额为979.5元。长安公证处对上述取证过程进行了公证。

2000年9月20日，北京盛唐新人街餐饮娱乐有限公司与北京昆达星光科技发展有限公司签订《订货合同书》。合同约定，北京盛唐新人街餐饮娱乐有限公司自北京昆达星光科技发展有限公司购买"全电脑KTV视频点播系统"一套，包括播控中心设备、前台中心设备、点歌客房设备、网络设备等，其中播控中心设备包括"5000首专用曲库"一套。2002年5月31日，北京盛唐新人街餐饮娱乐有限公司更名为唐人街公司。现唐人街公司主张涉案三首歌曲包括在其所购买的上述专用曲库中。唐人街公司称该公司KTV包间约为70间，营业面积约为1000平方米。

2003年7月17日，国际唱片业协会（香港会）有限公司出具证明。该证明载明：该协会各会员公司对其创作的香港流行歌星MTV曲目，在向香港卡拉OK歌厅等娱乐场所提供商业性优先使用时，惯用的方式是一次性许可，使用期为一个月至三个月不等，每首MTV曲目收费亦由港币五万元至五十万元不等。其后，会员之MTV曲目只可以在已经由会员授权公开放映之场所使用。

另查明，华纳公司在香港特别行政区支出调查、公证、认证费用港币11 190元，在北京支出公证费和翻译费人民币1 000元，律师代理费人民币3万元。

原审审理结果

原审法院认为：本案双方当事人争议的焦点问题主要为涉案MTV是以类似摄制电影的方法创作的作品，还是录音录像制品。MTV即音乐电视，是以确定的声乐、器乐作品作为承载的主题形象，依据音乐体裁不同的特性和诗歌意象进行视觉创意设计，确立作品空间形象的形态、类型特征和情境氛围，使画面与音乐在时空运动中融为一体，形成鲜明和谐的视听结构。这种声画合一的电视艺术体裁充分运用光、色、构图、运动等各种造型因素，利用电子编辑、三维动画和数码编剪系统等后期技术制作手段，将电视画面造型语言的诸多元素从传统的制作规范中解脱出来，利用分解的、变形的、多层画面的拼叠组合等形式构建一个多维时空形态。根据我国著作权法的有关规定，电影作品和以类似摄制电影的方法创作的作品是指摄制在一定介质上，由一系列有伴音或者无伴音的画面组成，并且借助适当装置放映或者以其他方式传播的作品。因此，涉案MTV属于我国著作权法所规定的以类似摄制电影的方法创作的作品，是受到我国著作权法保护的一种作品形式。

根据涉案MTV光盘彩封上标注的版权标记，华纳公司为涉案MTV作品的创作完成人，被告唐人街公司对于原告为涉案MTV作品制作人的身份不持异议，因此，应认定原告华纳公司对涉案MTV作品享有著作权，应当受到我国著作权法的保护。

根据我国著作权法的有关规定，录音制品是指任何对表演的声音和其他声音的录制品；录像制品是指电影作品和以类似摄制电影的方法创作的作品以外的任何有伴音或者无伴音的连续相关形象、图像的录制品。如前所述，涉案MTV作品系以类似摄制电影的方法创作的作品，非属录音录像制品，因此，被告唐人街公司提出MTV仅是传播作品的一种手段，涉案MTV属于录音录像制品，不是受我国著作权法保护的作品的主张，缺乏事实和法律依据，本院不予采纳。

根据我国著作权法的有关规定，原告华纳公司作为涉案MTV作品的著作权人，对涉案作品享有发表权等人身权利和复制权、发行权、放映权等财产权利。其中放映权是指通过放映机、幻灯机等技术设备公开再现美术、摄影、电影和以类似摄制电影的方法创作的作品等的权利。被告唐人街公司未经原告许可，放映原告享有著作权的三首涉案MTV作品，侵犯了原告对涉案作品所享有的著作权中的放映权，应当承担相应的法律责任。虽然唐人街公司自案外人处购买取得了包含涉案MTV作品的曲库，但其涉案放映行为并非为个人欣赏目的而合理使用涉案作品，其放映行为应当征得著作权人的许可，因此，唐人街公司提出其放映的涉案作品来源于其自案外人处购买的曲库，其不应就此承担侵权责任的抗辩主张，依据不足，本院不予采纳。

本案原告华纳公司请求法院判令被告唐人街公司承担停止侵权、公开赔礼道歉及赔偿经济损失和因诉讼而支出的合理费用的法律责任的主张，理由正当，本院予以支持。关于赔礼道歉的方式问题，本院将根据被告涉案侵权行为的影响范围、对涉案作品的使用方式等因素予以确定。关于赔偿经济损失的数额问题，鉴于原告参考MTV作品在香港卡拉OK歌厅的使用费标准确定本案赔偿请求数额，依据不足，本院将根据本案的具体情况，参考相关作品使用的付酬标准，综合考虑被告唐人街公司的经营规模、侵权行为的方式、持续时间和主观过错程度等因素，酌情确定被告唐人街公司赔偿原告经济损失和因本案诉讼而支出的合理费用的数额。

综上所述，依照《中华人民共和国著作权法》第十条第一款第（十）项、第二款、第四十七条第（一）项、第四十八条之规定，判决如下：

一、北京唐人街餐饮娱乐有限公司于本判决生效之日起，未经华纳唱片有限公司许可，不得实施放映《爱的呼唤》、《有效日期》、《听风的歌》三首MTV作品的行为；

二、北京唐人街餐饮娱乐有限公司于本判决生效之日起30日内，在《中国文化报》上就涉案侵权行为刊登向华纳唱片有限公司赔礼道歉的声明（致歉内容须经本院核准，逾期不履行，本院将在一家全国发行的报纸上登载本判决主要内容，所需费用由北京唐人街餐饮娱乐有限公司负担）；

三、北京唐人街餐饮娱乐有限公司于本判决生效之日起15日内赔偿华纳唱片有限公司经济损失23 000元；赔偿华纳唱片有限公司因本案诉讼而支出的合理费用15 000元；

四、驳回华纳唱片有限公司的其他诉讼请求。

唐人街公司不服原审判决，提起上诉，请求撤销原审判决第一、二、三项，如认定涉案MTV为作品，仅应赔偿219元。理由为：1. MTV只是录制、传播歌词歌曲作品的一种手段，属于录音录像制品，华纳唱片有限公司作为MTV的制作人，不享有许可他人放映并获得报酬的权利。2. 华纳唱片有限公司提供的证据只能证明其为涉案MTV的制作者，不能证明其为著作权人。3. 国际唱片业协会亚太地区负责人饶锐强“平均一个包房播放使用费一天5元左右”的说法是这个行业在中国市场MTV播放权价格的一般行情。另外，本案没有必要选择登报赔礼道歉的方式。

华纳唱片有限公司服从原审判决。

二审查明事实

二审法院查明事实与原审相同。

二审审理结果

二审法院认为：是否包含创作，是判断是否构成作品的重要条件。作为邻接权对象的录像制品是对表演或其他景象、形象、声音进行简单、机械的录制产生的，它只是忠实地录制现存的音像，并不具有创作的成分。而涉案三首MTV是以类似摄制电影的方法制作，凝聚了导演、演员、摄影、剪辑、服装、灯光、特技、合成等创造性劳动，包含了制作者大量的创作，是视听结合的一种艺术形式，因此符合作品的构成要件。原审法院认定涉案三首MTV属于我国著作权法规定的以类似摄制电影的方法创作的作品，受我国著作权法保护是正确的，上诉人唐人街公司关于MTV属于录音录像制品、华纳唱片有限公司不享有许可他人放映并获得报酬的权利的主张不能成立。

根据著作权法的规定，以类似摄制电影的方法创作的作品的著作权由制片者享有，如无相反证据，在作品上署名的公民、法人或者其他组织为作者。涉案《郭富城呼风唤爱卡拉OK精选1997 2VCD》光盘彩封及涉案三首MTV在播放时均有华纳公司的署名，上诉人唐人街公司对华纳公司为涉案三首MTV制作人的身份亦予以承认，因此，可以认定华纳公司是涉案三首MTV作品的著作权人，上诉人唐人街公司主张华纳公司提供的证据只能证明华纳公司是涉案MTV的制作者、不能证明其是著作权人，没有事实和法律依据，本院不予支持。

上诉人唐人街公司未经华纳公司的许可，放映涉案三首MTV，侵犯了华纳公司的著作权，原审法院判决判令上诉人唐人街公司承担停止侵权、公开赔礼道歉、赔偿损失和因诉讼而支出的合理费用的法律责任是正确的。原审法院根据本案的具体情况，参考相关作品使用的付酬标准，综合考虑上诉人唐人街公司的经营规模、侵权行为的方式、持续时间和主观过错程度等因素，酌情确定上诉人唐人街公司赔偿损失和因诉讼而支出的合理费用的数额并无不妥。

综上，原审法院判决认定事实清楚，适用法律正确，上诉人的上诉理由不能成立，对上诉人的上诉请求，本院不予支持。依据《中华人民共和国民事诉讼法》第一百五十三条第一款第（一）项，判决如下：

驳回上诉，维持原判。

一审案件受理费 7 760 元，由华纳唱片有限公司负担 2 328 元，由北京唐人街餐饮娱乐有限公司负担 5 432 元；二审案件受理费 7 760 元，由北京唐人街餐饮娱乐有限公司负担。

30. 电视剧《激情燃烧的岁月》著作权侵权纠纷案

——北京九歌泰来影视文化有限公司诉中国人民解放军总政治部话剧团等

原告（上诉人）：北京九歌泰来影视文化有限公司
被告（被上诉人）：中国人民解放军总政治部话剧团
被告（被上诉人）：西安长安影视制作有限责任公司
被告（被上诉人）：中国人民解放军沈阳军区政治部话剧团
案由：侵犯著作权纠纷

原审案号：北京市第一中级人民法院（2002）一中民初字第8534号
原审合议庭成员：马来客、彭文毅、仪军
原审结案日期：2003年12月24日
二审案号：北京市高级人民法院（2004）高民终字第221号
二审合议庭成员：刘继祥、魏湘玲、张冬梅
二审结案日期：2004年5月14日

判决要旨

被控侵权作品是否构成对原有作品改编权的侵犯，应当取决于其是否使用了原有作品的基本内容，而且所使用的原有作品的基本内容必须是受著作权法保护的具有独创性的表达或表达方式。

起诉与答辩

原告北京九歌泰来影视文化有限公司（以下简称九歌泰来公司）诉称：原告于2001年6月27日与长篇小说《我是太阳》的作者邓一光签订著作权转让合同，以人民币55万元的价格购买了该小说的电视剧改编及拍摄权，邓一光给原告出具了改编并摄制电视剧的《授权书》。正当原告积极筹备将小说《我是太阳》改编并摄制电视剧期间，自2001年秋季开始，三被告制作的电视连续剧《激情燃烧的岁月》开始在全国各地方电视台播映。尽管该剧片头标明系改编自石钟山的中篇小说《父亲进城》，但无论从故事结构、情节安排、人物塑造甚至对白等方面，该剧对《我是太阳》进行了大量的抄袭。经对比显示，《激情燃烧的岁月》中明显抄袭《我是太阳》的内容多达97处。

由于《我是太阳》的作者邓一光已授权原告将其作品改编成电视剧并已结清了全部转让费，原告也开始着手将《我是太阳》改编成电视剧，因此三被告的行为严重损害了原告的经济利益。经原告了解，《我是太阳》的作者邓一光并未授权三被告将其作品改编为电视连续剧。上述事实表明，三被告联合制作的《激情燃烧的岁月》虽声称改编自《父亲进城》，但实际上却抄袭了《我是太阳》的内容。由于三被告并没有取得《我是太阳》的改编权，因此三被告的行为侵犯了《我是太阳》的著作权，同时也侵犯了原告作为著作权相关权利人对《我是太阳》的电视剧改编权及拍摄权，《激情燃烧的岁月》是一部侵权作品。同时，原告在市场上还发现由被告制作并委托出版发行的该剧 VCD 等各类衍生产品。根据《中华人民共和国著作权法》第四十六条的规定，请求判令：三被告联合制作的 22 集电视连续剧《激情燃烧的岁月》侵犯了原告对长篇小说《我是太阳》享有的电视剧改编及拍摄权；三被告立即停止侵权产品《激情燃烧的岁月》的播映和发行，对未播映和发行的侵权产品全部予以没收或者销毁；三被告以连带责任的方式赔偿原告 255 万元人民币；三被告承担原告因诉讼支出的律师费。

被告中国人民解放军总政治部话剧团（以下简称总政话剧团）辩称：电视连续剧《激情燃烧的岁月》确系改编自石钟山的中篇小说《父亲进城》，有《父亲进城》的作者石钟山先生在接受律师调查时的证言、石钟山先生在《激情燃烧的岁月》剧组领取著作权使用费的领款单、《激情燃烧的岁月》在播放时的片头文字等证据可以证实。编剧陈枰女士在改编《父亲进城》原著时虽然在具体情节和内容上有所扩展和丰富，但《激情燃烧的岁月》在故事结构、基本情节安排、人物性格塑造等方面都没有脱离原著的内容。《激情燃烧的岁月》不仅在主题和故事情节发展方面与《我是太阳》有实质性的不同，而且在人物塑造与关系设置方面，与《我是太阳》也有很大不同。因此，两者讲述的几乎是两个完全不同的故事。在主题方面，《激情燃烧的岁月》是大团圆性质的，而《我是太阳》却是悲剧性质的；在人物塑造方面，石光荣是一位始终乐观向上、对自己的前途充满信心的唐吉诃德式的英雄，而关山林却是一位比较沉重、悲观的具有浓厚悲剧色彩的职业军人。另外，两位男主人公的妻子的性格，也存在天壤之别。在故事情节的具体发展方面，《我是太阳》其实有两条主线：一条是关山林的政治、军事生涯，一条是关山林的婚姻、家庭生活；而《激情燃烧的岁月》只有一条主线，即石光荣的婚姻、家庭生活，几乎全部的笔墨都在这方面。原告指控长篇小说《我是太阳》被抄袭的内容绝大多数只是像“你是办也得办，不办也得办”、“当兵就得打仗，打仗就得死人，当兵的不死，那人民就得死……你这个时候哭，不是动摇军心是什么”

的一小段叙述性的文字，或是像“说乌云长得那个俊，赛过年画上的美人”、“关山林打起仗来很厉害，不要命……听不得枪响，一听见枪响就疯了”的非常简短的人物对白，篇幅非常少，根本构不成《我是太阳》的实质性部分。同时，原告也没有举出任何有说服力的证据证明其指控长篇小说《我是太阳》被抄袭的内容是《我是太阳》的实质性部分。原告所指控的《激情燃烧的岁月》剧在情节、细节及对白方面抄袭长篇小说《我是太阳》的所谓97处雷同中，或者根本就没有什么关系，或形似而实不似；或者是《父亲进城》原著中就有该情节或内容；或者是两者表现的是相同或相近的思想、主题、情感，但具体的表达不同；或者是公知的东西，或在其他作品中也有相同或类似的表达，因而不具有独创性，不应受著作权法保护；或者是编剧陈枰有自己独立的创作来源。其指控根本不能成立。且原告为了证明其所谓的“抄袭”指控，对《我是太阳》和《激情燃烧的岁月》的内容进行了牵强附会式的拼凑，错误百出。总之，《激情燃烧的岁月》与《我是太阳》讲述的几乎是两个完全不同的故事，《激情燃烧的岁月》未以相同的方式完整地使用《我是太阳》，也未使用《我是太阳》的实质性部分，因此，原告的抄袭指控不能成立，更谈不上被告侵犯了其享有的对《我是太阳》的电视剧改编权和拍摄权，请求人民法院依法驳回原告全部诉讼请求。

被告西安长安影视制作有限责任公司（以下简称长安影视公司）辩称：被告作品电视剧《激情燃烧的岁月》没有侵犯原告对小说《我是太阳》的改编权和拍摄权。原告通过订立合同仅从小说《我是太阳》的作者处获得小说《我是太阳》的改编权和摄制权，原告没有小说《我是太阳》的完整的著作权，指控我方侵权缺乏法律依据。《著作权法》第二条第一款明确规定：“中国公民、法人或者其他组织的作品，不论是否发表，依照本法享有著作权。”在本案中，小说《我是太阳》的改编权和摄制权是小说《我是太阳》作者著作权的一部分，归小说作者所有；原告只能享有其改编和摄制出的作品的著作权。但至今为止，在原告提交给法院的所有证据中，我们既没有看到原告改编出的作品——剧本，也没有看到原告拍摄出的作品——电视剧。由于本案的原告没有作品，也就没有著作权，因此更不存在我们侵犯了原告的著作权。同时，由于本案中原告仅是通过许可合同取得在一定时间内使用小说《我是太阳》作者的改编权和摄制权，原告并不享有对小说著作权完整的管理权和处分权，因此，原告不能凭借这种有限的权利指控被告侵犯小说《我是太阳》的著作权。电视连续剧《激情燃烧的岁月》是严格按照小说《父亲进城》和由小说改编的剧本拍摄成的一部优秀作品，没有侵犯原告拥有的小说《我是太阳》的改编权和拍摄权。电视连续剧《激情燃烧的岁月》得到了小说《父亲进城》作者和编剧的合法授权，有独立合法的改编权和拍摄权；电视连续剧《激情燃烧的岁月》所依据的剧本是被告聘请的编剧陈枰女士独立完成的。原告指控我方侵权缺乏事实依据，其所称电视连续剧《激情燃烧的岁月》侵犯其对小说《我是太阳》的改编权和拍摄权的事实并不存在。原告诉称答辩人侵犯其拥有的小说《我是太阳》的改编权和摄制权，但事实上，原告提交的所有证据，都没有证明这点。恰恰相反，原告提交的所有证据的最后结论是："电视连续剧《激情燃烧的岁月》与邓一光的作品《我是太阳》有大量相同和类似的背景、人物、情节和对白，电视连续剧《激情燃烧的岁月》有抄袭小说《我是太阳》的嫌疑。"这就是说，原告提交的证据却是在试图证明电视连续剧《激情燃烧的岁月》侵犯了小说《我是太阳》作者的著作权，而没有提交证据证明被告有侵犯其权利的事实。原告的索赔缺乏事实和法律依据，不能成立。原告在起诉书中要求法院判令三被告赔偿原告255万元人民币，但是，在原告的起诉书和提交的证据中，我们没有看到原告的索赔依据，我们不知道原告是如何计算出255万人民币的损失。正如长安影视公司在答辩状中陈述的和提交的证据证明的，长安影视公司改编和拍摄电视剧《激情燃烧的岁月》的行为没有侵犯小说《我是太阳》的著作权，更谈不上侵犯原告对小说《我是太阳》的改编权和拍摄权。因此，原告所称的由于长安影视公司的侵权行为给原告造成的损失也不存在。请求驳回原告起诉。

被告沈阳军区话剧团未提交书面答辩意见，庭审过程中表示其答辩意见与总政话剧团相同。

原审查明事实

原审法院经审理查明：

1995年9月7日，邓一光作为甲方（著作权人)，与乙方人民文学出版社签订"图书出版合同"，约定作品名称为《我是太阳》，乙方应于1996年6月30日前出版本作品。1996年8月发行的当年第4期《当代》杂志刊登了长篇小说《我是太阳》，署名作者邓一光。2002年1月，人民文学出版社出版了《我是太阳》一书。

2001年6月27日，邓一光作为甲方，与作为乙方的原告签订"著作权使用许可合同"，合同条款包括：甲方同意将甲方所著长篇小说《我是太阳》的电视剧改编和拍摄权许可给乙方使用；乙方作为合法受让人，拥有授权使用《我是太阳》的电视剧改编权和拍摄权，在本合同有效期内以电视剧的形式改编和拍摄上述作品；在许可期限内，甲方不得将同样权利许可给第三方使用；许可使用期限为36个月（2001年6月18日至2004年6月18日），于2004年

6月18日本合同到期之日自动结束。合同还就《我是太阳》一书电视剧改编和拍摄许可费的数额及支付方式等内容进行了约定。此后，原告于2001年11月至2002年6月分三次向邓一光支付使用许可费共计55万元。

2001年10月13日，原告作为甲方，与其聘请的编剧人员（乙方及丙方）签订了"剧本创作委托合同"，约定为明确三方在委托创作的三十集电视连续剧《我是太阳》（暂定名）剧本中的权利义务关系签订本合同，聘请乙方、丙方为该剧的编剧，稿酬总额为90万元。此后原告于2001年10月及2002年3月两次向编剧人员支付编剧稿费72万元。

1998年2月，石钟山创作的中篇小说《父亲进城》初次发表在《湖南文学》杂志上。2002年9月，华夏出版社出版《激情燃烧的岁月》一书，作者石钟山，该书由《父亲进城》、《父母离婚记》、《父亲离休》、《父亲和他的警卫员》、《幸福像花样灿烂》五篇独立小说组成。

2002年11月20日，石钟山出具"《父亲进城》电视转让权说明"，内容为其于1998年12月与《激情燃烧的岁月》制片人张纪中签订了《父亲进城》中篇小说转让电视剧改编的合同。石钟山从《父亲进城》剧组领取费用3万元，领款单标明"购版权《父亲进城》"。2002年7月至10月，陈枰两次从《父亲进城》剧组领取"编剧费"共计118000元。

2000年11月7日，中国人民解放军总政治部出具了"关于电视文学剧本《父亲进城》的意见"，表明剧本基础很好，可望拍出一部思想性、艺术性、观赏性都比较好的电视剧，并提出了一些修改意见以供参考。

2000年11月，长安影视公司与总政话剧团电视剧部签订"联合录制二十集电视连续剧《父亲进城》（暂定名）协议书"，内容为双方就联合录制电视连续剧《父亲进城》达成协议。

2001年7月27日，国家广播电影电视总局出具了（军）剧审字（2001）第004号"电视剧发行许可证"，表明剧目名称为《激情燃烧的岁月》，长度22集，制作单位为总政话剧团，合作单位为长安影视公司。

2002年4月4日，国家广播电影电视总局出具了甲第042号"电视剧制作许可证"，所涉单位名称为总政话剧团电视剧部。

22集电视连续剧《激情燃烧的岁月》标明由总政话剧团、长安影视公司、沈阳军区话剧团联合录制，片头标明根据《父亲进城》改编，编剧陈枰。该电视剧出版及发行了VCD光盘，外包装显示本片根据石钟山中篇小说《父亲进城》改编。

22集电视连续剧《激情燃烧的岁月》的主要内容为：电视剧的男主人公为石光荣，女主人公为褚琴，有石林、石晶、石海三个儿女。石光荣为出生于东北山村的孤儿，少年时参加革命，身经百战，东北解放时为解放军团长。褚琴出生城市小商人家庭，后参军。电视剧 1～5 集为战争结束前的故事，包括石光荣与师长讨论结婚的事，石光荣进城时与扭秧歌欢迎进城部队的褚琴相遇，在部队组织的舞会上石光荣与已入伍的褚琴跳舞，石光荣小伍子强请褚琴到 183 团吃饭，石光荣与胡毅比武、比赛饭量至相互了解，褚琴与谢枫的来往，石光荣向褚琴父母求婚，部队首长与褚琴谈话希望其嫁给石光荣，石光荣与褚琴结婚，婚礼上石光荣怀念牺牲的战友，新婚之夜石光荣与褚琴的长谈，谢枫打黑枪，石光荣婚后两天即开拔上前线打仗，石光荣与怀孕的褚琴在行军路上相遇，褚琴路途中生产，石光荣回东辽后与褚琴因生活习惯、照顾孩子问题发生矛盾，石光荣与胡毅喝酒抱怨婚后生活的烦恼及没有仗打，石光荣入朝参战，谢枫在战斗中牺牲等。6～16 集为战争结束后至石光荣离休前的故事，包括：石光荣与褚琴在生活中不断发生矛盾和争执、石光荣赴武汉进修、与胡毅相聚抱怨没有仗打、石林小时候的故事、石光荣回蘑菇屯老家、老家的乡亲来石光荣家回访及褚琴与石光荣为此产生争执，石光荣与褚琴因石林上大学还是参军的问题发生矛盾，石林在部队的成长过程及与父亲关系破裂，“文化大革命”中石光荣因反对战士举办赛诗会而被停职，石光荣从地方接回受到冲击的小伍子，石晶的军旅生涯，石光荣将军用物资支援家乡抗旱，石光荣离休等内容。第 17 集以后为石光荣离休后的故事，包括石光荣脱下军装后的苦闷，因将院中花池改为菜地等事情与褚琴产生的矛盾，石晶与成栋权的交往及恋爱过程、褚琴提前退休及退休后参加舞蹈班，石光荣与褚琴多次闹矛盾后分居，石光荣夫妇与同样离休的胡毅夫妇聚会，石光荣与褚琴的关系逐渐好转，石光荣患重病，痊愈后与石林和好，全家团聚等内容。

长篇小说《我是太阳》共分为 6 部，主要内容为：男主人公关山林为 1928 年参加革命的老红军，东北解放战争初期为民主联军独立旅旅长，女主人公乌云是一名蒙古族解放军战士。第一部《东北》，包括抗战胜利后关山林所在的部队进入东北，在司令员的指示下部队政治部主任为关山林挑选对象，并选中关山林手下一蒙古族连长的妹妹乌云，安排相亲后关山林立即表示要和乌云结婚，部队为此安排毫不知情的乌云入伍，乌云被部队派到药科专门学校学习，关山林率队攻打刁翎的土匪窝，乌云在学校与白淑芬及德米成为好友，乌云与学校的日本籍教师远滕相互产生了好感，关山林与警卫员邵越到学校看望乌云，学习期间由邵越与乌云联系，邵越给乌云讲关山林的英雄故事，邵越向关山林汇报看望乌云的情况，关山林率领部队参加攻打四平的战斗，政治部主任与乌云谈话动员其与关山林结婚，关山林与乌云结婚，婚后两天关山林即回部队、乌云回学校，关山林率部队攻打锦州，关山林与乌云在行军途中相遇，相聚一晚后又分离，关山林率部队参加解放沈阳的战斗，关山林与乌云均在战斗中负伤并住进同一家医院等。第二部《中原》，包括关山林与乌云的儿子路阳出生，关山林率领的部队在青树坪的战斗中失利，关山林与乌云在武汉相聚及分手时吵架，关山林在为高级军官办的基础文化补习学校学习。第三部《河北》，包括关山林一家在北京团聚，邵越因工作失误离开关山林，关山林到河北空军干部学校任校长，乌云到该校卫生所工作，关山林在“三反”运动中被作为贪污分子审查，乌云受牵连被批斗，难产生下二子会阳，关山林被解除审查。第四部《湖南》，包括关山林一家到湖南工作，乌云生下三子京阳，乌云与苏联顾问茹科夫、关山林与翻译范琴娜的交往、相识，乌云与关山林因生活习惯发生争执，关山林与茹科夫等苏联顾问在靶场上较量，乌云与关山林矛盾加深频繁吵架，乌云产下四子湘阳，会阳被诊断为痴呆症患儿，关山林与乌云矛盾加深至关山林动手打人，二人分居，乌云生下女儿湘月。第五部《四川》，包括关山林带家人到重庆工作，乌云与在驻外使馆工作的同学德米的通信过程，“文化大革命”期间关山林被隔离审查，路阳、京阳相继参军，关山林解除审查后被要求离职，乌云受到迫害，路阳因林彪事件受冲击而自杀。第六部《湖北》，包括关山林回洪湖老家定居，为解决家乡困难求助以往战友，老家不断来人并招致保姆厌烦，关山林与乌云因湘阳参军问题产生争执，京阳的恋爱过程，京阳在自卫反击战中牺牲，乌云给德米写的信，湘月出国留学，湘阳在官场上的钻营，乌云因车祸成为植物人，关山林对乌云的关怀与激励。

在诉讼过程中，原告主张《我是太阳》与《激情燃烧的岁月》相比，存在以下相同：故事梗概相同；人物塑造与关系设置相同；在情节、细节及对白方面，原告列举了97处相同之处。

原审审理结果

原审法院认为：根据已查明的事实，邓一光为长篇小说《我是太阳》的作者，对该作品享有著作权。作为著作权人，邓一光有权许可他人以摄制电影或者以类似摄制电影的方式使用该作品。原告与邓一光签订了著作权使用许可合同，约定邓一光将所著《我是太阳》的电视剧改编和拍摄权独家许可给原告使用，原告自2001年6月18日至2004年6月18拥有《我是太阳》的电视剧改编权和拍摄权。因此，在合同约定的期限内，原告对《我是太阳》拥有摄制权及改编权，有权禁止他人以摄制电影或者以类似摄制电影的方式使用作品。

22集电视连续剧《激情燃烧的岁月》标明由被告总政话剧团、长安影视公司、沈阳军区话剧团联合录制，故三被告应对该剧可能产生的侵犯他人著作权问题承担民事责任。

对于作品而言，具备独创性是其受著作权法保护的前提。同时，著作权法所保护的是作品的表达形式，作品的思想内容不受著作权法的保护。根据著作权法的规定，原告对《我是太阳》所拥有的权利为摄制权及改编权，摄制权及改编权本质上是著作权人对作品所享有的使用及获得报酬的权利，对于受让获得摄制权及改编权的权利人而言，其所享有的权利范围限于对作品的使用及获得报酬，该权利应属于财产权利。所以，对于被控侵权作品而言，只有在该作品与权利人（指受让获得作品摄制权及改编权的权利人）的作品在表达形式上存在相同或实质性相似之处，且这种相同或实质性相似达到一定程度、这种程度可能影响权利人财产利益的实现的情况下，才构成对权利人所享有的作品摄制权及改编权的侵犯。因此，判断电视剧《激情燃烧的岁月》是否构成对原告就小说《我是太阳》所享有的摄制权及改编权的侵犯，应分析电视剧《激情燃烧的岁月》与小说《我是太阳》具有独创性的表达形式是否构成相同或实质性相似。

对比小说《我是太阳》及电视剧《激情燃烧的岁月》的主要内容，两部作品均反映革命军人在战争及和平年代的婚姻、家庭生活及工作的故事，包括结婚的过程，战争时期的家庭生活，和平年代的工作及家庭生活经历，子女的工作及生活经历，因此，两部作品的题材是相同的。

对比小说《我是太阳》及电视剧《激情燃烧的岁月》的故事梗概，两部作品均描写了男、女主人公在战争年代相识、结婚的过程，婚后均因性格及生活习惯问题产生冲突、摩擦和彼此的不适应。对于故事主线而言，《我是太阳》与《激情燃烧的岁月》在这方面存在一致之处。对比二者的其他内容，《我是太阳》与《激情燃烧的岁月》男、女主人公及子女的故事及经历完全不同，二者描写的侧重点也完全不同。比如：在《我是太阳》中，对关山林在解放战争中参与的几次大的战斗的着墨较多，而《激情燃烧的岁月》中对石光荣这方面的战斗经历基本没有详细的描写。两部作品男女主人公结婚虽均通过组织介绍，但相识及结婚的过程有较大差别，《我是太阳》中关山林与乌云的相识完全通过组织介绍，而《激情燃烧的岁月》中石光荣与褚琴有自行相识的成分，相识后的交往过程两部作品也基本不相一致，且乌云对待婚姻也基本上是自愿的，与褚琴多少有些被强迫成分不同。《我是太阳》中较详细地介绍了关山林在新中国成立后的工作情况，关山林一家的经历比较坎坷；而《激情燃烧的岁月》对石光荣在新中国成立后的工作情况描写相对较少，其家庭成员的经历亦较少坎坷之处。“三反”运动及“文化大革命”中关山林、乌云所受诬陷、迫害是《我是太阳》的重点内容；而《激情燃烧的岁月》中几乎没有这方面的内容，只是介绍石光荣因反对战士举办赛诗会而被停职，但没有受到大的冲击。《我是太阳》与《激情燃烧的岁月》中男、女主人公的几个子女的经历也不相同，《我是太阳》中关山林之子会阳为痴呆症患者，路阳因林彪事件受冲击而自杀，京阳在自卫反击战中牺牲，湘阳则沦为官场中钻营的市侩，湘月出国留学；《激情燃烧的岁月》中长子石林成长为解放军军官，女儿石晶参军后成为法官，三子石海为一名大学生及军人，石林与父亲的矛盾在《激情燃烧的岁月》中占有一定位置，这也是《我是太阳》中所没有的。在故事结局上，《我是太阳》中乌云因车祸成为植物人，家庭成员的结局多不尽如人意，带有一定的悲剧色彩；而《激情燃烧的岁月》中石光荣病愈出院，与长子达成谅解，夫妻间关系和好，全剧以大团圆方式结尾。在《我是太阳》中，对男、女主人公的感情纠葛描写及关山林对和平年代及离职后生活的不适应在作品中所占比重并不大，作品的重点相对更着重于描述关山林的坚韧、崇高的英雄形象，以及男、女主人公对生活中困难及坎坷的克服；而《激情燃烧的岁月》的主要故事情节及重点则相对更着重于围绕石光荣与褚琴在共同生活中的纠葛展开。

对比人物塑造方面，小说《我是太阳》与电视剧《激情燃烧的岁月》中的男主人公均是出生贫寒、身经百战并战功卓著的解放军高级将领，性格简单急躁、粗鲁倔强并独断专行，但为人正直、善良、坦荡、无私，忠心于革命事业，对妻子的态度较为率直。女主人公则均相对感情较为细腻，与男主人公的性格有不适应之处。

关于原告在诉讼中所主张小说《我是太阳》与《激情燃烧的岁月》在情节、细节及对白方面列举的97处相同之处，经对比，其中第1处为故事背景，原告主张两部作品均是“以建国前后的几次大的战役为背景，以主人公的婚姻、家庭生活为背景”，第2处为故事整体框架，第4处为两部作品男主人公的性格，不属于情节、细节及对白范畴。原告所主张其他相同之处可分为以下3种情况：

1. 具体情节相同或相似，从文学创作的角度可明显感觉到《激情燃烧的岁月》的这些内容来自于《我是太阳》。如第9处，两部作品均有首长劝男主人公“娶媳妇”，否则“让人笑话”或“丢组织上的脸”的内容。再如第17处，均有警卫员向女主人公介绍男主人公的战斗经历的过程，以及战斗中男主人公均踢、骂掩护自己的警卫员的情节。再如第24处，两部作品均有部队领导与女主人公谈话，要求其嫁给男主人公的情节，且内容大致相同。再如第29处，两部作品均有结婚时部队首长不让闹洞房的情节。再如第35、36、37、

38处，两部作品均有男、女主人公在行军途中相遇的情节，情节过程也基本相似。再如第43处，《我是太阳》中关山林有兵败青树坪的经历，石光荣有兵败青石岭的经历。第53处，两部作品均有男主人公将警卫员作为自己身上一块肉的说法。第64处，两部作品均有女主人公复员后有情绪，男主人公进行劝解的情节。第73处，两部作品均有男主人公每天早晚各做一百个俯卧撑及跑步3公里或5公里的情节。类似的地方还有第5、13、14、15、18、19、22、26、28、31、32、45、47、49、54、55、56、57、58、62、65、67、68、69、72、80、82、84、88、89、90、91处。

2. 虽有相同或相似之处，但相同或相似之处为众所周知的历史事件，或为生活中常见的情节或语言，或缺乏独创性，或不应为原告所专有。如第11处，《我是太阳》为“……说乌云长得那个俊，赛过年画上的美人”，《激情燃烧的岁月》为“石光荣痴痴地盯住褚琴，赞叹到：俊，像画上下来的人！”以像画上的人的方法比喻女性的美貌，是现实中及文学作品中常用的方法，不应为原告所专有。再比如第25处，男主人公的手枪上均有红穗子；第30处，《我是太阳》及《激情燃烧的岁月》中，男、女主人公结婚时均在小木屋，及新房中均有花生、红枣、榛子等，这些均是现实生活中常见的场景，其内容构成非常简单，不具备起码的独创性。再比如第41处，《我是太阳》中有关于解放战争进程的介绍：“……元月31日，解放军进入北平城下，……2月，部队开始南下，3月过黄河，……4月，部队……向武汉前进。5月，部队在几乎没有遭到抵抗的情况下渡过长江。5月16日，关山林……踏上汉口一马平川的柏油路”；《激情燃烧的岁月》中石光荣对小伍子说：“痛快，1日进天津，月末就进了北京，2月南下，3月就过黄河了，4月进武汉，5月就过长江了……”两部作品描述的时间进程均系客观的历史事实，不为原告所独创及专有。类似的地方还有第3、8、10、12、27、48、63、66、71、73、78、83、86、92、93、94处。

3. 具体的情节或语言并不相同或相似，或在某种意义上有一定相同及相似之处，但表达方式上完全不同。如第6处，《我是太阳》中有“他再度燃烧起来的激情就是一种证明”的语句，原告则主张《激情燃烧的岁月》的名称与之相同，两部作品虽均有“燃烧”和“激情”的词语，但在作品中表达的意义是不一致的，不能认定为抄袭。再如第23处，两部作品中均有男主人公与领导进行有关结婚问题的谈话，但二者谈话的具体内容不同，在表达形式上是不一致的。再如第33处，《我是太阳》中有乌云对日籍教师产生好感的经历，《激情燃烧的岁月》中褚琴与谢枫也有类似经历，但二者的过程及情节是不一样的，不能认定为相同。再如第81处，《我是太阳》中有邵越拄双拐的情节，原告主张《激情燃烧的岁月》中石晶在部队中的男友胡达凯断了一条腿属于抄袭自《我是太阳》，显然过于牵强，两部作品在这个情节上的背景、人物、在故事中的作用均有较大差别，不能因为均出现腿部残疾就认定为相同。类似的地方还有第 7、16、20、21、34、39、40、42、44、46、50、51、52、59、60、61 相似人公有,、70（原告误写为 71）、74、75、76、77、79、85、87、95、96、97 处。

分析以上对比，《我是太阳》与《激情燃烧的岁月》两部作品的题材是相同的，同时又均描写了男、女主人公在战争年代相识、结婚的过程，婚后均因性格及生活习惯问题产生冲突、摩擦和彼此的不适应，部分故事主线也存在一致之处。但是，作品的题材不是著作权法保护的客体。对于文学作品而言，仅有上述抽象的题材和故事框架显然不能构成作品，构成作品的起码要素除抽象的题材及主线外，还应有题材及主线下具体的情节及内容。因此，判断两部作品是否构成著作权法意义上的相同及抄袭，还应分析具体的情节和内容。分析《我是太阳》及《激情燃烧的岁月》的实际故事内容，两部作品存在较大的差别，两部作品除第一部分均为描述男、女主人公婚嫁的故事有一定的相似处之外，其余部分均不一致。对于实际阅读过《我是太阳》且观看过《激情燃烧的岁月》的读者及公众而言，两部作品内容整体上的差别是显而易见的。

关于原告主张的两部作品 97 处的情节、细节及对白的相同之处的对比，其中上述第二、三种情况虽存在部分相同或相似之处，但相同或相似之处为众所周知的历史事件或生活中常见的情节或语言，或缺乏独创性，或不应为原告所专有；也有的部分内容并不相同或相似，或在某种意义上有一定相同及相似之处，但在具体情节等表达方式上完全不同。对于 97 处对比中的这两部分内容，不应认定《激情燃烧的岁月》系抄袭自《我是太阳》。包括对男、女主人公的人物及性格的塑造上，现实中类似人物是存在的，男、女主人公的形象具有典型性，但不具有独创性，不应成为著作权法保护的客体，也不应为原告所独占。关于 97 处对比中的第一种情况，从文学创作的角度可明显感觉到《激情燃烧的岁月》的情节系来自于《我是太阳》，因《我是太阳》一书创作及公开发表在先，在被告没有举出相反证据证明其独创的情况下，应认定《激情燃烧的岁月》这些情节抄袭自《我是太阳》。这些情节包括男主人公的身份，男、女主人公均系经组织介绍而成亲，男、女主人公夫妻关系上存在争执至吵闹等，其他多为细节上的相同及相似。

根据以上分析可以认定，《我是太阳》与《激情燃烧的岁月》为两部不同的作品，但《激情燃烧的岁月》的部分情节、细节及对白抄袭自《我是太阳》具有独创性的内容，相对于两部作品的整体内容而言，《激情燃烧的岁月》抄袭的内容只占很小部分。

如上所述，只有在《激情燃烧的岁月》与《我是太阳》两部作品具有独创性的表达形式构成相同或实质性相似的情况下，《激情燃烧的岁月》才构成对原告摄制权及改编权的侵犯。经过上述对比，《我是太阳》与《激情燃烧的岁月》是两部不同的作品，虽然《激情燃烧的岁月》部分情节、细节及对白抄袭自《我是太阳》享有著作权的内容，但只占很小部分，不构成实质性相同。确实，《激情燃烧的岁月》播出及发行并引起较大反响后，有可能对以《我是太阳》为原著的电视剧的收视率等市场利益产生不利影响，但这种影响是因作品的题材相同造成的，不是因两部作品部分情节、细节及对白的相同造成的，而本案所涉及作品的题材不受著作权法的保护，不为原告所专有。因此，根据以上理由，被告总政话剧团、长安影视公司、沈阳军区话剧团联合录制的电视连续剧《激情燃烧的岁月》未使用小说《我是太阳》的实质性内容，不构成对原告就《我是太阳》所享有的摄制权及改编权的侵犯。

综上所述，原告指控被告总政话剧团、长安影视公司、沈阳军区话剧团联合录制的电视连续剧《激情燃烧的岁月》侵犯自己对小说《我是太阳》享有的电视剧改编及拍摄权，理由不足，不能成立，其诉讼请求本院不予支持。依照《中华人民共和国著作权法》第十条第一款第（十三）项、第（十四）项和第三款的规定，判决如下：

驳回原告北京九歌泰来影视文化有限公司的诉讼请求。

九歌泰来公司不服原审判决，提起上诉，请求撤销原审判决，对本案重新作出公正判决。其上诉理由是：1. 上诉人指控《激情燃烧的岁月》与《我是太阳》97 处雷同基本客观属实，一审判决仅认定 94 处中的第一种情况构成抄袭，但对第二种情况和第三种情况认定不构成抄袭，其理由不能成立；2. 一审判决认为《激情燃烧的岁月》对《我是太阳》的抄袭只占很小一部分，两部作品独立存在，因而不构成侵权，既不符合事实，也是对法律的曲解；3.《激情燃烧的岁月》实质上是改编自《我是太阳》，被上诉人侵犯了上诉人对《我是太阳》的改编权和摄制权，使上诉人的利益受到巨大损失，应当对上诉人进行赔偿。

总政话剧团、长安影视公司、沈阳军区话剧团服从原审判决。

二审查明事实

二审法院查明的事实与原审基本相同，另查明：二审中，九歌泰来公司对一审判决所列举的《激情燃烧的岁月》与《我是太阳》进行对比的 97 处内容以及将这 97 处内容所作的具体情况的分类没有异议。在总政话剧团和沈阳军区话剧团提交原审法院的材料《对原告指控〈激情燃烧的岁月〉抄袭〈我是太阳〉的所谓97处雷同的逐一分析与反驳》一文中，编剧陈枰对九歌泰来公司主张的97处相同表示不予认可。

2000年7月28日、2000年10月9日，陈枰两次从《父亲进城》剧组领取“编剧费”共计118 000元。

二审审理结果

二审法院认为：摄制权，即以摄制电影或者以类似摄制电影的方法将作品固定在载体上的权利。要摄制电影、电视、录像作品而行使对作为文字作品的小说所享有的摄制权，必须有权将该小说改编成相应的剧本。本案中九歌泰来公司指控总政话剧团、长安影视公司、沈阳军区话剧团联合制作的电视剧《激情燃烧的岁月》抄袭了小说《我是太阳》中的97处内容，实际上是改编自《我是太阳》，因而侵犯了九歌泰来公司从著作权人受让获得的改编权和摄制权，即九歌泰来公司指控侵犯其摄制权的理由是因为侵犯了其改编权，且指控侵犯上述两项权利系基于同样的事实。因此，判断被控侵权作品电视剧《激情燃烧的岁月》是否构成对九歌泰来公司享有的《我是太阳》的改编权的侵犯，是判断是否构成对该作品摄制权侵犯的前提。

著作权法上的改编，是指在原有作品的基础上，通过改变作品的表现形式或者用途，创作出具有独创性的新作品。改编作为一种再创作，应主要是利用了原有作品的基本内容；如果离开了原有作品的基本内容，改编作品本身将无法构成作品。因此，被控侵权作品是否构成对原有作品改编权的侵犯，应当取决于其是否使用了原有作品的基本内容，而且所使用的原有作品的基本内容必须是受著作权法保护的具有独创性的表达或表达方式。

下面具体分析九歌泰来公司指控《激情燃烧的岁月》抄袭《我是太阳》的97处内容是否构成独创性的表达以及是否构成《我是太阳》的基本内容。

97处中的第1处为故事背景，第2处为故事整体框架，第4处两部作品男主人公的性格，其余94处基本上属于情节、细节及对白范畴。

关于涉及作品总的方面的1、2、4处。从本案中两部作品反映的故事背景、故事整体框架、主人公性格等总的方面来看，虽然均是反映革命军人在战争及和平年代的婚姻、家庭生活及工作的故事，均描写了男、女主人公在战争年代相识、结婚的过程，婚后均因性格及生活习惯问题产生冲突、摩擦和彼此的不适应，男主人公的性格均是特定年代的解放军高级将领的典型性格，女主人公的性格也是那种特定年代的比较典型的性格，但两部作品男、女主人公及子女的实际故事内容及经历完全不同，两部作品描写的侧重点也完全不同。故事背景、故事整体框架、主人公性格等总的方面的相似之处，主要是由两部作品题材相同造成的，这些内容不属于著作权法所保护的具有独创性的表达或表达方式。

关于情节、细节及对白方面的94处。一审判决曾经将这94处划分为三种情况。第一种情况涉及的44处经对比，《激情燃烧的岁月》的有关表达与《我是太阳》基本相同或相似。因《我是太阳》一书创作及公开发表在先，在对方当事人没有举出相反证据证明其独创的情况下，应认定《激情燃烧的岁月》使用了《我是太阳》的44处内容。经查，这44处主要涉及有关情节，包括男主人公的身份，男、女主人公均系经组织介绍而成亲，男、女主人公夫妻关系上存在争执至吵闹等，其他多为细节方面的。第二种情况涉及的19处经对比，也基本上属于相同或相似之处。虽然其中所描述的或为众所周知的历史事件，或为生活中常见的情节或语言，但作为体现在整部作品之中的诸多表达或表达形式的总和，无疑具备著作权法意义上的独创性。因而应当认定《激情燃烧的岁月》亦使用了《我是太阳》的上述19处内容。经查，上述19处内容所涉及的也是情节和细节方面的。第三种情况涉及的31处经对比，具体的表达完全不同。但是，综合考虑上述第一和第二种情况所涉及的63处相同或相似之处，应当认定《激情燃烧的岁月》所使用的《我是太阳》的有关内容，不能构成《我是太阳》的基本内容，因而《激情燃烧的岁月》不构成对《我是太阳》的改编，不构成对九歌泰来公司所享有的改编权的侵犯。

基于前述的摄制权和改编权之间的关系以及九歌泰来公司指控侵犯其改编权和摄制权的实质理由，在《激情燃烧的岁月》不构成对九歌泰来公司所享有的改编权的侵犯的情况下，亦不构成对九歌泰来公司所享有的摄制权的侵犯。

上诉人九歌泰来公司以两部作品之间存在着部分抄袭内容为由指控被上诉人侵犯了其所享有的改编权和摄制权，缺乏事实和法律依据；其要求被上诉人停止侵权、赔偿因侵犯改编权和摄制权而造成的经济损失的诉讼请求，亦于法无据，本院不予支持。

综上，原审判决认定事实清楚，适用法律及处理结果并无不当。依据《中华人民共和国民事诉讼法》第一百五十三条第一款第（一）项之规定，判决如下：

驳回上诉，维持原判。

一审案件受理费22 760元，由北京九歌泰来影视文化有限公司负担；二审案件受理费22 760元，由北京九歌泰来影视文化有限公司负担。

31.《中国方志五十年史事录》著作权侵权纠纷案

——诸葛计诉方志出版社

原告（上诉人）：诸葛计
被告（被上诉人）：方志出版社
案由：侵犯著作权纠纷

一审案号：北京市第二中级人民法院（2004）二中民初字第 2196 号
一审合议庭成员：邵明艳、张晓津、何暄
一审结案日期：2004 年 6 月 17 日

判决要旨

作者委托他人联系作品出版后，如得知该书出版，并领取了稿酬和样书的，可以推定作者对该书的出版予以认可，出版社的出版不构成侵犯著作权。

起诉与答辩

原告诸葛计诉称：其 30 余年来一直致力于中国历史、地方史志等方面的研究，2002 年 6 月初步完成《中国方志五十年史事录》书稿，约 75 万字，由序言、例言、正文、后记、附录等组成。经人介绍，其与北京燕创文化发展有限公司（以下简称燕创公司）于 2002 年 8 月 5 日签订协议书，约定由燕创公司负责为该书提供中华书局或中国社会科学出版社的书号。根据上述协议，其于 2002 年 9 月 16 日完成书稿并交付燕创公司。原告对该书进行最后校订及编制人名索引和书名索引时，燕创公司告知其该书由方志出版社出版，原告对此予以明确反对。但 2002 年 12 月被告方志出版社将原告尚未完全校对完毕的书稿正式出版。2003 年 1 月 13 日，原告从外地读者来电中得知该书已出版发行。原告发现被告出版的图书中压缩正文文字约 4 万字，舍弃人名索引，并将原告所编书名索引改为参考文献。原告认为被告未经其许可，出版涉案图书的行为侵犯了原告所享有的保护作品完整权、修改权和获得报酬权，故诉至法院，请求判令被告：在《中国地方志》、《广西地方志》、《黑龙江史志》等杂志上公开向原告赔礼道歉；支付涉案图书稿酬 7 万元；赔偿侵犯保护作品完整权和修改权的损失 2 万元；支付原告对该书进行文字输入的劳务费用 3 000 元和校对的劳务费用 2 000 元并承担本案诉讼费用。

被告方志出版社辩称：1. 该社出版原告所著《中国方志五十年史事录》是经中国地方志指导小组年鉴编辑部的王熹介绍，受燕创公司的口头委托免费承做的。而燕创公司依据其与原告所签协议及口头协议取得了原告的授权，因此其出版行为经原告许可，未侵犯原告著作权。2. 该社在收到燕创公司交付的书稿后，将书面审稿意见交付燕创公司并要求其与作者联系修改，并未压缩其正文内容，且该社收到的书稿中并无人名索引和书名索引的内容，因此未对其进行修改和取舍，未侵犯原告所享有的修改权和保护作品完整权。3. 该社已将出版的图书交与燕创公司，并未销售涉案图书。原告作为该书的作者应依据其与燕创公司所签合同取得稿酬，该社并无支付稿酬的义务，且原告已自燕创公司实际收取了部分稿酬。因此，该社系出于对退休老同志的帮助才出版涉案图书，未侵犯原告的著作权，请求法院驳回原告的诉讼请求。

一审查明事实

一审法院经审理查明：

2002 年 8 月 5 日，诸葛计与燕创公司签订协议书。协议约定双方联合出版《中国方志五十年史事录（1949～2000）》，诸葛计于 2002 年 9 月 20 日前提供约 70 万字的书稿并享有著作权，燕创公司为该书提供中华书局或中国社会科学出版社书号（由王熹负责协调）并提供出版（印书）费用。燕创公司取得全部书款，并支付诸葛计稿费 1 万元及 60 套样书。合同签订当日，诸葛计自燕创公司收取稿酬 2000 元。

《中国地方志》2002 年第 6 期第 57 页刊载的书讯包括以下内容：《中国方志五十年史事录（1949～2000）》于 2002 年 11 月由中华书局出版，书后附有人名、书目索引和引用书刊目录，现在全国方志系统征订。《云南史志》2002 年第 5 期亦刊载了包括上述内容的征订广告。燕创公司制作的《中国方志五十年史事录（1949～2000）》征订单包括以下内容：出版单位中华书局，发行单位中国地方志年鉴编辑部，书后附有人名、书目索引和引用书刊目录。上述征订单上载明的联系地址和联系电话均为燕创公司的联系方式。

2002 年 12 月，方志出版社出版了《中国方志五十年史事录》一书。该书版权页载明：方志出版社出版发行，责任编辑王熹、李沛，字数 700 千字，印数 6 000 册，定价 60 元。该书扉页上载明：特别鸣谢北京燕创文化发展有限公司对《中国方志五十年史事录》出版事务的真诚支持。该书后记中包含以下文字：最后是蒙朋友们的帮助和方志出版社的大力支持，才得以出版。其中本办公室年鉴编辑部的王熹和方志出版社的李富强、周均美以及陈仕林同志出力尤多。该书还附有“参考文献”。方志出版社主张该书系其根据燕创公司的口头委托，自燕创公司取得图书样稿，燕创公司负责印刷费用，该出版社免费为原告出版的，涉案图书出版后除留存的样书外，已全部交付燕创公司，燕创公司的负责人陈仕林对其上述主张予以认可。

2003年1月13日，诸葛计通过外地读者来电得知涉案图书已出版发行。2003年1月14日，诸葛计出具了载有“收到《五十年》稿费三千元”内容的收条。2003年2月20日，诸葛计出具了收到《中国方志五十年史事录》样书14本的收条。诸葛计认可上述费用及样书系其自燕创公司取得的。

2003年3月26日、2003年7月21日、2003年8月13日，燕创公司销售涉案图书计5册，所开具的发票上盖有“中国地方志年鉴编辑部财务专用章”。

在本案审理过程中，诸葛计主张方志出版社出版的涉案图书与其提交给燕创公司的第三校样稿相比，删除了正文文字约37 000字，且修改了后记的部分内容，删除了其样稿中的“人名索引”，将“书名索引”改为性质完全不同的“参考文献”。诸葛计向法院提交的第三校样稿的后记部分载明：最后是蒙朋友们的帮助和中华书局的大力支持，才得以出版。其中本办公室年鉴编辑室的王熹和中华书局的华晓林以及陈仕林同志出力尤多。诸葛计还主张其对涉案样稿进行第四校时，校出483处错误，方志出版社出版的上述图书与其第四校样稿相比较，除已删除的部分外，涉案图书中尚存在403处错误。因此，原告认为涉案图书的差错率超过了万分之五，根据有关图书质量的规定，该书属于不合格图书。

方志出版社向法院提交了其自燕创公司取得的涉案图书样稿，并主张其只收到该图书样稿，未曾见到诸葛计主张的第三校稿件或其他稿件内容。该样稿的扉页上载明：特别鸣谢北京燕创文化发展有限公司对《中国方志五十年史事录》出版事务的真诚支持。该样稿后记中包含以下文字：最后是蒙朋友们的帮助和方志出版社的大力支持，才得以出版。其中本办公室年鉴编辑部的王熹和方志出版社的李富强、周均美以及陈仕林同志出力尤多。据此，方志出版社对原告提出的有关该出版社对涉案图书进行修改、增删以及差错率高等主张不予认可。

方志出版社还提出诸葛计曾将其出版的涉案图书赠送给浙江大学的仓修良教授及福建省地方志编纂委员会主任刘学沛，并据此主张诸葛计已认可方志出版社出版涉案图书的事实。诸葛计对上述赠书的事实予以认可，但认为不能证明其对方志出版社的出版行为予以认可。

一审审理结果

一审法院认为：原告诸葛计作为《中国方志五十年史事录》作品的作者，依法享有对该作品的著作权。本案的焦点问题在于被告方志出版社出版涉案图书的行为是否侵犯了原告诸葛计所享有的著作权及是否应承担相应的法律责任。

根据我国著作权法的有关规定，图书出版者出版图书应当和著作权人订立出版合同，并支付报酬。根据本案查明的事实，被告方志出版社与原告诸葛计之间未就涉案图书出版订立图书出版合同。被告系自与原告签订协议的燕创公司取得涉案图书样稿予以出版的，现被告主张虽然原告与燕创公司所签协议书中约定的出版社为中华书局或中国社会科学出版社，但此后双方曾口头协商由被告方志出版社出版涉案图书。鉴于燕创公司的负责人陈仕林和工作人员朱晓萍以及中国地方志指导小组的王熹均到庭证明原告曾口头同意由被告出版涉案图书，且原告在得知涉案图书出版后，还到燕创公司领取了部分稿酬和样书，并向他人赠送了该书，据此，可以推定原告诸葛计对被告出版涉案图书的行为是知晓并予以认可的。被告方志出版社出版涉案图书，取得了原告的许可，并未侵犯原告的著作权。原告主张被告未经其许可出版涉案图书，证据不足，本院不予支持。

依据本案现有证据，原告诸葛计与燕创公司所签合作协议书中约定，燕创公司负有提供“出版（印书）”费用并向原告支付稿酬1万元的义务，同时其有权取得全部书款；原告负有提供书稿的义务，同时有权取得稿酬。此后，燕创公司口头委托被告方志出版社免费出版涉案图书，并由燕创公司负责印刷费用，因此，被告方志出版社并不承担支付涉案图书稿酬的义务，原告诸葛计应依其与燕创公司的约定，自燕创公司取得相应稿酬。事实上原告已经从燕创公司领取了涉案图书的部分稿酬，因此，原告主张被告应向其支付稿酬，缺乏事实和法律依据，本院不予支持。

原告诸葛计还主张被告出版的涉案图书删除了其第三校样稿中的正文文字、“人名索引”，将“书名索引”改为性质完全不同的“参考文献”且修改了后记的部分内容，侵犯了其所享有的修改权和保护作品完整权。但并未举证证明其向燕创公司交付了其在本案提交的第三校样稿，且燕创公司认可被告在本案提交的图书样稿系由该公司交付的，鉴于该图书样稿与被告出版的涉案图书内容基本一致，并不存在原告主张的修改、增删等事实，因此，原告的上述主张，证据不足，本院不予支持。

原告还主张被告出版的涉案图书差错率超过万分之五，违反了有关图书质量管理方面的规定，鉴于其所作差错率的统计系基于其第三校样稿和第四校样稿所作出的，而被告对该样稿并不予认可，且有关图书差错率的问题属于图书出版合同履行过程中出现的纠纷，不属本案侵犯著作权纠纷审理范围，故本院对此不予处理。

综上，原告诸葛计主张被告方志出版社未经其许可出版涉案图书的行为侵犯了其所享有的著作权，并应承担相应的法律责任，证据不足，本院不予支持。

本院依据《中华人民共和国著作权法》第十条第一款第（三）项、第（四）项、第（五）项、第（六）项，第二款，第二十九条，第四十七条第（一）项之规定，判决如下：

驳回诸葛计的诉讼请求。

案件受理费 3 360 元，由诸葛计负担。

各方当事人均服从一审判决。

32.《常来常往》著作权侵权纠纷案

——李丽霞诉李刚、陈红、蔡国庆

原告（上诉人）： 李丽霞（艺名李响）
被告（被上诉人）： 李刚、陈红、蔡国庆
案由： 侵犯录音制作者权、录音制作合同纠纷

原审案号： 北京市海淀区人民法院（2003）海民初字第9033号
原审合议庭成员： 马秀荣、王成、金维克
原审结案日期： 2003年9月11日
二审案号： 北京市第一中级人民法院（2004）一中民终字第4661号
二审合议庭成员： 赵静、苏杭、张晓霞
二审结案日期： 2004年7月5日

判决要旨

通常情况下，编曲只是对原曲进行乐器配置、声部分工、组合等，属于对原曲转化为录音制品的技术性表达，并没有改变原曲的基本旋律。该编曲过程仅是一种劳务性质的工作，编曲目的是为了将原曲转化为录音制品，故一般并不具有著作权法意义上的独创性，不能成为受著作权法保护的作品。

起诉与答辩

原告李丽霞诉称：2002年10月25日，我与李刚和另一歌手张金松（艺名金霖）共同出资，以李刚为《常来常往》创作的曲谱为蓝本，以我和张金松为原唱，共同委托王音编曲、组织乐队演奏并录制了歌曲《常来常往》的伴奏录音制品，申报2003年中央电视台春节联欢晚会（以下简称央视晚会）的节目。伴奏录音制品完成后，我与张金松等开始向央视晚会节目组申报该歌曲，并为此付出艰辛努力。但李刚未经我同意，擅自将该伴奏录音制品提供给蔡国庆和陈红使用。多次交涉无果，后该歌曲被央视晚会节目组采用。我作为《常来常往》伴奏录音制品的共有人，对该伴奏录音制品的编曲享有相应的著作权和邻接权。李刚未经同意，将该伴奏录音制品转让给他人使用并从中牟利，侵犯了我的著作权和邻接权；陈红、蔡国庆明知该歌曲伴奏录音制品存在权利瑕疵，但仍使用和播放，侵犯了我的合法权益。请求判令蔡国庆、陈红停

止使用《常来常往》伴奏录音制品；李刚、陈红、蔡国庆赔偿经济损失 8 万元、承担律师费并在媒体上公开致歉；李刚退回制作费 4 000 元。

被告李刚辩称：李丽霞不享有著作权。我是本案争议歌曲的曲作者，是该歌曲的著作权人。我们于 2002 年 11 月 18 日签订的协议中约定如歌曲被选用，乙方任何一人未参加此曲的晚会演唱，由甲方负责退还录制费用的全部金额，可以证明李丽霞在合同签订时已经预见到该歌曲参加竞选的三种可能性，即该歌曲被选用，她参加晚会；该歌曲被选用，她不参加晚会；该歌曲未被选用。当李丽霞未参加晚会的条件成就时，我有返还制作费的义务。录音制品的权利与她无关。我愿意退还 4 000 元，请法院驳回其他诉讼请求。

被告陈红、蔡国庆共同辩称：我国著作权法没有对编曲进行具体的规定。同时著作权法明确了修改权和改编权，但这两项权利不适用本案。如果法律明确了编曲权，该权利也属于李刚。我们取得演唱权的过程是合法有效的。2002 年 12 月 8 日，我们与李刚签订了协议书，明确规定由我们进行演唱，对该歌曲有独占性的演唱权。

原审查明事实

原审法院经审理查明：2002 年 11 月 18 日，歌曲《常来常往》曲作者李刚作为甲方、李丽霞与案外人张金松（艺名金霖）作为乙方就歌曲《常来常往》参加央视晚会一事签订协议。协议第一条约定：三人平均分担歌曲《常来常往》的伴奏编曲制作及录音费共 12 000 元以供参加央视晚会竞选用。第二条约定：如歌曲被选用，而乙方任何一人未参加此曲的央视晚会演唱，由甲方负责奉还所出录制费的全部金额。第三条约定：如歌曲未被选用，甲方无偿提供给乙方使用该作品一年（包括伴奏带），时间以协议之日起计算。在此期间，甲方无权买卖或供他人演唱此作品，乙方无权出版此曲的音像制品和转让此曲的演唱权。第四条约定：协议的兑现以央视晚会的播出为最终结果。

此前的 11 月 16 日李丽霞即已将录制歌曲伴奏带的费用 4000 元付给李刚，张金松付了 2000 元，李刚将 12 000 元制作费付给编曲王音。2002 年 11 月 19 日由李丽霞与张金松演唱，由王音编曲、配器并联系乐队的录音带在兵器工业部录音棚录制完成。

录音带选送中央电视台后，李刚认为歌手可能影响歌曲选用，于是联系陈红、蔡国庆演唱。2002 年 11 月 26 日陈红、蔡国庆请卞留念进行录音制作，支付制作费 3 万元。由于该版录音未被中央电视台认可，12 月 7 日由原编曲王音对此前为李刚、李丽霞、张金松录制的版本进行了修改。2002 年 12 月 8 日，李刚及词作者张枚同与陈红、蔡国庆签订协议，确认歌曲已由陈红、蔡国庆共同投资制作完成，为竞争2003年央视晚会准备，如获奖，奖金由双方共享。最终《常来常往》被中央电视台选用，由陈红、蔡国庆演唱，使用伴奏带系王音修改制作的版本。

期间，在得知李刚另行联系他人演唱后，李丽霞曾通过各种渠道与李刚及陈红、蔡国庆等人联络。

原审审理结果

原审法院认为：关于李丽霞主张权利的性质，与交响乐的编曲不同，本案所涉的歌曲编曲并无具体的编曲曲谱，它的劳动表现为配置乐器、与伴奏等人员交流、加诸电脑编程等，编曲劳动需借助于演奏、演唱并最终由录音及后期制作固定下来。不可否认，经过编配、演奏、演唱、录音等诸项劳动所形成的“活”的音乐与原乐谱形式的音乐作品并不完全相同，构成了一种演绎。但是离开了乐器的演奏（或者电脑编程）及其他因素的配合，编曲的劳动无法独立表达，因此一般并不存在一个独立的编曲权。作为录音制作过程中的一个重要环节，就如同录音师并不享有特定的权利一样，按照行业惯例，上述劳动在被整合为录音制品后，该劳动成果所形成的权利由制作者享有。因此，原告李丽霞所主张的编曲权即是著作权法中的录音制作者权。

《常来常往》伴奏带属于著作权法上的录音制品，那么原告李丽霞对该录音制品是否享有录音制作者权？按照著作权法的精神及行业惯例，出资人为录音制作者，对录音制品享有权利。但同时，如果当事人间有约定，法律尊重当事人的约定。李丽霞确曾为伴奏带的制作投入资金，但是合同第三条关于歌曲未被选用时李刚允许李丽霞无偿使用作品并特别指明包括伴奏带的约定表明伴奏带的权利仍然由李刚保留。从资金交由李刚委托制作的合同履行情况，结合合同的整体内容尤其是第四条关于合同目的系为竞选央视晚会的约定，可以看出合同第一条的出资并不是获得制作者权利的对价，而是合作参选、分担投资的方式。

本案中，李丽霞与李刚所订立的合同第二条对歌曲被选用而演唱者未参加的情况进行了约定，该条约定对于歌手未参加演唱的情形即歌手不愿参加、李刚不让参加、客观原因无法参加并未作出限定，庭审中当事人也不持限定性解释意见。尽管从某种程度上看，李刚在参选过程中擅自中止合作另行联络他人的行为有违诚实信用，但是当事人对此项约定的含义及内容并未提出异议，据此可以认定，当事人在订立合同时即已预见到可能发生的歌手不能参加的情况，合同赋予了当事人单方解除合同的权利并对解除后果作出了约定。因此合同的履行及解决仍应依据该条。按照合同及合同法的要求，李刚应当通知对方并退还李丽霞支付的制作费用，李刚并未履行，应当承担退还制作费的责任。

歌曲《常来常往》由陈红、蔡国庆演唱并入选央视晚会，李丽霞的心情可以理解，但是鉴于上述合同约定的原因，其对陈红、蔡国庆的诉讼请求没有依据，应予驳回。

综上，依据《中华人民共和国著作权法》第五十三条、《中华人民共和国合同法》第一百零七条之规定，判决如下：

一、本判决生效之日起 10 日内，被告李刚退还原告李丽霞制作费 4 000元；

二、驳回原告李丽霞对被告李刚的其他诉讼请求；

三、驳回原告李丽霞对被告陈红、被告蔡国庆的诉讼请求。

李丽霞不服原审判决，提起上诉，认为一审判决存有将编曲著作权等同于录音制作者权、曲解合同当事人原意解释合同等错误，这些错误导致其第二项、第三项判决错误，请求二审法院依法撤销这两项判决，判定被上诉人侵权行为成立并承担侵权法律责任。理由为：1. 编曲权应当是我国著作权法保护的客体，编曲权不能等同于录音制作者权。本案中编曲作品本身是有具体的编曲曲谱的，上诉人将在上诉过程中向法庭提供有关证据。一审判决将编曲者独立创作音乐曲谱的智力劳动与录音师运用器械设备记录现场音效的录音工作相类比是不恰当的。编曲创作的过程中将音乐作品的表现形式由曲谱变成了声音，其作品的表现形式为两种：编曲曲谱和伴奏带。编曲是一种以文字（即曲谱）或声音（即录音带）为存在形式（载体）、可以复制和传播的具有独创性的智力劳动，编曲作品是编曲者独立创作的结果，因此，编曲作品应当受到著作权法的保护，其权利人依法应当享有编曲权。一审判决将编曲“作为录音制作过程中的一个环节”，并由录音师“不享有特定权利”而推出不存在编曲权的结论，进而将编曲权混同于录音制作者权，是对客观事实的歪曲。2. 在错误地认定没有独立编曲权、上诉人主张的权利是录音制作者权的基础上，一审法院通过对协议的片面解释认定上诉人不拥有录音制作者权是错误的。王音的收条表明是三人共同委托王音编曲，不存在上诉人先委托李刚、李刚再代表上诉人委托王音的事实。确认编曲权归属的应是协议签订后，三人与编曲者王音达成委托编曲的口头协议和王音同意编曲权及其他相应权利归李响、李刚、金霖共有的书面材料。一审判决关于协议第二条歌曲被选用而李响、金霖任何一人未参加演唱的解释违背了合同目的，并根据这一错误解释赋予了李刚解除合同的权利，更是毫无道理的。3. 一审法院认定“李刚在参选过程中擅自终止协议另行联络他人的行为”仅仅是“有违诚实信用”，对陈红、蔡国庆的侵权行为对上诉人造成的极大伤害仅仅表示“可以理解”，这一认定，是背离事实和法律的。早在央视晚会尚未进行初审时，李刚就擅自与陈红、蔡国庆联络，擅自许可其使用上诉人参与投资编曲制作的伴奏带演唱、参选，违反了合同的约定，这不仅仅是“有违诚实信用”；而陈红、蔡国庆明知李刚与李响、金霖有“约”在先，明知使用的编曲伴奏带是由包括上诉人在内的三人共同投资制作的，而且，上诉人还直接向他们明确表示了自己的反对意见，他们仍然坚持使用，对上诉人构成了侵权，这种对上诉人侵权所造成的伤害是法律所不容的，决不是“可以理解”的！

李刚、陈红、蔡国庆服从原审判决。

二审查明事实

二审法院经审理查明：2002 年 11 月 18 日，歌曲《常来常往》曲作者李刚作为甲方、李丽霞与案外人张金松（艺名金霖）作为乙方就歌曲《常来常往》参加央视晚会一事签订协议。协议第一条约定：三人平均分担歌曲《常来常往》的伴奏编曲制作及录音费共12 000元以供参加央视晚会竞选用。第二条约定：如歌曲被选用，而乙方任何一人未参加此曲的央视晚会演唱，由甲方负责奉还所出录制费的全部金额。第三条约定：如歌曲未被选用，甲方无偿提供给乙方使用该作品一年（包括伴奏带），时间以协议之日起计算。在此期间，甲方无权买卖或供他人演唱此作品，乙方无权出版此曲的音像制品和转让此曲的演唱权。第四条约定：协议的兑现以央视晚会的播出为最终结果。

2002 年 11 月 16 日，李刚向李丽霞出具收条，载明“今收到李响录制歌曲《常来常往》伴奏带费用肆千元整”。

2002 年 11 月，王音出具收条，载明：“今收到李刚、李响、金霖交来《常来常往》歌曲编曲、录音、制作费人民币壹万贰千元整。”

2002 年 11 月 19 日由李丽霞与金霖演唱，由王音编曲、配器并联系乐队的录音带在兵器工业部录音棚录制完成。

录音带报送中央电视台后，李刚认为歌手可能影响歌曲选用，于是联系陈红、蔡国庆演唱。2002 年 11 月 26 日陈红、蔡国庆请卞留念进行录音制作，支付制作费 3 万元。由于该版录音未被中央电视台认可，12 月 7 日由原编曲王音对此前为李刚、李丽霞、金霖录制的版本进行了修改，主要是将结尾部分的弱收改成了强收。2002 年 12 月 8 日，李刚及词作者张枚同与陈红、蔡国庆签订协议，确认歌曲已由陈红、蔡国庆共同投资制作完成，为竞争 2003 年央视晚会准备，如获奖，奖金由双方共享。最终《常来常往》被中央电视台选用于 2003 年央视晚会，由陈红、蔡国庆演唱，使用伴奏带系王音修改制作的版本。

期间，在得知李刚另行联系陈红、蔡国庆演唱后，李丽霞曾通过各种渠道与李刚及陈红、蔡国庆等人联络，就该伴奏带的权利和《常来常往》的原唱权利等事宜进行交涉，未果。李丽霞遂于2003年5月28日向一审法院提起诉讼称：我作为《常来常往》伴奏录音制品的共有人和《常来常往》歌曲的原唱人，对该伴奏录音制品和该歌曲的演唱享有相应的著作权和邻接权，李刚未经我同意，擅自将该伴奏录音制品转让给陈红、蔡国庆使用、演唱并从中牟利，侵犯了我的著作权和邻接权；陈红、蔡国庆明知该歌曲伴奏录音制品存在权利瑕疵且歌曲系他人原唱，但仍使用、演唱和播放，其行为侵犯了我的合法权益。李丽霞请求法院判令蔡国庆、陈红停止使用《常来常往》伴奏录音制品；李刚、陈红、蔡国庆共同连带赔偿其经济损失8万元、承担律师费并在媒体上公开致歉；李刚退回其制作费4 000元。

二审庭审中，本院应上诉人李丽霞的请求，准许证人王音出庭就本案诉争的《常来常往》歌曲伴奏带录制过程予以作证，王音当庭接受了合议庭及各方当事人的询问。王音在作证中称：上诉人李丽霞在二审中提交的《常来常往》的曲谱由其编写并提供；按照行业惯例，其接受了李丽霞、张金松、李刚的编曲制作费后，编曲权就自然归于该三人，其不再享有任何权利。

为证明编曲作品本身有具体的编曲曲谱，是受著作权法保护的客体，上诉人在二审中提交了由王音编写的《常来常往》歌曲曲谱，被上诉人均认为该曲谱不属于二审中应予考虑的新证据，请求本院不予采纳该证据。对此，本院认为，由于该“编曲曲谱”是李丽霞在本案中主张“编曲权”的权利客体，故该“编曲曲谱”是本案争议的重要证据，在王音作证其“编曲权”属于李丽霞、张金松、李刚共有的情况下，根据《最高人民法院关于民事诉讼证据的若干规定》第四十一条及第四十二条的规定，该编曲曲谱应视为上诉人李丽霞在二审开庭前提供的在一审庭审结束后新发现的证据，故本院已当庭组织当事人对该曲谱进行了质证。该歌曲曲谱包括总谱和分谱（小提琴）。

二审审理结果

二审法院认为：针对上诉人的上诉主张，本案主要涉及以下四方面问题。

1. 李丽霞所主张的编曲权的客体——诉争伴奏带的编曲曲谱是否为受著作权法保护的作品。

由本案查明事实可知，涉案歌曲《常来常往》有两个不同的编曲版本，一个是上诉人参与投资、王音编曲版本；一个是陈红、蔡国庆出资、卞留念编曲版本。中央电视台采用了王音编曲的版本。这一事实说明同一首歌曲的编曲会因不同的编曲者而不同，但编曲者的这种劳动成果是否具有著作权法上的独创性、应否受到著作权法保护是本案争议的焦点问题，也是李丽霞主张其享有“编曲权”的前提。

本院认为，著作权法所称创作是指直接产生文学、艺术和科学作品的智力活动，为他人创作进行组织工作，提供咨询意见、物质条件，或者进行其他辅助工作的，均不视为创作。依据我国《著作权法实施条例》第四条第（三）项的规定，音乐作品是指歌曲、交响乐等能够演唱或演奏的带词或不带词的作品。由李丽霞在二审中提交的诉争伴奏带的编曲曲谱可知，该曲谱只是对原曲进行乐器配置、声部分工、组合等的表现形式，属于对《常来常往》乐曲作品转化为录音制品的技术性表达，该曲谱并没有改变《常来常往》乐曲作品的基本旋律。该编曲过程仅是一种劳务性质的工作，编曲目的是为了将《常来常往》乐曲作品转化为录音制品，故其劳务成果之一即编曲曲谱并不具有著作权法意义上的独创性，不能成为受著作权法保护的作品。因此，李丽霞主张对《常来常往》伴奏带编曲曲谱享有作品著作权即其所称的“编曲权”，于法无据，不能成立。

李刚作为《常来常往》的曲作者，对该音乐作品享有包括人身权和财产权在内的全部著作权。依据我国《著作权法》第二十四条的规定，使用他人作品应当同著作权人订立许可使用合同，约定许可使用的权利情况和付酬标准。在李刚与上诉人签订的协议中，仅有三方“平均分担此歌曲的伴奏编曲制作及录音费”的约定，并没有关于著作权许可使用的内容，故李丽霞所出的“伴奏带录制费”并不是其获得《常来常往》曲作品著作权的许可费用。因此，李丽霞也不享有《常来常往》曲作品的著作权。

2. 李丽霞是否为诉争伴奏带的共有邻接权人。

本案诉争的邻接权权利客体为2003年央视晚会选用的，由陈红、蔡国庆演唱的《常来常往》歌曲伴奏带（以下简称诉争伴奏带）。由本案查明事实可知，诉争伴奏带系王音在由李丽霞与金霖演唱，由王音编曲、配器并联系乐队录制的《常来常往》歌曲伴奏带基础之上修改制作而成。诉争伴奏带属于著作权法规定的录音制品，其邻接权归制作者享有。制作者享有许可他人复制、发行、出租、通过信息网络向公众传播并获得报酬的权利。由王音证言可知，依据行业惯例，在无特别约定的情况下，出资人应为诉争伴奏带的录音制作者。

由李丽霞、金霖与李刚签订的协议内容可知，协议当事人在签约时已预见到该歌曲（包括伴奏带）参加竞选的三种可能结果，即：①歌曲被选用，上诉人参加晚会演唱；②该歌曲被选用，上诉人未参加晚会演唱而由他人演唱；③该歌曲未被选用。该协议对上述可能出现的情况分条进行了附条件的约定，其中，第二条与第三条是互为冲突的两个附条件生效条款。由于本案争诉的前提是协议第二条约定的条件成就，故第三条约定的生效条件已失去了成就的可能。因此，李丽霞不享有因协议第三条约定的条件生效时方可按该约定而享有的对该歌曲的演唱权和对录音制品的1年免费使用权。依据生效协议第二条的约定，在《常来常往》歌曲被选用，而李丽霞未参加该歌曲演唱的情况下，李刚仅负有退还李丽霞所出伴奏带录制费的义务。这一约定表明在《常来常往》歌曲被选用，而李丽霞未参加该曲演唱的情况下，李丽霞的出资不是其取得诉争伴奏带录音制作者权的对价。因此，在李刚依约履行退还李丽霞所出伴奏带录制费的合同义务后，李丽霞对诉争伴奏带并不享有录音制作者权。此外，依据我国《合同法》第一百二十二条的规定，当违约责任与侵权责任竞合时，受损害方只能选择其中之一提起诉讼，故李丽霞要求李刚承担退回制作费的违约责任与其主张李刚侵犯其邻接权的诉讼主张自相矛盾。

综上，虽然，当事人在协议中对诉争伴奏带邻接权的归属未作明确约定，但协议约定的条件成就下的解决办法是本院解决本案当事人李丽霞与李刚之间纠纷的法律依据。因此，李刚应依约承担退还李丽霞所出伴奏带录制费4 000元的责任。这是当事人履行生效协议条款的要求，故一审法院认定此系“合同赋予了当事人单方（即李刚）解除合同的权利并对解除后果作出了约定”不妥，本院予以纠正。

3. 李刚的行为是否构成对李丽霞著作权及邻接权的侵害。

依据《著作权法》第三十六条的规定，使用他人作品演出，表演者（演员、演出单位）应当取得著作权人许可，并支付报酬。由于本案诉争的前提是协议第二条约定的生效条件已成就，故协议第三条关于歌曲未被选用的附条件的许可演唱条款未成就，上诉人的演唱并未得到李刚的许可，因此上诉人并未取得该歌曲的表演权。协议第三条约定的内容并未生效，对当事人并不产生法律约束力。在协议约定的几种情况均可能成就的情况下，李刚为实现签订协议的目的——使《常来常往》歌曲竞选央视晚会，联系陈红、蔡国庆演唱其创作的《常来常往》歌曲的行为，并不违反协议的约定。一审法院认定“李刚在参选过程中擅自中止合作另行联络他人的行为有违诚实信用”不妥，本院予以纠正。鉴于李丽霞对诉争伴奏带并不享有录音制作者权，因此，李刚许可陈红、蔡国庆使用和播放诉争伴奏带的行为，既不违约也不侵权。

4. 陈红、蔡国庆的行为是否构成对李丽霞著作权及邻接权的侵害。

如前所述，由于李丽霞既非《常来常往》曲作品的著作权人或许可人，也非诉争伴奏带的录音制品邻接权人，又未取得《常来常往》歌曲的演唱权，故陈红、蔡国庆在春节联欢晚会上演唱《常来常往》歌曲及其使用和播放诉争伴奏带的行为并未构成对李丽霞权利的任何侵害。李丽霞以侵权为由要求李刚、陈红、蔡国庆共同向其连带赔偿经济损失和赔礼道歉的诉讼请求，因缺乏事实和法律依据，应予驳回。

综上，上诉人李丽霞的上诉理由及请求缺乏事实与法律根据，本院不予支持。原审判决在事实认定和法律适用上均无不当，程序合法，应予维持。依据《中华人民共和国合同法》第四十五条第一款及第一百二十二条、《中华人民共和国民事诉讼法》第一百五十三条第一款第（一）项的规定，判决如下：

驳回上诉，维持原判。

一审案件受理费3 030元，由上诉人李丽霞负担1 030元，由被上诉人李刚负担2 000元；二审案件受理费3 030元，由上诉人李丽霞负担。

33."司法考试辅导用书"著作权侵权纠纷案

——法律出版社诉北京保利星数据光盘有限公司等

原告(上诉人):法律出版社

被告(被上诉人):北京保利星数据光盘有限公司、北京文翰苑文化发展有限公司、北京文林轩书店

案由:侵犯著作权纠纷

原审案号:北京市海淀区人民法院(2003)海民初字第15815号

原审合议庭成员:马秀荣、宋莹、金维克

原审结案日期:2003年12月25日

二审案号:北京市第一中级人民法院(2004)一中民终字第6073号

二审合议庭成员:赵静、苏杭、张晓霞

二审结案日期:2004年8月18日

判决要旨

在已经判决侵权人就其侵权行为承担相应民事责任的情况下,剥夺其合法的经营资格缺乏法律依据。

起诉与答辩

原告法律出版社诉称:我社经司法部授权自1986年以来一直出版律师资格考试指定用书,自2001年开始出版《国家司法考试辅导用书》。2003年5月,我社出版2003年版《辅导书》,包括3卷本图书和1张MP3光盘,并在出版物上采取了防盗版措施。2003年6月,我社发现北京文林轩书店(以下简称文林轩书店)和北京文翰苑文化发展有限公司(以下简称文翰苑公司)销售盗版《辅导书》及光盘,经我社一再警告仍然销售,且拒不提供盗版图书及光盘来源。后根据北京市新闻出版局查证,所购盗版图书所附光盘的复制者为北京保利星数据光盘有限公司(以下简称保利星公司)。三被告未经我社许可,非法复制、发行上述图书及光盘,侵犯了我社的专有出版权及录音制作者权,致使我社预期发行数量不能实现,现各地书店退回我社图书20 000套,另有31 000套库存,经济损失巨大;且盗版图书、光盘质量低劣,使我社的声誉受到严重损害。请求判令三被告立即停止复制、发行盗版《辅导书》及

光盘，并对上述盗版图书、光盘予以销毁；同时，为保证我社正版图书的销售渠道，禁止文翰苑公司及文林轩书店三年内销售正版《辅导书》；在《人民日报》、《法制日报》上刊登启事，向我社公开致歉、消除影响；三被告共同赔偿我社损失及支出的调查取证费、律师费共计50万元。

被告保利星公司辩称：我公司认可在2003年5月复制过《辅导书》的配套光盘，并因此被新闻出版局处罚过，但我公司的实际复制数量为3 000张，现无法确认本案涉及的光盘是不是我公司当时复制的，且光盘在《辅导书》全部价格中所占比例也有待确定。故不同意法律出版社的诉讼请求。

被告文翰苑公司辩称：我公司承认法律出版社从我公司公证购买过盗版《辅导书》，但这是我公司店员的个人销售行为，且能够确定的数量仅为2套；我公司购进和销售的均为正版《辅导书》，从未销售过盗版《辅导书》。

被告文林轩书店辩称：我店认可法律出版社于2003年8月13日随公证人员在文翰苑公司购买了《辅导书》一套并取得了我店开具的金额为216元的发票一张，但我店并未销售该盗版书。文翰苑公司在2003年8月12日从我店购买了黎孝先编、对外经济贸易大学出版社出版的《国际贸易实务》（第二版）10本及张锡嘏编《国际贸易》4本，总码洋为280元，按7.7折计实收款216元，我店当时无发票。2003年8月13日，我店应文翰苑公司要求给了该公司一张发票，由该公司人员填写后在我店不知情的情况下作为销售发票交给了法律出版社。关于200套《辅导书》的发票，我店从未销售过法律出版社所称的200套盗版书，也从未收到过相应款项，发票是我店借给304室使用的，借出时是盖有我店公章的空白发票。因此，我店没有侵犯法律出版社的专有出版权。

原审查明事实

原审法院经审理查明：

2003年5月，法律出版社出版2003年版《辅导书》（三卷），由司法部国家司法考试中心编审，北京市北苑印刷有限责任公司印刷。随书配套《2003年国家司法考试辅导用书内容串讲》MP3光盘（以下简称光盘）1张，由法律出版社制作，法制音像出版社出版。《辅导书》于2003年4月、5月先后印刷12万册、5万册，共计17万册（随书光盘数量相同）。除总编室留存部分样书外，均通过新华书店发行。辅导用书及光盘定价240元，成本约占定价的35%。此部分事实有书刊付印通知单、法制音像出版社声明可证。

2003年5月10日，保利星公司与自称信诚科技有限公司人员的齐海林订立一份委托复制光盘合同。约定由保利星公司复制2003年国家司法考试辅导用书光盘，数量2万张，加工费单价0.95元，交货期5月15日12点之前；发货付款，现金结算。后又追加了1万张。合同中20 000张及10 000张数量后分别注有加工单序列号23051201和23051402。保利星公司存有合同签字者齐海林的身份证复印件及一份盖有高教教材供应站印章的证明，证明中称："委托信诚科技有限公司制作2003年国家司法考试辅导用书内容串讲光盘3万张，版权属本中心所有"，时间为2003年5月14日。经查并无高教教材供应站及信诚科技有限公司。法律出版社从文翰苑公司所购盗版书附随光盘的来源识别码为Y203，系保利星公司的编码。该光盘彩印与正版光盘完全相同，注有"2003年国家司法考试辅导用书内容串讲、司法部国家司法考试中心审定、法律出版社、法制音像出版社"字样。此部分事实有委托复制合同、身份证复印件、证明、盗版《辅导书》及光盘为证。

2003年5月22日，文翰苑公司从新华书店购入正版《辅导书》2680套，进货价格6.8折，总价437 376元。2003年7月5日，法律出版社于海淀图书城昊海楼文翰苑公司营业部（215室）购买盗版《辅导书》200套，取得盖有文林轩书店财务专用章的发票一张，单价144元，金额28 800元。2003年7月16日，法律出版社再次从文翰苑公司的书店儒雅阁购得盗版《辅导书》一套，取得发票一张，金额160元，盖有文翰苑公司财务专用章。2003年8月13日，法律出版社的委托代理人戴伟在公证员的陪同下在海淀图书城昊海楼215室文翰苑公司的书店购买了盗版《辅导书》一套，并当场取得金额为216元的发票一张，该发票上加盖的仍然是文林轩书店的财务专用章。购买过程由北京市公证处公证。此部分事实有文翰苑公司提供的发票、法律出版社提供的发票二张及公证书可证。

2003年10月14日，中国法律图书有限公司出具库存查询报表，载明《辅导书》库存数量为31 614套。2003年6月至8月，《辅导书》被山东天平法律书店退回1 180套、合肥法律书店退回840套、厦门市新华书店退回300套、新疆天平法律经济书店退回340套，共计2 660套。此部分事实有库存查询报表、退货单6张可证。

法律出版社支出公证费1 000元、工商查询费用80元，有北京市公证处收费收据、北京工商信息技术开发中心发票为证。

原审审理结果

原审法院认为：按照著作权法，法律出版社系《辅导书》的专有出版者及光盘录音制品的制作者，有权保障其专有出版权及录音制作者权不受他人侵犯。

音像出版的复制单位与图书出版的印刷厂相同，均属受托加工复制，对音像制品不享有著作权益，按照权利义务对等原则，因其并非复制权人，加工行为不属于未经许可行使他人复制权的行为，除非其明知委托复制者无权复制仍予复制构成帮助侵权。作为专业音像制品复制单位的保利星公司在复制本案光盘时存在如下过错：1. 未审核委托方资质，在委托人自称某公司人员时未审核公司资质即订立复制合同；与身份明显存在矛盾的个人订立复制合同；2. 在没有复制委托书的情况下即行复制；3. 复制的光盘注明司法考试辅导用书内容串讲却对著作权未予审查；4. 光盘彩印有法律出版社字样而著作权证明与法律出版社无关；5. 著作权证明加盖公章的单位不存在，与证明内容有明显矛盾。综上，以司法考试的知名度及保利星自称的与法律出版社的业务关系及从业经验，属于明知光盘性质为盗版仍进行复制的行为，侵犯了权利人的录音制作者权。

保利星公司是否同时侵犯了法律出版社的专有出版权，取决于保利星公司是否对光盘的使用用途了解。根据复制合同的内容，保利星公司对盗版光盘用于盗版辅导用书亦应明知，鉴于光盘作为辅导用书的一部分整体销售，光盘与图书共同构成了不可分割的整体，故保利星公司同时侵犯了法律出版社的专有出版权。

司法资格考试辅导用书的发行数量具有相对的确定性，尽管会有一定数量人群购买图书不参加考试及一部分人群参考而不购买辅导用书，但仍不能改变参考人数与用书发行之间的对应关系，辅导用书的发行显然要受报名人数的主要影响。用户与用书间具有对应性即购买辅导用书的人通常不会再行购买。在发行数量相对固定而购买不存在重复的情况下，盗版图书低于正版图书的价格所吸引的一部分消费者，将会导致正版图书失去这部分应有的市场份额。对此后果，侵权行为人应予赔偿。

关于保利星公司的复制数量，复制合同指明的数量为 3 万张，保利星公司自称实际复制了 3 000 张，但合同载明的 2 万张及后追加的 1 万张数量后均注明了加工单序列号，说明上述数量的光盘均已加工，且无前 2 万张的加工就不会有后追加的 1 万张，因此保利星公司有关实际加工 3 000 张的说法不成立，其提供的行政处罚决定书因未指明认定 3 000 张的具体事实根据，不宜作为认定本案全部数量的证据。保利星公司复制光盘的数量说明配套的盗版书至少亦有 3 万套，给法律出版社造成了巨额损失。鉴于保利星公司提供了委托复制者的身份，在法律出版社对委托人未予追诉的情况下复制者不宜对全部损害后果承担责任，对上述损失保利星公司应承担其中相应比例的责任。保利星公司同时负有停止复制侵权光盘的义务，并应为其在光盘上冒用法律出版社名义的行为致歉，考虑到《辅导书》在公众中的影响力，消除影响的请求亦应支持。

文翰苑公司工作人员销售盗版《辅导书》的行为系职务行为，应视为文翰苑公司的行为。文翰苑公司长期为司法考试（2001 年之前为律师资格考试）用书的经销单位，对于正版图书的购进渠道、购进价格以及正版图书的特征均已了解，正版《辅导书》的批发价尚为 6.8 折，而其所售图书价格竟有低至 6 折，属于明知故犯的侵权行为。文翰苑公司在诉讼期间未提供盗版图书来源，而本案原告曾于七、八两月三次从文翰苑公司购买到盗版图书，说明文翰苑公司所存盗版图书或数量较多或购进多次。文翰苑公司销售盗版图书的行为应非一时利益驱使偶然为之，而是明知侵权的持续行为。

关于文林轩书店与本案的关系，因发票系当事人间存在购销关系的凭证，本案原告所购图书的发票系文林轩书店出具，文林轩书店亦属销售者。法律出版社从文翰苑公司购得盗版书所获发票三张中有两张由文林轩书店出具，文林轩书店所持欠发票及借发票巧合的辩称实难采信，文林轩书店与文翰苑公司有销售盗版图书的共谋，属于共同侵权人。

一般而言，盗版图书应不只一家销售者，销售者应当在销售范围内赔偿权利人的损失。关于销售数量，仅出版社前后三次即从文翰苑公司购得盗版书二百余套，本院有理由相信，在 7 月 5 日至 8 月 19 日间，不止有法律出版社一家购买者；另仅文翰苑公司 2003 年 5 月 22 日从新华书店购入的正版图书即达 2 680 套，至案发时已基本售罄，在这样的销售规模、销售时间和销售业绩下，文翰苑公司仍予长期销售盗版，其销售数量应大幅度超过本案所涉数量。出版社的三次购买并非偶然而是举报调查及有计划反盗版行动的结果，这说明文翰苑公司与文林轩书店构成了盗版《辅导书》在北京市的主要销售渠道，构成了盗版的帮助行为人，文翰苑公司、文林轩书店应对北京市场的盗版行为承担主要侵权责任。

文翰苑公司、文林轩书店因所售盗版图书冒用了法律出版社的名义，应对侵权行为致歉并消除影响。

文翰苑公司、文林轩书店应立即停止销售盗版《辅导书》的行为，因销售者采用在销售正版的同时销售盗版的手段，会造成消费者误认及盗版查处的困难，文翰苑公司作为正版《辅导书》经销商不顾正版书所获利益从事销售盗版的侵权行为，其诚信度理应遭受质疑，因销售数量不明且文翰苑公司自认工作人员行为难以管理，文翰苑公司有继续从事此类行为的危险。为了防止文翰苑公司继续以正版之名销盗版之实，法律出版社要求文翰苑公司及文林轩书店三年之内不得销售正版《辅导书》的请求，本院予以支持。

综上，依据《中华人民共和国著作权法》第四十七条第（一）项、第

（四）项，第五十二条之规定，判决如下：

一、被告北京文翰苑文化发展有限公司、被告北京文林轩书店不得销售盗版《国家司法考试辅导用书》；

二、自本判决生效之日起3年内，被告北京文翰苑文化发展有限公司、被告北京文林轩书店不得销售《国家司法考试辅导用书》；

三、被告北京保利星数据光盘有限公司不得再行复制盗版《2003年国家司法考试辅导用书内容串讲》光盘；

四、本判决生效之日起10日内，被告北京保利星数据光盘有限公司赔偿原告法律出版社30万元；

五、本判决生效之日起10日内，被告北京文翰苑文化发展有限公司、被告北京文林轩书店赔偿原告法律出版社20万元；

六、本判决生效之日起30日内，被告北京保利星数据光盘有限公司、被告北京文翰苑文化发展有限公司、被告北京文林轩书店在《法制日报》刊登向原告法律出版社的致歉声明，消除影响，逾期不履行，本院将选择判决书的关键内容刊登于相关媒体，费用由不履行义务的被告负担。

保利星公司不服原审判决，提出上诉称：1. 原审判决认定事实不清。（1）我公司不是法律从业机构，业务人员不能辨明委托复制证明的真伪。我公司只能应知，不能明知，不构成对法律出版社的侵害。（2）我公司只复制了MP3光盘，没有印刷、发行图书，不可能侵害其图书部分的专有出版权；原审判决关于"MP3光盘与图书共同构成了不可分割的整体"的说法不能成立。我公司不应当对图书方面的主要损失承担赔偿责任。法律出版社并不享有MP3光盘的专有出版权，其权利人是法制音像出版社，而该社在2003年12月10日才将其专有出版权交由法律出版社行使。这里存在两个问题：一是我公司复制原告不享有权利的MP3光盘，当然不对其构成侵害；二是法律出版社按规定只能从事图书的出版业务，不能进行音像制品的出版，因此，这一权利转移是违法的，也是不成立的。（3）原审判决关于我公司侵权MP3光盘数量和法律出版社损失的认定是错误的。首先，光盘复制数量和侵权光盘数量概念不同，只复制而未流向市场的光盘并不构成侵权光盘，只有侵权光盘才构成对权利人的侵害，未流向市场的非侵权光盘则不构成对权利人的侵害。其次，根据北京市新闻出版局出具的证明我公司曾复制过涉案MP3光盘3万张，但只有3 000张交给了委托方，其余的已经销毁。再次，原审法院对我公司复制光盘3万张的认定违反有关证据规则的规定。即使认定3万张，按法律出版社的计算方法全案赔偿数额也不过是30 000×240×5％＝360 000元。而我公司只复制了MP3光盘，根本没有参与复制占绝大部分成本和利润的图书。每张光盘价值为20元，占总销售价格的1/12，光盘复制是帮助侵权，只应承担40%的责任，应按360 000×1/12×40%=12 000元计算赔偿。2. 原审判决适用法律错误。如前所述，法律出版社起诉的主要事实和理由是其专有出版权受到侵害，同时对图书出版发行的损失提出索赔，而原审判决却适用《著作权法》第四十七条第（一）项、第（四）项的规定作出了错误判决。综上所述，原审判决认定事实有误，适用法律错误，请求二审法院：1. 撤销原审判决中关于我公司的全部判决。2. 判决被上诉人承担本案全部诉讼费用。

文翰苑公司不服原审判决，提出上诉称：1. 原审判决中多处推理的结果与事实不符；2. 判决赔偿的细节不清；3. 希望有了解经营图书情况的法官，依法审理此案。故请求法院调查事实真相，对原审判决依法改判。

文林轩书店不服原审判决，提出上诉称：1. 原审判决事实不清、证据不足。（1）我书店始终对200套盗版《辅导书》的销售完全不知情，文翰苑公司对此也有对证，原审判决仅以被上诉人提交的发票及《辅导书》便认定200套盗版书的事实是错误的。（2）原审法院没有依上诉人的申请调取证据。我书店在原审中要求有关证人出庭作证，原审法院丝毫不予考虑是错误的。2. 我书店不是涉案发票的出具者，也不是涉案盗版图书的销售者。原审判决仅以“因发票系当事人间存在购销关系的凭证”为由，认定“原告所购图书的发票系文林轩出具，文林轩亦属销售者”，没有任何法律依据。在一般情况下，发票的确是经营者和消费者之间存在购销、服务关系的凭据，即发票的签章者和发票的出具者应当是同一人。但是，在某些情况下，发票的签章者和发票的出具者有可能是不同的人，如出借发票、假冒他人发票等。原审判决仅以“法律出版社从文翰苑购得盗版书所获发票三张中有两张由文林轩出具”为由，便认定我书店属于共同侵权人没有任何事实和法律依据。3. 原审判决第二项判决我书店3年内不得销售《辅导书》没有法律依据。不论我书店是否如原审判决认定的那样销售过盗版《辅导书》，该项判决都没有明确的法律依据。综上所述，原审判决查明的事实不清，证据不足，部分判决没有法律依据。请求：1. 撤销原审判决第一、二、五、六项中所有与我书店有关的内容；2. 驳回被上诉人对我书店的起诉；3. 上诉费用由被上诉人负担。

法律出版社服从原审判决。

二审查明事实

二审法院经审理查明：法律出版社于2003年5月出版了由司法部国家司法考试中心编审、北京市北苑印刷有限责任公司印刷的2003年版《辅导书》（全套共三卷）。该书第一卷底页纸袋内配套附带有MP3光盘1张，该光盘彩印面印有“司法部国家司法考试中心审定”以及“法律出版社、法制音像出版社”等字样。《辅导书》于2003年4月印刷12万册，5月印刷5万册，合计17万册，随书配套附带的MP3光盘合计数量亦为17万张，全套三卷书定价为240元。

2003年5月10日，上诉人保利星公司与信诚科技有限公司订立委托复制《辅导书》MP3光盘合同。合同中分别注有加工2万张和1万张MP3光盘的加工单序列号23051201和23051402。信诚科技有限公司向保利星公司出具了盖有“高教教材供应站”印章的MP3光盘版权证明。在诉讼中，保利星公司未提交“高教教材供应站”及“信诚科技有限公司”真实存在的主体身份证明。

2003年7月5日，法律出版社在本市海淀图书城昊海楼215室文翰苑公司营业部，以合计金额28 800元的价格，购得200套单价144元的盗版《辅导书》，并取得文林轩书店发票一张。2003年7月16日，法律出版社从文翰苑公司儒雅阁书店，以单价160元购得一套盗版《辅导书》，取得文翰苑公司发票一张。2003年8月13日，法律出版社以公证的方式在海淀图书城昊海楼215室文翰苑公司营业部，以单价216元的价格购得一套盗版《辅导书》，并取得文林轩书店发票一张。上述所购盗版《辅导书》第一卷底页纸袋内均分别附带有盗版MP3光盘1张。该光盘的来源识别码为Y203，系保利星公司的光盘生产设备编码，盗版光盘外表彩印署名内容与正版MP3光盘外表彩印署名内容相同。2003年10月14日，《辅导书》的发行单位中国法律图书有限公司出具库存查询报表载明，该书库存31 000余套。此外，自2003年6月至同年8月，山东天平法律书店、合肥法律书店、厦门市新华书店等经销单位共退回《辅导书》2 660套。为本案诉讼，法律出版社支出公证费1 000元、工商查询费用80元。

二审审理结果

二审法院认为：被上诉人法律出版社是《辅导书》的出版者，亦是该书配套附带的MP3光盘的署名者之一。因该光盘的另一署名者法制音像出版社已经明确将光盘的所有权利交由法律出版社行使，法律出版社在本案诉讼中可一并主张权利，法律出版社与法制音像出版社之间的这一约定，未违反法律规定。同时，法律出版社是否具有音像制品出版资质仅是音像出版行政管理问题，与本案无涉。故法律出版社在本案中有权对《辅导书》以及该书所附带的MP3光盘主张权利。上诉人保利星公司对此提出的异议不能成立，本院不予采信。

保利星公司实施了复制《辅导书》所附盗版MP3光盘的行为，因相关正版图书所附 MP3 光盘是正版图书的防伪标志，是正版图书的一部分，在无相反证据的情况下，保利星公司复制盗版 MP3 光盘用于的《辅导书》必是盗版。保利星公司作为光盘复制专业单位，应当熟知行业以及相关法律规定，其懈怠所应负的审查义务，实施复制盗版 MP3 光盘的行为主观上具有明显的侵权故意。原审法院对保利星公司所实施行为的侵权性质、情节的认定正确，该公司构成对法律出版社《辅导书》专有出版权以及录音制作者权的侵害。

文翰苑公司在原审法院庭审陈述中，曾明确承认所属员工实施了销售 200 套盗版《辅导书》的行为，因其员工的行为是一种职务行为，该职务行为的后果应由文翰苑公司承担。在二审诉讼中文翰苑公司又否认实施了该侵权行为，但因其反悔无相应证据证明，所主张未销售 200 套盗版《辅导书》缺乏事实和法律依据，不能成立，依法应承担侵权责任。文林轩书店在文翰苑公司销售盗版图书过程中出具本单位发票，故文林轩书店应为该图书的销售者之一，应当承担连带侵权的民事责任。因出具发票的事实已经清楚，原审法院未考虑其提出的证人出庭的请求，对其诉讼权利并无影响。原审法院对文翰苑公司和文林轩书店实施的行为性质以及情节、后果的认定正确，文翰苑公司和文林轩书店的相关上诉理由缺乏事实和法律依据，不能成立，本院均不予采信。

保利星公司在二审中提交的《说明》是行政机关出具的查处材料，因在具体事实上缺乏其他证据支持，该材料不能作为认定本案事实的客观依据。原审法院根据法律出版社受侵权行为直接影响，导致正版《辅导书》退货积压所产生的直接损失等情节酌情确定本案赔偿数额并无不当。各方上诉人相关上诉理由因缺乏事实和法律依据，不能成立，本院不予采信。

因著作权法规定的对被侵权人的民事救济方式仅为停止侵害、赔礼道歉、消除影响、赔偿损失。而停止侵害是针对正在发生的和即将发生的侵权行为的救济手段。在原审判决第一项已明确判令文翰苑公司与文林轩书店承担停止侵权责任，第五项、第六项分别判令两公司承担赔偿损失、赔礼道歉、消除影响，即两单位将对其侵权行为承担相应民事责任的情况下，原审判决第二项剥夺两单位合法的经营正版《辅导书》的资格，缺乏法律依据，对此错误本院予以纠正。

综上所述，本院依照《中华人民共和国民事诉讼法》第一百五十三条第一款第（三）项，判决如下：

一、维持北京市海淀区人民法院（2003）海民初字第 15815 号民事判决第一项、第三项、第四项、第五项、第六项；

二、撤销北京市海淀区人民法院（2003）海民初字第 15815 号民事判决第二项。

一审、二审案件受理费各10 010元，合计20 020元，由上诉人北京保利星数据光盘有限公司负担10 020，由上诉人北京文翰苑文化发展有限公司、上诉人北京文林轩书店负担10 000元。

34. “助老胸卡”著作权侵权纠纷案

——赵笑青诉北京市红十字会

原告（上诉人）：赵笑青

被告（被上诉人）：北京市红十字会

案由：侵犯著作权纠纷

原审案号：北京市第一中级人民法院（2003）一中民初字第10139号

原审合议庭成员：刘勇、仪军、彭文毅

原审结案日期：2003年12月2日

二审案号：北京市高级人民法院（2004）高民终字第213号

二审合议庭成员：陈锦川、魏湘玲、张冬梅

二审结案日期：2004年9月20日

判决要旨

使用他人作品应当同著作权人订立许可合同，作者将作品提供给他人并不必然表示对使用作品的明确许可。

起诉与答辩

原告赵笑青诉称：我为老年人精心设计了助老胸卡，胸卡正面的图案属于美术作品，受著作权法的保护。这项设计还于2000年8月获得外观设计专利。2001年6月，我经介绍与被告张熙曾副会长取得联系，向他提供了所有的设计材料。但在双方尚未商定合作事宜的情况下，被告却私自将该专利图案进行修改，并制作了胸卡于2001年重阳节向北京市老年人发放。被告的行为侵犯了我著作权中的修改权、发行权、署名权和获得报酬权。请求法院判令被告：1. 停止侵犯原告著作权的行为；2. 向原告赔礼道歉；3. 赔偿原告经济损失2万元；4. 本案诉讼费用由被告负担。

被告北京市红十字会辩称：2001年我会“帮助部分老人回家”的活动源于中央电视台《实话实说》栏目。我会至今发放的助老卡有15 000份，发放、资料统计、录入、保存等服务均是免费提供。我会没有采纳原告设计的胸卡，也未对原告形成任何口头或书面协议，不存在合作关系。我会发放的助老卡与原告设计的助老卡不相同，没有侵犯原告的知识产权。原告未经任何红十字会

同意，擅自使用红十字标志，违反了《中华人民共和国红十字会法》和《中华人民共和国红十字标志使用办法》。请求法院驳回原告的诉讼请求。

原审查明事实

原审法院经审理查明：2000 年 8 月 9 日，原告赵笑青将其设计的胸卡向国家知识产权局申请外观设计专利，于 2001 年 2 月 17 日获得授权，专利号为 00332056.1。该设计图案右部为救护提示图案，中下部为“V”形布局的“敬、助、老”三个字，在“V”形中上部半嵌入心形图案，心形图案中嵌有十字图案（主视图见本判决附件）。2001 年 6 月，原告将其外观专利设计图案提供给被告。

2001 年 10 月 25 日的《北京晨报》报道，一张能把走失老人送回家的“助老卡”正陆续发放到 10 万名 60 岁以上老年人手中。该卡左部分为“助老”和“心形图案中间加十字图案”组成，其中，“心形图案中间加十字图案”在“助老”两字中间（助老卡设计见本判决附件）。在该助老卡申请登记表背面的“需承诺及说明事项”第三项载明：由“北京市红十字会紧急救援中心”把老人送回家后，家庭联系人或监护人需向“北京市红十字会紧急救援中心”交纳寻找老人所需的交通费等必要费用。

在本案庭审过程中，原告还主张在 2001 年 6 月以后，其进一步将自己设计的胸卡进行修改，并将修改后的胸卡设计再次提供给被告，但被告对该主张予以否认。原告未就其主张向本院提交证据。另外，被告陈述，助老卡已经发放约 15 000 张，并还在继续发放。

原审审理结果

原审法院认为：敬老、助老是中华民族的传统美德，原告为防止老年人走失，设计了胸卡，并将其提供给被告北京市红十字会付诸实施，其行为应当得到肯定。

原告设计的胸卡是以图案、文字构成，既具有实际使用价值也富于美感，属于美术作品的范畴，受著作权法的保护，且不与其获得的外观设计专利权相冲突。原告设计的胸卡虽然使用了红十字图案，但在原告仅主张美术作品权利，且没有以该设计用于商业经营活动的情况下，并不违反红十字使用办法的规定。

被告发放的“助老卡”是在看到原告设计的胸卡后才设计完成的，将两者进行对比，两者均是以红十字置于心形图案之中，均采用相同字体“助老”

两个字，红十字加心形图案的位置也相同，因此，在表现形式上，被告发放的“助老卡”与原告设计的胸卡确实存在一定程度的相似。被告认为其发放的“助老卡”与原告设计的胸卡不同的主张不能成立，本院不予支持。鉴于被告是在尚未与原告就使用胸卡设计达成一致的情况下，自行设计、制作、发放了“助老卡”，其在“助老卡”上使用原告胸卡设计的行为未征得原告的许可，侵犯了原告对其作品享有的修改权和发行权，应当承担相应的民事责任。虽然被告在其发放的助老卡中使用了原告胸卡设计的部分内容，但由于被告未经许可使用原告胸卡设计的部分在助老卡中所占的比例有限，故判决被告停止发放助老卡有失公正，原告的该项诉讼请求本院不予支持。由于在助老卡申请登记表中没有关于就“助老卡”本身或发放行为收取费用，助老卡申请登记表中所述的“交通费等必要费用”与“助老卡”的设计无任何联系，故被告发放该卡是一般社会公益活动，不属于营利行为。因此，在计算赔偿数额时，本院将根据被告使用原告作品的实际情况，酌情确定。

综上所述，依照《中华人民共和国著作权法》第四十六条第一款第（七）项、第（十一）项，第四十七条第（一）项之规定，判决如下：

一、被告北京市红十字会于本判决生效之日起30日内书面向原告赵笑青致歉（致歉内容须经本院核准，逾期不履行，本院将公布本判决主要内容，其费用由被告北京市红十字会承担）；

二、被告北京市红十字会于本判决生效之日起10日内赔偿原告赵笑青2 000元。

赵笑青不服原审判决，提起上诉，理由是：1. 一审判决既然认定北京市红十字会未经许可使用了上诉人的作品，侵犯了上诉人的著作权，就应该判令其停止侵害。2. 一审判决认定北京市红十字会发放助老卡是一般社会公益活动没有事实依据。3. 北京市红十字会不仅侵犯了上诉人对其作品享有的修改权、复制发行权，并拒绝表明上诉人作者身份和支付报酬，其侵权范围广泛，且拒不承认改正错误，上诉人要求其赔偿2万元是合理的，一审判决北京市红十字会赔偿2 000元明显偏低。请求二审法院撤销一审判决，判令北京市红十字会停止侵害，赔偿上诉人经济损失2万元。

北京市红十字会不服原审判决，提起上诉，理由是：1. 北京市红十字会是一个非赢利性的社会公益组织和慈善机构，赵笑青在去北京市红十字会之前十分清楚该组织的性质，明了救助老人的活动是无偿的社会公益行为，在此种情况下，她将自己设计的图形提供给北京市红十字会已经说明其把使用不使用该图形以及如何使用该图形的权利让渡给了北京市红十字会。我方在看到赵笑青的设计之后，另行设计了自己的胸卡标志没有违反法律。一审判决用我方是在看到对方设计之后才完成自己设计的情节，来掩盖对方把自己的设计捐送给我方的性质，其认定事实错误。2. 根据《中华人民共和国红十字标志使用办法》的有关规定，任何人不得把红十字标志投入商业活动。赵笑青却在未经任何有权机构批准的情况下，将受法律保护的红十字标志申请为外观设计专利，其行为本身就违法，进而禁止权利人北京市红十字会行使该标志专属使用权，更是错加一等。一审判决错误引用著作权法保护非法作品，实属颠倒黑白，枉法裁判。请求二审法院撤销一审判决，改判赵笑青向我方赔礼道歉，并判令其承担本案全部诉讼费。

二审查明事实

二审法院经审理查明：2000 年 8 月 9 日，赵笑青向国家知识产权局提出名称为“胸卡”的外观设计专利申请，该申请于 2001 年 3 月 21 日被授权公告，专利号为 00332056.1，专利权人为赵笑青。该胸卡为图案加文字设计，其右部为救护提示图案，其中下部为“V”形布局的“敬、助、老”三个字，在“V”形的中上部半嵌入心形图案，心形图案中嵌有十字图案（其主视图见本判决附件 1）。

2001 年 6 月 19 日，赵笑青将其外观设计专利的胸卡设计图案提供给北京市红十字会。

2001 年 10 月 25 日，《北京晨报》在“岁岁重阳敬老人——北京送出 10 万张‘助老卡’”的标题下，刊登了“今天是重阳节，作为节日的礼物，一张能把走失老人送回家的‘助老卡’，正陆续发放到 10 万位 60 岁以上老年人手中，这是记者从北京市红十字会了解到的……”的相关报道。此次由北京市红十字会发放的“助老卡”，其设计图案的左部分由“助老”二字和“心形图案中加十字图案”组成，其中“心形图案中加十字图案”在“助老”二字的中上方（该“助老卡”的设计图案见本判决附件 2）。在该“助老卡”申请登记表的背面载有“需承诺及说明事项”，其中第三项载明：由“北京市红十字会紧急救援中心”把老人送回家后，家庭联系人或监护人需向“北京市红十字会紧急救援中心”交纳寻找老人所需的交通费等必要费用（按北京市物价局的有关规定收费）。

在一审庭审过程中，赵笑青称其在 2001 年 6 月以后，对自己设计的胸卡进行了修改，并将修改后的胸卡设计再次提供给北京市红十字会，但未提供相关证据支持其主张。北京市红十字会对赵笑青的上述主张予以否认。

另查，今年以来北京市红十字会仍在发放“助老卡”。

二审审理结果

二审法院认为：赵笑青设计的胸卡以图案和文字构成，富于美感，属于受我国著作权法保护的美术作品。赵笑青在本案中主张该作品的著作权，与其已经获得的外观设计专利权并不冲突，故应当受到我国著作权法的保护。

《中华人民共和国红十字标志使用办法》（简称《红十字标志使用办法》）第二条规定：红十字标志是白底红十字。第七条第一款规定：红十字作为保护性标志使用时，不得在标志上添加任何内容。第十三条规定：红十字作为标明性标志使用时，在红十字下方必须伴以红十字会的名称或者名称缩写，并不得将红十字置于建筑物顶部。由此可见，禁止其他组织和个人使用红十字标志是有其特定含义的，即将红十字作为保护性标志使用时，不得在标志上添加任何内容；作为标明性标志使用时，在红十字下方必须伴以红十字会的名称或者名称缩写，并不得将红十字置于建筑物顶部。但如果不是将其作为一种标志使用，而仅仅是将其作为一个符号或者符号组合的一部分使用时，则不受《红十字标志使用办法》的限制。本案中赵笑青设计的胸卡使用的是含十字的心型图案，其中的红十字是作为一种符号或者符号组合的一部分（不是单独突出白底红十字），该符号本身不具有突出的标明作用，因此，并未违反《红十字标志使用办法》的规定。北京市红十字会关于赵笑青的胸卡设计使用红十字属于违法作品的主张，缺乏事实和法律依据，本院不予采纳。

将北京市红十字会发放的“助老卡”与赵笑青设计的胸卡进行对比，两者均是以十字置于心形图案之中，且“助老”两字的字体相同，因此，两者在表现形式上具有一定程度的相似之处。北京市红十字会上诉称，赵笑青将自己设计的图形提供给我会，说明其已经把是否使用该图形以及如何使用该图形的权利让渡给了我会。对此，本院认为，使用他人作品应当同著作权人订立许可合同。本案中赵笑青将自己设计的胸卡图案提供给北京市红十字会的行为是一种单方要约行为，北京市红十字会是否同意使用必须要有明确的表示，北京市红十字会是否实际取得赵笑青作品的使用权还要看双方所签的著作权许可使用合同是否成立。由于北京市红十字会始终未向赵笑青明确表示要使用该作品，故著作权许可使用合同并未成立。因此，北京市红十字会的前述主张由于缺乏事实和法律依据，不能成立。

北京市红十字会在尚未与赵笑青就其胸卡设计的使用达成著作权许可使用合同的情况下，即在其制作、发放的“助老卡”上使用了赵笑青胸卡设计的部分内容，其行为侵犯了赵笑青对其作品所享有的修改权、发行权和获得报酬权，应当承担相应的民事责任。一审法院根据北京市红十字会使用赵笑青作品的实际情况，酌情确定的赔偿数额并无不当。

鉴于北京市红十字会未经许可所使用的部分是赵笑青胸卡设计的主要部分和实质内容，且北京市红十字会仍在继续发放“助老卡”，故赵笑青请求本院判令北京市红十字会停止侵害，理由正当，应于支持。

综上，一审判决认定事实有误，本院予以纠正。赵笑青的上诉理由部分成立，对其上诉请求，本院给予部分支持。北京市红十字会的上诉理由不能成立，对其上诉请求，本院不予支持。依照《中华人民共和国民事诉讼法》第一百五十三条第一款第（三）项之规定，判决如下：

一、维持北京市第一中级人民法院（2003）一中民初字第10139号民事判决的第一、二项；

二、北京市红十字会在未删除赵笑青胸卡设计的内容之前不得继续发放“助老卡”。

一审案件受理费1 000元，由北京市红十字会负担；二审案件受理费1 000元，由北京市红十字会负担。

35. 郑秀文专辑录音制作者权侵权纠纷案

——华纳唱片有限公司诉北京世纪悦博科技有限公司

原告（被上诉人）：华纳唱片有限公司
被告（上诉人）：北京世纪悦博科技有限公司
案由：侵犯录音制作者权纠纷

原审案号：北京市第一中级人民法院（2003）一中民初字第12189号
原审合议庭成员：赵静、苏杭、赵明
原审结案日期：2004年8月16日
二审案号：北京市高级人民法院（2004）高民终字第1303号
二审合议庭成员：陈锦川、魏湘玲、张冬梅
二审结案日期：2004年12月2日

判决要旨

链接通道服务提供商通过网络搜索功能搜索相关网页，与相关的网页建立直接的链接通道，对收集到的有关音乐网站中的地区、歌手、歌单、歌词及网站等信息进行了选择、编排、整理，并将这些选定的被链接的网站和资源提供给用户，以逐层递进的方式引导用户下载。这种设置链接的行为，为侵权录音制品的传播提供了渠道和便利，使用户得以下载侵权的录音制品，从而使被链接网站的侵权行为得以实施、扩大和延伸，链接通道服务提供商客观上参与、帮助了被链接网站实施侵权行为。在其新提供的链接服务的情况下，链接服务提供者完全有能力对被链接信息的合法性进行逐条甄别，有能力注意到被链接信息的合法性。

起诉与答辩

原告华纳唱片有限公司（以下简称华纳公司）诉称：我方于2003年5月14日发现被告北京世纪悦博科技有限公司（以下简称世纪悦博公司）在其经营的网站上（网址 http：//www.chinamp3.com）向公众提供由郑秀文演唱的《完整》、《电影金曲精选》两张专辑的歌曲下载服务，其中专辑《完整》包括：1. 魅力燃烧；2. 何必；3. When The Morning Comes；4. 完整；5. 独一无二；6. 没感觉；7. 未来；8. 我只要现在；9. 谁的谁；10. 与众不同。专辑

《电影金曲精选》包括：1. 终身美丽；2. 感情线上；3. 情无独钟；4. 禁花果；5. 医生与我；6. 那天你愉快吗；7. 玻璃鞋；8. 跳伞；9. 快乐不快乐；10. 如果我们不再见；11. 亲密关系；12. 为何又是这样错；13. 我们的主题曲；14. 最后一次；15. 不拖不欠；16. 问我；17. 默契。以上曲目共计27首，经确认上述曲目的录音制作者权均归我方所有。我方从未许可世纪悦博公司通过互联网向公众传播上述曲目，世纪悦博公司的行为严重侵犯了我方权益，给我方造成重大经济损失。综上，请求法院判令世纪悦博公司：立即停止对我方享有录音制作者权的歌曲之网络传播权的侵害，停止提供上述歌曲的下载服务；在其经营的网站主页及《法制日报》上发表声明，向我方公开赔礼道歉；赔偿我方经济损失54万元、为调查侵权行为和起诉所支出的合理费用5万元，以上金额合计59万元；承担本案全部诉讼费用。

被告世纪悦博公司辩称：1. 我方在音乐极限网站上提供的是链接服务，而不是下载服务，不存在未经著作权人许可复制或传播涉案歌曲的行为。从原告提交的公证书中的“下载说明”中可以看出我方已经在相关网页上说明该网站只提供歌曲链接，不提供本地下载，且下载过程中显示的涉案歌曲的下载地址也不是音乐极限网站网址。此外，在链接过程中，被链接的文件从被链接网站服务器上直接进入互联网用户的计算机内存或硬盘中，而不会在设置链接者的设备上产生复制文件。链接设置也并不保证互联网用户每次点击链接都能够指向被链接网站的指定文件，如被链接网站改变IP地址后，链接将会失去指向作用。综上可知，在歌曲下载过程中，在我方服务器上并没有歌曲的副本，故我方提供的仅是链接服务。2. 我方设置链接的行为符合法律规定，华纳公司并无证据表明被链接网站存在侵权行为。首先，华纳公司并未提供证据证明被链接网站提供涉案歌曲下载服务是侵犯著作权行为的有关证据。其次，我国现有法律未对链接设置者的注意义务进行明确规定，没有要求链接设置者审查被链接内容来源的合法性以及用户使用链接目的合法性，故我方作为网络内容服务的提供者，在自己经营的网站上设置链接的行为符合有关法律的规定。3. 我方不具有侵犯录音制作者权的主观过错，根据有关司法解释，不构成对华纳公司录音制作者权的侵犯。根据最高人民法院《关于审理涉及计算机网络著作权纠纷案件适用法律若干问题的解释》第五条的规定可知，须通过是否向网络内容服务提供商发出确有证据的书面证明，来判断网络内容服务提供商的行为是否构成侵权。本案中，我方在收到起诉书后已经将涉案歌曲的全部链接删除，因此，被告不具有侵犯著作权的主观过错。综上，请求法院驳回华纳公司的诉讼请求。

原审查明事实

原审法院经审理查明：在涉案的郑秀文专辑《完整》及《电影金曲精选》CD的封底均标明录音制作者权人为华纳公司。

2003年8月7日，国际唱片业协会亚洲区办事处亚洲区总监饶锐强代表国际唱片业协会签发版权认证报告，证明华纳公司为以下歌曲的录音制作者权人：专辑名称《完整》，包括：1. 魅力燃烧；2. 何必；3. When The Morning Comes；4. 完整；5. 独一无二；6. 没感觉；7. 未来；8. 我只要现在；9. 谁的谁；10. 与众不同。专辑名称《电影金曲精选》，包括：1. 终身美丽；2. 感情线上；3. 情无独钟；4. 禁花果；5. 医生与我；6. 那天你愉快吗；7. 玻璃鞋；8. 跳伞；9. 快乐不快乐；10. 如果我们不再见；11. 亲密关系；12. 为何又是这样错；13. 我们的主题曲；14. 最后一次；15. 不拖不欠；16. 问我；17. 默契。版权认证报告后附有上述两张CD的封面及封底的复印件，该复印件与华纳公司提交CD的封面及封底相同。中国委托公证人、香港律师李国康出具证明，证实以上文件经查证属实。

CHINAMP3音乐极限网站是世纪悦博公司所拥有的网站，其网址为http://www.chinamp3.com。2003年5月12日，应华纳公司的要求，长安公证处公证员在互联网上对http://www.chinamp3.com网站上《完整》及《电影金曲精选》中全部27首歌曲的下载情况进行了公证，并于2003年6月26日出具了（2003）长证内经字第2742号公证书。公证书中显示：键入http://www.chinamp3.com网址，并逐级点击“港台专区”、“女歌手”、“郑秀文”、《完整》及《电影金曲精选》后，进入相应页面。每个页面上分别显示有两张专辑内所含全部歌曲的名称，共计27首。每个歌曲后面分别显示有“MP3下载”的字样，分别点击“下载”，进入下载页面，在每个页面的歌曲名称下都显示有“下载1”、“下载2”等字样表明不同的下载站。每首歌曲的下载站数目不同，在27首歌曲中，最多的为10个下载站，最少的为2个下载站。在下载站的下方显示有“下载说明：本站只提供歌曲链接，不提供本地下载！下载1、下载2、下载3、下载4……为下载站，请点击下载”。公证人员点击每首歌曲的一个下载站，将全部27首歌成功下载至电脑硬盘，并刻录成一张光盘。另外，用右键点击曲目列表中每首歌后的“下载”，选择“属性”，显示出各个歌曲的名称及其对应的地址（URL）。其中，专辑《完整》中10首歌曲的地址均为http://music.nx.cninfo.net，专辑《电影金曲精选》中17首歌曲的地址均为http://mp3++.zsnet.com，但华纳公司未提交证据证明上述地址为世纪悦博公司所拥有的IP地址。

2003年7月11日，应华纳公司要求，北京市公证处公证员对美国苹果公司网站主页上的音乐下载情况，主要是下载歌曲的收费情况进行了公证，并出具了（2003）京证经字第09398号公证书。公证书中显示在美国苹果网站的页面上有如下字样“在找到您所需要的歌曲后，您可以用99美分一首的价格购买”、“您喜欢一首歌，仅用99美分就可以购买它，花几秒钟将它直接下载到您的音乐中”。

华纳公司为本案诉讼支付了如下费用：向北京市天为律师事务所支付了律师费人民币30 000元；向长安公证处支付（2003）长证内经字2742号公证书的公证费人民币2 500元；为饶锐强先生的声明书、版权认证报告支付港币3 430元，其中包括律师服务费港币2 550元、代收代付费用港币880元。

2003年12月16日，应世纪悦博公司要求，北京公证处公证员对http：//www. chinamp3. com网站上专辑《完整》及《电影金曲精选》中全部歌曲的下载情况进行了公证，并出具了（2003）京证经字第17784号公证书。公证书中显示，在逐层进入到http：//www. chinamp3. com中《完整》及《电影金曲精选》的页面后，可见曲目列表中的每首歌曲后的“mp3搜索”后均显示为“无”。

庭审中，华纳公司明确其要求世纪悦博公司赔偿经济损失54万元人民币的计算依据为：以美国苹果网站每首歌每次0. 99美元的下载费用乘以点击率再乘以27首歌。

原审审理结果

原审法院认为：《著作权法》第四十一条规定，录音录像制作者对其制作的录音录像制品，享有许可他人复制、发行、出租、通过信息网络向公众传播并获得报酬的权利。本案中，《完整》及《电影金曲精选》CD封底均标明华纳公司为录音制作者权人，国际唱片业协会亚洲区办事处亦出具版权认证报告对此予以确认，故在世纪悦博公司无相反证明的情况下，华纳公司为两张CD中包含的《魅力燃烧》、《何必》等共计27首歌曲的录音制作者，享有录音制作者权。未经华纳公司许可，他人不得复制、发行、出租、通过信息网络向公众传播上述录音制品。

对于华纳公司认为世纪悦博公司的行为侵犯了其信息网络传播权的主张，本院认为判断的关键在于世纪悦博公司的行为是否构成网络传播行为。

《著作权法》第十条第一款第（十二）项规定，信息网络传播权，即以有线或者无线方式向公众提供作品，使公众可以在其个人选定的时间和地点获得作品的权利。据此，网络传播行为可以理解为以有线或无线方式向公众提供作品，从而使公众可以在其个人选定的时间和地点获得作品的行为。本案中，网络用户可以通过如下操作在CHINAMP3网站上获得歌曲下载：在互联网上进入CHINAMP3网站主页后——逐级点击进入《完整》、《电影金曲精选》页面——点击该页面中每首歌曲后的下载站——获得涉案27首歌曲的下载。整个下载过程均在CHINAMP3网站的页面下进行，但点击右键“属性”可出现选中歌曲的来源网站。对于世纪悦博公司提供上述服务行为的性质，本院认为，虽然下载的歌曲并非来源于CHINAMP3网站，但网络用户在不脱离CHINAMP3网站页面的情况下即可获得选中歌曲的下载，该过程足以使网络用户认为提供歌曲下载服务者为CHINAMP3网站，其提供的服务亦使得公众得以在其个人选定的时间和地点获得作品。据此，世纪悦博公司在CHINAMP3网站上所提供的内容下载服务属于向不特定公众提供作品的行为，构成网络传播行为。因华纳公司享有涉案27首歌曲的信息网络传播权，未经其许可，任何人不得行使该项权利，而世纪悦博公司不能证明其所实施的网络传播行为具有合法权利来源，故世纪悦博公司在主观上存在过错，其行为侵犯了华纳公司的信息网络传播权，应承担相应法律责任。对于世纪悦博公司认为其提供的仅是链接服务，而非下载服务，故其行为不构成侵权的主张，本院不予支持。

本案中，华纳公司以美国苹果网站每首歌每次0.99美元的下载费用乘以点击率及27首歌的计算方法，要求世纪悦博公司赔偿54万元人民币。对此，本院认为，因苹果网站并非本案当事人，华纳公司亦未提供证据证明该网站的下载费用为我国国内本行业采用的普遍标准，该标准不足以证明华纳公司的实际损失及世纪悦博公司的侵权获利，故对此标准本院不予采信。对于华纳公司要求世纪悦博公司支付诉讼合理支出5万元人民币的诉讼请求，因华纳公司并未提供充分证据支持，故本院将以其提交的证据为基础对本案诉讼支出的合理费用予以酌定。在当事人双方均未提交损失及获利证据的情况下，本院将结合涉案歌曲的数量、侵权行为的性质及华纳公司所支付的合理费用等因素对赔偿数额酌情予以确定。

对于华纳公司要求世纪悦博公司在其经营的网站主页及《法制日报》上发表声明公开赔礼道歉的诉讼请求，因世纪悦博公司所侵犯的录音制作者权中的信息网络传播权并非人身权利，故华纳公司的该项诉讼请求于法无据，本院不予支持。

综上，依照《中华人民共和国著作权法》第十条第一款第（十二）项、第四十一条、第四十七条第（四）项、第四十八条之规定，判决如下：

一、自本判决生效之日起，被告北京世纪悦博科技有限公司立即停止侵犯原告华纳唱片有限公司享有录音制作者权的《魅力燃烧》、《何必》等共计27

首歌曲的信息网络传播权；

二、自本判决生效之日起10日内，被告北京世纪悦博科技有限公司赔偿原告华纳唱片有限公司经济损失包括诉讼合理支出共计人民币8万元；

三、驳回原告华纳唱片有限公司的其他诉讼请求。

世纪悦博公司不服原审判决，提起上诉，理由是：1. 世纪悦博公司在www.chianmp3.com网站上提供的只是链接服务，不提供下载服务，不存在复制、传播行为；2. 华纳公司在没有证据证明被链接网站使用涉案歌曲侵权的情况下，同样不能证明世纪悦博公司设置链接行为侵权；3. 我国现有法律没有明确规定网络服务提供商在设置链接时应负有注意义务，世纪悦博公司设置链接并提供链接通道服务，无需事先审查和了解被链接对象经营的合法性和被链接内容来源的合法性，一审法院认定世纪悦博公司主观上有过错于法无据；4.《民法通则》、《著作权法》的原则规定不能完全适用于网络知识产权纠纷案件的审理，本案应当优先适用最高人民法院《关于审理涉及计算机网络著作权纠纷案件适用法律若干问题的解释》第五条的规定；5. 世纪悦博公司在接到华纳公司的起诉书后已将与涉案歌曲有关的链接断开，一审判决对此未加认定，属于重大遗漏。

华纳公司服从原审判决。

二审查明事实

二审法院查明事实与原审相同。

二审审理结果

二审法院认为：对于链接而言，被链接内容构成侵权是认定链接服务提供者是否构成侵权的前提。根据华纳公司对所主张事实的证明能力、目前唱片公司对互联网上网站使用录音制品的授权情况、互联网上网站传播录音制品现状及本案世纪悦博公司所链接网站的性质，本案世纪悦博公司所链接网站使用的涉案录音制品是非法复制品的事实显而易见，可以认定世纪悦博公司所链接网站使用涉案录音制品是侵权行为。本院对华纳公司关于涉案录音制品从未授权任何人在互联网上使用的主张予以支持，世纪悦博公司关于华纳公司没有证据证明被链接网站使用涉案歌曲侵权的主张不能成立。

世纪悦博公司事先通过网络搜索功能搜索到相关网页，与相关网页建立直接的链接通道。其对收集到的有关音乐网站中的地区、歌手、歌单、歌词及网站等信息进行了选择、编排、整理，提供给用户浏览、使用，但这些行为不是对涉案录音制品的加工和编辑；其事先选定被链接的网站和资源，确定下载的步骤、方法，以逐层递进的方式引导用户下载，用户按照设定的步骤、方法即可从被链接网站下载涉案录音制品，但世纪悦博公司不能完全控制被链接网站的资源，一旦被链接网站网址发生变化或者网站采取加密等限制访问措施，访问要求就会被拒绝。因此，世纪悦博公司在本案中所提供服务本质上依然属于链接通道服务，在其服务器上，世纪悦博公司没有复制、向公众传播被链接的录音制品。但是，正是因为世纪悦博公司设置链接的行为，为侵权录音制品的传播提供了渠道和便利，使用户得以下载侵权的录音制品，从而使被链接网站的侵权行为得以实施、扩大和延伸，因此，世纪悦博公司客观上参与、帮助了被链接网站实施侵权行为，侵害了华纳公司对其录音制品享有的合法权益。

根据我国民法通则和著作权法，除法律另有规定外，行为人仅对因过错给他人人身、财产造成侵害的行为承担民事责任，过错是加害人承担民事责任的前提。过错责任要求行为人尽到对他人的谨慎和注意义务，努力避免损害后果。是否有过错，既要看行为人应不应当注意，又要看行为人能否注意。而能否注意，则因人、因事而异。民法通则规定的过错责任原则以及如何判断过错的民法原理同样适用于网络环境下著作权侵权行为。世纪悦博公司关于《民法通则》、《著作权法》不能完全适用于网络知识产权纠纷案件的审理的主张不能成立，本院不予支持。

最高人民法院《关于审理涉及计算机网络著作权纠纷案件适用法律若干问题的解释》第五条规定："提供内容服务的网络服务提供者，明知网络用户通过网络实施侵犯他人著作权的行为，或者经著作权人提出确有证据的警告，但仍不采取移除侵权内容等措施以消除侵权后果的，人民法院应当根据民法通则第一百三十条的规定，追究其与该网络用户的共同侵权责任。"据此，本条规定的网络服务提供者应是在明知网络用户通过网络实施侵犯他人著作权，或者经警告后仍没有尽到注意义务时，才应承担共同侵权的民事责任。但是，本条规定并非适用于提供各种服务的网络服务提供者。本条规定所依据的事实基础是：作为按照用户的选择传输或接受信息、本身不组织、筛选所传播信息的网络服务提供者，通常必须借助于技术手段才能对通过其系统或网络的信息加以监控，但技术手段本身有局限性；网上信息数量太大，内容又在不断变化、更新，要求监控能力有限的网络服务提供者逐条甄别信息的合法性根本不可能。这是本条规定只要求网络服务提供者依法处理已知内容而不要求他们对内容监控的理由。因此，该司法解释第五条的规定是针对难以负担起对所提供服务的信息的合法性尽注意义务的网络服务提供者而言的。但是，就本案世纪悦博公司所提供的服务，世纪悦博公司对收集到的有关信息进行了选择、编排、整理；选定被链接的网站和下载源，设定下载的步骤、方法，以逐层递进的方式引导用户下载；锁定被链接的网站及其录音制品，限定了下载的地址，从而在自己的网站与被链接网站的具体的录音制品之间建立起了深度链接的对应关系；用户按照世纪悦博公司设定的步骤、方法，只需通过其网站即可从被链接网站直接下载涉案的录音制品以及每一首歌。显然，在其所提供的链接服务的情况下，世纪悦博公司完全有能力对被链接信息的合法性进行逐条甄别，有能力注意到被链接信息的合法性。同时，世纪悦博公司作为专业性音乐网站，其提供服务亦具有明显的商业目的，理应负有更高的对所提供服务的合法性的注意义务。因此，世纪悦博公司不具备作为上述司法解释第五条规定所依据的事实基础，对其过错及其侵权责任的判断，不能适用上述司法解释第五条的规定。本院也注意到，在依法调整技术环境下的著作权纠纷时，应贯彻利益平衡原则，既要维护著作权人的权利，又不至于因保护著作权而阻碍技术的发展。但在本案的情况下，本院看不到要求提供类似服务的网络服务提供者对所提供服务的信息尽注意义务会产生妨碍技术进步、损害第三人及社会公众的利益的后果。相反的，如果免除提供类似服务的网络服务提供者的注意义务，只能导致网络服务提供者漠视他人的合法权益，轻慢对其行为的谨慎和注意义务，从而放纵侵权行为，最终损害社会公众的利益。因此，世纪悦博公司关于“设置链接并提供链接通道服务，无需事先审查和了解被链接对象经营的合法性和被链接内容来源的合法性，一审法院认定世纪悦博公司主观上有过错于法无据；应当优先适用最高人民法院《关于审理涉及计算机网络著作权纠纷案件适用法律若干问题的解释》第五条的规定”的主张不能成立，本院不予支持。

综上，世纪悦博公司应对所链接的录音制品的合法性负有注意义务，但世纪悦博公司放任自己的行为，参与、帮助了被链接网站实施侵权行为，主观过错明显，构成对华纳公司对其录音制品享有的录音制作者权的侵犯。一审判决认定世纪悦博公司未经许可，为其商业目的，对华纳公司享有录音制作者权的音乐作品通过互联网的方式向公众传播，主观上具有过错，客观上给华纳公司造成了损害后果，构成了对华纳公司权利的侵犯，应当承担停止侵权、赔偿损失等相应的民事责任是正确的。

一审判决考虑世纪悦博公司网站页面记载的有关信息、歌曲公开发表的时间、通常情况下相关录音制品制作成本、销售利润及世纪悦博公司侵权行为性质及情节等因素，对本案损害赔偿数额所做的酌定并无不妥。

综上，一审判决认定事实清楚，适用法律基本正确，世纪悦博公司的上诉理由不能成立，对其上诉请求不应支持。依据《中华人民共和国民法通则》第一百三十条，《中华人民共和国著作权法》第四十一条、第四十七条第

(四) 项，最高人民法院《关于审理涉及计算机网络著作权纠纷案件适用法律若干问题的解释》第四条，《中华人民共和国民事诉讼法》第一百五十三条第一款第（一）项，判决如下：

驳回上诉，维持原判。

一审案件受理费 10 910 元，由北京世纪悦博科技有限公司负担 7 637 元，华纳唱片有限公司负担 3 273 元；二审案件受理费 10 910 元，由北京世纪悦博科技有限公司负担。

36. “车展展位设计效果图”著作权侵权纠纷案

——北京派恩世纪展览展示有限公司诉吉林市通田汽车销售有限公司

原告（被上诉人）：北京派恩世纪展览展示有限公司

被告（上诉人）：吉林市通田汽车销售有限公司

案由：侵犯著作权纠纷

原审案号：北京市朝阳区人民法院（2004）朝民初字第17054号

原审合议庭成员：李有光、党淑平、谢甄珂

原审结案日期：2004年8月17日

二审案号：北京市第二中级人民法院（2004）二中民终字第11216号

二审合议庭成员：刘薇、宋光、梁立君

二审结案日期：2004年12月14日

判决要旨

本案涉及的车展展位效果图是原告按照被告的设计要求对已有素材进行选择、安排，运用独特的设计构思及创作技巧创作而成的具有独创性及可复制性的图案，属于我国著作权法规定的能为建设施工提供依据的图形作品的范畴，作者对该图形作品依法享有著作权。他人未经许可不得依据该图形作品搭建展台。被告参展的展位在整体外观、结构、具体表现方式上与原告设计的展位效果图相同，只在局部细节上有变化。虽然车展展位为立体结构，但从直观视觉效果看，依然能够判断出其是对展位效果图的再现，因此，可以确认被告的车展展位使用了原告设计的展位效果图，侵犯了原告依法享有的著作权。

起诉与答辩

原告北京派恩世纪展览展示有限公司（以下简称派恩世纪公司）诉称：吉林市通田汽车销售有限公司（以下简称通田公司）为参加“2004年北京第八届国际汽车展”，邀请派恩世纪公司进行展位设计，派恩世纪公司依据通田公司的要求设计出展位方案，并将效果图和施工图多次传真给通田公司。之后，通田公司未经派恩世纪公司同意，委托其他公司利用该设计方案进行展位建筑制作，并将展位照片上载到其网站上，侵犯了其对展位设计效果图享有的

著作权。派恩世纪公司为此诉至原审法院，请求判令通田公司停止侵权行为、赔偿经济损失40 000元。

被告通田公司辩称：派恩世纪公司仅提供了展位效果图，并未提供工程图纸，且该效果图是根据通田公司的设计思路和要求进行的设计，故派恩世纪公司不享有著作权。通田公司的展位设计是根据北京东方盛邦展览展示有限公司（以下简称东方盛邦公司）出具的效果图和工程设计图纸制作的，没有使用派恩世纪公司的设计，故不同意派恩世纪公司的诉讼请求。

原审查明事实

原审法院经审理查明：2004年4月，通田公司将其设计要求提供给派恩世纪公司等多家设计公司，邀各公司提交车展展位设计方案备选。2004年5月，派恩世纪公司将3套不同的展位设计效果图交给通田公司。同月，派恩世纪公司又将修改后的第3套设计方案（简称方案C）交付通田公司。该设计方案正面为尖顶、银色边框的拱形门，门上半部分为黄色半圆形，上有蓝色“通田汽车”、“TAMC”和通田公司标志；侧面靠近门处有蓝色“通田汽车”、“TAMC”和通田公司标志，底色为上银下黄，中间以上弧线分割，且黄色部分有4个白点；顶部为透明的蓝色。派恩世纪公司展位设计中的广告语、通田公司的标志和汽车图像系通田公司提供。

2004年6月6日至16日，通田公司参加了车展，先后使用了尖顶和圆顶两种展位。其中尖顶的展位，除正面门上半部分底色和文字颜色与方案C相反，并去掉了方案C侧面的4个白点外，其余部分均与方案C相同。

原审审理结果

原审法院认为：派恩世纪公司根据通田公司的要求设计的车展展位效果图具有明确的构思和结构，是具备独创性、可复制性的图形作品，派恩世纪公司对该作品享有著作权。通田公司就展位设计与派恩世纪公司进行过接触并收到了效果图，通田公司参加车展展位的整体结构及局部细节均与派恩世纪公司设计的效果图相同，由此确认通田公司在布置、制作展位时使用了派恩世纪公司设计的效果图，该使用行为未经著作权人许可，侵犯了派恩世纪公司享有的著作权。原审法院依据《中华人民共和国著作权法》第四十七条第（一）项、第四十八条第二款的规定，判决：

一、吉林市通田汽车销售有限公司不得再使用涉案的展位效果图；

二、吉林市通田汽车销售有限公司于本判决生效之日起10日内赔偿北京派恩世纪展览展示有限公司经济损失2万元；

三、驳回北京派恩世纪展览展示有限公司的其他诉讼请求。

通田公司不服原审判决，提起上诉。其上诉理由是：通田公司从未利用派恩世纪公司设计的效果图搭建展台，该公司的展位设计、制作均是由东方盛邦公司实施的，通田公司是善意第三方，不应承担任何法律责任。原审法院认定事实错误，请求二审法院依据事实作出公正判决。

派恩世纪公司服从原审判决。

二审查明事实

二审法院经审理查明：通田公司为参加“2004年北京第八届国际汽车展”邀请了多家设计公司为其提供车展展位设计方案备选，并将展位设计要求、广告语、通田公司的标志及汽车图象提供给这些应选公司。派恩世纪公司作为应选公司之一于2004年5月将三套不同的展位设计效果图交付通田公司；之后，派恩世纪公司又将修改后的第三套设计方案交付通田公司。该设计方案正面为尖顶、银色边框的拱形门，近似于桃形；门的上半部分为黄色半圆形，上有蓝色的通田公司标志和“TAMC”、“通田汽车”字样，标志和文字为左右排列；侧面靠近门处有蓝色通田公司标志和“TAMC”、“通田汽车”字样，亦为左右排列，底色为上银下黄，中间以弧线分割，黄色部分有四个白点；顶部为透明的蓝色；内部有四台车的展位，近门处左侧有一半圆形展示区，里侧有一旋转扶梯连通二层休息区。

2004年6月3日，通田公司与案外人东方盛邦公司签订合同，委托东方盛邦公司制作、布置通田公司在汽车展上的展台，布展时间为6月5日至7日，布展面积206平方米。

通田公司于2004年6月9日至16日参加了“2004年北京第八届国际汽车展”，其最初使用的展位的外观与派恩世纪公司设计方案相比较，正面门的上半部分的底色和标志、文字颜色与设计方案相反，即底色为蓝色半圆形、标志及文字为黄色，标志与文字为上下排列，删除了侧面靠近门处的四个白点；近门处的半圆形展示区改在右侧；其他布局、结构、色彩与派恩世纪公司的设计方案一致。在参展过程中，通田公司将正面拱形门的尖顶改为圆顶。

另查明，通田公司向东方盛邦公司支付的展台工程费总额为149 990元。东方盛邦公司向通田公司提供的车展展位搭建报价单中列明的工程总款包括材料费、制作费、运费、税金等项目。

二审审理结果

二审法院认为：本案涉及的车展展位效果图是派恩世纪公司按照通田公司的设计要求对已有素材进行选择、安排，运用独特的设计构思及创作技巧创作而成的具有独创性及可复制性的图案，属于我国著作权法规定的能为建设施工提供依据的图形作品的范畴，派恩世纪公司对该图形作品依法享有著作权，他人未经许可不得依据该图形作品搭建展台。

通田公司参展的展位在整体外观、结构、具体表现方式上与派恩世纪公司设计的展位效果图相同，只在局部细节上有变化。虽然车展展位为立体结构，但从直观视觉效果看，依然能够判断出其是对展位效果图的再现，因此，可以确认通田公司的车展展位使用了派恩世纪公司设计的展位效果图。经本院核实，通田公司已事先从派恩世纪公司处取得了涉案车展展位效果图，且通田公司为该展位的责任承担者及实际使用者，因此，通田公司提出的展位由东方盛邦公司制作、通田公司不应对此承担责任的上诉主张缺乏充分有效的事实依据，本院不予采信。

通田公司未经许可使用车展展位效果图搭建展位的行为侵犯了派恩世纪公司依法享有的著作权，应承担停止侵权、赔偿损失的法律责任。原审法院依据通田公司侵权行为的持续时间、情节等因素，酌情判定的赔偿数额并无不当，应予维持。

综上，原审法院判决认定事实清楚，适用法律正确。依照《中华人民共和国民事诉讼法》第一百五十三条第一款第（一）项的规定，判决如下：

驳回上诉，维持原判。

一审案件受理费 1 610 元，由吉林市通田汽车销售有限公司负担；二审案件受理费 1 610 元，由吉林市通田汽车销售有限公司负担。

反不正当竞争

37. “喜康沐浴盐产品标准号”不正当竞争纠纷案

——北京可达保健品有限公司诉北京可大康喜科技发展中心、刘钧

原告：北京可达保健品有限公司

被告：北京可大康喜科技发展中心

被告：刘钧

案由：不正当竞争纠纷

一审案号：北京市第二中级人民法院（2004）二中民初字第3号

一审合议庭成员：邵明艳、张晓津、何暄

一审结案日期：2004年3月12日

判决要旨

产品标准号是国家相关行政主管部门在进行标准化管理过程中形成的，其本身并不属于民事权益的范畴。产品标准号本身对商品质量不具有较强的标示作用，同时亦不具有识别商品来源的功能，通常公众难以通过产品标准号区别商品或引起对商品的混淆，因此，在自己的产品上标示他人相同产品的产品标准号，虽有不妥但不构成不正当竞争。

起诉与答辩

原告北京可达保健品有限公司（以下简称可达公司）诉称：被告刘钧曾在原告处工作，参与经营“喜康沐浴盐”产品，2002年8月原告将其开除。后原告发现刘钧在为原告工作期间，于2002年4月注册了个人投资企业即被告北京可大康喜科技发展中心（以下简称可大康喜中心），假冒原告“喜康沐浴盐”的产品标准号“Q/XWQKD004－2001”生产销售“康喜沐浴盐”。原

告认为被告可大康喜中心和刘钧的假冒原告产品标准号的行为构成了不正当竞争，违反了《反不正当竞争法》第五条第（四）项和第九条的规定，故诉至法院，请求判令两被告停止侵权、向原告公开赔礼道歉、赔偿原告经济损失2万元并承担本案诉讼费用。

被告可大康喜中心辩称：该公司所销售的“康喜沐浴盐”是由天津精细化工厂生产的，可达公司系在该公司销售沐浴盐产品之后，才成立北京喜康达科技发展有限公司开始生产销售“喜康沐浴盐”产品，因此该公司不存在假冒行为；且原告主张的产品标准号是行业标准，被告有权使用该标准。故原告的主张不能成立，请求法院判决驳回原告的诉讼请求。

被告刘钧辩称：在可达公司工作期间，其未被公司开除过；被告可大康喜中心销售的“康喜沐浴盐”产品配方是由刘钧研制的，与原告无关。被告可大康喜中心销售涉案产品的行为与刘钧本人无关，请求法院判决驳回原告的诉讼请求。

一审查明事实

一审法院经审理查明：2001年4月23日，可达公司在北京市宣武区质量技术监督局对“喜康沐浴盐”产品企业标准进行了备案，标准号为“Q/XWQKD004-2001”，有效期至2004年4月22日。2001年4月30日，北京市宣武区质量技术监督局出具了产品标准登记注册卡，标明“喜康沐浴盐”的产品标准号为“Q/XWQKD004-2001”。在本案审理过程中，可达公司主张该产品标准号系根据《企业标准化管理办法》的有关规定，按照“企业标准/宣武区/企标可达公司004号”的汉语拼音首字母的方式制定的，其中Q代表企业标准，XW代表宣武区，Q代表企标，KD代表可达公司。

2002年4月28日，可大康喜中心成立，该中心系刘钧个人投资成立的企业。可大康喜中心自成立时起委托天津精细化工厂加工生产“康喜沐浴盐”，该中心负责销售。在“康喜沐浴盐”白色小包装袋和黄色包装袋背面，均标有“产品标准号：Q/XWQKD004-2001”字样。可大康喜中心主张该产品标准号为沐浴盐产品的行业标准，但未提供证据予以证明。

一审审理结果

一审法院认为：本案原告可达公司主张涉案产品标准号为该公司“喜康沐浴盐”的企业标准并提供相关证据予以证明，被告可大康喜中心虽主张该标准号为沐浴盐产品的行业标准，但其未能就此提供证据予以证明。因此，涉案产品标准号应为原告可达公司的企业标准，被告可大康喜中心的上述抗辩主张依据不足，本院不予采纳。

根据我国相关法律规定，企业生产的产品没有国家标准和行业标准的，应当制定企业标准，作为组织生产的依据。产品标准是对产品结构、规格、质量和检验方法所做的技术规定，是具有约束力的产品技术准则，是产品生产、质量检验、选购验收、使用维护和洽谈贸易的技术依据。因此，产品标准号是国家相关行政主管部门在进行标准化管理过程中所形成的，其本身并不属于民事权益的范畴。本案原告可达公司根据涉案产品标准号主张民事权益，缺乏依据。

根据我国反不正当竞争法的有关规定，经营者不得在商品上伪造或者冒用认证标志、名优标志等质量标志、伪造产地、对商品质量作引人误解的虚假表示，亦不得利用广告或者其他方法，对商品的质量、制作成分、性能、用途、生产者、有效期限、产地等作引人误解的虚假宣传。经营者的上述虚假表示和虚假宣传行为，可能损害其他经营者的商品声誉，致使其遭受相应的经济损失。被告可大康喜中心在其生产销售的“康喜沐浴盐”产品包装袋上使用原告可达公司的涉案产品企业标准号，该行为显属不当。但产品标准号本身对商品质量并不具有较强的标示作用，同时亦不具有识别商品来源的功能，通常公众难以通过产品标准号来区别商品或对商品的来源造成混淆。因此，被告可大康喜中心的涉案使用行为虽有不妥之处，但不构成不正当竞争。根据相关法律规定，企业未按规定制定标准作为组织生产依据的、未按要求将产品标准上报备案的、企业的产品未按规定附有标识或与其标识不符的，应由标准化行政主管部门或有关行政主管部门在各自的职权范围内责令限期改进，并可通报批评或给予责任者行政处分。因此，被告可大康喜中心的上述行为应由相关行政主管部门予以处理，原告主张其行为构成不正当竞争，缺乏事实和法律依据，本院不予支持。

刘钧虽为该中心的投资人，但涉案行为人为可大康喜中心，与刘钧无关，且被告可大康喜中心的行为不构成不正当竞争，故原告的上述主张依据不足，本院不予支持。

综上，本案原告请求判令两被告承担停止侵权、消除影响、公开赔礼道歉及赔偿经济损失的法律责任的主张，缺乏事实和法律依据，本院不予支持。本院依照《中华人民共和国反不正当竞争法》第五条第（四）项、第九条之规定，判决如下：

驳回北京可达保健品有限公司的诉讼请求。

案件受理费810元，由北京可达保健品有限公司负担。

双方当事人均服从一审判决。

38. “小肥羊”不正当竞争纠纷案

——内蒙古小肥羊餐饮连锁有限公司诉内蒙古华程科贸有限责任公司、北京市石景山华联商厦有限公司

原告（被上诉人）：内蒙古小肥羊餐饮连锁有限公司
被告（上诉人）：内蒙古华程科贸有限责任公司
被告：北京市石景山华联商厦有限公司
案由：不正当竞争纠纷

原审案号：北京市第一中级人民法院（2003）一中民初字第7908号
原审合议庭成员：刘勇、仪军、任进
原审结案日期：2003年11月28日
二审案号：北京市高级人民法院（2004）高民终字第138号
二审合议庭成员：刘继祥、孙苏理、胡平
二审结案日期：2004年3月15日

判决要旨

经营者擅自在其产品包装上使用与他人知名服务的特有名称相同的字样作为产品标识，足以使消费者对其产品来源与他人的知名服务产生误认或混淆的，构成不正当竞争。

起诉与答辩

原告内蒙古小肥羊餐饮连锁有限公司（以下简称小肥羊餐饮公司）诉称：小肥羊餐饮公司初创于1999年，在对传统火锅涮羊肉进行了重大改革、创新的基础上，形成了“不蘸小料涮羊肉”的精美食法。由于小肥羊餐饮公司的企业字号叫“小肥羊”，因此，“小肥羊”变成了这种涮羊肉食法的代表和象征，成为不蘸小料涮羊肉的特有名称。目前，小肥羊餐饮公司在全国设有四个分公司、一个物流配送中心、七个省级总代理、六个市级总代理、606家连锁店。小肥羊餐饮公司成立后，先后获得多项荣誉，在2001年至2002年连续两年由中国商业联合会、中国烹饪协会、中华全国商业信息中心组织的全国餐饮百强企业评比中列第二。2002年营业额突破25亿元。虽然小肥羊餐饮公司进入餐饮市场时间较短，但是深受消费者的青睐，在很短的时间内便畅销全国，

在民以食为天的我国享有极高的知名度，由此“小肥羊”已成为公众熟知的知名品牌，在公司经营过程中“小肥羊”已成为小肥羊餐饮公司的特有商号。被告内蒙古华程科贸有限责任公司（以下简称华程科贸公司）在2000年开始组织“小肥羊火锅汤料”上市，借用别人的品牌优势，出售自己的相关产品，造成消费者误认，其行为是一种不正当竞争行为，严重地违反了《反不正当竞争法》第五条第二、三项之规定，极大地损害了小肥羊餐饮公司的商业信誉。故请求判令：1. 华程科贸公司立即停止在其生产的火锅汤料包装上使用“小肥羊”商品名称，并销毁其现存全部侵权产品的包装。2. 华程科贸公司赔偿小肥羊餐饮公司经济损失100万元。3. 华程科贸公司在一家全国发行的报纸上向小肥羊餐饮公司致歉，消除影响，并发表启示告知目前正在销售或使用侵权产品的企业立即停止使用、销售行为。4. 北京市石景山华联商厦有限公司（以下简称华联商厦公司）立即停止销售华程科贸公司的侵权产品。5. 本案全部诉讼费用由被告负担。

被告华程科贸公司辩称：1. 关于知名商品特有名称。依据国家工商管理局《关于禁止仿冒知名商品特有的名称》的相关规定，小肥羊餐饮公司并不生产商用火锅汤料，即原告在火锅汤料方面并无商品，华程科贸公司不存在擅自使用小肥羊餐饮公司知名商品特有名称的问题。2. 关于企业名称。依据1991年5月21日国家工商行政管理局7号令《企业名称登记管理规定》第六条：企业只准许用一个名称，在登记主管机关辖区内不得与已登记注册的同行业企业名称相同或者近似；以及第七条：企业名称应当由以下部分依次组成：字号（或者商号）、行业或者经营特点、组织形式。企业名称应冠以企业所在地省（包括自治区、直辖市）或者市（包括州）或者县（包括市辖区）行政区划名称。从上述规定看，内蒙古小肥羊餐饮连锁有限公司企业名称应是全称，并且其名称权只能在内蒙古具有对抗性，原告也只能在内蒙古主张其权利。综上所述，小肥羊餐饮公司的诉讼请求没有法律依据，请求法院驳回其诉讼请求。

原审查明事实

原审法院经审理查明：1999年9月13日，包头市小肥羊酒店成立，其经济性质为股份合作企业，股东为张钢、李云春和陈洪凯，经营范围为正餐，法定代表人为张钢，注册资金8万元。

2000年12月1日，包头市小肥羊酒店申请将其企业法人名称变更为包头市小肥羊连锁总店，经包头市工商行政管理局核准变更，于2000年11月1日换发新的营业执照，其经济性质为股份合作企业，股东为张钢、李云春和陈洪凯，经营范围为正餐，法定代表人为张钢，注册资金8万元。

2001年6月，包头市小肥羊连锁总店召开董事会，确定将企业性质变更为有限公司，将原注册资本8万元变更为200万元，李云春将股份转让给张钢，不再是公司股东。2001年6月26日，张钢向当地工商行政管理机关递交了公司设立登记申请书。在有限公司设立的验资报告中，载有变更前后出资的增加情况，并注明变更原因是改变企业名称，增加注册资本。同时，在该验资报告中还载明，原包头市小肥羊连锁总店的债权和债务全部由变更后公司承担。小肥羊餐饮公司现在的营业执照载明，公司成立日期为2001年7月11日，法定代表人为张钢，企业类型为有限责任公司，注册资本为3 000万元，经营范围为餐饮、肉制品、乳制品、调味品的加工销售等。

目前，小肥羊餐饮公司在北京市、深圳市、上海市、成都市设立了分公司，在甘肃省、新疆维吾尔族自治区、河北省、山东省、陕西省、河南省及东北三省设立总代理，在全国各地区成立加盟连锁店600余家。2002年3月，被中国商业联合会、中国烹饪协会、中华全国商业信息中心联合评为“2001年度中国餐饮百强企业”。2002年4月，小肥羊餐饮公司被中国质量检验协会列为“打假扶优重点保护企业”。2002年7月，小肥羊餐饮公司制作的“小肥羊”被中国饭店协会授予“中国名火锅”证书。2002年8月，小肥羊餐饮公司的“不沾小料涮羊肉、小肥羊”在“2002内蒙古民族美食节”中被内蒙古自治区经济贸易委员会和内蒙古自治区烹饪饭店行业协会联合评为“内蒙古名吃”。2002年12月，小肥羊餐饮公司被中国企业发展研究中心授予“中国诚信经营企业”证书。据2003年4月3日的《包头晚报》报道，2002年小肥羊餐饮公司全国营业额突破25亿元，创利税7 500万元。在2003年1月16日的《经济日报》，2003年2月22日的《中国经济导报》上也刊登了介绍小肥羊餐饮公司经营业绩的文章。在2003年3月24日中国烹饪协会印发的中烹协［2003］10号文件中发布了2002年度全国餐饮百强企业名单公告，该公告载明中国商业联合会、中国烹饪协会、中华全国商业信息中心在北京联合发布了2002年度中国餐饮企业经营业绩统计信息，公布了2002年度中国餐饮百强企业名单。其中，小肥羊餐饮公司名列第2位。该公告抄送国务院国有资产监督管理委员会、商务部、中国商业联合会。

2002年，小肥羊餐饮公司先后向内蒙古电视台、包头电视台、《包头晚报》支付广告费40万元。

2001年1月22日华程科贸公司向商标局申请了“小肥羊”文字商标，并在2002年第9期商标公告上公告，但该申请尚未被核准注册。

在本案庭审过程中，华程科贸公司在其答辩状的基础上进一步主张：

1. 小肥羊餐饮公司的工商档案上载明“设立”，说明该公司是新设立的企业，而不是由包头市小肥羊连锁总店变更而来；2. “小肥羊”是对一、两岁小羊的一种习惯叫法，属于通用名称。

2003年4月8日，小肥羊餐饮公司为诉讼需要，在北京华联综合超市股份有限公司石景山分公司购买了“小肥羊火锅汤料”，并由该分公司出具了发票。中华人民共和国长安公证处对上述购买过程进行了公证，对所购买物品进行加封，并出具了（2003）长证内经字第01461号公证书。经在本案庭审过程中当庭质证，由长安公证处加封的“小肥羊火锅汤料”封存完好，在商品外包装袋上方标明产品名称为“小肥羊火锅汤料”，在该名称左上方有“小肥羊”文字以及小山羊和牧羊少年卡通形象组成的并由圆形包围的图案。在该包装袋背面的产品介绍中载明“食用时无须小料”，制造商为华程科贸公司。该产品的市场售价为5.3元。

另查明，小肥羊餐饮公司因本案诉讼向长安公证处支付公证费2 530元。

原审审理结果

原审法院认为：从小肥羊餐饮公司提交的包头市小肥羊酒店、包头市小肥羊连锁总店、小肥羊餐饮公司的营业执照和工商档案的内容来看，包头市小肥羊连锁总店由包头市小肥羊酒店变更名称而来，小肥羊餐饮公司又由包头市小肥羊连锁总店变更而来，它们之间具有承继性。因此，1999年9月包头市小肥羊酒店注册以来，经历两次变更，成为现在的小肥羊餐饮公司，华程科贸公司仅以小肥羊餐饮公司工商档案中的“设立”字样认为小肥羊餐饮公司为新设企业缺乏事实依据。

小肥羊餐饮公司延续其前身两家公司的经营业绩，目前已经具有较大的经营规模，经营业绩突出，并获得多项荣誉，该公司已经成为一家全国性的、具有较高知名度和商业信誉的连锁企业，其为消费者提供的具有特色的“不沾小料涮羊肉”的食法及相关餐饮服务也随其企业名称一起为相当范围的消费者知悉并认可。“小肥羊”已经构成知名餐饮服务的特有名称。

华程科贸公司称“小肥羊”是一、两岁小羊的一种习惯叫法，属于通用名称。对此，小肥羊餐饮公司虽没有提出相反证据予以反驳，内蒙古自治区锡林郭勒盟当地确存在对一、两岁小羊称为“小肥羊”的习惯叫法；但是，这种习惯叫法只是针对一般的小羊而言，只能作为当地对“小肥羊”的一种解释，而在市场环境中，这种解释与前述因小肥羊餐饮公司的经营业绩而形成的市场含义显然是不同的，对于小肥羊餐饮公司经营地域的消费者而言，“小肥羊”则代表着该公司的服务，而不是一、两岁小羊。因此，华程科贸公司不能据此否定其在“小肥羊火锅汤料”包装袋上使用“小肥羊”作为其产品名称和商品标识与小肥羊餐饮公司的知名服务的特有名称存在冲突。

华程科贸公司在其生产的“小肥羊火锅汤料”包装袋上使用“小肥羊”作为其产品名称和商品标识，并在产品介绍中告知消费者“食用时无须小料”，上述使用方式传递给消费者的信息与一、两岁小羊没有必然的联系。尽管包装袋上没有使用小肥羊餐饮公司的企业名称，但却足以造成消费者将该产品与小肥羊餐饮公司提供的餐饮服务联系起来，或是与小肥羊餐饮公司形成特定的联想，这种使用方式不属于对习惯叫法的正常使用，而是利用了小肥羊餐饮公司餐饮服务的知名度。因此，华程科贸公司在其产品包装袋上使用“小肥羊”作为其产品名称和商品标识，客观上造成了其与小肥羊餐饮公司提供的餐饮服务的混同，违反了经营者在经营活动中应当遵循的诚实信用原则，侵害了小肥羊餐饮公司知名服务的特有名称权，应当承担停止侵害，赔礼道歉，赔偿小肥羊餐饮公司经济损失的民事责任。鉴于小肥羊餐饮公司没有提供充分的证据证明其100万元赔偿数额的准确计算依据，也没有证据证明华程科贸公司因上述不正当竞争行为的获利情况，法院将根据小肥羊餐饮公司的经营状况、知名度，华程科贸公司销售情况、可能获得的利润以及市场因素，并考虑小肥羊餐饮公司因制止侵权行为而支付的费用，酌情确定赔偿数额。由于小肥羊公司没有证据证明华联商厦公司实施了销售华程科贸公司生产的“小肥羊火锅汤料”的行为，因此，小肥羊餐饮公司对华联商厦公司主张权利缺乏事实依据，不予支持。综上，华程科贸公司在其产品包装袋上使用“小肥羊”作为其产品名称和产品标识，侵犯了小肥羊餐饮公司对其知名服务的特有名称所享有的权益，其行为构成不正当竞争。依照《中华人民共和国反不正当竞争法》第二条第一款、第三款、第五条第（二）项的规定，判决如下：

一、华程科贸公司立即停止不正当竞争行为；

二、华程科贸公司自本判决生效之日起30日内在《经济日报》上发表声明，消除因其侵权行为给小肥羊餐饮公司造成的不良影响（费用由华程科贸公司负担）；

三、自本判决生效之日起10日内，华程科贸公司赔偿小肥羊餐饮公司经济损失和诉讼合理支出共计15万元；

四、驳回小肥羊餐饮公司的其他讼请求。

华程科贸公司不服原审判决，提起上诉，理由是：华程科贸公司在自己的产品上使用“小肥羊”商标是对商标标识的正常使用，并非利用小肥羊餐饮公司的知名度。华程科贸公司自1999年即开始对“小肥羊火锅汤料”包装进行设计、开发、印制，2000年正式将产品推向市场，当时小肥羊餐饮公司尚未成立。相反，正是华程科贸公司的产品大量上市，给小肥羊餐饮公司后来的加盟行为带来便利，促进了小肥羊餐饮公司的发展。因此，一审判决认定事实错误，证据不足。请求二审撤销一审判决，发回重审或依法改判。

小肥羊餐饮公司和华联商厦公司均服从原审判决。

二审查明事实

二审法院查明事实与原审相同。

二审审理结果

二审法院认为：小肥羊餐饮公司在诉讼中提交的有关企业注册的工商档案，足以证明该公司与包头市小肥羊酒店、包头市小肥羊连锁总店之间的承继关系，华程科贸公司所提小肥羊餐饮公司始于2001年7月成立的主张证据不足。华程科贸公司虽在一、二审诉讼中始终以其“小肥羊火锅汤料”产品早已在2000年开始上市作为抗辩理由，认为其对“小肥羊”这一商品标识享有在先权利，但却无相应证据使该抗辩理由成立。华程科贸公司2001年1月22日向国家商标局提交的“小肥羊”文字商标注册申请虽已经公告，但至今尚未获准注册，华程科贸公司以其并不享有商标专用权的商标对抗小肥羊餐饮公司对其不正当竞争行为的指控，缺乏法律依据。

小肥羊餐饮公司由8万元注册资本起家的包头市小肥羊酒店发展为目前年创利税千万元且全国已有几百家连锁店的餐饮企业，为树立和维护自身形象，小肥羊餐饮公司以其企业字号中“小肥羊”作为特有服务的名称，使消费者广泛知晓了餐饮服务业这一知名品牌，且先后又有国内多家相关部门对其服务质量予以高度评价认可。因此，小肥羊餐饮公司无论是在餐饮业，还是在消费者中所享有的较高的知名度已是不争的事实。华程科贸公司在不能证明其对“小肥羊”这一商品标识享有合法在先权利的情况下，在其生产的火锅汤料包装上以与小肥羊餐饮公司知名服务的特有名称完全相同的字样作为产品标识使用，显然具有搭知名服务便车之故意。华程科贸公司在其产品上使用“小肥羊”标识，足以使消费者对该产品来源与小肥羊餐饮公司的知名服务产生误认或混淆。因此，华程科贸公司的这一行为构成对小肥羊餐饮公司的不正当竞争，侵犯了小肥羊餐饮公司的合法权益。小肥羊餐饮公司对华程科贸公司不正当竞争行为的指控具有充分的事实和法律依据，华程科贸公司对其侵权行为理应承担相应的法律责任。

综上，华程科贸公司所提上诉理由不能成立，其上诉请求不予支持。一审判决事实清楚，证据充分，适用法律正确，处理结果并无不当，应予维持。依照《中华人民共和国民事诉讼法》第一百五十三条第一款第（一）项之规定，判决如下：

驳回上诉，维持原判。

一审案件受理费 15 010 元，由内蒙古小肥羊餐饮连锁有限公司负担 1 000 元，由内蒙古华程科贸有限责任公司负担 14 010 元；二审案件受理费 15 010 元，由内蒙古华程科贸有限责任公司负担。

39. “九头鸟”不正当竞争纠纷案

——北京市九头鹰地坛酒家有限公司诉北京市九头鸟酒店管理有限责任公司

原告（上诉人）： 北京市九头鸟酒店管理有限责任公司
被告（上诉人）： 北京市九头鹰地坛酒家有限公司
案由： 不正当竞争纠纷

原审案号： 北京市第二中级人民法院（2003）二中民初字第8843号
原审合议庭成员： 邵明艳、何暄、张晓津
原审结案日期： 2003年12月19日
二审案号： 北京市高级人民法院（2004）高民终字第158号
二审合议庭成员： 刘继祥、胡平、孙苏理
二审结案日期： 2004年5月17日

判决要旨

知名商品特有的名称，是指知名商品独有的与通用名称有显著区别的商品名称，但该名称已经作为注册商标的除外。

判断服务名称是否近似，应该考虑两者的主要部分和整体印象是否相近似，一般消费者在施以普通注意力的情况下是否会发生混淆和误认以及涉案服务名称的显著性和知名度等综合情况。

起诉与答辩

原告北京市九头鸟酒店管理有限责任公司（以下简称九头鸟管理公司）诉称：原、被告法定代表人系夫妻关系，双方及两个女儿自1995年开始在北京创办北京市九头鸟酒家，此后陆续成立了多家以“九头鸟”命名的餐饮企业，逐步形成了连锁经营的初步模式。1997年5月，北京市九头鸟酒家申请注册了“九头鸟”文字及图形组成的商标。1998年原、被告法定代表人及两个女儿签订了《财产分割协议》，约定将“九头鸟”名称的使用权和商标专有权作价200万元归原告法定代表人和两个女儿所有。1999年双方又签订了关于成立原告公司的《协议书》，约定双方所有的九头鸟店铺由原告统一管理，在原告的授权下使用“九头鸟”商标及特有装潢，所有九头鸟店铺按月向原

告交纳管理费，拖欠管理费一个月以上，原告有权中止其“九头鸟”名称、商标的使用。被告前身“北京市九头鸟餐饮有限公司地坛店”因2001年10月未按协议约定交纳管理费，原告遂发函通知其停止使用“九头鸟”名称及商标。2002年4月，被告法定代表人将其名称变更为与“九头鸟”一字之差的“九头鹰”公司，并在经营活动中大量使用了与原告知名餐饮服务相近似的户外广告、装饰、装修、菜谱、菜肴、火柴盒、纸巾袋等，并在对外宣传中宣扬其法定代表人在原告企业发展过程中的业绩及作用，足以造成消费者对“九头鸟”和“九头鹰”所提供的服务的混淆。被告还在媒体、自编的《鹰报》、菜谱的尾页里，有抬高自己、贬低原告的表述，导致消费者产生对原告的误解。上述行为，构成了不正当竞争行为，侵犯了原告知名餐饮服务的权益，给原告造成了不应有的损失。故原告请求法院判令被告：1. 立即停止不正当竞争行为，即停止使用与原告知名餐饮服务特有的名称、户外广告、装饰、装修、宣传资料等相类似的、足以造成消费者误认的一切装潢；停止一切毁损原告商业信誉的行为；2. 赔偿原告经济损失100万元；3. 承担本案的诉讼费用。

被告北京市九头鹰地坛酒家有限公司（以下简称九头鹰公司）辩称：首先，被告使用“九头鹰”的名称是应原告的要求使用的，并由原告的工作人员办理了企业名称由“九头鸟”变更为“九头鹰”的手续，“九头鸟”与“九头鹰”系指不同的概念，不构成相似，被告使用“九头鹰”的名称未侵犯原告的权益；被告使用的包装、装潢及宣传材料等与原告的并不完全相同，而相同的部分是双方共同经营期间形成的，被告为共同经营投入了资金，原告不能证明上述权利是原告专属，双方均有权使用，且原告并未限制被告使用。其次，被告在对外宣传中并未散布虚假信息，诋毁原告的商誉，被告的行为不构成不正当竞争。综上，请求法院驳回原告的诉讼请求。

原审查明事实

原审法院经审理查明：1995年2月7日，北京市九头鸟酒家成立，法定代表人为周惺灏，1997年6月27日，法定代表人变更为周红，1998年4月23日，法定代表人变更为周铁马。

九头鸟管理公司成立于1999年5月10日，经营范围主要有中餐、零售饮料、酒等，法定代表人为芦细娥，1999年9月29日，法定代表人变更为周红，2002年10月26日，法定代表人变更为芦细娥，现股东为芦细娥、周红和芦迅。周铁马与芦细娥系夫妻关系，二人有两个女儿，为周红和芦迅。

1997年5月14日，北京市九头鸟酒家申请注册了由文字“九头鸟”及图形组成的商标，现该商标注册人为九头鸟管理公司。

1998年5月21日，周铁马、芦细娥、周红、芦迅签订《财产分割协议》，约定："九头鸟"名称的使用权、注册商标专有权作价二百万元归属于芦细娥、周红和芦迅所有；周铁马分得的武汉华师分店、北京友谊老店、燕莎分店三店可于现店址拆迁前暂时使用"九头鸟"名称，以后再开的酒店不得使用"九头鸟"名称。

1999年12月13日，周铁马、芦细娥、周红、芦迅签订《协议书》，约定共同成立九头鸟管理公司，对九头鸟酒家店铺进行统一管理，具体内容为：由四人共同出资一千万元成立九头鸟管理公司，其中周铁马出资比例占35%，芦细娥占30%，周红占25%，芦迅占10%；周红将"九头鸟"商标使用权作为投资投入公司，自协议签订之日起，"九头鸟"商标所有权归属原告，公司可授权现有九头鸟店铺使用该商标，公司可在开设的店铺或开发的其他项目上使用该商标，但任何个人（包括本协议主体四人）未经公司授权不得使用"九头鸟"商标；九头鸟管理公司为九头鸟所有连锁店铺的总公司，原有店铺和以后开发的新店铺都为公司的分支机构，由公司统一管理；所有九头鸟店铺（包括股东个人所有的六家店铺及公司各直营店）均需按月向公司交纳管理费，管理费标准为每月总营业额的10%，拖欠管理费达一个月，公司有权终止对其使用"九头鸟"商标的授权；公司第一任董事长由周铁马担任，总经理由周红担任。

2001年12月13日，周铁马（甲方）与芦细娥（乙方）签订《协议书》，约定：甲方所属"北京市九头鸟酒家（即友谊店）"、"北京市海翔九头鸟酒家（即高梁桥店）"、"九头鸟餐饮有限公司（即地坛店）"以及正在营建中的"九头鸟双安店"于协议签订之日起办理营业执照变更手续，分别变更为"北京市九头鸟友谊酒家"、"北京市九头鸟高梁桥酒家"、"九头鸟地坛酒家"、"九头鸟双安酒家"，以上四家店同九头鸟管理公司以特许加盟方式合作，做为该公司的特许店使用"九头鸟"名称及商标；双方的特许经营合同主要内容包括：甲方现有四家店与乙方的特许合同期限为2年；甲方每月向乙方缴纳营业额的5%作为商标使用费和管理费；需按国家规定另行签订"商标使用许可合同"，甲方若发生重大变更，如股东、法人变更，注册资金、经营项目、场址变更，必须通知乙方，经乙方书面同意后方为有效；1998年由甲方、乙方、周红、芦迅签订的《财产分割协议》中未履行条款继续履行完毕；1999年由甲方、乙方、周红、芦迅签订的《协议书》除本协议另有规定外，全部解除，甲方已缴纳的管理费及乙方已投入的管理成本双方互不追究；上述条款的约定涉及到甲乙双方所属企业的权利义务，乙方企业的其他股东对此协议没有异议，甲方所属企业的其他股东均为名义上的股东，非实际出资人，因此，若甲方企业其他股东提出异议，不影响本协议的执行。该协议由周铁马及芦细娥本人签名及周红、周铁柱作为见证人签名。

2001 年 7 月 16 日，原告与北京九头鸟航天酒家作为著作权人对“九头鸟酒家”户外广告牌设计申请著作权登记，申请登记作品完成时间为 1999 年 8 月 15 日，作者为周红，北京市版权局于 2001 年 7 月 17 日予以作品登记。该登记作品及管理公司所属九头鸟各分店使用的户外广告牌为：两边为注册商标的图形部分，中间为“九头鸟酒家”文字，其下方为宣传语：“荆州蒸菜楚乡炖品 武昌鱼鲜 汉味小吃”，颜色以红、黄为主。

2003 年 8 月 6 日，原告以著作权人身份对“九头鸟连锁餐厅门面形象设计图案”申请著作权登记，作者为周寿山，作品完成时间为 2000 年 9 月 10 日，北京市版权局于 2003 年 8 月 23 日予以作品登记。

原告于 2002 年 3 月 20 日获得中国商业联合会、中国烹饪协会、中华全国商业信息中心颁发的“2001 年度中国餐饮百强企业”荣誉证书，并获得 2002 年（首届）中国市场消费商品质量信誉竞争力调查等多项荣誉证书。北京市第二中级人民法院（2002）二中民终字第 6270 号民事判决书认定“九头鸟”餐饮服务为知名服务，“九头鸟”名称及其店面装潢设计风格为该知名服务所特有。

2002 年 1 月 15 日，北京市海淀工商分局根据当时“九头鸟”商标所有人的请求，责令周铁马拆除其店铺使用的带有侵权的“九头鸟”商标的店内标识、店外广告，并停止在一切媒体发布有关“九头鸟”的广告和散发相关宣传品。

九头鹰公司前身为北京市九头鸟餐饮有限公司，法定代表人为周铁马，北京市九头鸟餐饮有限公司的前身为北京蓬莱仙阁美食城有限公司，成立于 1999 年 4 月 6 日，经营范围一直为中餐、酒、饮料、零售烟卷等。九头鹰公司的名称是于 2002 年 4 月经工商登记核准正式使用，现该公司股东为周铁马和周惺灏。2001 年 12 月 15 日，北京市九头鸟酒家申请变更名称为北京市九头鹰友谊酒家，北京海翔九头鸟酒家申请变更名称为北京市九头鹰高粱桥酒家。

2002 年，周铁马向国家工商行政管理局商标局申请注册“九头鹰”文字商标，经工商局初步审定，该商标刊登于 2002 年第 10 期（总第 871 期）的《商标公告》上，原告于 2003 年 1 月 29 日向商标局就该商标提出商标异议申请，该申请已被受理，目前尚在商标异议程序之中。

原告的菜谱的首页、尾页带有“九头鸟”商标标识，尾页载有该公司八家分店的文字介绍和“楚天飞来九头鸟，落巢京城百姓家”文字及图画。被告菜谱的首页、尾页带有“九头鹰”图形标识，尾页载有董事长周铁马所题“九头鹰之歌”及九头鹰酒家七家分店的文字介绍，其中“九头鹰之歌”含有“天上九头鹰，地下湖北人。创业十五载，小鸟变成鹰”等文字内容。经比对，被告的菜谱与原告的菜谱在颜色、装帧设计、菜品介绍、图片等方面相近似。

被告户外广告牌包括：两边为“九头鹰”文字和图形标识、中间为“九头鹰酒家”文字，其下方为“天上湖北人，地下九头鹰”文字的店面招牌；由“九头鹰”文字和图形标识及“农家炖品、沔阳蒸菜、长江鲜鱼、武汉小吃”文字组成的宣传广告牌。上述户外广告牌颜色均为红、黄两色。

经比对，被告的户外广告牌、火柴盒、纸巾袋、服务提示帖、内部宣传报、点菜单与原告的上述物品在整体颜色、设计风格等方面相近似。

1999 年，周铁马向原告交付投资款 1 000 000 元人民币并代其女芦迅垫付投资款 300 000 元人民币。周铁马所属企业地坛店于 2001 年 8 月 6 日向原告交纳 2001 年 1 ~ 6 月份管理费 356 461. 05 元人民币，于同年 8 月 25 日交纳 8 月份管理费 102 819. 83 元人民币，于同年 9 月 10 日交纳 1 ~ 7 月份管理费差额款 79 384. 83 元人民币，于同年 10 月 7 日交纳 9 月份管理费 97 546. 18，上述 9 个月共计 636 211. 89 元人民币。

另，原告为诉讼支出律师费 50 000 元人民币及调查费 513 元人民币。

原审审理结果

原审法院认为：首先，鉴于双方当事人对于“九头鸟”餐饮服务已为相关消费者所知悉，成为知名服务品牌的事实不持异议，对此应予以确认。“九头鸟”服务名称的专有使用权归属于九头鸟管理公司，并由于其具有区别于九头鸟管理公司与其他经营湖北菜的餐饮公司的识别意义，成为九头鸟餐饮服务所特有的名称。九头鹰公司作为周铁马所属企业，对“九头鸟”服务名称已不享有任何权利，其不得擅自使用与该服务名称相同或相近似的，易使相关消费者产生混淆、误认的服务名称。

将九头鹰公司使用的“九头鹰”名称与九头鸟管理公司的“九头鸟”名称进行比对，仅存在“鹰”与“鸟”之差，而从字义上讲，“鹰”属“鸟”的一种，因此，二者在字体、字义上相近。九头鹰公司与九头鸟管理公司为同业竞争者，其使用“九头鹰”名称，并以“天上九头鹰，地上湖北人，创业十五载，小鸟变成鹰”对外进行宣称，其搭载“九头鸟”知名服务的主观意图明显，易使相关消费者对“九头鹰”餐饮服务提供者与“九头鸟”餐饮服务提供者产生误认，或对二者之间是否存在延续关系或特许关系等某种特定联系产生误认，从而利用“九头鸟”服务名称已在相关消费者中形成的信誉和市场感召力，从中获取相应的不正当经济利益。据此，应认定九头鹰公司的上述行为，对九头鸟管理公司享有的知名服务所特有“九头鸟”名称的相关权益造成损害，构成不正当竞争。九头鹰公司还主张其使用“九头鹰”服务名称是经过九头鸟管理公司认可的，因证据不足，不予采信。

本案双方当事人对于涉案户外广告牌等系列服务、装饰用品及宣传材料的包装、装潢为九头鸟家族企业共同使用的事实不持异议。九头鸟管理公司仅依据其对户外广告牌所作版权登记证明，主张上述权益的专有使用权归属于九头鸟管理公司，九头鹰公司不享有相应使用权，依据不足。因此，虽九头鹰公司所使用的涉案户外广告牌等系列服务、装饰用品包装、装潢及宣传材料设计与九头鸟管理公司所使用的上述包装、装潢及宣传材料设计风格相近似，但并不构成不正当竞争。

依据我国反不正当竞争法规定，市场经营者捏造、散布虚假事实，损害竞争对手的商业信誉、商品声誉的，构成不正当竞争。本案九头鸟管理公司主张九头鹰公司侵犯其商业信誉所依据的是涉案相关报道文章和九头鹰公司菜谱所载宣传文字，从上述宣传材料所载内容上看，对周铁马及九头鹰公司的经历和发展过程的描述，基本符合实际情况，虽九头鹰公司菜谱上所载“九头鹰之歌”中“天上九头鹰，地上湖北人，创业十五载，小鸟变成鹰”的宣传文字表述不妥，易使相关消费者对九头鸟管理公司与九头鹰公司之间的关联产生误认，但不能因此确定由此给九头鸟管理公司的商业信誉造成了不良影响。因此，九头鹰公司的上述行为不属于法律规定的诋毁竞争对手商誉的不正当竞争行为。

九头鹰公司使用与九头鸟管理公司知名服务特有的“九头鸟”名称相近似的“九头鹰”服务名称的行为，侵害了九头鸟管理公司的相应权益，构成了不正当竞争，其应承担停止涉案侵权行为、赔偿经济损失的法律责任。九头鸟管理公司请求100万元的损失赔偿数额过高，其依据的计算标准带有不合理因素，应综合考虑九头鹰公司涉案侵权行为的性质、实施涉案侵权行为的期间及所产生的后果、九头鸟管理公司因诉讼支出的合理费用等因素，酌情确定赔偿数额。基于以上理由，北京市第二中级人民法院依据《中华人民共和国反不正当竞争法》第五条第（二）项、第二十条，《中华人民共和国民法通则》第一百三十四条第（一）、（七）项的规定，判决：

一、北京市九头鹰地坛酒家有限公司于本判决生效后立即停止使用与北京市九头鸟酒店管理有限责任公司“九头鸟”餐饮服务名称相近似的“九头鹰”

餐饮服务名称；

二、北京市九头鹰地坛酒家有限公司于本判决生效后10日内赔偿北京市九头鸟酒店管理有限责任公司经济损失25万元，赔偿北京市九头鸟酒店管理有限责任公司因诉讼支出的合理费用3 513元；

三、驳回北京市九头鸟酒店管理有限责任公司的其他诉讼请求。

九头鹰公司不服原审法院判决，提出上诉。理由是：1. 我公司使用“九头鹰”企业名称，是双方协商一致并由九头鸟管理公司具体实施的。2. “九头鸟”与“九头鹰”商号不构成混淆，不足以造成消费者误认。原审法院所做的认定缺乏依据。此外，本案中我公司与九头鸟管理公司共创“九头鸟”，“九头鹰”与“九头鸟”有延续关系是客观事实。3. 本案有特定的家庭背景，原审法院判决要求我公司赔偿25万元，没有法律依据且数额过高。九头鸟管理公司以我公司使用“九头鸟”名称时的管理费为赔偿依据，是不能成立的。根据以上理由，九头鹰公司请求二审法院撤销原审判决，依法改判。

九头鸟管理公司亦不服原审法院判决，提出上诉。理由是：1. 原审法院判决将知名餐饮服务的“名称使用权、商标专用权”与“特有装潢的使用权”割裂开来作出判决，有悖于我国《反不正当竞争法》的立法目的与原则。特有装潢之所以成为《反不正当竞争法》所保护的一项内容，就是因为这种装潢是知名商品或知名服务所特有的，是知名商品、服务区分于其他商品、服务的显著标志。“特有装潢”是“知名商品或服务”的附属权利，同知名商品或服务的名称使用权是密不可分的。九头鹰公司放弃了“九头鸟”名称商标的使用权，也就意味着同时放弃了其附属的“特有装潢”的使用权，而原审法院以“装潢未作分割”为由将主权利与附属权利割裂开来作出判决，认为名称构成近似、装潢却不构成不正当竞争，有悖于反不正当竞争法的立法目的和原则，不能够全面保护当事人合法的知识产权。2. 原审法院确定的赔偿数额明显过低，不足以补偿我公司因九头鹰公司不正当竞争行为而遭受的经济损失。故请求二审法院判令九头鹰公司停止使用九头鹰名称的同时，停止使用与我公司相近似的店面招牌、户外广告牌、菜谱、火柴盒纸巾袋等装饰装潢，赔偿我公司经济损失100万元，并承担本案全部诉讼费用。

二审查明事实

二审法院经审理查明：九头鹰公司法定代表人周铁马与九头鸟管理公司的法定代表人芦细娥系夫妻关系，两人所生之女周红、芦迅均是九头鸟管理公司的股东。

九头鹰公司成立于1999年4月6日，现注册资金为12万元人民币，经营范围是中餐、零售饮料、酒等。该公司最早使用的企业名称为北京蓬莱阁美食城有限公司，2000 年 9 月 6 日变更为北京市九头鸟餐饮有限公司。2001 年 11 月 22 日，九头鸟管理公司商品信息部商务助理黄志雄受单位指派以挂号信方式向北京市九头鸟餐饮有限公司董事长周铁马邮寄了九头鸟管理公司的信函。该信函称：鉴于北京市九头鸟酒家友谊店、北京海翔九头鸟酒家高梁桥店及北京市九头鸟餐饮有限公司地坛店未按规定交纳管理费，即日起停止使用“九头鸟”注册商标；自接到通知之日起，未经我公司许可不得擅自或私下调用、指使我方各职能部门及人员；以上决定已由我公司行政部门正式下发通知。

2001 年 12 月 13 日，周铁马与芦细娥为解决家庭矛盾签订了涉及周铁马向芦细娥进行精神补偿、周铁马所属企业与九头鸟管理公司以特许加盟方式合作使用九头鸟名称和商标、双方离婚的条件等诸多内容的《协议书》。同日，周铁马与芦细娥还就双方相关人员工作安排达成书面协议，内容包括将原在周铁马所属公司工作的孙勤调往九头鸟管理公司工作。次日，北京市九头鸟餐饮有限公司向九头鸟管理公司交回了公章，孙勤代表九头鸟管理公司接受公章并书写了收条。同年 12 月中下旬，九头鸟管理公司黄志雄携带相关手续分别到工商部门，为周铁马所属公司办理了申请企业名称变更的相关手续，将北京市九头鸟餐饮有限公司申请更名为北京市九头鹰地坛酒家有限公司，将北京市九头鸟酒家申请更名为北京市九头鹰友谊酒家，将北京市海翔九头鸟酒家申请更名为北京市九头鹰高梁桥酒家。2002 年 4 月，经工商登记核准，九头鹰公司正式使用现在的企业名称至今。

九头鸟管理公司成立于 1999 年 5 月 10 日，现注册资金为 100 万元人民币，经营范围为中餐、零售饮料、酒等。1999 年 12 月 13 日，由周铁马、芦细娥、周红、芦迅签订的关于共同成立九头鸟酒店管理有限责任公司对所有九头鸟酒家店铺进行统一管理的《协议书》除了约定已被原审法院认定的部分事实外，还作了如下约定：周铁马出资 350 万元，除货币投资 190 万元外，以其所有的燕莎店作价 100 万元、武汉华师店作价 60 万元作为实物投资，自协议签字之日起上述两店的经营权、现有人员、流动资金、全部利润归公司；芦细娥投资 300 万元，除货币投资 260 万元外，以其所有的武汉登峰店投入公司；周红除货币投资 50 万元外，以其分得的商标使用权作价 200 万元投入公司；芦迅除货币投资 50 万元外，将武汉家庭房屋作价 50 万元投入公司；股东个人所有的店铺在店铺形象（内外装修、招牌），产品品种、质量、定价，服务水准三方面必须服从统一管理，遵循公司标准化、一致性原则，以确保九头鸟对外形象，否则经公司董事会讨论通过后，公司有权终止对其使用九头鸟商标的使用权；燕莎店的财产及经营权交接工作应于协议签字后 3 日内办理完毕，武汉华师店、登峰店暂不进行交接，但需通知经理清理账目，服从公司统一领导，待日后回武汉时再行交接、核算；股东货币投资分两期到位，第一期为总额的50%，应于协议签订之日到位；第二期为总额的50%，应于签字之日后两个月到位。第一期资金到位后立即办理登记注册手续以及各九头鸟店铺作为公司分支机构的登记变更手续，同时办理商标转让手续；由全体股东共同讨论通过“北京九头鸟酒店管理责任有限公司章程”作为公司的基本准则，四人共同遵循，不得违反；所有九头鸟店铺需向公司交纳管理费，自2000年1月1日起算。协议签署当天，周铁马即向九头鸟管理公司支付了第一期总数为100万元的投资款。同时将协议约定的燕莎店的财产和经营权交付给了九头鸟管理公司。嗣后，各方没有重新制定“北京九头鸟酒店管理有限责任公司章程”，也没有办理注册资金变更登记手续。

在原审法院审理期间，双方当事人均承认，2001年12月13日签订的《协议书》，周铁马与芦细娥均未实际履行。

二审审理结果

二审法院认为：本案双方当事人对九头鸟管理公司的“九头鸟”餐饮服务已为相关消费者知悉、属于知名服务的事实和九头鹰公司已放弃使用“九头鸟”名称的事实不持异议，双方上诉争议的焦点问题是：一、九头鹰公司使用现行企业名称是否取得了九头鸟管理公司的认可；二、“九头鸟”名称是否是九头鸟管理公司知名服务特有的名称，九头鹰公司使用“九头鹰”服务名称是否与九头鸟管理公司使用“九头鸟”服务名称相近似，造成相关领域的消费者相混淆或误认，构成不正当竞争；三、九头鹰公司是否能够继续使用其与九头鸟家族企业在长期共同经营中所形成的装潢等具有较高商誉价值的非物质性资产。

关于第一个问题，即九头鹰公司使用现行企业名称是否取得了九头鸟管理公司的认可。

根据九头鸟管理公司向周铁马已送达函件载明的内容，九头鸟管理公司已将周铁马不得擅自或私下调用、指使九头鸟管理公司各职能部门及人员的决定正式向本单位下发了通知。黄志雄作为九头鸟管理公司具体经办向周铁马送达函件的工作人员已经或应当知道上述决定的内容，其携带九头鹰公司已交给九头鸟管理公司保管的公章，为九头鹰公司办理申请企业名称变更登记手续的行为应认定为是九头鸟管理公司的法人行为。现九头鸟管理公司关于周铁马利用黄志雄对家族内部矛盾了解不够，欺骗其办理了名称变更的工商登记手续的辩解，没有事实依据，本院依法不予采信。

关于第二个问题，即“九头鸟”名称是否是九头鸟管理公司知名服务特有的名称，九头鹰公司使用“九头鹰”服务名称是否与九头鸟管理公司使用“九头鸟”服务名称相近似，造成相关消费者相混淆或误认，构成不正当竞争。

我国《反不正当竞争法》第五条第（二）项规定，擅自使用知名商品特有的名称、包装、装潢，或者使用与知名商品近似的名称、包装、装潢，造成和他人的知名商品相混淆，使购买者误认为是该知名商品的，是不正当竞争行为。《反不正当竞争法》第二条第三款明确规定，该法所称“商品”包括“服务”，因此，服务业的竞争行为应受《反不正当竞争法》规制。

1995年7月6日，由中华人民共和国国家工商行政管理局第33号令颁布的《关于禁止仿冒知名商品特有的名称、包装、装潢的不正当竞争行为的若干规定》第三条第三款规定，所谓知名商品特有的名称，是指知名商品独有的与通用名称有显著区别的商品名称，但该名称已经作为注册商标的除外。本案九头鸟管理公司使用的“九头鸟”服务名称早在1997年5月14日就已被北京市九头鸟酒家注册在由文字“九头鸟”及图形组成的服务商标之中，成为该服务商标的重要组成部分，已起到了区别不同服务来源的标识性作用。现该商标的专有使用权属于九头鸟管理公司所有。依照上述规定，九头鸟管理公司使用的“九头鸟”服务名称不再属于知名服务特有的名称，因此，对九头鸟管理公司“九头鸟”服务名称的保护不适用我国《反不正当竞争法》第五条第（二）项的规定。

“九头鸟”源于已为人们熟知的“天上九头鸟，地下湖北佬”这一古老传说，九头鸟管理公司将其作为餐饮服务名称使用与其他从事餐饮服务的经营者所使用的通用名称相比具有显著的区别性特征。涉案“九头鸟”服务名称不是湖北菜的代名词，“九头鸟”知名服务的经营者也不能专指经营湖北菜的餐饮服务者。如果“九头鸟”等同于湖北菜，成为湖北菜的通用名称，那就说明作为服务名称和注册商标的“九头鸟”已丧失了显著性。原审法院判决关于“相关消费者能够从‘九头鸟’这一服务名称联想到九头鸟管理公司所经营的特色湖北菜，‘九头鸟’具有区别不同经营湖北菜的餐饮经营者的识别意义”的认定，既没有事实依据，也不利于保护九头鸟管理公司服务名称的合法权益。

判断九头鸟管理公司使用的“九头鸟”服务名称与九头鹰公司使用的“九头鹰”服务名称是否近似，应该考虑两者的主要部分和整体印象是否相近似，一般消费者在施以普通注意力的情况下是否会发生混淆和误认以及涉案服务名称的显著性和知名度等综合情况。“九头鸟”一词，系历史上形成的对湖北人的比喻说法，具有特指湖北人的显著性特征，在我国已广为人知。“九头鹰”一词系九头鹰公司臆造，自然界中并不存在此种动物，将其作为服务名称使用，同样具有区别其他经营者所提供服务的显著特征。正是因为两者均具有显著区别特征，特别是“九头鸟”一词具有特指湖北人的唯一特征，一般消费者在施以普通注意力的情况下不会对“九头鸟”服务名称与“九头鹰”服务名称产生混淆。九头鹰公司经九头鸟管理公司认可将先前使用的“九头鸟”服务名称更名为“九头鹰”服务名称其主观意图就是为了与先前使用的名称相区别，不存在原审法院认定的搭载“九头鸟”知名服务便车的问题。九头鹰公司与其前身原北京市九头鸟餐饮有限公司存在延续关系，九头鸟管理公司与九头鹰公司曾存在特许关系均是客观事实。考虑到双方企业之间的历史渊源，法定代表人之间的特殊关系，九头鹰公司从使用“九头鸟”到使用“九头鹰”服务名称的变迁等诸多客观事实，相关区域内的消费者不会对双方服务名称及服务提供者的主体产生误认。虽然九头鹰公司之“九头鹰之歌”记载有“天上九头鹰，地上湖北人，创业十五载，小鸟变成鹰”的宣传文字，但从内容上看，是对周铁马及九头鹰公司经历和发展过程的描述，符合实际情况，相关消费者对双方之间的关系不会产生误认，也不会由此给九头鸟管理公司的商业信誉造成不良影响。原审法院判决认定双方的服务名称相近似，易使相关消费者产生混淆和误认，构成不正当竞争并判令九头鹰公司承担停止侵权及赔偿责任有失公平。同时，原审法院判决基于“‘鹰’属‘鸟’的一种”的判断，不适当地扩大了九头鸟服务名称的保护范围。九头鹰公司关于“九头鸟”与“九头鹰”服务名称不构成普通消费者的混淆和误认的上诉理由正当，本院依法予以支持。

关于第三个问题，即九头鹰公司是否能够继续使用其与九头鸟家族企业在长期共同经营中所形成的装潢等具有较高商誉价值的无形资产。

装潢，是指为识别与美化商品（服务）而在商品（服务）或者其包装上附加的文字、图案、色彩及其排列组合。在餐饮服务中，对服务起到美化和识别作用的装饰设计、装修风格，也属于餐饮服务的装潢。经营者擅自将他人知名餐饮服务特有的装饰、装修风格作相同或近似使用，造成或足以造成市场混淆或者误认的行为，构成《反不正当竞争法》第五条第（二）项禁止的不正当竞争行为。

由于多年来九头鸟家族企业的共同服务经营活动，使得“九头鸟”知名服务以及经营中所形成的户外广告牌等系列服务、装饰用品包装、装潢设计风格，已成为具有较高商誉价值的无形资产。“九头鸟”家族企业及其家族成员对上述具有市场经济价值的权益归属始终未进行明确划分，九头鹰公司仅仅是在前北京市九头鸟餐饮有限公司的基础上变更了企业名称，周铁马及其所属九头鸟家族企业并不当然丧失使用上述非物质性资产的权益。本案九头鹰公司并非擅自将他人知名餐饮服务特有的装饰、装潢设计风格作相同或近似使用，因此，原审法院认定其所使用的涉案户外广告牌等系列服务、装饰用品包装、装潢及宣传材料设计与九头鸟管理公司所使用的上述包装、装潢及宣传材料设计风格相近似并不构成不正当竞争是正确的。九头鸟管理公司称涉案装潢的使用权属于其知名服务不可分割的附属权利，并以此拒绝九头鹰公司使用的理由没有法律依据，本院依法不予支持。

综上，原审法院判决部分事实认定有误，适用法律不当，判令九头鹰公司停止使用“九头鹰”服务名称并向九头鸟管理公司进行赔偿不妥，本院予以改判。上诉人九头鹰公司的上诉理由成立，其上诉请求本院应予支持。依照《中华人民共和国民事诉讼法》第一百五十三条第一款第（三）项之规定，判决如下：

一、撤销北京市第二中级人民法院（2003）二中民初字第8843号民事判决书；

二、驳回北京市九头鸟酒店管理有限责任公司的诉讼请求。

一、二审案件受理费各15 010元，均由北京市九头鸟酒店管理有限公司负担。

40. 合纵公司与昆泽公司商业秘密纠纷案

——北京合纵科技有限公司诉北京昆泽科技发展有限公司、郭茂文、李厚荣、申永志、李述祥

原告：北京合纵科技有限公司
被告：北京昆泽科技发展有限公司
被告：郭茂文
被告：李厚荣
被告：申永志
被告：李述祥
案由：不正当竞争纠纷

一审案号：北京市海淀区人民法院（2003）海民初字第11034号
一审合议庭成员：马秀荣、张劲松、金维克
一审结案日期：2004年5月25日

判决要旨

有价值的联系人信息、产品需求情况信息、价格定位如折让信息以及交易中的合同履行情况信息，均属特定信息，在企业采取了保密措施的情况下可以构成商业秘密。

起诉与答辩

原告北京合纵科技有限公司（以下简称合纵公司）诉称：我公司是一家经营输配电设备等机电产品的企业，在市场中占有很大份额，形成了较为稳定的客户群体，在全国建立起华北、华东、东北、华中、华南、浙江、西北和福建8个销售区域。我公司建立了保密制度并与员工订立有保密合同。郭茂文于2001年3月至2003年4月30日在我公司工作，任区域销售经理，负责华中地区销售；李厚荣自2000年5月在我公司工作，任区域销售经理，负责浙江地区销售；申永志自2002年5月在我公司工作，任区域销售经理，负责东北地区销售；李述祥于2001年11月在我公司从事销售工作，后三人现仍在我公司任职。四人具体工作为业务联系、客户维持、订立合同等。我公司与郭茂文、李厚荣、申永志、李述祥均订有劳动合同，约定了保守商业秘密条款。此外，

我公司还分别与李厚荣、郭茂文订立《赠股协议》，约定在其离开我公司后三年内不得从事与我公司有竞争的行业。2003 年 3 月底，郭茂文、李厚荣、申永志、李述祥共同出资成立了北京昆泽科技发展有限公司（以下简称昆泽公司），经营范围是电子、化工、机电产品、电力设备等，其经营业务与我公司相同。经我公司调查，昆泽公司利用其余四被告知悉和掌握的我公司客户名单，以不正当手段与我公司客户进行业务联系，争夺我公司客户，给我公司经营活动带来不良影响，造成重大经济损失。郭茂文、李厚荣、申永志、李述祥违反与我公司的保守商业秘密约定及竞业限制规定，披露、使用及允许昆泽公司使用属于我公司的商业秘密；昆泽公司明知他们的违法、违约行为仍获取和使用我公司的商业秘密，侵犯了我公司的合法权益，请求法院判令五被告：1. 立即停止侵权，不得以任何目的使用我公司商业秘密；2. 连带赔偿我公司经济损失 400 000 元；3. 昆泽公司在《中国电力报》上向我公司赔礼道歉；4. 郭茂文、李厚荣、申永志、李述祥向我公司书面致歉并书面承诺不以任何目的使用我公司的商业秘密。

被告昆泽公司辩称：合纵公司没有证据证明其客户名单符合法律保护的条件，亦未提出具体的保护范围，更没有事实证明我公司的客户唯一来源于合纵公司。所谓的客户名单事实上属于该行业的公知信息，无秘密可言。我公司自成立以来的业务往来客户是企业员工通过公开渠道获知、发展和通过正当市场竞争行为获得的，无不正当竞争行为，因此，合纵公司有关损失赔偿等诉讼请求没有法律依据和事实基础，请求法院予以驳回。

被告郭茂文、李厚荣、申永志、李述祥共同辩称：合纵公司的客户名单属于行业公知信息，无秘密可言，不属于法律保护的商业秘密范围。我们所订立的劳动合同属于格式合同，对所有员工适用。合同中除了抽象的名词外，并没有确定具体的保密范围和内容。我们四人在合纵公司工作前均在同行业工作多年，具有相当的经验和客户基础，因个人技能、经验、品质形成的客户群不能成为公司的商业秘密；合同中的竞业禁止条款显失公平，没有给予我方任何相应补偿，限制了我方的择业权。“赠股协议”中的竞业禁止条款亦显失公平，属于无效条款，并无约束力，我们有权选择到其他企业工作。我们四人名义上虽然是销售经理，但实质上并不是公司法意义上的经理，因此，法律也没有规定销售人员不得进行兼职活动。申永志、李述祥于 2003 年 3 月底已提出调离，但合纵公司一直拖延未办，且 4 月后的工资已经停发。李厚荣在交涉过程中最终与合纵公司签订了“代理协议”，双方间的劳动关系已经解除，李厚荣有权给其他公司做代理。综上，请求驳回合纵公司的诉讼请求。

一审查明事实

一审法院经审理查明：

合纵公司于1997年4月15日成立，经营范围为电子、计算机软硬件及外围设备的技术开发；销售五金交电、化工产品（不含危险化学品及一类易制毒化学品）、机构电器设备、化工材料；生产电器设备。

郭茂文于2001年3月至2003年4月30日在合纵公司工作，任华中区区域销售经理。2003年1月1日双方订立的劳动合同中第33条约定：乙方（郭茂文）应保守甲方（合纵公司）的商业秘密。第34条约定：乙方在工作期间以及解除或终止劳动合同两年内，不得向任何第三方披露、泄露甲方的客户情况、产品定位、人事变动情况、财务情况、产品开发情况等，也不得自行或者允许任何第三方使用上述内容。否则，应支付相当于解除或终止劳动合同前12个月工资总额的违约金，并赔偿给甲方造成的经济损失。第35条约定：双方解除或终止劳动合同后两年内，乙方不得到与甲方生产同类产品或者经营同类业务的单位工作，也不得自营或者为他人经营与甲方相同的业务。若乙方违反本条规定，应向甲方支付相当于解除或终止劳动合同前12个月工资总额的违约金，并赔偿给甲方造成的经济损失。第36条第6款约定：乙方从甲方获得的技术成果、资料、客户渠道及经营信息等商业秘密，不得擅自转让或泄漏给其他单位和个人，甲方所有的知识产权，在本合同终止后乙方仍然有义务予以保密和保护。

李厚荣自2000年5月在合纵公司工作，任区域销售经理，负责浙江地区销售；申永志自2002年5月正式在合纵公司工作，任区域销售经理，负责东北地区销售；李述祥于2001年11月在合纵公司从事销售工作；根据合纵公司提供的劳动合同，上述三人分别与合纵公司订立了期限至2003年12月31日的劳动合同，合同内容与郭茂文的劳动合同一致。

2002年5月11日，合纵公司（甲方）与郭茂文（乙方）订立赠股协议，主要内容为：为鼓励乙方更好地服务于公司，并与合纵公司共同成长，甲方愿意从个人持有股份中拿出二十万股赠予乙方（合纵公司总股本净资产约为4000万股，以评估结果为准），同时可以购置7万股。乙方的义务为：从协议生效之日起必须在合纵公司服务满4年；须严格按公司流程和规划努力工作，如考核成绩平平甲方有权解除协议；对分红及股东转让事项及协议内容不得散布到第三人；离开后3年内不得从事与合纵公司竞争行业。操作方式中规定：乙方每年可按此送股比例分红，由甲方代表代领，若乙方中途离开合纵公司，则不再享受分红；若因特殊原因如身体原因且在工作期间一贯表现良好，按年限甲方给予乙方一定比例的鼓励，满1年的给予所赠股份的10%，满2年的为30%，满3年的为60%，满4年的为100%。协议第4条规定股权转让手续须待合纵公司改制为股份有限公司满3年之后办理，在股权没有转让之前，乙方不享受股东的权利也不承担股东义务。同日，合纵公司还与申永志订立了内容相同的协议。同年5月10日，合纵公司与李厚荣订立赠股协议，除赠股数量为5万股、可购置数量为10万股外，其余内容与上述协议相同。合纵公司至今尚未进行股份制改造，故协议条款尚未履行。

2003年4月30日，郭茂文与合纵公司解除劳动合同。2003年3月，申永志、李述祥提出辞职，合纵公司未予办理。自4月后二人未再到合纵公司处上班，工资停发。李厚荣与合纵公司订立了代理协议。上述事实有合纵公司营业执照、劳动合同书、赠股协议、当事人陈述可证。

2003年3月31日，郭茂文、李厚荣、申永志、李述祥与案外人吴晓、刘建新在设立昆泽公司的章程上签字。2003年4月3日昆泽公司正式成立，经营范围为技术开发、转让、培训、服务、咨询；销售电子产品、五金交电、计算机软硬件及外设、化工产品（不含危险化学品及一类易制毒化学品）、机电产品、电力设备。郭茂文任经理，李述祥、李厚荣、申永志负责营销。该事实有昆泽公司章程、营业执照及股东名单，经合纵公司申请法院向海淀区社会保障及劳动局调取的郭茂文、李厚荣、李述祥与昆泽公司的劳动合同书及当事人陈述可证。

根据合纵公司提供的合同书、报价单、客户信息表、往来函件等证据认定合纵公司主张的主要客户情况如下：

1. 合纵公司在2000年7月、2001年7月、2002年9月、2002年11月、2003年9月与本溪电业局订有5份买卖合同，总价款约420万元。其中2002年的两份合同及2003年合同由申永志代签。2002年11月合纵公司参加了辽宁省电力有限公司本溪供电公司开闭所的投标。在招投标中本溪电业局提出了包括电流互感器、电压互感器、安装负荷开关柜及电压表及预留功能的5项技术要求。申永志于当年7月29日填写有客户信息表，其中提到6位联系人；在记事项下提到本溪项目当年多还是少，短期内可能有的项目和设备；在9月30日的信息填写中提到某些项目均是合纵公司中标，当年大型项目已结束，并建议公司供货保质保量、保证供货期，并提到“东北地区并不是一两个人能够摆平的”。

2. 合纵公司与鞍山北方电器有限公司于2000年8月、9月及2002年5月、9月、10月订有买卖合同5份，总价款63万余元，主要为电缆分支箱附件。其中2002年3份合同为申永志所签。7月29日申永志所写鞍山电业局信息中联系人有6位，其中鞍山北方电器有限公司的联系人除厂长外另有一位专业技术人员；信息中提到在用产品和继续合作的项目；9月30日写到应尽快推广的产品，并提到“城网改造已经结束，大动作不会有”。

3. 合纵公司与连云港港圣开关制造有限公司于2001年6月、8月、9月、11月、2002年2月、10月、12月、2003年2月订有买卖合同10份，价款约137万元，其中除2002年12月的合同外均为申永志所签。另有一份2003年2月连云港港圣开关制造有限公司的订货单，载明联系人为申永志。连云港港圣开关制造有限公司曾于2002年12月24日向合纵公司发放过质保能力调查表，在该表中合纵公司提到其主要客户为全国各地供电公司如鲁能、广电、苏源、东北电力。

4. 合纵公司于2002年9月24日与武汉市国营汉口互感器厂订有买卖合同1份，总价约4万元。2003年2月该厂有致合纵公司罗焘要求供货的函。2002年12月合纵公司曾有3份致该厂的报价，发件人主要为罗焘，其中1份将郭茂文同列为发件人。双方在2002年12月订有一份联合加工协议。

5. 合纵公司于2003年1月10日与常德市电业局电器修造厂订有买卖合同，价款约88万元，系李述祥所签。2002年10月18日双方订有供货及代理销售协议，签订人为刘泽刚。2002年6月30日，李述祥写有一份“省局创业集团”的信息表，包括4位联系人，写有“常德市局开过推介会，领导签过到，公司已存档”字样。

6. 合纵公司于1999年9月4日与十堰供电局、2002年8月1日与鄂能物资有限责任公司十堰分公司订有买卖合同，亦有少量供货，合计价款约21万元。

7. 合纵公司于2001年1月和12月、2002年5月、8月、11月及2003年1月与温州鹿城电力工业有限公司、温州电力实业总公司电力物资分公司、温州市龙湾电力实业有限公司订有8份买卖合同，总价款约276万元，主要经手人为李厚荣，其中温州市龙湾电力实业有限公司有5份合同。2002年李厚荣填写了温州电业局和温州龙湾供电分局的信息表，分别涉及3位联系人，信息中提到在用产品；在9月30日提到由于分支箱烧掉一台，加上发货、产品质量服务等环节出现问题，导致产品很难进入市场；2003年5月21日提到因质量问题该局对合纵公司产品不予考虑。

8. 2001年12月、2002年7月、2002年8月合纵公司与长沙电力建设公司物资分公司订有3份买卖合同，总价款约83万元，由李述祥签订。2002年7月合纵公司曾在该公司一项工程中有设备中标，总价款约154万元。2002年6月李述祥写有长沙市电业局信息表，除提到8位联系人的姓名、职务、部门及电话外没有其他信息。

9. 合纵公司在2001年5月和8月、2002年1月、2月、3月、8月、9月、10月、2003年1月与浙江省长兴电气工程有限公司电力物资分公司订有9份合同，总价款约73万元，主要经手人为李厚荣。2002年李厚荣在“长兴供电局”的信息表中记载了3位联系人，具体信息写到某种需求量较大的产品，2003年5月提到需求为少量。

10. 合纵公司于2001年5月、11月分别与宜昌供电局、襄樊供电局襄城供电分局订有合同，经手人为郭茂文；合纵公司亦与湖州电力泰仑实业有限公司订有若干合同，李厚荣在湖州电力局信息表中提到需求大的某种产品，2003年5月21日仍有该产品需求较大的信息；对临海高压开关厂，李厚荣在信息中提到回款是否及时，2003年5月21日表述有需求的某种产品。另有与浙江安吉通用、东阳电力宁波、德清、安徽马鞍山等处的零散合同。

合纵公司与营口电业局和铁岭电业局分别有合同，申永志填写过信息，如营口城改是否已经招标，并对某种产品可能的型号进行了预测；对铁岭供电公司提到替换中的某种产品以及价格是否需要折让。

合纵公司与岳阳电力局电力电器厂订有3份合同，业务往来报价20余份，经手人多为李述祥。

郭茂文、李厚荣、申永志、李述祥等销售人员需经常出差，合纵公司提供报销费用明细表表明四人差旅支出包括差旅费及招待费等由合纵公司支出。

合纵公司提供的公司保密制度，因郭茂文等人予以否认，而合纵公司并无制度制定时间及是否公布等其他证据支持，法院不予采信。

经法院证据保全及昆泽公司自行提供的代理证书、温州龙湾电力中标通知书，销售合同、传真件及增值税发票等证据，可以确认昆泽公司成立以来的业务状况为：

2003年5月、6月昆泽公司与连云港港圣开关制造有限公司订有销售合同3份，产品均为母排、T－Ⅱ型头等附件，总价约52万元，合同订立人均为一人，与合纵公司的合同联系人相同。昆泽公司于7月与鞍山北方电器有限公司订有销售合同，主要为母排、肘形头，价款总计41 434元；6月与本溪电业局订有合同，货物为故障指示器，价款124 500元，其合同订立人与合纵公司的联系人不同。与鞍山电业局有销售肘型头等配件的合同，总价为156 930元。昆泽公司6月与武汉市国营汉口互感器厂订有销售合同，产品为接头和避雷器，总价12 900元；5月与武汉市国营汉口互感器厂订有开关及配件合同，总价80 000元，其中报价往来显示同类产品价格比合纵公司低；与浙江省长兴电气工程有限公司电力物资分公司订有合同，价款10 200元；与长沙电力设备有限公司有价款约 34 500 元的合同。昆泽公司与十堰供电局下属企业、常德电业局电器修造厂有报价往来。其中常德电业局电器修造厂有环网柜的订货。昆泽公司在温州龙湾电力的招标中中标。另昆泽公司与安徽、上海、沈阳等地企业亦有业务往来。昆泽公司系固珀电力系统公司和平顶山爱迪生电力系统有限公司的产品代理商，时间至 2003 年 12 月 31 日。

北京科锐公司销售部副经理张玉林出庭作证称，郭茂文与申永志包括合纵公司董事长刘泽刚在合纵公司工作前均在北京科锐公司工作，郭茂文与申永志均曾负责华东区的销售，包括江苏、浙江、福建、安徽、上海和江西等。其中浙江客户主要包括温州供电局和绍兴供电局；江苏客户主要包括南京、无锡、徐州和连云港，连云港主要指当地供电局。

北京北方众为科技发展有限公司赵雷出庭作证称，作为北京金电联电力技术有限公司的股东，该公司与鞍山北方电器有限公司订有销售合同，与东北客户如本溪电业局亦有业务往来，其将有些电缆配件的业务介绍给了昆泽公司。

李厚荣与合纵公司的协议仍在履行。

昆泽公司提供全国电力行业企事业单位通讯大全，各电力公司、供电公司的信息包括名称、地址、邮编、市话、区号和传真。昆泽公司提供公证书证明在连云港电力信息港网站中可搜索到连云港港圣开关制造有限责任公司的介绍，包括详细电话、传真、经理及地址，但并无合纵公司所订合同的订立人。

一审审理结果

一审法院认为：作为经营输配电产品的企业，合纵公司必然有一定数量的客户，受设备本身的限制，其客户亦主要为各地电业局，因此，有关各电业局的名称、地址、法定代表人的姓名、电话等信息均不构成秘密。但是与特定客户间在交易中形成并固定下来具有特定性的商业信息，包括客户需求信息如在用设备、可能使用的设备、具体要求、设备报价以及某些客户之间的特定联系，却可能因为劳动付出的逐渐积累形成有价值的秘密信息。具有上述特定秘密信息的客户将构成合纵公司值得保护的对象。

合纵公司未就系统完整的客户信息提供证据，其证据分散于具体的客户中。在具体客户中：

本溪电业局与合纵公司的交易较为稳定，客户信息表中关于有关项目和设备的内容较为具体，其中有关保质保量、保证供货等信息并无特定性，不属于秘密信息。

鞍山北方电器有限公司与合纵公司自 2000 年的交易亦属稳定，产品相对固定，有关在用及合作项目明确，具体联系人中除处于公开关系中的厂长等负责人外还有专业技术人员。本溪电业局和鞍山北方电器有限公司信息中的产品均属普通配电产品，但是具体的产品项目在一定的时间内对于企业决策有利，若非交易关系不易获知，有关联系人信息亦有同样特性。

连云港港圣开关制造有限公司系合纵公司交易频率较高的客户，多份合同均为同一联系人；武汉市国营汉口互感器厂与合纵公司尽管交易成交量少，仅有一份买卖合同，但交易过程中的往来报价有多份，应属发展中的客户，上述交易中的价格信息一般均非外人所知。另外，对于临海高压开关厂的回款信息、铁岭供电公司替换产品及价格折让的信息除非据参与者了解，他人无从知晓，信息表中进行记载亦说明了上述信息的重要性。

至于合纵公司主张的十堰供电局、鄂能物资有限责任公司十堰分公司、长沙电力建设物资分公司、浙江省长兴电气工程有限公司电力物资分公司、襄樊供电局襄城供电分局、宜昌供电局及浙江安吉通用、东阳电力宁波、德清、安徽马鞍山等处客户均有合同或者交易往来的证据，但合纵公司所提供的这些客户信息未予整理，未形成具有共同特征的客户序列，故对合纵公司关于上述客户为其商业秘密的主张不予认定。

合纵公司与销售人员郭茂文、申永志、李述祥、李厚荣的劳动合同中均有保守商业秘密的约定，同时在合同第34条、第36条中将商业秘密表述为技术成果、资料、客户渠道及经营信息等，尽管合同并未对客户渠道及经营信息进一步细化，但是在具体操作中合纵公司要求销售人员填写统一制作的客户信息表，由销售人员按指定时间填写客户的联系人、电话、所属部门及有关事项，表明合纵公司对客户信息的采集和固定建立了制度，上述信息的记载同时反映出了有关信息的价值性，结合上述合同约定可以断定合纵公司对有关客户的信息尤其是交易中的联系信息、产品需求信息等采取了保密措施。

综上所述，对于有价值的联系人、产品需求情况、价格定位如折让信息以及交易中的合同履行情况，均属特定信息，在企业采取了合同等保密措施情况下应已构成商业秘密。因此，郭茂文、申永志、李述祥、李厚荣对鞍山北方电器有限公司的联系及产品信息，连云港港圣开关制造有限公司、武汉市国营汉口互感器厂、铁岭供电公司、临海高压开关厂的价格信息负有保密义务，不得擅自泄露。对于温州电业局下属企业与合纵公司交易中的质量问题，尽管第三人一般不易知晓，但对方当事人有权披露，在法律上不构成商业秘密。

郭茂文等人成立昆泽公司后经营与合纵公司的同类业务及产品是否违反了竞业禁止的义务，应以双方间竞业禁止的条款具有法律约束力为前提。合纵公司与郭茂文等人的劳动合同第35条、34条均有劳动合同终止两年内不得经营同类业务的约定，鉴于该条款是对当事人在合同终止后权利的剥夺和限制，必须建立在公平合法的基础上，必须以保护必要的重要的商业秘密或其他利益为前提。合纵公司某些客户的某些信息具有秘密性，因此，其要求劳动者在一定期间内保密具有合理性，对于合同中要求保守某些秘密信息如产品需求、价格信息的期间，郭茂文等人未提出异议，法院亦不持异议。但是上述客户信息均未构成系统信息，以少数客户的个别信息为由禁止他人从事整个竞争行业并不公平，加之合纵公司并未对此给予对价上的合理补偿，因此，竞业禁止的要求对郭茂文等人显系过分要求，法院不予支持。鉴于设定的生效条件不确定，合纵公司用以证明补偿的赠股协议法院不予采信。

郭茂文已与合纵公司终止合同，经营同类行业的行为本身并非不正当。申永志、李述祥与合纵公司间未正式解除劳动合同，庭审中申永志、李述祥称已提交辞职申请，合纵公司未予否认。其两人已实际离开公司，工资业已停发，有关双方间的劳动合同法律责任不在本案处理范围内，但双方劳动合同业已解除是不争的事实。申永志、李述祥两人投资昆泽公司并从事销售的行为仍属离职后行为，如上所述合纵公司对其所克的竞业禁止义务亦不成立。

李厚荣同在合纵公司及昆泽公司任职，因李厚荣的职务不属公司法兼职禁止的范围，且并无事实表明，李厚荣联系合纵公司稳定客户并使其终止了与合纵公司的业务转向昆泽公司，亦无事实表明在某项共同的竞争项目中，昆泽公司利用上述资源获得了不正当的利益。郭茂文、申永志、李述祥离开合纵公司成立昆泽公司，李厚荣加入到昆泽公司，表面上看昆泽公司的客户中亦有部分与合纵公司的客户相同，但是不能因此断定昆泽公司建立上述公司属于不正当。流动与竞争系属正当行为，因此辞职、成立新公司、赢得客户均属正当竞争行为，关键在于新公司赢得客户的手段是否正当。昆泽公司与鞍山北方电器有限公司订立的合同的联系人系专业人员，并非厂长；连云港港圣开关制造有限公司的多份合同中及武汉市国营汉口互感器厂的报价单所涉产品的价格均低于合纵公司的产品，这表明昆泽公司所达成的交易与所掌握的有关特殊信息不无关联。

本溪电业局的合同订立人为案外人赵雷，因赵雷亦从事同类业务，因此，仅凭昆泽公司与本溪电业局有交易的事实不足以确认交易来源于唯一渠道合纵公司，且所订合同内容与合纵公司记载的重要信息无关，说明上述信息未被利用。其他几家客户所涉保密信息，没有证据证明昆泽公司使用或试图使用。

因客户信息并非一成不变，且具有一定的时效性，因此保密义务并非永久，以当事人认可的期限两年为宜。昆泽公司利用秘密信息订立合同的收益部分应赔偿给合纵公司，按该类产品的一般利润率予以计算。因本案中并无损害企业声誉的情节，合纵公司有关致歉的请求不予支持。

综上，依据《中华人民共和国反不正当竞争法》第十条第一款第（三）项、第二款之规定，判决如下：

一、自本判决生效之日起2年内，被告北京昆泽科技发展有限公司、被告郭茂文、被告李厚荣、被告申永志、被告李述祥不得使用原告北京合纵科技有限公司的秘密信息与连云港港圣开关制造有限公司、鞍山北方电器有限公司、武汉国营汉口互感器厂、临海高压开关厂进行电缆附件及环网柜的交易；

二、自本判决生效之日起10日内，被告北京昆泽科技发展有限公司、被告郭茂文、被告李厚荣、被告申永志、被告李述祥共同赔偿原告北京合纵科技有限公司损失7万元；

三、驳回原告北京合纵科技有限公司的其他诉讼请求。

案件受理费8 510元，由原告北京合纵科技有限公司负担3 000元，由被告北京昆泽科技发展有限公司、被告郭茂文、被告李厚荣、被告申永志、被告李述祥负担5 510元。

双方当事人均服从一审判决。

41. “京供朝阳［2002］24号文件”不正当竞争纠纷案

——赛恩（天津）新技术有限公司
诉中国华北电力集团公司北京供电公司

上诉人（原审被告）：中国华北电力集团公司北京供电公司
被上诉人（原审原告）：赛恩（天津）新技术有限公司
案由：不正当竞争纠纷

原审案号：北京市第一中级人民法院（2003）一中民初字第2876号
原审合议庭成员：马来客、李燕蓉、任进
原审结案日期：2003年12月18日
二审案号：北京市高级人民法院（2004）高民终字第215号
二审合议庭成员：刘继祥、孙苏理、胡平
二审结案日期：2004年5月27日

判决要旨

公用企业或者其他依法具有独占地位的经营者，不得限定他人购买其指定的经营者的商品，以排挤其他经营者的公平竞争。

起诉与答辩

原告赛恩（天津）新技术有限公司（以下简称赛恩公司）诉称：原告是在天津注册的一家从事智能系列仪表的研发生产与销售的企业。1999年7月，经过被告组织的招标选型，原告的电表进入了北京市朝阳区市场。但在2002年11月18日，被告下属的朝阳供电分公司以北京朝阳供电局的名义下发了“京供朝阳［2002］24号文件”，在文件的第七款中，明确限令现与原告有合作关系的五个供电所只能购买由其指定的厂家的表具，客观导致了与原告有合作关系的五个供电所只能与原告终止合同，给原告造成了经济损失。被告下属的朝阳供电分公司下发“京供朝阳［2002］24号文件”的行为属于典型的公用企业限制竞争行为，严重侵犯了原告的合法权益，故请求法院判令被告：1. 停止不正当竞争行为，撤销“京供朝阳［2002］24号文件”；2. 赔偿原告损失2 000元；3. 承担本案诉讼费。

被告中国华北电力集团公司北京供电公司（以下简称北京供电公司）辩

称：1. 在农村电网改造二期工程中，供电企业代为采购农户电表，不属于必须进行招投标的项目，而是可以采取比价采购方式的项目。(1) 本项目的采购采取比价采购方式是符合行政相关规章的，因此是合法的。(2) 答辩人代为采购电表行为是接受委托人委托的民事代理行为，并且是合法有效的。(3) 答辩人根据委托人的委托，采取了比价采购的方式。2. 答辩人通过比价采购方式为农民代购电表的行为根本不构成不正当竞争。(1) 被答辩人产品在比价采购中未被选中，完全是因为其产品不能满足委托人的要求，而不存在所谓因强行指令被限制排斥的情况。(2) 答辩人是接受农委、经委的委托，根据委托人的意愿，结合表计专家的专业意见为农户代购质优价廉的电表，不存在利用公用企业独占或垄断地位强行指令购买的情形。(3)"京供朝阳[2002] 24 号"文件，仅是答辩人根据委托人的意愿，将进行比价采购的结果进行落实，由下属机构实际执行的内部分工文件，纯属答辩人内部行为，不存在利用公用企业垄断经营地位强制购买的情形，不构成不正当竞争。请求法院驳回原告的诉讼请求。

原审查明事实

原审法院经审理查明：1998 年国家经济贸易委员会下发的国经贸电力[1998] 844 号"关于发布《第一批全国城乡电网建设与改造所需主要设备产品及生产企业推荐目录》的通知"，第三条规定：城乡电网建设与改造工程所需主要设备产品，应在全国范围内从《推荐目录》中择优选用，并建立档案，各地政府、电力企业不能以任何理由拒绝或阻止外地产品进入本地市场，对《推荐目录》中的各类设备产品不得再进行任何形式的市场准入及入网（入围）等重复性工作。在该文件所附"全国城乡电网建设与改造所需主要设备产品及生产企业推荐目录"第十一类电工仪表类中，载明有赛恩公司生产的 DDY87 - A 型单相电能表产品。

1999 年、2000 年，赛恩公司曾分别与北京朝阳区小红门乡电管站、王四营电管站、高碑店电管站、十八里店电管站、双桥电管站签订过 DDY87 - A 型电能表的购销合同。

2000 年 5 月 11 日，华北电力集团公司下发《关于严格执行农村低压电网改造有关村民集资政策的紧急通知》，其中第 2 条规定：这次农村低压电网改造，国家已明确了"国家改网，农民改户"的原则，即农村户表集装箱及以上部分由国家投资改造，而户表集装箱以下需要改造的部分则由农民自己出资改造。第六条规定：对农户出资购买的电表、材料、设备各单位要配合县物价、县技术监督部门组织合格厂家定点销售，同时核定该类产品的最高限价，减少中间环节，帮助农民选购质优价廉的产品。

2001 年 10 月 26 日，北京市经济委员会根据《国务院批转国家经贸委关于加快农村电力体制改革加强农村电力管理意见的通知》（国发［1999］2 号）精神，制定了《北京市加快农村电力体制改革加强农村电力管理的实施方案》，其中第四条第（三）款规定，将乡（镇）电管站一律改为县级供电企业的供电所，其人、财、物纳入郊区（县）供电企业统一管理，并由其统一管理农村低压电网。第五条第（三）款规定，2001 年底，完成乡（镇）电管站的撤站建所工作。该文件经国家经济贸易委员会国经贸电力［2001］1207 号文件批准印发。

2001 年 10 月 31 日农电［2001］56 号"关于严格执行农村电网改造政策强化工程管理规范工作行为的意见"第二条第（4）项中规定，供电企业在为农民代购电能表、保安器等设备材料时，要按规定进行招标采购或比价采购，严禁在中间环节加价……

北京供电局发布京供郊电［2001］39 号"关于北京市乡镇电管站体制改革实施的意见"，决定于 2001 年 11 月底之前，将全市未改制的 188 个电管站全部挂牌改制为供电所。

2002 年 6 月 12 日，北京供电局计量管理所发布计量［2002］11 号"关于对农网改造所用表计进行管理的通知"，其中第 3 条规定：农网改造中农户自行购置的电能表系今后直接结算的表计，不得使用国家明确淘汰的产品（如 28 系列），应选用 101、201、86 系列及长寿命技术电能表（详见推荐目录）。在其推荐目录中，单相电能表生产厂家包括：宁波三星公司、天津三达公司、哈尔滨电表仪器厂、杭州华立集团、北京第三电表厂；单相长寿命电能表生产厂家包括：上海电度表厂、哈尔滨报达公司、杭州华立集团、宁波三星公司、河南驻马店表厂、宁波开汇公司、北京第三电表厂、正泰集团、北京富根公司；预付费单相电能表生产厂家包括：北京富根公司、双翼公司、博纳公司、金巨升公司、富明公司；电子式单相电能表生产厂家包括：杭州华立集团、宁波三星公司。该推荐目录还注明：以上推荐中单相表为我局常用或中标产品，预付费单相电能表为城网改造使用产品。

2002 年 8 月 9 日，朝阳区经济委员会、农业委员会共同向朝阳供电局出具"关于委托朝阳供电局代购二期农网电表的函"，委托朝阳供电局从专业角度把好质量关和价格关，采用比价采购的方式统一代购农网二期用表。

2002 年 8 月 19 日，朝阳供电局向北京供电局计量管理所出具公函，内容为：8 月 9 日，我局接到朝阳区经委、农委联合发来"关于委托朝阳供电局代购二期农网电表的函"，要求我局从专业角度把好质量关和价格关，采用比价采购的方式统一代购农网二期电能表计……恳请贵所从计量管理专业角度，根据朝阳区经委、农委提出的要求，组织专家进行综合评估，协助我们选择适合朝阳区农网二期改造工程所用表计。

2002 年 8 月 28 日，北京供电局计量管理所向朝阳供电局出具公函，内容为：根据你局 8 月 19 日来函，我所于 8 月 26 日组织计量、电费等方面的专家对北京地区使用的五家电表厂及其卡式电能表产品进行了综合评估。现将专家意见转发给你们，供你们在选用农网表计时参考。综合专家意见，建议你局从下列厂家的产品中选择采购：1. 北京富根智能电表有限公司；2. 北京博纳电子技术有限公司；3. 北京金巨升电子技术公司；4. 北京富明创业智能科技有限公司。在该函后，附有“专家评估汇总表”1 份及“专家评分表”5 份。“专家评估汇总表”中所列参加比价采购的企业有五家，分别为：富根、巨升、博纳、富明、富卓。评估项目中包括：产品质量、售后服务、产品可靠性、产品价格、销售业绩、质量保证体系、检测手段、资信能力、工艺水平、员工素质、生产资质、产品性能、产品寿命、生产能力、供货保证等。

2002 年 11 月 18 日，朝阳供电局以“京供朝阳［2002］24 号”文件形式下发名称为：“关于农网改造工作中表计使用若干问题的通知”，其主要内容为：农电办、各乡供电所：朝阳供电局从 9 月开始邀请北京供电局计量部门领导、专家和北京供电局推荐的农网用表厂家召开研讨会，研究确定表型、技术规约、质量标准、销售价格等关键问题，并模拟开展了招投标工作，通过对标书及样表进行评议和检验，最终确定了招标厂家：北京富根表厂、北京博纳表厂、北京富明表厂和天津新巨升表厂，并确定朝阳农网表计采用全电子式（静止式电能表）预付费表计和内跳开关，并提出朝阳区农网全电子表计除遵循北京供电局城网 CPUII 型预付费卡式电能表有关技术规范、售后服务要求和国家关于静止式电能表的技术标准外，还应符合该文件规定的标准，并对表计的具体性能指标、功能、使用寿命、价格以及各乡用表厂家及参考数量进行了规定。在规定的各乡用表厂家中，除前文提到的四家中标厂家北京富根表厂、北京博纳表厂、北京富明表厂和天津新巨升表厂外，还有大华表厂。在该文中，载明来广营、将台、洼里原使用的大华（铜陵）预付费电钥匙电子表，虽不符合本次电表招标条件，但考虑到三乡不久将城市化，所需表量不大，故同意以上三乡仍使用大华厂全电子表……

2002 年 11 月，北京供电公司朝阳供电分公司下属的十八里店供电所、王四营供电所、小红门供电所向赛恩公司出具公函，声明其隶属于朝阳供电局，按照其要求，二期农网改造工程只能使用供电局指定的产品，不能向赛恩公司购买产品。

2003年5月，小红门供电所、王四营供电所、高碑店供电所、十八里店供电所、双桥供电所分别出具确认书，声明其从未有过在农网二期工程中继续使用赛恩公司电表的意向。

另查明，各乡电管站原属于乡人民政府领导下的集体管电组织，行政归属于乡政府领导，业务技术归供电局领导。但国家体制改革后，供电局变更为供电公司，各电管站变更为隶属于供电公司的供电所。

原审审理结果

原审法院认为，朝阳供电分公司属于不正当竞争法第六条规定的公用企业。朝阳供电分公司下发了“京供朝阳［2002］24号”文件（简称“24号文”），要求其所属各供电所购买指定厂家的产品。朝阳供电分公司关于其系接受政府部门委托，为农民代购电度表的主张不能成立。朝阳供电分公司可以采用比价采购的方式确定中标企业。但经过比价评估的五家企业与北京供电局确定的推荐目录并不相同。另外，经比价评估后北京供电公司向朝阳供电分公司推荐的四家企业与朝阳供电分公司最终确定的中标企业也不相同，朝阳供电分公司不能作出合理解释。“京供朝阳［2002］24号”文件在确定中标企业的程序上有不当之处，限制了其他经营者公平竞争的权利，已构成了不正当竞争。赛恩公司关于朝阳供电分公司从事不正当竞争行为的主张，于法有据，应予支持，但赛恩公司不能证明朝阳供电分公司的行为给其造成了经济损失，对其赔偿经济损失的请求不予支持。原审法院依照《反不正当竞争法》第六条之规定，判决：

一、北京供电公司朝阳分公司于判决生效之日起，停止不正当竞争行为；

二、驳回赛恩（天津）新技术有限公司其他诉讼请求。

北京供电公司不服原审判决，提起上诉。上诉理由是：1. 朝阳供电分公司系通过朝阳区农委、经委的委托以比价采购的方式为农民代购电表，其行为合法。一审判决却认定，朝阳区农委、经委无权代表农民委托朝阳供电分公司代购电表，显属错误。2. 一审中我方已经提交了参加比价采购的企业的确定标准，而且最终确定的中标企业与推荐企业是相同的，一审法院却认定中标企业与推荐企业不同。3. 一审判决将普通民事代理关系错误定性为公用企业利用独占地位排挤其他经营者的不正当竞争关系。我方不是以公用企业的名义对外行为，不存在利用公用企业地位强行指定购买的情形，不具备构成不正当竞争的主体条件。4. 赛恩公司既不是最终确定的中标企业，也不是比价采购中的推荐企业，不是本案的利害关系人，不存在被排挤的情况，故不具备本案的诉讼主体资格。请求二审法院撤销一审判决，驳回赛恩公司的诉讼请求。

赛恩公司服从原审判决。

二审查明事实

二审法院经审理查明：1998 年 12 月 24 日国家经济贸易委员会发布了《第一批全国城乡电网建设与改造所需主要设备产品及生产企业推荐目录》，赛恩公司的 DDY87 - A 型单相电能表名列其中。此后的 1999 年 7 月至 2001 年 9 月，北京市朝阳区高碑店、双桥、十八里店、小红门、王四营五个乡的电管站分别购买了赛恩公司的上述产品，合计数量为 12388 台。2001 年 11 月北京市进行电力管理体制改革，实行政企分开，原属于乡政府的电管站改为基层供电所，上述五个供电所均隶属于朝阳供电分公司。2002 年 6 月 11 日，北京供电公司计量管理所下发了《关于对农网改造所用表计进行管理的通知》，其中北京富根公司、双翼公司、博纳公司、金巨升公司、富明公司等五家公司的产品同时适用于城网改造。2002 年 8 月 9 日，朝阳区经济委员会、农业委员会共同作出《关于委托朝阳供电局代购二期农网电表的函》，要求朝阳供电分公司从专业角度把好质量关和价格关，采用比价采购的方式统一代购农网二期用表，防止一期农网电表中存在的质次价高问题。2002 年 8 月 9 日朝阳供电分公司致函北京供电公司计量管理所，请求组织专家进行综合评估，帮助选择农网二期改造所用电表。2002 年 8 月 28 日北京供电公司计量管理所推荐了四家企业的产品，即北京富根公司、博纳公司、金巨升公司、富明公司。2002 年 11 月 18 日朝阳供电分公司作出［2002］24 号《关于农网改造工作中表计使用若干问题的通知》，除确定上述北京供电公司计量管理所推荐的四家企业外，又增加了一家企业大华厂，并指出来广营、将台、洼里三乡原使用大华厂产品，该厂产品虽不符合条件，但三乡不久将城市化，所需表量不大且大华厂产品价格不超过 245 元，故以上三乡仍使用大华厂产品。2002 年 12 月 5 日赛恩公司致函小红门、十八里店、王四营供电所，询问是否继续使用赛恩公司产品，得到否定答复后，赛恩公司于 2003 年 3 月 12 日向北京市第一中级人民法院起诉，状告北京供电公司从事不正当竞争。另查明，北京供电公司计量管理所推荐的双翼公司即富卓公司、金巨升公司系新巨升公司产品代理商，二者分别经营销售同一产品。

二审审理结果

二审法院认为：《反不正当竞争法》第六条规定，公用企业或者其他依法具有独占地位的经营者，不得限定他人购买其指定的经营者的商品，以排挤其他经营者的公平竞争。本案中，朝阳供电分公司下发指定各基层供电所购买其指定的五家企业的产品，客观上限制了赛恩公司的竞争，而且国家电力体制改革后，各基层供电所虽隶属于朝阳供电分公司，但供电所只是为农户代购电表，最终的实际消费者及出资购买人仍是农户。故本案纠纷性质应属不正当竞争法律关系，而非上诉人所称的普通民事代理关系，本案审理应当适用《反不正当竞争法》。赛恩公司作为原审原告提起本案诉讼并无不当。

根据国家有关规定，电能表的采购可以采取招投标方式或比价采购方式，北京供电公司采取比价采购方式确定中标企业是符合规定的，北京供电公司根据比价采购的方式推荐了四家企业，朝阳供电分公司在“24 号文”中确定了五家企业，推荐企业与中标企业在数量、名称上均不一致，朝阳供电分公司对此不能作出合理解释。二审审理中，朝阳供电分公司提供证据证明了四家推荐企业与最终中标企业中的四家具有同一性，但确定大华厂为中标企业则无法律上的依据，也不符合国家经贸委有关文件规定的程序，具有明显的随意性，在客观上也限制了其他经营者的公平竞争。因此，现有证据不能证明朝阳供电分公司下发“24 号文”的行为是不正当竞争行为，但“24 号文”中确定大华厂为中标企业的做法已构成了不正当竞争行为。

综上，一审判决认定事实基本清楚、适用法律正确、应予维持。上诉人北京供电公司的上诉理由不能成立，其上诉请求不予支持。据此，依照《中华人民共和国民事诉讼法》第一百五十三条第一款第（一）项之规定，判决如下：

驳回上诉，维持原判。

一审案件受理费 1 000 元，由中国华北电力集团公司北京供电公司负担；二审案件受理费 1 000 元，由中国华北电力集团公司北京供电公司负担。

42. 爱德曼公司与远海鹰商业秘密纠纷案

——爱德曼国际公关（中国）有限公司诉远海鹰、任聿平、北京远海鹰咨询有限公司

原告：爱德曼国际公关（中国）有限公司
被告：远海鹰
被告：任聿平
被告：北京远海鹰咨询有限公司
案由：不正当竞争纠纷

一审案号：北京市朝阳区人民法院（2004）朝民初字第11946号
一审合议庭成员：李有光、谢甄珂、党淑平
一审结案日期：2004年6月18日

判决要旨

认定客户名单是否构成商业秘密，应当从该客户名单是否经过权利人通过花费劳动、金钱和努力等所取得，是否具有特殊性，为权利人所特有，权利人是否采取有效的保密措施等方面进行综合判断。

起诉与答辩

原告爱德曼国际公关（中国）有限公司（以下简称爱德曼公司）诉称：远海鹰、任聿平曾在我公司任职，依据聘用合同，其应保守我公司所有商业秘密（包括客户名单和客户服务），并在与我公司解约后6个月内，不得向我公司原有客户及潜在客户（解约前6个月内的）提供服务，不得直接或间接地为我公司竞争对手工作。但2004年2月远海鹰、任聿平离开我公司后，以“思圆行方咨询服务有限公司”（后变更名称为北京远海鹰咨询有限公司，以下简称远海鹰公司）的名义开展经营，利用熟知我公司商业秘密的优势，向我公司的客户美国安海斯·布希公司（Anheuser－Busch Companies，Inc. 简称美国AB公司）提供公关服务，给我公司造成损失。其行为不仅违反了聘用合同的约定，而且违反了《反不正当竞争法》，侵犯了我公司的商业秘密，构成不正当竞争。远海鹰、任聿平在远海鹰公司任职，该公司知道二人的行为，应对此承担连带责任。因此，我公司起诉要求远海鹰、任聿平、远海鹰公司立即

停止不正当竞争行为，断绝与我公司原有客户之间的服务关系；赔偿经济损失652 050 元；承担本案诉讼费用。

远海鹰辩称：雇佣合同约定有争议先仲裁，现爱德曼公司以我违约为由提起诉讼，法院不应受理。因爱德曼公司没有给予经济补偿，故合同中不为竞争的限制性条款无效。离开爱德曼公司后，我没有成立自己的公司，也没有为其他公司工作，远海鹰公司只是使用了我的姓名。美国 AB 公司是我带到爱德曼公司的，我是应爱德曼公司的要求协助其为该客户提供帮助。该客户终止与爱德曼公司的公关服务合同并非由于我与该客户发生了服务关系。因此，我不同意爱德曼公司的诉讼请求。

任聿平辩称：雇佣合同约定有争议先仲裁，现爱德曼公司以我违约为由提起诉讼，法院不应受理。因爱德曼公司没有给予经济补偿，故合同中不为竞争的限制性条款无效。且爱德曼公司没有证据证明我从事了侵权行为，因此，我不同意其诉讼请求。

远海鹰公司辩称：我公司与远海鹰、任聿平没有任何关系，他们既不是股东、经营者，也不在我公司工作，我公司不对其行为承担责任，不同意爱德曼公司的诉讼请求。

一审查明事实

一审法院经审理查明：2000 年 12 月、2003 年 8 月，爱德曼公司先后和远海鹰、任聿平签订雇佣合同，分别约定：远海鹰任“爱德曼中国公关事务高级副总裁”，爱德曼公司向其支付月薪人民币 31 167 元（税前额），并额外提供 1 个月的薪水及交通费等其他福利，合同期限为 2001 年 2 月 1 日至 2004 年 1 月 31 日；任聿平任“爱德曼中国北京办事处咨询员”，爱德曼公司向其支付月薪总额为人民币 8000 元（包含其他福利，且为税前额），合同自 2003 年 8 月 18 日生效，有效期为 3 年。两份合同还约定了如下相同的内容：合同生效之日起的 6 个月为试用期，此间双方均可解除合同；雇员无论直、间接为公司工作，还是终止雇佣关系后，均应对公司所有保密信息进行保密（授权或职责要求除外）；商业机密的定义由爱德曼公司确定，其中“客户”指口头或书面要求爱德曼公司提供公关服务的任何个人、公司或其他实体，保密信息包括但不限于客户或潜在客户名单等（合同列明了 9 项）；雇员在解除雇佣关系后的 6 个月内，不得直接或间接地为公司的竞争对手提供服务，也不得协助其他人与公司竞争，包括在雇佣合同终止前 6 个月内，仍然是公司提供公关服务对象的客户和已与公司就提供公关服务进行磋商的潜在客户；双方发生劳动纠纷时应协商解决，如不能达成协议，均可在劳动争议发生 60 日内提交当地劳动仲裁委员会要求仲裁，如对仲裁有异议，双方都可就仲裁结果向人民法院提起诉讼等。2004 年 2 月，远海鹰合同到期离任，任聿平在试用期内辞职。

2004 年 3 月 11 日，远海鹰将致中国消费者协会秘书长的信函以电子邮件的形式发送给爱德曼公司上海办事处项目总监严云青。信函中远海鹰对秘书长以往的支持表示了感谢，并提出希望在查处湘潭市个别经营场所出售伪冒百威啤酒一事中尽量低调处理，避免媒体报道，以保护百威啤酒的良好声誉，其助手任聿平将继续同中国消费者协会联系。该信函落款为“美国安海斯·布希（百威）公司高级顾问远海鹰”，尾部标注了远海鹰公司的电话号码。

同年 3 月 29 日，严云青回复远海鹰电子邮件，主题为“湘潭案”，函中表示将附湘潭案的相关背景资料和写给《中国工商报》的信的草稿，供远海鹰查阅参考，并提出了 3 点需要政府配合的内容，要求远海鹰与其电话联系。

另，爱德曼公司与美国 AB 公司签有多个公关服务合同，其中有关政府事务方面的公关服务合同于 2004 年 4 月 2 日终止。

远海鹰公司于 2004 年 2 月 26 日注册成立（原名北京思圆行方咨询服务有限责任公司，2004 年 3 月 25 日更为现名）。远海鹰、任聿平均不是该公司的股东。爱德曼公司未就该二人在远海鹰公司任职，以及任聿平、远海鹰公司知晓远海鹰给严云青发送电子邮件提供证据。

一审审理结果

一审法院认为：本案是不正当竞争纠纷，并非劳动合同争议，故不受雇佣合同中仲裁条款的约束，无需以劳动仲裁为先决条件。远海鹰、任聿平有关先行仲裁的答辩，本院不予支持。

反不正当竞争法所规定的商业秘密，是指不为公众所知悉、能为权利人带来经济利益、具有实用性并经权利人采取保密措施的技术信息和经营信息。因此，并非所有的客户均可构成商业秘密。认定客户是否构成商业秘密，应当从该客户是否经过权利人通过花费劳动、金钱和努力等所取得，是否具有特殊性，为权利人所特有，是否经权利人采取有效的保密措施等方面进行综合判断。虽然爱德曼公司与远海鹰、任聿平所签雇佣合同将所有与爱德曼公司联系的客户均规定为商业秘密，但在没有其他证据佐证的情况下，仅凭该合同以及美国 AB 公司是爱德曼公司客户的事实，不足以证明该客户客观上构成爱德曼公司的商业秘密。因此，爱德曼公司主张远海鹰、任聿平为该客户提供服务侵犯其商业秘密，本院不予支持。

现有证据不足以证明远海鹰给严云青发送电子邮件的行为与美国 AB 公司终止同爱德曼公司的公关服务合同存在因果关系。从远海鹰与严云青往来电子邮件的内容可以看出，远海鹰并未损害爱德曼公司的利益。爱德曼公司虽提出远海鹰还有向其他客户发送电子邮件联系业务的行为，但并未就此举证。因此，爱德曼公司主张远海鹰、任聿平违反合同约定构成不正当竞争，依据不足，本院不予支持。

仅凭远海鹰给严云青的电子邮件中出现了远海鹰公司的电话号码，不足以证明远海鹰的行为与远海鹰公司有关，爱德曼公司未就远海鹰公司从事侵犯其利益的行为举证，因此，其主张远海鹰公司不正当竞争，本院亦不予支持。

综上，依据《中华人民共和国民事诉讼法》第六十四条第一款，《中华人民共和国反不正当竞争法》第二条第二款、第十条第三款之规定，判决如下：

驳回爱德曼国际公关（中国）有限公司的诉讼请求。

案件受理费 11 531 元，由爱德曼国际公关（中国）有限公司负担。

双方当事人均服从一审判决。

43. 中科大洋公司与韩志宏等竞业禁止纠纷案

——北京中科大洋科技发展股份有限公司诉韩志宏、成都索贝数码科技股份有限公司

原告：北京中科大洋科技发展股份有限公司
被告：韩志宏
被告：成都索贝数码科技股份有限公司
案由：不正当竞争纠纷

一审案号：北京市海淀区人民法院（2004）海民初字第380号
一审合议庭成员：马秀荣、宋莹、金维克
一审结案日期：2004年7月25日

判决要旨

竞业禁止条款应当以双方当事人平等协商、等价有偿为缔约基础，并以明确拟保护利益范围为要件，否则该条款无效。

起诉与答辩

原告北京中科大洋科技发展股份有限公司（以下简称大洋公司）诉称：我公司原为有限责任公司，成立于1995年5月18日，后改制为股份有限公司。韩志宏作为我公司软件部经理与我公司订有劳动合同，并向我公司书面保证在调离后两年内不从事与我公司相竞争的行业。但韩志宏违反竞业禁止承诺，在竞业禁止期间到我公司在国内的最主要竞争对手之一成都索贝数码科技股份有限公司（以下简称索贝公司）工作，利用其在我公司工作期间掌握的开发信息和专有技术等商业秘密，为索贝公司提升竞争优势，给我公司造成重大经济和商誉损失，应依法承担赔偿责任。索贝公司与我公司同为专业电视多媒体设备开发、生产领域的企业，该公司为利用韩志宏掌握的我公司商业秘密谋求不正当的商业利益，在明知韩志宏对我公司负有竞业禁止义务的情况下，以不正当竞争为目的，采取非法手段聘任韩志宏在该公司工作并委任以研发中心负责人职务，侵犯了我公司的商业秘密，与韩志宏共同构成侵权，应依法承担连带责任。请求判令：韩志宏与索贝公司终止劳动关系；韩志宏继续履行竞业禁止义务；韩志宏与索贝公司连带赔偿我公司经济损失50万元。

被告韩志宏辩称：大洋公司没有证据证明其商业秘密实际存在，且其所称的商业秘密不符合法定要件。我是在办理完离职手续后离开大洋公司。我在索贝公司只负责基础研究工作及相关人员的招聘和管理。在我到索贝公司之前索贝公司的非线性系统软件已经是成熟产品，不存在通过我获得技术秘密的必要和可能，我也从未利用大洋公司的技术秘密获取不正当利益，故大洋公司所称我侵犯其商业秘密不成立。在不存在商业秘密的前提下，大洋公司对我的竞业限制不具有合法性，且大洋公司关于“调离公司两年内不从事与本企业相竞争的行业”的竞业限制范围过大，亦未向我支付任何补偿费用，故该公司与我的竞业禁止约定无效，其要求我与索贝公司解除合法劳动关系的请求亦缺乏法律依据。大洋公司关于赔偿经济损失的请求缺乏事实和法律依据。请求驳回大洋公司的诉讼请求。

被告索贝公司辩称：大洋公司没有证据证明其商业秘密实际存在，且其所称的商业秘密不符合法定要件。我公司的非线性系统软件在韩志宏到来前已是成熟产品，且较大洋公司的产品更具优势，不存在利用大洋公司技术秘密的必要和可能。我公司不知韩志宏是否对大洋公司负有竞业禁止义务或有侵犯大洋公司商业秘密的行为。韩志宏是在其他单位任职后才主动与我公司联系的，故我公司聘用韩志宏的行为无过错。大洋公司与韩志宏的竞业禁止协议不具合法性，应属无效，而我公司与韩志宏的劳动合同合法有效，大洋公司无权要求解除。我公司从未获取或使用大洋公司的商业秘密，亦未以此获利，大洋公司关于赔偿经济损失的请求缺乏事实和法律依据，请求驳回大洋公司的诉讼请求。

一审查明事实

一审法院经审理查明：

大洋公司于1995年5月18日成立，于2000年11月21日改制为现股份有限公司。

1998年7月，毕业于清华大学机械工程系的韩志宏，就职于大洋公司研发中心的软件部从事技术开发工作。双方于同年8月12日订立劳动合同，并约定以大洋公司的全套规章制度、中科院（93）科发计字0070号《中国科学院保护知识产权的规定》及韩志宏关于自愿执行上述规章制度的保证书作为合同附件。1993年1月27日由中国科学院制定的《中国科学院保护知识产权的规定》第24条要求：在本院及其所属单位工作的所有人员都有保护本单位知识产权的义务。院属各单位在职职工、新分配或调入院属单位工作的人员在办理入院手续的同时必须签署关于执行本规定的保证书。该规定第4条将知识产权中的商业秘密定义为“不为公众所知、只有本院及其所属单位拥有的管理、工程、设计、市场、租赁、服务、财务信息等”。同日，韩志宏在大洋公司提供的《关于执行〈中国科学院保护知识产权的规定〉的保证书》上签字，主要内容为：在认真阅读、完全理解《中国科学院保护知识产权的规定》后，同意遵守该规定的各项条款并保障维护中国科学院及其所属单位的知识产权的合法权益；如有违反，自愿接受经济处罚和行政处分直至承担法律责任；并保证在调离公司两年之内不从事与本企业相竞争的行业。大洋公司认可不同员工的保证内容并无变化。

2001 年 8 月 12 日，韩志宏与大洋公司续订劳动合同，期限至 2002 年 12 月 31 日终止。

据大洋公司 2001 年 5 月的组织机构通告，该公司组织机构总经理下设研发中心、市场销售部、市场推广部、产品事业部及网络事业部等 13 个部门，另有技术委员会、市场委员会和战略委员会。韩志宏自 2001 年始任研发中心下软件开发部副经理和经理，该部门负责包括非线性编辑系统在内的软件开发工作。

大洋公司专业视频产品手册显示其主要产品为字幕图文创作系统、非线性编辑系统、虚拟演播室、播出产品线。其中非线性编辑系统中共有 7 类产品，分别为 X－6000、X－8000、X－9000、DY3000－LE 非线性后期编辑系统，N＋X 小型共享 SCSI 视频网络，X－stream 流媒体制作发布系统和 X－edit DV 移动编辑系统。2000 年 7 月 19 日大洋公司曾发布过由韩志宏编制的《软件源程序书写规范》。韩志宏参加并主持了 Xstream V1.30 单机版软件及 X－EDIT V1.38（DTV）单机版软件的开发，有多个邮件内容涉及对软件的 BUG 修改、功能增加和测试，并于 2002 年 7 月 31 日参加了评审工作。评审说明显示 X－EDIT V1.38（DTV）单机版软件是针对原 X－6000、X－8000 系列产品的软件升级版本，此版本对软件几个主要功能模块的 BUG 均进行了修正，并增加了 DVD 刻录解决方案、素材过滤、搜索等十一项新功能，添加了九类近千种同化特技和近四十种大洋特效滤镜，软件在稳定性和易用性方面也有了较大程度的提高。韩志宏提出的有关计划包括新员工的培养、管理、团队建设、协助完成研发任务，在 8 月计划中提到对 BIRTV 展会的准备工作及对非编 1.x 的一些想法。

大洋公司认可未向韩志宏专门支付过竞业禁止补偿费，但认为该费用已包含在韩志宏的工资内。2002 年 6 月大洋公司支付给韩志宏的工资中含基本工资、各项津贴、补贴及养老、失业、住房等项，实发数额共计 9757.20 元。

韩志宏于 2002 年 8 月辞职后离开大洋公司，在其他企业就职。2003 年 5 月就职于索贝公司，任北京研发基地项目经理职务，负责基础研发工作和相关人员的招聘与管理。

索贝公司成立于1993年，经过1997年和2003年两次改制成为现索贝公司。其中2003年4月索尼中国有限公司成为该公司股东。索贝公司与大洋公司同为专业电视多媒体设备开发、生产企业，两公司经营业务相同部分主要为字幕制作设备、非线性编辑设备及非线性网络。大洋公司与索贝公司均居国内同行业企业前列。

大洋公司认可至今尚未发现索贝公司及韩志宏实际使用了大洋公司的上述信息。

大洋公司提交的《保密制度》，因韩志宏否认知晓，且大洋公司对制定时间、是否公布等事项均无法证明，法院不予采信。

一审审理结果

一审法院认为：

韩志宏办理离职手续在先，任职索贝公司在后，故本案争议的是韩志宏是否负有离职后竞业禁止的义务。韩志宏仅居研发中心下属软件部门经理，且自离开前一年内方任此职，并非公司高层管理人员，不负有公司法中经营管理人员的特殊义务，正常离职后除保守商业秘密之外无上述义务之必然延伸，更无禁止就职同行业之必然义务。因竞业禁止系对公民自由选择就业的限制，故只有在合理的基础上方可限制。

韩志宏与大洋公司订立的劳动合同附件中有保守商业秘密的约定，该条款来自于中国科学院对其所属企业、院所的要求。因各企业院所情形不同，条款中所指商业秘密内容应并非一致，仍需各单位予以明确。大洋公司未就指称商业秘密与韩志宏作出具体约定。于诉讼中应法庭举证要求，大洋公司所提供的电子邮件、产品评审表等证据仅能证明韩志宏曾对某些信息修改了解，但内容零散不确定；另一些计划和建议内容多为如何培养新人等个人设想，并无不可披露之商业价值；至于有关展会准备等计划，因时间要求应属时效性信息，在韩志宏于次年5月就职索贝公司前业已失去价值；对韩志宏参与编写之非线性编辑系统，大洋公司仅提供评审表及产品目录中的名称，内容不得而知。大洋公司对其期图保护之利益亦即竞业禁止的原因，未能于诉讼中举证证明。

韩志宏签署的保证书可否视为韩志宏对择业权限制的认可。按中科院知识产权保护规定保证书的签署系强制性要求，韩志宏所签署保证书系大洋公司单方印制，以韩志宏刚毕业之学生身份，其所作出的竞业禁止承诺绝非平等基础的协商结果，更无具体可保护利益而言。概对于所有员工的竞业禁止承诺因其不问对象、不问职位及所涉及的不同领域而属于滥用企业强势地位，并无合同效力。

及至韩志宏离职时，双方并未就存在可保护利益达成约定。因大洋公司认可并无证据表明韩志宏及索贝公司业已使用属于大洋公司之某类秘密信息从而造成损害，故本案应为禁止之诉，即禁止可能造成的损害。现大洋公司仅因韩志宏曾经从事开发工作或任职开发部经理，便推定其任职索贝公司开发部必将损害大洋公司利益，倘推而广之，实难想象，对此本院不予采信。

观本案，韩志宏离职于 2002 年 8 月，由于索贝公司股份转让前去应聘，系正常的市场选择，并无证据表明韩志宏离职理由及此后就职有意图损害大洋公司利益的不诚实行为。任用有从业经验者系商业惯例，索贝公司亦无诱使韩志宏离职或利用他人秘密信息的事实。故大洋公司关于韩志宏及索贝公司构成不正当竞争应承担责任的请求不予支持。

综上，判决如下：

驳回原告北京中科大洋科技发展股份有限公司对被告韩志宏、被告成都索贝数码科技股份有限公司的诉讼请求。

案件受理费 10 010 元，由原告北京中科大洋科技发展股份有限公司负担。

双方当事人均服从一审判决。

44. “宅急送”不正当竞争纠纷案

——北京宅急送快运有限公司诉上海迪邦宅急送快运有限公司、北京搜狐在线网络信息服务有限公司

原告： 北京宅急送快运有限公司
被告： 上海迪邦宅急送快运有限公司
被告： 北京搜狐在线网络信息服务有限公司
案由： 不正当竞争纠纷

一审案号： 北京市第二中级人民法院（2004）二中民初字第3775号
一审合议庭成员： 邵明艳、张晓津、何暄
一审结案日期： 2004年9月20日

判决要旨

在先使用他人在后注册的商号、商标、域名等，不构成对他人商标、商号或域名等权益的侵犯，亦不构成不正当竞争；

起诉他人侵犯著作权，应当首先就著作权权属问题进行举证，否则即便二者表达相近似亦无法获得支持。

起诉与答辩

原告北京宅急送快运有限公司（以下简称北京宅急送公司）诉称：北京宅急送公司是“宅急送”商号的创始人和合法拥有者，且于1999年注册了“哪吒”图形商标和域名“zjs. com. cn”。但被告上海迪邦宅急送快运有限公司（以下简称迪邦宅急送公司）于2002年申请注册了与“宅急送”相关的中文域名及通用网址，并在据此建立的网站首页和相关网页上使用“哪吒”图形和“宅急送”文字，作引人误解的宣传，侵犯了原告所享有的商标专用权和商号、域名等权益，构成不正当竞争。同时，被告迪邦宅急送公司的网站使用了与原告网站业务介绍栏目和汽车图片基本相同的内容，侵犯了原告的著作权，构成不正当竞争。被告北京搜狐在线网络信息服务有限公司（以下简称搜狐公司）未尽审查义务，为被告迪邦宅急送公司的上述不正当竞争行为提供宣传载体。因此，原告认为两被告的行为构成了不正当竞争，故诉至法院，请求判令：被告迪邦宅急送公司停止使用“哪吒”图形商标、停止使用“宅

急送”商号及相关中文域名、停止侵犯原告网页设置和相关链接、图片等著作权的不正当竞争行为；被告迪邦宅急送公司赔偿原告因本案诉讼而支出的费用及经济损失10万元；两被告在搜狐网、新浪网、雅虎网以及《经济日报》、《光明日报》、《法制日报》公开向原告赔礼道歉；两被告承担本案诉讼费用。

被告迪邦宅急送公司辩称：1. 迪邦宅急送公司所使用的美术图形“哪吒”系其自行设计并早于原告开始使用的，原告借与迪邦宅急送公司洽谈合作事宜取得了该图形，并将之恶意注册为原告的商标。为此，迪邦宅急送公司已于2000年向商标评审委员会提出撤销申请。因此，原告并不享有合法的涉案注册商标，迪邦宅急送公司的行为不构成侵犯其商标权。2. 迪邦宅急送公司的企业名称符合有关法律规定，原告并不享有“宅急送”商号的权利。北京市朝阳区人民法院已于2003年作出“宅急送”系快运行业的通用名称的生效判决，且原告在其相关注册商标中也放弃“宅急送”的专用权。迪邦宅急送公司的企业名称中，“迪邦”是商号，“宅急送”和“快运”系行业名称。3. 原告不享有与“宅急送”相关的域名权利。迪邦宅急送公司作为从事“宅急送”业务的企业，注册并拥有与“宅急送”相关的域名是合法的。4. 原告不享有其网页设置相关链接及图片的著作权。迪邦宅急送公司系早于原告经营快递服务的企业，早期即运用互联网进行业务联系和广告宣传。原告与迪邦宅急送公司的部分网页虽相近似，但并非迪邦宅急送公司剽窃原告网页。因此，原告要求被告迪邦宅急送公司赔偿其经济损失、公开赔礼道歉的诉讼请求缺乏依据，请求法院驳回原告的诉讼请求。

被告搜狐公司辩称：根据最高人民法院有关司法解释的规定，网络服务提供商只有在明知网络用户实施侵权行为，或受害人提出确有证据的警告后仍不移除侵权内容时，才能认定网络服务提供商具有主观过错，承担共同侵权责任。而搜狐公司所使用的搜索技术来自搜索引擎技术提供商——北京慧聪国际咨询有限公司，其不可能对数目超过2亿的网页内容一一核查；搜狐公司事先并不知道搜狐网含有侵害原告有关权益的内容，不具有主观过错，与涉案纠纷无关，不应承担任何责任。因此，请求法院驳回原告的诉讼请求。

一审查明事实

一审法院经审理查明：北京双臣快运有限公司于1994年1月成立；北京双臣一城快运有限公司（以下简称双臣一城公司）于1995年10月5日成立，该公司系北京双臣快运有限公司与日本长野县一城运输株式会社合资成立的中外合资经营企业；2003年7月16日，双臣一城公司更名为北京宅急送公司。

上海迪邦快递有限公司于1995年4月28日成立，2003年10月13日，该公司更名为迪邦宅急送公司。

1997 年 8 月 7 日，经国家工商行政管理总局商标局核准，双臣一城公司取得“猴子”图形加“宅急送”文字组合商标注册，其中“宅急送”放弃专用权，核准服务项目为第 39 类运输、运输预定、货运经纪、贵重物品的保护运输、商品包装。现北京宅急送公司的宣传材料及运输车辆上使用了该商标。1999 年 12 月 21 日，经国家工商行政管理总局商标局核准，双臣一城公司注册了“哪吒”图形商标，核定服务项目为第 39 类商品包装、商品打包、运货、搬运等，注册有效期自 1999 年 12 月 21 日至 2009 年 12 月 20 日，商标注册证号为第 1347423 号。该商标的申请日期为 1998 年 7 月 23 日。

2004 年 2 月 24 日，北京市公证处出具（2004）京证经字第 01907 号公证书。该公证书对于 2004 年 2 月 13 日搜狐公司网站（网址为：http：//www. sohu. com）北京宅急送公司网站（网址为 http：//www. zjs. com. cn）、迪邦宅急送公司网站（网址为 http：//www. 8833. com. cn）的相关网页内容进行了公证，同时还访问了中国互联网络信息中心网站（网址为 http：//www. cnnic. com. cn），对涉及“宅急送”文字的中文域名和通用网址注册使用情况进行了公证。

根据该公证书记载，中国互联网络信息中心网站通用网址信息查询结果载明：通用网址，宅急送；通用网址指向，http：//www. 8833. com. cn；单位名称，迪邦公司；注册时间，2002 - 01 - 21；失效时间，2010 - 02 - 20。中国互联网络信息中心网站域名信息查询结果载明：域名，宅急送 . 中国，宅急送 . cn；单位名称，迪邦公司；注册时间，2003 - 10 - 21；过期时间，2004 - 10 - 21。

该公证书下载的北京宅急送公司的网站页面上有“猴子”图形商标与“宅急送”字样及“哪吒”图形商标，其中业务介绍栏目包括主营业务、特色服务、网络分布、寄件、时间、运输、保险、包装等项目。迪邦宅急送公司网站页面上有手持包裹的“哪吒”图形标识及“迪邦宅急送”字样，其中“宅急送”字体稍大，该网站的业务介绍栏目与北京宅急送公司的网站相同。

此外，原告提交的被告迪邦宅急送公司网站首页上有较大字体的“迪邦宅急送”字样及手持包裹的“哪吒”图形标识，在“我们的宅急送”栏目下有一幅汽车图片，车身有“迪邦宅急送”字样及“哪吒”图形标识。原告还提交了其下载的北京宅急送公司网站业务介绍栏目与被告迪邦宅急送公司网站业务介绍栏目相对应的页面，法院也对上述页面进行了勘验。经比对，二者主营业务、寄件、到货时间、运输方式、包装页面的主要文字内容基本相同。被告迪邦宅急送公司对上述网站内容予以认可，但主张其在先上载了相关内容，原告未举证证明其在先创作并上载上述内容。原告北京宅急送公司信息部职员周民荣出具了证言并出庭接受了询问，以证明该公司创作相关网页的过程。

原告还下载了自搜狐公司网站搜索到的迪邦宅急送公司网站首页，以证明搜狐公司的链接行为为被告迪邦宅急送公司实施使用原告涉案图形商标标识、使用“宅急送”通用网址提供侵权途径。

1994 年 4 月 14 日，《北京晚报》曾刊登《北京街头出现“宅急送”》的文章，提及北京双臣快运有限公司的专用车上写有“宅急送”字样。此后，《北京青年报》、《农村经济信息报》、《北京晚报》等也曾刊载有关北京双臣快运有限公司总经理陈平从日本引进“宅急送”的服务方式，创立北京的“宅急送”的报道。在双臣一城公司的宣传册上，使用了绿色猴子图形及“宅急送”文字标识。原告北京宅急送公司还提交了一幅汽车图片，车身上标有“宅急送”字样，证明北京宅急送公司使用了“宅急送”的商号。

1999 年 5 月 19 日，双臣一城公司取得中国互联网络信息中心颁发的域名注册证，注册了域名“zjs. com. cn”。

2000 年 6 月 21 日，上海市公证处（2000）沪证经字第 4234 号公证书对迪邦公司快递单票样及发票进行了公证。在迪邦公司快件单票样左上角有“哪吒”图形标识及“宅急送”字样，该票样右下角有“此票样为九七年七月制作，附发票存根 0254622#”字样并盖有“上海商务电脑票据印刷有限公司”印章，该票样正下方所盖“合格章”印章上填写的日期为“97 年 7 月 24 日”；在第 0254622 号发票左上角标明付款单位为“‘迪邦’快递公司”，右上角标明的日期为 1997 年 7 月 31 日，品名规格栏填写的为快递单和版费，总金额为 2 760元，该发票还盖有“上海商务电脑票据印刷有限公司发票专用章”。本案开庭审理后，被告迪邦宅急送公司提交了上述快递单的印刷胶片。

2004 年 8 月 24 日，上海市电话号簿公司出具证明，对该公司 1998 年、1999 年出版的上海黄页广告内容进行了复印。其中，1999 年出版的《上海工商指南》第 740 页刊载了迪邦公司的广告，该广告中使用了“哪吒”图形及“宅急送”字样；1999 年出版的《上海黄页（英文版)》第 72 页刊载了迪邦公司的广告，该广告中使用了“哪吒”图形及“Extremely urgent”字样；其余两份广告内容不涉及“哪吒”图形及“宅急送”字样。被告迪邦宅急送公司主张其现使用的为手持包裹的“哪吒”图形及“迪邦宅急送”字样，原告北京宅急送公司对此予以认可。

2000 年 6 月 21 日，上海市公证处还出具了（2000）沪证经字第 4233 号和第 4232 号公证书，对 1996 年和 1997 年印制会员卡、旗帜、信封等发票进行了公证。被告迪邦宅急送公司称该两份公证书还附有包含“哪吒”图形和“宅急送”文字的信封、入网卡、T 恤衫的照片等实物，但公证书对此内容未做表述，被告迪邦宅急送公司当庭出示的公证书原件也未对上述实物予以封存。

2000年6月21日，上海市公证处出具的（2000）沪证经字第4231号公证书对1998年4月4日《上海宅急送快运有限公司章程》进行了公证。该章程第十条载明公司股东为甲方陈平、陈显宝，乙方迪邦公司；第十三条对出资方式和出资额作了约定，甲方以人民币出资200万元，乙方以财产作价7万元，无形资产23万元出资；该章程末页股东签名处签有陈平、陈显宝、丁敏敏字样并盖有迪邦公司印章。

北京市朝阳区人民法院审理的北京宅急送公司诉北京必胜客比萨饼有限公司不正当竞争纠纷案中，该院于2003年11月26日作出（2003）朝民初字第22372号民事判决书，认定“宅急送”文字具有直接描述快运及运输服务特点的属性，经过长期使用，在快运行业中已经丧失显著性，成为该行业的通用名称。

国家工商行政管理总局商标局作出的（2000）标审（三）驳字第1281号商标核驳通知书，驳回了迪邦公司于1998年12月7日在第39类“搬运行李”等服务上申请注册的“宅急送”商标，理由是：“宅急送”作为商标用于所报服务上，直接表述了服务的内容和特点；该商标与双臣一城公司在类似服务上已注册的第1347423号图形商标近似。

另查明，原告北京宅急送公司为本案诉讼支出公证费用800元。原告提出请求被告迪邦宅急送公司赔偿其经济损失10万元，但其除公证费用票据外未能提供其他证据证明其实际损失数额。

在本案审理过程中，被告迪邦宅急送公司向法院提交了反诉状，请求确认迪邦宅急送公司享有原告涉案注册商标中“哪吒”图形的著作权。主要事实和理由为被告迪邦宅急送公司的总经理丁敏敏于1995年创作了“哪吒”美术作品，并于1996年作为商标投入使用，但原告于1998年8月擅自抢注该商标。

被告迪邦宅急送公司还向法院提交了中止审理申请书，理由是该公司已于2000年7月17日就涉案“哪吒”图形注册商标向国家工商行政管理总局商标评审委员会提起撤销注册不当商标申请并已予受理，现处于证据交换阶段，请求法院在国家工商行政管理总局商标评审委员会作出裁决前，中止本案审理。

一审审理结果

一审法院认为：

第一，关于被告迪邦宅急送公司使用涉案“哪吒”图形是否构成不正当竞争问题。

依据本案现有证据，可以认定被告迪邦宅急送公司早在1997年即在其快递单票样上使用了“哪吒”图形标识，此后又在1999年出版的上海大黄页广告中使用了“哪吒”图形标识。虽然被告迪邦宅急送公司主张其早在1995年即创作使用了“哪吒”图形，但其未能提供充分证据予以证明。原告指控被告迪邦宅急送公司使用涉案“哪吒”图形的行为对其“哪吒”图形注册商标专用权构成侵害，属不正当竞争行为，但原告取得涉案图形商标注册的时间为1999年12月21日，被告迪邦宅急送公司使用涉案“哪吒”图形的时间早于上述原告的注册时间，因此，被告迪邦宅急送公司的上述行为并未违反应当遵循的自愿、平等、公平、诚实信用的原则，未损害原告的合法权益，不构成不正当竞争。

在本案审理过程中，被告迪邦宅急送公司就涉案“哪吒”图形著作权归属提出了反诉请求，鉴于该反诉请求与本诉不正当竞争纠纷之间并未形成牵连关系，不能吞并本诉，故本院对其反诉不予受理。

被告迪邦宅急送公司还提出了中止本案审理的申请，鉴于根据本案现有证据可以查明相关事实，国家工商行政管理总局商标评审委员会对涉案“哪吒”图形注册商标的处理结果不影响本案的实际处理，因此本院对其申请不予准许。

第二，关于被告迪邦宅急送公司在其网站上使用“迪邦宅急送”字样、注册与“宅急送”相关中文域名和通用网址的行为是否构成不正当竞争问题。

根据国家工商行政管理总局《企业名称登记管理规定》的有关规定，企业名称应当由以下部分依次组成：字号（或者商号）、行业或者经营特点、组织形式。同时，在《企业名称登记管理实施办法》中明确规定，企业名称应当由行政区划、字号、行业、组织形式依次组成。因此，商号仅指企业的字号，企业的商号一经登记主管机关核准，在登记主管辖区内，其他同行业企业不得再使用与其相同或近似的名称。因此，企业的商号权仅限于其在一定的地域范围内对其商号的专用权。依据本案查明的事实，原告北京宅急送公司系于2003年9月自双臣一城公司更名而来，“宅急送”文字此时才成为原告企业名称的组成部分，应属原告的商号。原告主张其早于1994年即开始创办并使用“宅急送”商号，但其在2003年9月前仅是将“宅急送”文字作为标识使用在其所提供的快递服务上，而非对于商号的使用。而本案被告迪邦宅急送公司系于2003年10月自迪邦公司更名而来，“宅急送”文字亦是该公司企业名称的组成部分，只是被告迪邦宅急送公司认为“宅急送”本身并非企业的字号，而是表明快递行业特点的通用名词。现有证据表明，被告迪邦宅急送公司早在

1997 年即在其快递单上使用了"宅急送"字样，且在 1999 年刊登的上海黄页广告中亦使用了"宅急送"字样。因此，被告迪邦宅急送公司在其网站上使用"迪邦宅急送"字样的涉案行为，并未侵犯原告的相关权益，并非虚假宣传行为，不构成不正当竞争。

根据最高人民法院相关司法解释的规定，对于被告域名或其主要部分构成对原告驰名商标的复制、模仿、翻译或音译，或者与原告的注册商标、域名等相同或近似，足以造成相关公众的误认，被告对该域名或其主要部分不享有权益，也无注册、使用该域名的正当理由，且被告对该域名的注册、使用具有恶意的，应当认定被告注册、使用域名等行为构成侵权或者不正当竞争。

通用网址是由中国互联网络信息中心是进行注册管理的，该中心负责运行和管理相应的通用网址系统，维护中央数据库。而通用网址注册用户，一经注册即相当于在全国的主要搜索引擎中进行了登记，并且可以使访问者借助这些网站提供的通用网址直达功能直接访问用户网站。根据中国互联网络信息中心制订的于 2001 年 8 月 4 日开始施行《通用网址争议解决办法》的有关规定，对于通用网址争议的处理要考虑以下几方面因素，即投诉人享有受中国法律保护的权利或合法利益；被投诉的通用网址与投诉人享有权利或利益的名称相同或者近似；被投诉的通用网址注册人对通用网址或其主要部分不享有权利或者合法利益；被投诉的通用网址注册人对通用网址的注册或使用具有恶意。

本案被告迪邦宅急送公司注册的涉案域名的主要部分及通用网址"宅急送"虽系原告的商号，但其亦为被告迪邦宅急送公司企业名称的组成部分，且"宅急送"本身也在一定程度上体现了快递行业的服务特点，被告迪邦宅急送公司在原告企业名称变更前亦曾使用"宅急送"字样，因此，被告迪邦宅急送公司注册使用涉案域名和通用网址具有正当理由，并不具有恶意。而且，原告虽为"zjs. com. cn"域名的持有人，但被告迪邦宅急送公司注册的涉案域名的主要部分及通用网址"宅急送"与之并不近似。因此，被告迪邦宅急送公司注册涉案域名和通用网址的行为并不构成不正当竞争。

第三，关于原告是否为其网站相关栏目内容的著作权人，被告迪邦宅急送公司在网站上使用与原告网站基本相同的内容是否构成不正当竞争问题。

根据本案现有证据，原告北京宅急送公司并未提供充分证据证明该公司网站在先创作并上载了相关网页内容，而被告迪邦宅急送公司网站相关栏目的内容又与之基本相同，因此，目前无法认定原告系其网站相关网页的著作权人。虽然原告提出每次其网站内容修改后，被告迪邦宅急送公司网站也会随之修改，但其未举证证明其上述主张。原告还指控被告迪邦宅急送公司在其网站上使用了原告享有著作权的汽车图片一幅，该两幅图片虽均为汽车侧面照片，但车身上的标识并不相同，且原告亦未举证证明该幅摄影作品的创作完成时间及上载时间。因此，原告指控被告迪邦宅急送公司在网站上使用与原告网站基本相同的内容侵犯了其著作权，构成不正当竞争，证据不足，本院不予支持。

第四，关于被告搜狐公司为被告迪邦宅急送公司提供涉案链接服务的行为是否对原告构成不正当竞争问题。

被告搜狐公司通过其网站的搜索引擎为被告迪邦宅急送公司提供了涉案链接服务，而网站通过搜索引擎提供的链接，仅仅是引导用户利用该搜索工具到其他网站或网页上去浏览相关的信息。此时这些信息并未存储在搜索引擎所在网站的服务器上，而是在上网用户自己的计算机内生成了被链接网站所载信息内容的临时复制件。因此，链接并不是将作品直接上载的复制或传播行为。由于互联网上各种信息浩如烟海、数量庞大，作为提供搜索引擎链接服务的网络经营者通常无法对搜索引擎搜索到的每一个信息先行判断是否存在侵权问题。根据相关法律规定，只有在网络服务提供商明知其他网站网页上含有侵权内容，仍继续提供该种链接服务的，才应承担侵权责任。作为提供搜索引擎服务的网络服务提供者，应在收到权利人确有证据的警告后，承担及时切断相关链接，避免损失扩大的义务。而本案原告北京宅急送公司并未履行告知义务，且本院已查明被告迪邦宅急送公司相关网站内容并不构成对原告的不正当竞争，因此，原告主张被告搜狐公司应与被告迪邦宅急送公司承担共同侵权责任的请求，缺乏事实和法律依据，本院不予支持。

因此，本案原告请求判令被告迪邦宅急送公司、搜狐公司承担公开赔礼道歉及赔偿经济损失和因本案诉讼而支出的合理费用的法律责任的主张，依据不足，本院不予支持。

综上，依照《中华人民共和国反不正当竞争法》第二条第一款、第九条，《最高人民法院关于审理涉及计算机网络域名民事纠纷案件适用法律若干问题的解释》第四条、第五条，《最高人民法院关于审理涉及计算机网络著作权纠纷案件适用法律若干问题的解释》第四条之规定，判决如下：

驳回北京宅急送快运有限公司的诉讼请求。

案件受理费 3 510 元，由北京宅急送快运有限公司负担。

双方当事人均服从一审判决。

45.《汉英双解新华字典》不正当竞争纠纷案

——商务印书馆国际有限公司诉南方出版社、北京勤十诚书报刊发行有限公司

原告（被上诉人）： 商务印书馆国际有限公司
被告（上诉人）： 南方出版社
被告（原审被告）： 北京勤十诚书报刊发行有限公司
案由： 不正当竞争纠纷

原审案号： 北京市朝阳区人民法院（2004）朝民初字第13002号
原审合议庭成员： 李有光、谢甄珂、党淑平
原审结案日期： 2004年8月30日
二审案号： 北京市第二中级人民法院（2004）二中民终字第12593号
二审合议庭成员： 董建中、张晓津、何暄
二审结案日期： 2004年12月7日

判决要旨

擅自使用与知名商品近似的装潢，造成和他人的知名商品相混淆，使购买者在被控侵权商品与知名商品之间发生混淆误认的，构成不正当竞争。

起诉与答辩

商务印书馆国际有限公司（以下简称商务印书馆）诉称：我公司出版的《新华字典》是中国影响最大、发行量最大、使用范围最广泛的综合性现代汉语规范字典。为了使《新华字典》走向世界，我公司组织多位专家将《新华字典》全部内容用英文逐一解释后，于2000年5月出版了最具普及性和权威性的汉英双语语言工具图书——《汉英双解新华字典》。该书装帧由我公司聘请专业设计人员精心设计，且投入巨资在全国以多种形式对该书进行长时间的宣传，使得该书享有极高的知名度，成为知名产品，总发行数量已近40万册。2003年12月，我公司发现南方出版社出版发行的《新英汉双解词典》使用了与《汉英双解新华字典》相同图案的封面设计，只是个别颜色略有变化。北京勤十诚书报刊发行有限公司（以下简称勤十诚公司）大量销售了《新英汉双解词典》。由于该封面设计是《汉英双解新华字典》作为知名图书区别于其

他同类图书的特有包装装潢，因此，南方出版社使用类似封面设计的行为，极易造成消费者的混淆，属借助我公司产品的品牌优势销售自己相关产品的不正当竞争行为。现我公司起诉要求南方出版社立即停止出版发行《新英汉双解词典》，赔偿经济损失 4 万元；勤十诚公司立即停止销售《新英汉双解词典》；南方出版社和勤十诚公司共同在《新闻出版报》上公开向我公司致歉，负担我公司为制止侵权的合理支出 1 000 元。

被告南方出版社辩称：《新英汉双解词典》的封面系我社委托他人设计，我社对出版该书尽到了最大注意义务。《汉英双解新华字典》上市和宣传时间较短，并非知名商品。其封面设计为出版业所通用，并非其特有。涉案二书的封面设计存在很大差异，普通消费者施以一般注意力不会混淆、误认。因此，我社并未侵权，不同意商务印书馆的诉讼请求。

被告勤十诚公司辩称：我公司所销售的图书有合法来源，属正常经营，故不同意商务印书馆的诉讼请求。

原审查明事实

原审法院经审理查明：2000 年 6 月，商务印书馆出版了《汉英双解新华字典》一书，定价 26. 00 元。2000 年 6 月 6 日至 2003 年 9 月 17 日，商务印书馆在王府饭店、北京国际图书博览会、北京书市、全国书市、北京图书订货会以及《中华读书报》等报刊杂志上对《汉英双解新华字典》进行了宣传。2000 年 1 月 24 日至 2001 年 11 月 13 日，《新闻出版报》、《光明日报》、《人民日报》(海外版)、《黑龙江晨报》、《广州日报》、《上海新书报》、《重庆晚报》、《金陵晚报》以及羊城晚报网站、人民日报网站等报纸、网站对《汉英双解新华字典》进行了报道。2000 年 5 月 18 日至 2002 年 2 月 27 日，《汉英双解新华字典》在上海、湖南、贵州、浙江、甘肃、山东、福州、安徽、河南等 9 个省市新华书店共计已发行 54 888 册。

2003 年 1 月，南方出版社出版《新英汉双解词典》一书，定价 29. 80 元，封面顶端标明“2003 年版”。该书封面系南方出版社委托康笑宇设计，康笑宇在设计时参考了商务印书馆等辞书的封面设计。

《汉英双解新华字典》和《新英汉双解词典》的封面、封底和书脊有下列相同点：底色均为红色；下半部分均有 3 条自封底下端经书脊延伸至封面右端呈放射状的彩色曲线，且颜色从下至上均由深至浅（《汉英双解新华字典》依次为红、橙、土黄，《新英汉双解词典》依次为深绿、绿、浅绿）；距封皮上端约 2 厘米处均有一条横贯封面、书脊和封底的绿色直线；封面的绿色横线下均分行标明中文书名和英文书名，封面和书脊的中文书名“新华字典”和

“新英汉双解词典”均为红色底衬、白色显示；封面的英文书名均为黄色字；距封面下端约1厘米处均以黑色字标注出版者名称；封底右下方均为书号和定价，左下方均为条形码；封底均有白色字体的内容简介。

勤十诚公司所售的《新英汉双解词典》来自南方出版社。

原审审理结果

原审法院认为：《新华字典》是商务印书馆出版的知名辞书，《汉英双解新华字典》是对《新华字典》逐一对译而成，并沿用了“新华字典”的名称。而且，在《汉英双解新华字典》出版之初，商务印书馆即开始采取多种方式对之进行宣传，全国范围内的多家媒体也对该书进行了报道。截至2002年，《汉英双解新华字典》已发行至全国9个省市新华书店。因此，商务印书馆出版的《汉英双解新华字典》在辞书类图书中已经具有一定知名度。

封面、封底和书脊作为一个整体，构成图书的装潢。《汉英双解新华字典》的封面、封底和书脊设计不同于其他辞书，属于该书特有的装潢。本案中，《新英汉双解词典》与《汉英双解新华字典》的封面、封底和书脊，虽然在线条的颜色上存在差异，但二者在底色、线条的位置、形状和颜色深浅变化、文字字体、颜色和排列方面均相同，应属于近似的表达。而且，将二者进行异时异地隔离观察对比时，在整体上给人的视觉感受是同一的，一般公众施以通常注意难以区分二者的差异，故应认定二书的封面、封底和书脊实质性相似。《新英汉双解词典》与《汉英双解新华字典》均为英汉双语的辞书类书籍，南方出版社在《新英汉双解词典》上使用与《汉英双解新华字典》实质相似的封面、封底和书脊，并在封面顶端标明“2003年版”字样，足以使读者误认《新英汉双解词典》与《汉英双解新华字典》具有某种关联关系，造成混淆的后果。

同时，《汉英双解新华字典》的出版时间早于《新英汉双解词典》，且《新英汉双解词典》的封面设计者明确表示参考了商务印书馆出版的辞书封面设计，因此，作为专业出版单位的南方出版社应当知晓商务印书馆已经在先使用了该图书装潢。在此情况下，南方出版社仍将该装潢用于其出版的图书，主观上存在过错，构成使用与知名商品近似的装潢引人误解的不正当竞争行为，理应承担停止侵权、赔偿损失的民事责任。因商务印书馆没有就其损失及南方出版社的获利充分举证，故本院将综合考虑南方出版社侵权行为的情节、侵权后果、商务印书馆为诉讼支出的合理费用等因素，酌定赔偿数额。侵害知识产权人身权益致法人商誉受到的损害，属于财产损害，而赔礼道歉是非财产性民事责任的方式，故商务印书馆无权要求南方出版社赔礼道歉。

根据我国法律规定，销售者应当就其销售的图书有合法来源承担举证责任。勤十诚公司能够证明所售侵权图书的合法来源，因此，不应承担赔礼道歉和赔偿损失的责任，但应停止销售侵权图书。

综上，依据《中华人民共和国反不正当竞争法》第五条第（二）项、第二十条第一款的规定，判决如下：

一、南方出版社立即停止使用《新英汉双解词典》一书的封面、书脊和封底；

二、南方出版社于本判决生效之日起10日内赔偿商务印书馆国际有限公司经济损失3万元；

三、北京勤十诚书报刊发行有限公司立即停止销售南方出版社出版的含有涉案封面、书脊和封底的《新英汉双解词典》一书；

四、驳回商务印书馆国际有限公司的其他诉讼请求。

南方出版社不服原审判决，提出上诉。其上诉理由是：1.《新华字典》是由商务印书馆出版的知名图书，商务印书馆公司与商务印书馆是两个不同的单位，商务印书馆公司出版的《新英汉双解词典》一书从发行范围到发行量以及知名度上均达不到知名的程度，更不能借助《新华字典》的名气来证明其属于知名商品；2.《新英汉双解词典》一书的封面、封底和书脊不具有显著区别性，不构成特有的装潢，况且从封面、封底和书脊中可以区分出书名的不同；3. 从两书的封面、封底和书脊的雷同之处不足以导致读者的混淆误认。综上，请求撤销原审判决，驳回商务印书馆公司的诉讼请求。

商务印书馆公司和勤十诚公司服从原审判决。

二审查明事实

二审法院查明的事实与原审基本相同，另查明：商务印书馆公司与商务印书馆分别为两个不同的法人单位，前者系一控股公司，后者为其最大股东。

二审审理结果

二审法院认为：根据我国反不正当竞争法的规定，经营者不得擅自使用与知名商品近似的装潢，造成和他人的知名商品相混淆，使购买者误认为是该知名商品。根据上述规定，如果侵权成立，必须具备是知名商品、被控侵权商品使用了与知名商品相近似的装潢并会造成误认等要件，此外，侵权行为人还应具有主观恶意。

首先，《新华字典》系知名辞书，是由商务印书馆出版的。《汉英双解新华字典》是在《新华字典》的基础上，对中文注解逐一翻译而成，商务印书馆公司借助与商务印书馆之间的关系，继续沿用了“新华字典”的名称，形成了“X X 新华字典”，使其成为《新华字典》的系列产品。加之商务印书馆公司所采取的广告宣传和媒体报道，使其在辞书类图书中已经具有一定的知名度，并由此带来了一定的销量，因此，可以认定该书为知名商品。

商务印书馆公司对《汉英双解新华字典》的封面、封底和书脊的设计构成其装潢。《新英汉双解词典》与《汉英双解新华字典》的装潢相比，在底色、线条的位置、形状和颜色深浅变化、文字字体、颜色和排列方面基本相同，以一般消费者的注意力观察可以得出实质相似的结论。鉴于《新英汉双解词典》与《汉英双解新华字典》均为英汉双语的辞书类书籍，足以使读者误认二者具有某种关联关系，从而造成混淆。

另外，《汉英双解新华字典》的出版时间早于《新英汉双解词典》，且《新英汉双解词典》的封面设计者明确表示参考了商务印书馆公司出版的辞书封面设计，因此，南方出版社应当知晓商务印书馆公司已经在先使用了该图书装潢。在此情况下，南方出版社仍将该装潢用于其出版的图书，主观上存在过错，其行为构成不正当竞争，理应承担停止侵权、赔偿损失的民事责任。原审判决确定南方出版社承担责任的范围、方式及赔偿数额并无不妥，本院予以认可。勤十诚公司作为销售者销售涉案图书不承担赔礼道歉和赔偿损失的责任，但应停止销售涉案侵权图书。

综上所述，南方出版社的上诉理由不成立，本院不予支持。原审判决认定事实清楚，适用法律正确。依照《中华人民共和国民事诉讼法》第一百五十三条第一款第（一）项之规定，判决如下：

驳回上诉，维持原判。

一审案件受理费 1 650 元，由商务印书馆国际有限公司负担 165 元，由南方出版社负担 1 485 元；二审案件受理费 1 650 元，由南方出版社负担。

其他知识产权

46. "超导复合热能转换器采暖系统"技术转让合同纠纷案

——陈志立诉北京科技桥技术开发公司

原告：陈志立

被告：北京科技桥技术开发公司

案由：技术转让合同纠纷

一审案号：北京市海淀区人民法院（2004）海民初字第2830号

一审合议庭成员：宋鱼水、李钊、宋莹

一审结案日期：2004年4月20日

判决要旨

因合同目的落空而解除合同的，已经履行的部分，应当根据履行的情况，结合当事人对于造成解除合同后果的过错程度从公平的角度决定是否应当赔偿损失，以及赔偿损失的范围。

起诉与答辩

原告陈志立诉称：2003年10月11日，我与北京科技桥技术开发公司（以下简称科技桥公司）签订一份《技术转让合同》，项目为超导复合热能转换器采暖系统（以下简称超导采暖技术），由科技桥公司向我提供技术配方、配比及工艺，并提供原材料地址。同时，双方还签订一份《补充协议》，约定不论我在安装或采暖过程中遇到何种原因和疑难问题，科技桥公司都应在一周内派专人前往目的地帮助解决，如解决无果，应无条件加倍退还我所交付的技术转让费、材料费、办厂开办费及往返车票费。同年10月16日，我回到甘肃榆中县和平乡筹划实验合同项目。我为办厂购置真空泵、气泵、电焊机、无齿锯、拔丝机、一寸镀锌管、炉子、散热片等材料花费5 396元，用工费2 000

元。但实验合同项目过程中，我发现了技术质量问题，便向科技桥公司提出帮助解决。科技桥公司并未在一周内派人前往我处，而是在三周后派人到我处给予调试，但仍达不到技术标准。我要求科技桥公司返还支付的款项，但其拒绝返还。故诉至法院，请求判令：1. 双方解除相关技术合同；2. 科技桥公司退还技术培训费、材料费等共计 15 900 元，并赔偿办厂费、车票费、差旅费等共计 8 943 元。

被告科技桥公司辩称：我方提供的技术真实可行，不存在技术质量问题。对方所称的技术质量问题，是因其人为的技术实施不当所致，而非技术本身的问题。我公司在接到对方技术求助电话后，即派技术人员程秀国在第三天就出发赶到甘肃榆中县和平乡，发现是陈志立操作不当造成系统不工作，遂亲自进行改造，彻底解决其人为造成的问题。我方经理还打电话过问事情的进展直到问题解决，可见我方认真履行了合同。按照事先约定，我方派出的技术人员的一切费用应由陈志立承担，故程秀国没有带足返程费用，但陈志立以不给工资，不报差旅费为由，迫使程秀国在其伪造的修理记录上违心签了字。综上所述，请求驳回陈志立的诉讼请求。

一审查明事实

一审法院经审理查明：

2003 年 10 月 11 日，陈志立（甲方并受让人）与科技桥公司（乙方并让与人）签订项目为超导采暖技术的《技术转让合同》。合同约定：一、技术秘密的内容、要求和工业化开发程度。1. 技术内容：技术配方、配比及工艺流程；2. 工业化程度：具有一定的规模化生产能力。二、技术情报和资料及其提交期限、地点和方式。乙方自合同生效之日起两天内，在北京履行，以面授方式，向甲方提供下列技术资料：1. 提供技术配方、配比及工艺流程；2. 提供原材料地址。……四、使用技术秘密的地域范围和具体方式。甘肃榆中县独家。五、验收标准和方法。甲方使用该项技术，试生产样品后，达到了本合同第一条所列技术指标，按企业标准，采用抽样方式验收，由甲方出具技术项目验收证明。六、经费及其支付方式。成交总额 13500 元整；支付方式：2003 年 10 月 11 日一次总付。七、违约金或者损失赔偿额的计算。（一）违反本合同第一、二条约定，乙方应承担合同额的双倍罚款。（二）违反本合同第三、四条约定，甲方应承担合同额的双倍罚款。八、技术指导的内容。在乙方所在地培训，内容：技术配方、配比、安装工艺。

同日，陈志立与科技桥公司又签订了《补充协议》，协议约定：1. 甲方在安装或采暖过程中，如遇到疑难问题，在电话联系无果的情况下，乙方应在一周内派专人前往目的地帮助解决，直到甲方满意为止。2. 如按规定程序安装，在采暖过程中如发现真空抽不到极限，暖气由热慢慢变凉或其中少部分暖气不热，都算不成功。3. 如在安装和采暖过程中不论遇到什么原因和疑难问题，派专人解决无果，甲方的一切损失费用，由乙方无条件加倍退还甲方。其中包括乙方提供的技术转让费、材料费、办厂开办费、甲方往返车票费。

同日，陈志立向科技桥公司支付了技术培训费、材料费 15 900 元。同年 10 月 15 日、16 日，陈志立购置了暖气片、炉子、切割机等技术材料，花费人民币 5 696 元。

2004 年 1 月 5 日，陈志立向法院递交了民事起诉状，诉称科技桥公司转让给他的相关技术不符合质量要求。法院庭审期间，经征求当事人双方意见，达成如下协议：1. 暂时休庭；2. 休庭后由科技桥公司派人前往陈志立处进行相应维修，维修效果以当地公证记录为准；3. 择日继续开庭。休庭后，科技桥公司职员佟玉福、武德伟到达甘肃榆中县陈志立处，3 月 1 日，二人在当地购买了钢制板式散热器及原材料（花费人民币 400 元），用于改造陈志立的暖气设备。3 月 2 日中午 12 时，陈志立在佟玉福、武德伟的指导下安装暖气，双方商定真空达到 -0.1 极限。3 月 3 日，陈志立向佟玉福出具如下书面证明："外面施工不符合要求，昨天下大雪天很冷无法施工。抽真空最高抽到 -0.068。分拆真空泵，电力有问题，炉子和散热器匹配有问题，炉子没有技术参数，内部结构都不清楚，一切问题自负"。同日，陈志立与佟玉福共同签署了如下书面记录："3 月 3 日下午 3 时，第四组散热片用真空泵抽热，把口封死了，天气很好，真空只能抽到 -0.068，还是抽不到极限，同时采用热赶，使最后一组达到要求。"3 月 3 日下午 4 时，佟玉福、武德伟离开陈处返京。3 月 4 日上午 9 时，榆中县公证处公证员许登义、岳鲜菊到达陈志立的暖气试验点，监督了采暖系统加热的全过程，后根据监督情况出具如下公证记录："陈志立负责生火试暖气，9 时 10 分火已生好，9 时 15 分，用手试前三组暖气感觉很热，第四组暖气不热，10 时 30 分，第四组暖气四分之三不热，四分之一微热。14 时至 17 时许，第四组暖气完全不热，前三组暖气一直很热，其间炉火一直很旺"。

在继续开庭审理中，陈志立陈述，科技桥公司虽然赶赴我处进行了施工维修，但只是使暖气一时发热，之后不久就变凉了，暖气也没有被抽成真空，并未达到合同约定的技术要求。同时提交了（2004）榆公内字第 22 号公证书、调试记录、公证费等证据。科技桥公司对公证书的效力提出异议，认为公证机关与陈志立有一定利害关系。同时陈述，我方是在修理好陈志立的设备之后才回京的，而且陈志立也作了书面承认，只是公证人员拒绝签字；此外，暖气不热的原因是由于安装在了室外，无法抽成真空是由于农村电力不足，与我方技术无关。并提交了陈志立签字的书证、火车票等证据。

经查，陈志立的相关往返车票费、住宿费共计 1 547 元。科技桥公司为维修陈志立的采暖设备支出差旅费 1 532 元。

一审审理结果

一审法院认为：陈志立与科技桥公司于 2003 年 10 月 11 日签订的《技术转让合同》依法成立；双方于同日签订的《补充协议》是对上述《技术转让合同》的补充约定，故对当事人均具有法律约束力。据此，陈志立与科技桥公司均应按照《技术转让合同》及其《补充协议》中的约定履行各自义务。

关于科技桥公司的合同义务，双方《技术转让合同》第二条、第八条，《补充协议》第一条均有明确约定，即：1. 科技桥公司自合同生效之日起两天内，在北京采用面授方式向陈志立提供技术配方、配比及工艺流程，并提供原材料地址；2. 科技桥公司在本公司所在地对陈志立进行技术配方、配比及安装工艺的培训；3. 陈志立在安装或采暖过程中如遇到疑难问题，在电话联系无果情况下，科技桥公司应在一周内派专人前往目的地帮助解决，直到陈志立满意为止。庭审当中，陈志立对科技桥公司前两项义务的履行情况并不持异议，但就第三项义务的履行指出，科技桥公司并未在一周内派人解决问题，而是在三周后才派人来，且仍不能达到技术标准。法院认为，关于科技桥公司是否在一周内派人前往陈志立处维修技术的问题，双方均没有提交相应证据，故不再予以考虑；但依据我国《合同法》的有关规定，作为技术让与人的科技桥公司，的确有义务保证所提供的技术完整、无误、有效，并能够达到约定的目标，因此，本案的关键在于科技桥公司所转让的超导采暖技术是否完整、无误、有效，并能够达到约定的目标。

关于陈志立实施超导采暖技术的效果，虽然相关调试记录显示，第四组暖气片通过热赶技术于 2004 年 3 月 3 日下午 3 时达到要求；但公证记录证明，第四组暖气片于 2004 年 3 月 4 日出现了热度不够等问题。尽管科技桥公司以公证机关与陈志立有利害关系为由主张无效，但其并未提供足以证明该利害关系的证据，且“维修效果以当地公证记录为准”也是科技桥公司与陈志立的事先约定，故对公证书的效力予以认可。综合考虑调试记录及公证记录的内容，法院可以得出这样的结论：第四组暖气片虽然一度通过热赶技术达到了合同要求，但次日又出现了热度问题的反复，说明该组暖气片热度尚不稳定。此外，调试记录中还反映出暖气的真空抽不到极限，这一点科技桥公司并未否认。因此，陈志立实施超导采暖技术的效果确有瑕疵。

从举证责任的分配原则分析，科技桥公司有责任证明超导采暖技术的完整与合格，进而证明该技术与陈志立实施超导采暖技术的效果瑕疵无关。但是，科技桥公司并未向法庭提举出证明该技术符合标准的任何证据；而且，即便依据双方合同中有关验收标准和方法的约定，即“甲方使用该项技术试生产样品后，达到了合同第一条所列技术指标，采用抽样方式验收，由甲方出具技术项目验收证明”，作为甲方的陈志立也从未出具过这样的验收证明。因此，科技桥公司应当承担相应的不利后果。

然而，本案一个特殊情况的存在，直接影响了科技桥公司承担上述举证不利后果的合理程度。这个特殊情况就是，作为技术受让方的陈志立，对相关技术设备的安装存在瑕疵。关于这一点，科技桥公司有如下陈述：“暖气安装在了室外……农村电力不足”。而陈志立本人也有相关书面证明：“外面施工不符合要求……电力有问题，炉子和散热器匹配有问题，炉子没有技术参数，内部结构都不清楚，一切问题自负”。这说明，双方对采暖设备的安装存在瑕疵是有共识的。因此，本案的特殊性在于，技术受让人是在对技术设备的安装有瑕疵的情况下，主张所受让的技术不符合质量标准的。作为一般常识，技术设备安装上的瑕疵显然会影响到技术效果的正常发挥，尤其本案《补充协议》中还特别作了如下约定：“如按规定程序安装，在采暖过程中如发现真空抽不到极限，暖气由热慢慢变凉或其中少部分暖气不热，都算不成功”，这足可说明“按规定程序安装”对本案采暖技术正常有效运行的至关作用。因此，尽管科技桥公司未能举证证明相关技术的可行性，但在实施技术过程中所出现的第四组暖气片热度不稳定以及真空抽不到极限等问题，尚不能排除是室外安装、电力不足等外在因素影响所致，故陈志立作为技术设备的安装者亦难免其责。

尽管第一次庭审后科技桥公司积极前往陈志立处进行了维修和改造，尽管双方对解决问题均有较大诚意，但公证书的结果表明双方合同的目的已经难以实现，且鉴于本案诉讼标的金额较小，而室外安装等外在因素对技术效果的影响尚未排除，若再行维修或返工则会导致损失的进一步扩张，故法院采纳陈志立关于解除双方合同的要求。

至于解除合同的后果，首先是恢复原状。应当考虑如下情节：第一，尽管科技桥公司应当承担举证不力的后果，但从法官自由心证的角度出发，综观其庭审当中的相关陈述，尤其在第一次庭审中承诺维修效果可以当地公证记录为准，以及休庭后积极赶赴陈志立处维修等综合因素，合议庭成员均认为难以直接得出该技术不合格的结论；第二，陈志立亦应对其安装存在瑕疵承担相应责任。安装地点是否得当，是影响采暖技术正常、有效运行的一个重要因素，作为一名具有一般常识和合理思维的普通人，即便没有相关专业技术知识或技术让与人的警示通知，也应知晓采暖设备通常应当安装在室内，并应预见到安装于室外、特别是甘肃榆中县这种时有风雪天气的农村室外可能引发的不良后果，而陈志立明知上述风险仍将采暖设备安装于室外，理应承担较大的风险责任；第三，技术一旦使用即无法返还，不可能恢复技术未转让时的原状，且科技桥公司已为维修付出了相关设备费及差旅费。据此，陈志立关于科技桥公司返还其全部技术转让费的要求显然有违公平原则，法院酌情判令科技桥公司返还陈志立部分技术转让费 4 000 元。

关于赔偿损失问题。虽然《补充协议》明确约定科技桥公司在派专人解决无果时应加倍赔偿陈志立一切损失费用，但鉴于陈志立安装有瑕疵的特殊情形，故不宜再适用上述约定。法院还注意到，在实施技术过程中，陈志立固然造成了一定损失，但同时，科技桥公司也有相关技术被受让方使用后无法追还的损失，并为维修、改造陈志立的技术设备投入了较多时间、人力和物力，双方当事人的损失均与技术设备本身的安装瑕疵具有很大关联。同时，根据公证记录的内容，四组暖气片中，只有第四组暖气片出现了质量问题，说明绝大部分暖气片的技术效果还是合格的，这就有别于所有暖气片均不合格的情形，而且即便造成了一些购置设备的损失，这种损失也是局部的，绝大多数设备还可以再行利用。因此，科技桥公司不应独自承担双方的损失，从公平原则出发，双方宜各自承担相应损失，故对陈志立有关赔偿经济损失的要求，本院不予支持。

综上所述，依据《中华人民共和国合同法》第五条、第九十四条第（五）项、第九十七条、第三百四十九条之规定，判决如下：

一、自本判决生效之日起，解除原告陈志立与被告北京科技桥技术开发有限公司于 2003 年 10 月 11 日签订的《技术转让合同》及《补充协议》；

二、自本判决生效之日起 10 日内，被告北京科技桥技术开发有限公司退还原告陈志立 4 000 元；

三、驳回原告陈志立的其他诉讼请求。

案件受理费 1 003 元，由被告北京科技桥技术开发有限公司负担。

双方当事人均服从一审判决。

47. "超高分子量抗盐聚合物合成工艺技术"技术开发合同纠纷案

——青岛华鲁生化工程有限公司诉中国科学院理化技术研究所

原告（反诉被告）（被上诉人）：青岛华鲁生化工程有限公司

被告（反诉原告）（上诉人）：中国科学院理化技术研究所

案由：技术开发合同纠纷

原审案号：北京市朝阳区人民法院（2004）朝民初字第4582号

原审合议庭成员：李有光、谢甄珂、党淑平

原审结案日期：2004年5月9日

二审案号：北京市第二中级人民法院（2004）二中民终字第7698号

二审合议庭成员：刘薇、宋光、钟鸣

二审结案日期：2004年8月9日

判决要旨

当事人一方的违约行为致使合同目的无法实现的，对方当事人有权行使解除权。合同解除后，已经履行的部分，当事人可以根据履行情况要求恢复原状。

起诉与答辩

青岛华鲁生化工程有限公司（以下简称华鲁公司）诉称：2002年7月，我公司与大庆东昊投资有限公司（以下简称东昊公司）签订委托开发合同，我公司受托为大庆油田开发超高分子量抗盐聚合物合成工艺技术。为加快项目进度，同年8月15日，我公司与中国科学院理化技术研究所（以下简称理化所）签订技术开发合同，约定理化所于同年9月20日前完成超高分子量抗盐聚合物合成工艺技术项目中的实验室研究，并进行技术交底，我公司提供研究经费并负责中试。然而2003年3月理化所才将样品干粉交付检测，在我公司支付30万元后，其以种种理由拒绝进行技术交底，致使我公司根本无法进行产品中试。后经了解，理化所竟擅自将该项目研究成果挪作他用，获取了更大的利益。理化所的违约导致我公司无法履行与东昊公司的合同，不仅不能获取预期利益，还要承担违约责任。因此，我公司起诉，要求解除与理化所签订的

技术开发合同，理化所返还我公司已付的30万元，赔偿经济损失50万元，并负担本案诉讼费。

理化所辩称：我所已进行了技术交底，且不存在挪用技术成果的问题，华鲁公司与东昊公司签订的合同与本案是两个法律关系，华鲁公司以此要求赔偿预期利益缺乏依据，因此，我所不同意华鲁公司的诉讼请求。

理化所反诉称：与华鲁公司签订技术开发合同时，我所即明确说明无法在2002年9月20日前完成实验室研究工作，因华鲁公司表示该约定是为了使其与东昊公司的合同顺利生效，并取消了所有违约责任条款后，我所才勉强同意签约，且双方实际并未按照该约定履行。2003年3月30日我所提供的实验室样品干粉已经华鲁公司检验合格，4月14日我所向华鲁公司技术人员于良惠提供了一份包括操作步骤和配方的超高分子量抗盐聚合物实验室合成方法书面材料，并对其进行了培训，于良惠还带走了其独立操作合成的胶体。华鲁公司未按照约定支付第三笔研究经费10万元，该违约行为导致合同无法继续履行。因此，我所提起反诉，要求解除双方所签技术开发合同，华鲁公司支付合同款项10万元，并负担全部诉讼费用。

华鲁公司对反诉辩称：理化所签约时就知道无法按合同约定完成开发，但并未向我公司说明。理化所未完成技术交底，也没有提供任何书面材料。因此我公司同意解除合同，但不同意其他反诉请求。

原审查明事实

原审法院经审理查明：2002年6月，华鲁公司凭借理化所实验合成的样品胶体在东昊公司科研项目招标中中标，并与东昊公司签订了合同。

2002年8月12日，华鲁公司（甲方）与理化所（乙方）签订《技术开发（合作）合同》。双方约定：合作超高分子量抗盐聚合物合成工艺技术研究项目，即以A、B、C三种单体和功能性组分为原料，采用共聚方法生产超高分子量抗盐聚合物驱油剂（粉剂），完成实验室和中试实验；主要研究内容包括新型超高增粘性驱油聚合物的分子设计和结构优化、聚合物合成新技术和制备工艺、聚合物结构、组成和性能的调制及产品定型、聚合物的溶液稳定性实验、中试实验；该项目中实验室工作由乙方负责，甲方提供经费，中试实验由甲方负责，乙方提供技术协助；乙方应于2002年8月15日前向甲方提供符合合同技术指标的实验室样品，于9月20日前提供符合合同技术指标的干粉样品，于9月20日完成实验室研究，提交实验室产品配方和中试生产条件；甲方于2002年10月至11月在4000t/a工业化生产装置上进行中试试验，并分四次支付50万元实验室研究经费，即在乙方提供符合指标的实验室样品胶体后支付10万元，在乙方提供符合指标的实验室样品干粉后支付20万元，在乙方进行技术交底后支付10万元，在乙方协助甲方进行中试生产，且中试产品（干粉）经检测符合合同技术指标后支付10万元余款；乙方完成项目室内研究并收到甲方第二次付款后，应进行技术交底，交底时应提供最佳配方（包括引发体系和引发剂）和室内实验总结报告的书面材料；双方还就项目任务完成后的鉴定、技术经济指标、技术和成果的归属等进行了约定。

同年9月，理化所向华鲁公司提供了一块实验室样品胶体，经检验确认合格后，华鲁公司于9月12日支付了第一笔研究经费10万元。2003年3月，理化所提供了实验室样品干粉，经检验确认合格后，华鲁公司于4月7日支付了第二笔研究经费20万元，并于次日致函理化所，要求于4月10日前按照合同进行技术交底。

同年4月18日，华鲁公司技术人员于良惠到理化所要求技术交底，取走了一块实验室样品胶体。5月6日，华鲁公司传真给理化所，提出："于良惠4月18日从您所带回来的胶体样品，按照你方的工艺进行加碱水解，干燥成粉剂后寄到大庆油田进行检测"，"产品不合格"；所要的是前加碱非控温聚合物，理化所准备交的却是已被淘汰的后加碱控温聚合工艺技术；理化所至今未进行技术交底，已违约，要求理化所在10日内按合同要求进行技术交底。6月12日，华鲁公司向理化所发出函件及解除合同通知，提出理化所超期8个月仍没有完成研究内容和技术经济指标，没有进行真正的技术交底，构成严重违约，通知理化所解除合同，并要求退还已付费用，承担利息等损失。6月23日，理化所回函表示：合同未约定采用"前加碱共水解聚合工艺"还是"后加碱共水解聚合工艺"；已经进行了技术交底，提供了产品配方和实验室合成方法，并让华鲁公司技术人员进入实验室完成了产品的合成；华鲁公司未按约定支付技术交底后的10万元，构成违约；同意解除合同，但要求支付10万元款项及利息。

另，理化所提出先后交给华鲁公司的3块实验室样品胶体，其分子结构、配比及合成工艺均有所变化，其中于良惠取走的是用最佳工艺合成的。

华鲁公司未就其提出的理化所将开发成果挪作他用提供证据。

原审审理结果

原审法院认为：理化所虽提出因实验室研究期限问题，勉强同意签约，但并未就此提供相应的证据，因此，应认为华鲁公司与理化所签订的技术开发合同是双方的真实意思表示，内容不违反法律规定，合法有效，双方应当严格按照合同履行自己的义务。

上述合同将超高分子量抗盐聚合物合成工艺技术研究工作分成了实验室和中试两个阶段，并约定由理化所、华鲁公司分别负责完成。鉴于中试实验须以实验室成果为基础，所以只有理化所按约定完成实验室研究，并提供有关的技术资料，进行必要的技术指导，切实交付实验室研究成果之后，华鲁公司才能依照约定进行中试试验。由于双方约定开发的标的是一种新型化工产品的结构与合成工艺技术，具有一定的特殊性，技术交底时应交付的书面材料成为华鲁公司掌握实验室成果并继续进行产品中试的关键。因此，在技术交底时提交书面材料是理化所的合同主要义务。按约定，该义务的履行以华鲁公司支付第二笔研究经费为条件。虽然理化所交付样品胶体、干粉的时间均超出了约定的实验室开发期限，但华鲁公司继续履行了相应的付款义务，双方也并未重新约定技术交底的条件，因此，该条件并未随着实验室研究的迟延而改变，一旦成就，华鲁公司可以随时要求理化所履行技术交底的义务。当2003年4月8日上述条件成就，华鲁公司以书面函件要求理化所技术交底时，理化所未能履行该义务。虽然理化所主张4月18日进行了技术交底，但其并未就该日交付合同约定的书面材料提供充足的证据，其现有证据亦不足以证明通过培训已使华鲁公司全面掌握了完整的实验室研究成果，达到了与交付书面材料同等的效果。此后，华鲁公司于5月6日对理化所进行催告，并给予了宽限期。而理化所也未举证证明其在该宽限期内履行了技术交底义务。据此可以认定理化所迟延履行合同主要义务，经催告后在合理期限内仍未履行，华鲁公司依法享有解除合同的权利。因并无证据证明理化所将开发成果挪作他用，故本院对华鲁公司该项主张不予考虑。

依据法律规定，合同解除后，尚未履行的终止履行；已经履行的，根据履行情况和合同性质，当事人可以要求恢复原状，采取其他补救措施，并赔偿损失。华鲁公司已经支付的费用可视为其损失，由理化所予以赔偿。华鲁公司主张的其他经济损失因缺乏依据法院不予支持。由于理化所的违约导致双方合同解除，且理化所进行技术交底与华鲁公司支付第三笔开发费存在履行上的先后顺序，理化所没有履行在先义务。因此，理化所以华鲁公司违约为由，提出的相关反诉请求，本院均不予支持。

综上，依据《中华人民共和国合同法》第九十四条第（三）项、第九十七条之规定，判决如下：

一、解除青岛华鲁生化工程有限公司与中国科学院理化技术研究所于2002年8月15日签订的《技术开发（合作）合同》；

二、中国科学院理化技术研究所于本判决生效之日起10日内赔偿青岛华鲁生化工程有限公司经济损失30万元；

三、驳回青岛华鲁生化工程有限公司的其他诉讼请求；

四、驳回中国科学院理化技术研究所的反诉请求。

理化所不服判决，提出上诉，请求二审法院依法撤销原审判决主文第（二）项并改判驳回华鲁公司的全部诉讼请求。理化所的上诉理由为：本案双方已同意解除合同，因此，本案的焦点仅应为在解除合同的前提下，华鲁公司已支付给本所的30万元是否应返还、该公司所提50万元的赔偿请求是否应得到支持及该公司尚欠本所的10万元技术研究费是否应继续支付三个问题。原审法院判决已明确驳回华鲁公司所提要求本所返还30万元已支付的技术研究经费及赔偿其经济损失50万元的诉讼请求，但又判决本所赔偿该公司经济损失30万元，显系自相矛盾。华鲁公司已取得了本所的研究成果，即价值10万元的胶体及价值20万元的干粉并经检验合格，因此，该公司支付给本所的30万元即是相应对价，根本不是该公司的损失，原审法院要求本所将该30万元赔偿给该公司是错误的。由于本公司已按合同约定完成了开发并向原告进行了技术交底，原告理应向本所支付尚欠的10万元技术研究经费。

二审查明事实

二审法院查明的事实与原审认定的事实除以下一点外，其他均一致：原审判决认定2003年4月18日，华鲁公司技术人员于良惠到理化所要求技术交底并取走了一块实验室样本胶体。根据双方在法院审理期间陈述，法院对此事实作如下认定：2003年4月中旬，华鲁公司技术人员于良惠到理化所要求技术交底，并于同月18日取走了一块实验室样本胶体。理化所虽主张其在此时间即对于良惠进行了培训，并交付了合同约定的技术资料，已完成技术交底，但理化所未就其此主张提供充分证据。而华鲁公司对理化所的前述主张不予认可。

二审审理结果

二审法院认为：本案双方所签订的涉案《技术开发（合作）合同》系双方真实意思表示且未违反法律规定，故属合法有效，双方均应按约定履行自己所负的合同义务。双方在合同中明确约定以下内容：1. 先由理化所负责完成超高分子量抗盐聚合物合成工艺技术研究工作的实验室阶段，然后由华鲁公司完成中试试验阶段；2. 理化所应按约定的时间提交胶体、干粉的样品并在完成实验室阶段的工作后，向华鲁公司进行技术交底并交付最佳配方及室内试验总结报告；3. 在理化所进行实验室研究工作阶段，华鲁公司应按约定的时间和条件分阶段向理化所支付研究经费。虽然理化所交付胶体、干粉样品的时间均超出了双方合同约定的期限，但华鲁公司继续履行了相应的付款义务，分两次向理化所支付了合同约定的第一、二笔款30万元，应视为华鲁公司对理化所延迟交付胶体、干粉样品行为的予以认可。但因华鲁公司支付第二笔款项20万元后，即有权要求理化所按约进行技术交底及交付相应的技术资料。现理化所没有充分证据证明其已向华鲁公司进行了技术交底及交付了合同约定的技术资料，也没有证据证明其经过对华鲁公司人员于良惠的培训而使该公司全面掌握了完整的实验室研究成果并已达到与交付书面技术资料等同的效果，因此理化所已构成违约。在此情况下，华鲁公司依据《合同法》的有关规定，在对理化所进行催告、给予宽限期仍没有结果后，即有权单方解除合同。

鉴于理化所在本案审理期间也要求解除双方所签合同，故本案的焦点应为合同解除的后果如何处理问题。依据我国法律规定，合同解除后，尚未履行的终止履行；已经履行的，根据履行情况和合同性质，当事人可以要求恢复原状，采取其他补救措施，并有权要求赔偿损失。华鲁公司对双方合同的解除没有过错及责任，故负有违约责任的理化所应将华鲁公司已经支付的30万元退还给该公司。同时，理化所要求华鲁公司支付第三笔款项10万元的诉讼请求，本院不予支持。

虽然原审法院将华鲁公司已支付给理化所的30万元认定为该公司的损失判决理化所进行赔偿与法律的有关规定不完全相符，但此处理结果与理化所将该30万元退还给华鲁公司的实际效果并无不同。

综上，原审法院判决认定事实基本清楚，适用法律正确，审判程序合法，处理结果亦无不妥，应予维持。依照《中华人民共和国民事诉讼法》第一百五十三条第一款第（一）项之规定，判决如下：

驳回上诉，维持原判。

一审案件受理费13 010元，由青岛华鲁生化工程有限公司负担8 131元，由中国科学院理化技术研究所负担4 879元；反诉费3 510元，由中国科学院理化技术研究所负担；二审案件受理费16 520元，由中国科学院理化技术研究所负担。

48. “妻之友”商标许可使用合同无效纠纷案

——英国连德尔大药厂有限公司诉万年贸易公司、黑龙江成功药业有限公司

原告（被上诉人）：英国连德尔大药厂有限公司
被告（上诉人）：黑龙江成功药业有限公司
被告（原审被告）：万年贸易公司
案由：确认商标许可使用合同无效纠纷

原审案号：北京市第一中级人民法院（2003）一中民初字第4331号
原审合议庭成员：赵静、姜颖、苏杭
原审结案日期：2003年12月9日
二审案号：北京市高级人民法院（2004）高民终字第128号
二审合议庭成员：刘继祥、胡平、孙苏理
二审结案日期：2004年8月24日

判决要旨

商标代理人未经商标权人许可或追认，擅自授权或转让该商标的，其行为不具有合法性。

起诉与答辩

原告英国连德尔大药厂有限公司（以下简称连德尔公司）诉称：原告是一家创始于1880年的世界驰名的专门生产避孕药品的制造商。原告于1988年7月18日委托被告万年贸易公司（以下简称万年公司）办理“妻之友 RENDELLS及图”在中国的注册事宜。作为原告的商标申请代理人，被告万年公司于1993年获得了原告在中国注册的第640300号商标的商标注册证，但是，被告万年公司违背协议，并未将商标注册证交给原告，并且于1997年10月11日，利用伪造的原告公章，在《商标转让申请书》上做假，蒙骗商标局，将原告的第640300号商标非法转让到自己名下。经北京市第一中级人民法院审理确认，被告万年公司的该行为是无效法律行为，因此，该商标权仍属原告所有。早在1998年，原告即发现被告黑龙江成功药业有限公司（以下简称成功公司）申请注册了与“妻之友”近似的“妻之爱”商标，原告遂向商标局

提出商标异议。在双方的往来函件中，原告已就其与被告万年公司的商标纠纷明确告知了被告成功公司。在被告万年公司不拥有“妻之友 RENDELLS 及图”商标专用权并且被告成功公司对此明知的情况下，两被告恶意串通，非法订立关于第 640300 号商标的使用许可合同，侵犯了原告的商标权，因此，该合同不具有合法性，应属于无效合同。原告据此请求法院判决确认被告万年公司与被告成功公司订立的商标使用许可合同无效。

被告万年公司未提交书面答辩意见，也未出庭参加诉讼。

被告成功公司辩称：我公司与被告万年公司订立商标使用许可合同时，万年公司与原告之间的转让行为是否合法尚未确定。在万年公司是第 640300 号“妻之友 RENDELLS 及图”商标的权利人的情况下，成功公司与其签订商标使用许可合同，主观上并无恶意，不存在与万年公司的恶意串通，故该合同合法有效。因此，请求法院驳回原告的诉讼请求。

原审查明事实

原审法院经审理查明：1988 年 7 月 18 日，连德尔公司任命万年公司为其在中国对“RENDELLS”和“妻之友”商标进行注册的代理人。1992 年 5 月 20 日，“妻之友 RENDELLS 及图”商标由连德尔公司向国家工商行政管理总局商标局提出商标注册申请，于 1993 年被核准注册，核定使用商品为第 5 类避孕阴道药栓，注册有效期为 1993 年 5 月 7 日至 2003 年 5 月 6 日，商标注册号为 640300。

1997 年 10 月 11 日，万年公司向商标局递交了《转让注册商标申请书》，申请将注册人为连德尔公司的第 640300 号注册商标转让给万年公司，在该申请书上加盖有连德尔公司和万年公司的印章。连德尔公司认为该申请书上加盖的印章并非其真实印章，而系万年公司伪造，因此，起诉至本院，请求确认万年公司的商标转让行为无效。本院经审理，于 2003 年 8 月 20 日作出（2003）一中民初字第 7331 号民事判决，确认万年公司转让连德尔公司第 640300 号注册商标的行为无效，该商标仍属连德尔公司所有。连德尔公司和万年公司在法定上诉期内均未提出上诉。

万年公司于 2002 年许可成功公司使用第 640300 号注册商标，许可期限自 2002 年 4 月 1 日至 2004 年 3 月 31 日。2002 年 4 月 25 日，万年公司将该商标使用许可合同副本报送国家商标局备案。2002 年 10 月 17 日，国家商标局发出《商标使用许可合同备案通知书》，对该合同予以备案，并于 2002 年 11 月 14 日将该备案予以公告。

原审审理结果

原审法院认为：按照我国民法通则的规定，民事法律行为必须具备合法性，违反法律的民事行为不发生法律效力。根据本院查明的事实，连德尔公司是第640300号“妻之友RENDELLS及图”商标的注册人，对该商标享有商标专用权，受法律保护。虽然万年公司于1997年向商标局递交了《转让注册商标申请书》，申请将第640300号注册商标转让给万年公司，但本院已对此作出一审判决，确认该转让行为无效，该判决因双方当事人均未提起上诉已经发生法律效力，因此，万年公司不是第640300号注册商标的合法持有人。在此情况下，被告万年公司无权处分该注册商标，故其与被告成功公司订立商标使用许可合同的行为，损害了原告的商标权，不具有合法性，该合同应依法确认为无效合同，即自始不具有法律约束力。因此，原告连德尔公司提出的诉讼请求有事实和法律依据，本院予以支持。

被告成功公司提出其与万年公司订立合同时，万年公司是第640300号注册商标专用权人，故其主观上不属恶意，该合同合法有效。对此，本院认为，由于万年公司取得第640300号注册商标专用权的行为不具有合法性，在其不法持有原告注册商标的情况下，许可他人使用该商标的行为亦不具有合法性，并不因被许可人不具有恶意而使该行为归于合法，故被告成功公司的该抗辩主张不能成立。因本案争议的商标使用许可合同的无效系因被告万年公司的无权处分行为造成，故诉讼费用应由被告万年公司负担。

综上，本院依照《中华人民共和国民法通则》第五十八条第一款第（五）项、第九十六条之规定，判决如下：

确认被告万年贸易公司与被告黑龙江成功药业有限公司就第640300号“妻之友RENDELLS及图”注册商标订立的商标使用许可合同无效。

成功药业公司不服原审判决，提起上诉，其理由是：1. 原审法院无视连德尔公司在1988年7月18日给万年公司授予的关于处理与该商标一切有关业务的权利，认为万年公司不是第640400号注册商标的合法持有人，在此情况下万年公司无权处分该注册商标是错误的；2. 根据我国《商标法实施条例》第36条规定，商标权利的自始不存在对已经生效的许可合同无追溯力，成功药业公司是合法取得该商标专用权的善意第三人，其利益应得到法律保护。据此，万年公司请求二审法院撤销原审法院判决，驳回连德尔公司诉讼请求。连德尔公司、万年公司服从原审法院判决。

二审查明事实

二审法院查明的事实与原审相同，另查明：本院审理期间，中华人民共和国香港特别行政区高等法院经本院委托分别于2004年3月9日、3月22日两次到万年公司登记的营业地西环爹核士街19号地下向万年公司送达开庭传票，但万年公司已不在上述地点营业，去向不明。

二审审理结果

二审法院认为：中国与英国均为《马德里协定》的成员国，连德尔公司作为在英国注册成立的法人，其正当权益在中国受到侵害时，有权依照《马德里协定》的有关规定向中国法院提起诉讼，中国法院应依据中国法律及《马德里协定》的规定进行审理。

根据《中华人民共和国民法通则》的相关规定，公民、法人可以通过代理人实施民事法律行为；委托代理人按照被代埋人的委托在代理权限内，以被代理人的名义实施民事法律行为，行使代理权。没有代理权、超越代理权或者代理权终止后的行为，只有经过被代理人的追认，被代理人才承担民事责任；未经追认的行为，由行为人承担民事责任。本案连德尔公司于1988年7月18日向万年公司签发的授权书仅授权万年公司为连德尔公司所有的RENDELLS和WIFE'S FRIEND（妻之友）商标在中国进行注册的代理人，即万年公司的代理权限仅为代理连德尔公司在中国对上述商标进行注册。万年公司未经连德尔公司同意，无权许可任何第三方使用涉案商标。现成功药业公司以该授权书主张其已通过万年公司获得了连德尔公司涉案商标的合法使用权，无任何事实与法律依据，对此上诉主张，本院依法不予支持。

《中华人民共和国商标法实施条例》第三十六条规定：依照《商标法》第四十一条的规定撤销的注册商标，其商标专用权视为自始即不存在。有关撤销注册商标的决定或者裁定，对在撤销前人民法院作出并已执行的商标侵权案件的判决、裁定，工商行政管理部门作出并已执行的商标侵权案件的处理决定，以及已经履行的商标转让或者许可合同，不具有追溯力；但是，因商标注册人恶意给他人造成的损失，应当给予赔偿。已生效的北京市第一中级人民法院（2003）一中民初字第7331号民事判决仅确认了万年公司非法转让连德尔公司涉案商标的行为无效，并非撤销了该注册商标，现连德尔公司依然是涉案注册商标的合法持有人，故万年公司非法许可成功药业公司使用连德尔公司涉案商标的无效民事行为不适用《中华人民共和国商标法实施条例》第三十六条的规定。原审法院关于万年公司在不法持有连德尔涉案注册商标的情况下，许可他人使用该商标的行为不具有合法性，并不因成功药业公司不具有恶意而使该行为归于合法的认定并无不妥。

综上，原审判决认定事实清楚，适用法律正确，本院应予维持。成功药业公司的上诉理由不当，对其上诉请求应予驳回。依照《中华人民共和国民事诉讼法》第一百五十三条第一款第（一）项之规定，判决如下：

驳回上诉，维持原判。

一审案件受理费1 000元，由万年贸易公司负担；二审案件受理费1 000元，由黑龙江成功药业有限公司负担。

49. “114 查号台”垄断纠纷案

——北京安定保开锁服务中心、北京安久开锁服务有限公司诉北京通信公司营业局等

原告：北京安定保开锁服务中心

原告：北京安久开锁服务有限公司

被告：北京通信公司营业局

被告：北京信海通信息科技有限公司

被告：北京畅捷网络通讯有限公司

被告：北京市金匙开锁有限公司

被告：北京东北人锁具有限公司

被告：北京杨二开锁有限公司

被告：北京奥顺通锁具科技开发有限公司

被告：唐山市王氏开锁有限公司北京分公司

案由：垄断纠纷

一审案号：北京市第一中级人民法院（2004）一中民初字第 225 号

一审合议庭成员：刘勇、张晓霞、邢军

一审结案日期：2004 年 6 月 15 日

判决要旨

针对某些特殊需求，在某一服务行业并非享有独占地位的市场主体与他人签订非封闭性特定服务合同，虽可能会对市场上其他从事与此特殊需求相关业务的主体造成影响，但并不构成导致限制竞争后果的行业垄断。

起诉与答辩

原告北京安定保开锁服务中心（以下简称安定保服务中心）、北京安久开锁服务有限公司（以下简称安久服务公司）诉称：第一被告北京通信公司营业局（以下简称通信公司营业局）为 114 查号台主管单位。2003 年 3 月，第三被告北京畅捷网络通讯有限公司（以下简称畅捷公司）与第四被告北京市金匙开锁有限公司（以下简称金匙公司）、第五被告北京东北人锁具有限公司（以下简称东北人公司）、第六被告北京杨二开锁有限公司（以下简称杨二公

司)、第七被告北京奥顺通锁具科技开发有限公司(以下简称奥顺通公司)、第八被告唐山市王氏开锁有限公司北京分公司(以下简称王氏公司)签订了一份《一号通业务使用合同》。同月,第三被告畅捷公司与第二被告北京信海通信息科技有限公司(以下简称信海通公司)签订了一份《合作协议书》。该合同和协议约定,由第二被告和第三被告向第四、五、六、七、八被告提供96096600热线服务,并收取每年18万元人民币与6万元人民币不等的服务费用。在上述合同和协议中约定:来自114查号台开锁需求的模糊查询信息全部进入该热线。由于修开锁企业的经营讯息基本上是来自114查号台,自从该两份协议签定后,除了上述四、五、六、七、八被告外,其他修开锁企业再也不能进入该信息平台,而且二原告曾在该信息平台存在的其他信息热线,也因该合同与协议的签订,而被114查号台停止服务,使二原告的经营出现了严重萎缩。114查号台作为第一被告的下属单位擅自利用自己掌握公共信息的优势,为其牟取利益,利用其优势地位,为第四、五、六、七、八被告提供了区别与其他修开锁企业的不平等服务,造成了市场的垄断,严重侵害了原告的利益,妨碍了公平竞争的有序进行。为此诉至法院,请求法院判令被告:1. 停止垄断经营;2. 承担垄断经营应负民事责任;3. 承担全部诉讼费。

第一被告通信公司营业局辩称:我局不具有原告所称的优势地位。电信改革之后,原中国电信独家经营全国固定电话网的现状已经被打破。原统一的固定电话网被三个各自独立的固定电话网所取代。目前,在我国已经形成了中国电信、中国网通、中国铁通三家运营商为主的经营固定电话的新局面。用户可以选择不同查询号台进行查询,而非只能选择114查号台一家进行查询。就开锁热线而言,是由第三被告提供热线号码、第一被告提供报号服务,两者是电信用户与电信服务提供者的关系。第一被告没有参与签定上述合同与协议,第一被告既没有干涉开锁热线的内容,也没有参与开锁热线经营和牟利。不应承担因上述合同和协议而产生的法律责任,原告基于上述合同和协议对第一被告的起诉,不能成立。请求法院驳回原告对第一被告的诉讼请求。

第二被告信海通公司辩称:第一被告和第二被告合作,面向社会提供特殊服务号码查询、报号服务,属于合法的电信服务的延伸业务,是公平、开放的服务。第一被告对特殊服务号码(热线)的查询报号,不属于公共信息平台,法律不禁止,不构成垄断。原告故意扩大"公共信息平台"的概念,歪曲了114查询台的性质和业务范围。原告称其67679700热线因受到9696600热线的影响,而第一被告停止了服务,不符合事实。原告关于"其他修开锁企业再也不能进入该信息平台,得不到事关生存发展的商业服务信息"的陈述,也与事实不符。因此,请求法院依法驳回原告的诉讼请求。

第三被告畅捷公司辩称：1. 第一被告的114查号台的基本服务是向用户提供其要寻找的具体电话号码，114查号台对任何有登记的电话号码都是开放的，原告称其不能进入114查号台的说法与事实不符。2. 114查号台对用户提供修开锁的模糊查询，属于一种特别服务。开通修锁开锁的模糊查询体现了114查号台对社会公众负责的精神。由于公安机关目前还没有将这个行业纳入专门管理，114信息平台从社会公众利益出发，由专门的公司对修开锁企业进行识别，以确保不对公共利益造成损害。3. 修开锁企业认识到提供模糊查询是一种商机，因此签订了相关协议，这种市场行为应当受到法律的保护。4. 96096000热线不具有排他性。在运行过程中吸收了新的成员，原告所谓"垄断"的说法没有事实依据。5. 修开锁行业宣传和查询的方式很多，许多开锁企业通过广播、电视、车身广告等方式进行广告宣传，原告所称由于96096000开锁热线的开通，使其经营萎缩的说法属于夸大其词，请求法庭驳回原告的诉讼请求。

第四被告金匙公司辩称：本公司于已经撤出了96096600开锁热线。原告将金匙公司列为被告不符合事实和缺乏法律依据，请求法庭驳回原告对我公司的起诉。

第五被告东北人公司、第六被告杨二公司、第七被告奥顺通公司、第八被告王氏公司辩称：1. 《一号通业务使用合同》是被告经协商一致签订的，不违反法律、行政法规的强制性规定，不损害社会公共利益。该96096600热线服务是开放的，只要具备了相应资质，任何一家开锁公司都可以接受该热线服务。对于修开锁公司没有作出任何数量的限制。原告称协议签订后，其他修开锁企业再也不能进入该信息平台的说法，不符合客观事实。2. 所谓"模糊查询"是查询者无法提供明确的修开锁企业的名称时，114查号台才向其提供96096600。该模糊查询系统不排斥有明确企业名称的查询要求，该行为未妨碍其他经营者的公平竞争。3. 67679700热线被停止服务的原因皆因二原告不符合《服务保证协议书》第四条、第五条约定的办理服务热线的基本条件。综上所述，原告关于停止垄断经营的诉讼请求不能成立，请求人民法院驳回二原告的诉讼请求。

一审查明事实

一审法院经审理查明：2003年3月，第三被告畅捷公司作为甲方与第四被告金匙公司、第五被告东北人公司、第六被告杨二公司、第七被告奥顺通公司、第八被告王氏公司作为乙方签订了《一号通业务使用合同》。该合同约定：甲方提供特服号96096600作为一号通项目使用，开通时间2003年3月7

日。114 查号台是本栏目的信息主渠道，甲方必须保证来自 114 台开锁需求的模糊查询信息全部进入本合作热线。乙方支付甲方服务费每年 18 万元人民币。

2003 年 3 月，第三被告畅捷公司作为甲方与第二被告信海通公司作为乙方签订合作协议书，该协议书约定：甲方负责提供热线号码 96096600，负责热线的正常运行。乙方同意甲方在 114 查号台登记 96096600 内容，并按内容报号。乙方保证来自用户开锁需求的模糊查询信息全部进入本合作热线。甲方向乙方支付查询服务费每月 5000 元人民币。

2003 年 10 月 8 日，第二被告信海通公司（甲方）曾与风火轮（北京）开锁服务有限公司（乙方）签订服务保证协议书，合同约定：甲方负责将 67679700 号热线登记到 114 查询库中。甲方要求乙方办理热线时，必须具有独立法人资格、北京经营权限、具有开锁业务范围四家以上商家。2003 年 11 月 13 日，风火轮（北京）开锁服务有限公司致函信海通公司，退出了 67679700 号热线，原协议书的权利义务由信海通公司与安定保、安久、金匙开锁三家协商。

庭审中查明，第一被告的 114 查号台于 2003 年 11 月 1 日停止了对 67679700 号热线服务。2004 年 3 月 10 日，二原告以第四被告金匙公司于 2003 年 5 月底已撤出 96096600 热线为由，撤回了对第四被告金匙公司的起诉。

关于损害赔偿数额，原告没有明确的请求和相应的证据。114 查号系统业务管理办法第十条规定，各电信企业可以在基本查询范围服务的基础上，增加对客户开放与以上业务范围相关联的服务。

一审审理结果

一审法院认为：垄断是指有关的法律法规主体通过单独或者联合的行为，取得或者维持某种支配地位，从而限制其他竞争者进入相关市场的情形。支配地位是指能够使一个企业具备阻止或者至少妨碍相关市场有效竞争的经济实力的地位。本案争议的焦点为：被告签订的《一号通业务使用合同》、合作协议书的行为及合同和协议的内容，是否限制同业者的竞争，排挤竞争对手，构成市场垄断。

一、第一被告的 114 查号台是公众认可的、最便捷有效的一种查询方式。就其地位而言，从我国目前的通信市场看，国家通信管理体制已由单一的经营管理体制，改变为多家经营的管理体制，现有中国电信、中国移动、中国网通、中国联通、中国铁通等多家企业，因此，114 查号台已经不具有行业垄断的地位。就其服务方式而言，随着市场经济的发展，通信业的经营理念和服务方式发生了很大的变化，出现了“商业化经营、多元化发展”的经营理念和

"以多元化的服务满足社会多元化、多层化的需求"的服务方式，改变了过去单一的服务方式。在通常情况下，114 查号台向用户提供的是明确的查询信息。114 查号台根据其系统业务管理办法的规定，可以在基本查询范围服务的基础上，增加对客户开放与业务范围相关联的服务。从有利社会、方便用户的角度考虑，在法律没有禁止的情况下，应当是许可的。但是开锁业应属特种行业管理，第三被告对其所提供的开锁服务合法性，应当负有严格的审查义务。对于第三被告是否具有提供开锁热线服务的资质，该服务是否符合特种行业管理的规定，法律没有明确规定，不属于本案解决的范围。

二、被告之间签订的《一号通业务使用合同》和合作协议书，是否具有阻止或者妨碍相关市场有效竞争。从《一号通业务使用合同》的内容看，第一，进入 96096600 热线的开锁服务信息，并非是全部的开锁服务信息，而是用户开锁需求不明确的情况下，该查询信息才被进入 96096600 热线服务。该种查询性质不具有排除查询他人信息的垄断性。第二，在庭审中，被告称 96096600 热线服务是开放式的，其他开锁企业是可以加盟到 96096600 热线服务，原告没有举证证明其曾要求加盟该热线服务，或被告拒绝其加盟该热线服务的有关证据。

三、原告称被告因开通 96096600 热线，而停止了对 67679700 号热线服务。第二被告称停止对 67679700 号热线服务，是因为风火轮（北京）开锁服务有限公司致函信海通公司，退出了 67679700 号热线，被告与其签定的合同，从主体到内容均发生了变更。另外，本案两原告不具有开锁行业资质，也不符合合同约定的设立热线服务的商家数量，停止 67679700 号热线服务与开通 96096600 热线无关。对此，原告没有正面反驳，也没有足以反驳的相反证据。

因此，综上，114 查号台仅为信息查询的一种方式，并非全部，在目前的通信方式和手段上，信息查询仍有很多可利用的资源和发展空间，被告将"模糊查询信息"进入到 96096600 热线，不具备阻止或者妨碍相关市场有效竞争的经济实力的地位，原告指控八个被告的行为构成行业垄断，缺乏事实和法律依据，原告称被告因开通 96096600 热线，而停止 67679700 号热线服务的行为，构成了行业垄断，证据不足，本院不予支持。依据《中华人民共和国反不正当竞争法》第二条的规定，判决如下：

驳回原告北京安定保开锁服务中心、北京安久开锁服务有限公司的诉讼请求。

案件受理费 1 000 元，由原告北京安定保开锁服务中心、北京安久开锁服务有限公司负担。

双方当事人均服从一审判决。

50. “snow. cn”计算机网络域名纠纷案

——北京国网信息有限责任公司诉华润雪花啤酒（辽宁）有限公司

原告：北京国网信息有限责任公司
被告：华润雪花啤酒（辽宁）有限公司
案由：计算机网络域名纠纷

一审案号：北京市第二中级人民法院（2004）二中民初字第5480号
一审合议庭成员：邵明艳、张晓津、何暄
一审结案日期：2004年10月26日

判决要旨

在先将通用词汇注册为域名的，不构成不正当竞争。

起诉与答辩

原告北京国网信息有限责任公司（以下简称国网公司）诉称：原告经合法注册取得“snow. com”域名后，被告华润雪花啤酒（辽宁）有限公司（以下简称华润雪花啤酒公司）于2003年9月向中国国际经济贸易仲裁委员会域名争议解决中心（以下简称域名争议解决中心）投诉，指控原告注册的域名侵犯了被告的相关权利。域名争议解决中心于2003年11月作出转移域名的裁决，现根据该裁决书域名已转移给被告。原告认为被告对涉案域名的主要部分“snow”不享有在先民事权利，原告注册取得涉案域名的时间早于被告取得“snow”商标的注册时间；原告对该域名的注册使用不具有恶意，注册后未向他人转让该域名，而是将其作为邮箱后缀提供给企业或个人使用；被告虽注册取得“snow”商标，但不应因此取得域名的专有权利。“snow”作为一个通用名词，为16家企业在39种商品或服务上取得注册商标。而且，被告在取得涉案域名后并未及时予以使用，因此，原告认为被告的涉案行为是“反向域名劫持”行为，其实质是不正当竞争行为。故诉至法院，请求确认原告注册使用涉案域名不对被告构成侵权并判令被告返还原告注册使用的涉案域名、承担原告支出的工商查询费及本案诉讼费。

被告华润雪花啤酒公司辩称：原告对涉案域名的主要部分“snow”不享

有合法权益，与原告的名称、商标、业务等均无关系；被告所享有的商标权和企业名称等合法权益，早于原告注册域名的时间；原告明知“雪花”为他人商标仍注册涉案域名，其注册行为具有恶意，且其有大量恶意注册域名的记录。因此，被告作为“雪花”和“snow”商标的权利人，虽不是该商标的唯一专用权人，但确实是权利人之一，有权要求将自己的识别标志作为域名使用，原告所指控的“反向域名劫持”不能成立。故请求法院维持域名争议解决中心的裁决，驳回原告的诉讼请求。

一审查明事实

一审法院经审理查明：1981 年，经国家工商行政管理局商标局核准，沈阳市啤酒厂注册了“雪花牌”文字及图形组合商标，核定使用商品为第 32 类商品啤酒，注册有效期现已续展至 2013 年 2 月 28 日；1994 年 11 月 21 日，经国家工商行政管理局商标局核准，该商标转让给沈阳华润雪花啤酒有限公司。

1995 年 11 月 14 日，沈阳华润雪花啤酒有限公司注册了“SNOW FLAKE”文字及图形组合商标，核定使用商品为第 32 类啤酒；1996 年 3 月 7 日，该公司还在相同商品上注册了“雪花”图形商标；1997 年 2 月 21 日，在相同商品上注册了“雪花”文字及图形组合商标；1999 年 6 月 21 日，在第 32 类商品的啤酒、黑啤酒、姜汁啤酒、发芽啤酒上注册了“snow”文字及图形组合商标；1999 年 8 月 28 日，在第 32 类商品的啤酒、黑啤酒、无酒精饮料、姜汁啤酒、发芽啤酒等商品上注册了“雪花”文字商标和“雪花”文字及图形组合商标；1999 年 9 月 21 日，该公司注册了“snow”商标，核定使用商品为第 32 类商品啤酒、黑啤酒；2000 年 5 月 14 日、2001 年 2 月 28 日、2001 年 3 月 28 日该公司在第 32 类商品啤酒上注册了三个“雪花、snow”文字及图形组合商标；2001 年 11 月 14 日，该公司在第 32 类商品啤酒上注册了“雪花”文字商标；2003 年 4 月 14 日，该公司在第 32 类商品啤酒、矿泉水等上注册了“snow”文字商标和“雪花、snow”文字和图形组合商标，其中字母“O”中有雪花形状的图案。

沈阳市人民政府于 2002 年颁发的外商投资企业批准证书载明：沈阳华润雪花啤酒有限公司的英文名称为“CHINA RESOURCES (SHENYANG) SNOW-FLAKE BREWERY CO., LTD.”，批准时间为 1993 年。2004 年 4 月 2 日的工商查询表明，沈阳华润雪花啤酒有限公司为 1993 年 12 月 31 日成立的外商独资经营企业。

1998 年 3 月 2 日，国网公司申请的域名“snow. com. cn”由中国互联网络信息中心注册。2003 年 3 月 17 日，原告将域名“snow. com. cn”优先升级，持有“snow. cn”域名。原告主张其注册该域名的原因在于“希望自己的事业像漫天雪花一样纷纷扬扬，兴旺发达，并希望自己的软件产品像雪花一样，为广大客户所喜爱”。

2003年11月6日，域名争议解决中心作出（2003）贸仲域裁字第0067号裁决书。该域名争议的投诉人为沈阳华润雪花啤酒有限公司，被投诉人为国网公司，争议域名为涉案域名“snow. cn”。该裁决书认定争议域名的核心部分与受中国法律保护的商标“snow”相同，投诉人对争议域名的核心部分享有商标权和企业名称权，被投诉人未能证明其对争议域名的核心部分享有受中国法律保护的民事权益，被投诉人注册争议域名的行为具有恶意。投诉人并非“snow”商标的唯一专用权人，但其确为该商标的专用权人之一，符合域名争议解决办法所规定的投诉人及投诉获得支持的条件。因此，专家组决定支持投诉人的主张，其裁决结果为转移域名“snow. cn”给投诉人沈阳华润雪花啤酒有限公司。

2004年3月29日，北京市西城区公证处出具（2004）西证字第0784号公证书。该公证书载明：在IE浏览器输入“www. snow. cn”，进入“联动在线”网站，且网页上标有北京联动在线通讯科技有限公司的版权声明。

2004年4月1日，“snow. cn”域名查询结果表明，域名注册者为沈阳华润雪花啤酒有限公司。2004年5月10日，沈阳华润雪花啤酒有限公司更名为华润雪花啤酒公司。2004年6月21日，点击“snow. cn”域名，进入华润雪花啤酒公司的母公司华润啤酒（中国）有限公司的网站页面，该页面打印件下方显示有“http：//www. crb. net. cn/index_ 1. htm”字样。

在涉案域名争议解决过程中，国网公司向域名争议解决中心提交的答辩书载明：投诉人所主张的商标权不具有排他性，“snow”为通用名词，有39种商品或服务上注册有“snow”商标；“snow”啤酒仅在东北地区的啤酒消费者中驰名，投诉人对此无排他权，否则对其他享有在先权利的商标权人也不公平；被投诉人注册涉案域名无恶意。

2003年10月13日，北京安达信商标代理有限公司出具的商标检索资料表明：有16家企业在20个类别的商品或服务上注册有商标英文为“snow”的商标39个。除7个商标为“snow”文字商标外，其余商标为“snow”文字与图形组合商标。

2004年4月1日，通过“Google搜索”搜索包含“www. snow”的简体中文网页，得到750个查询结果；搜索包含“www. snow”的所有网站，得到86 500个查询结果。

在本案审理过程中，原告向法院提交了北京英特普罗知识产权代理公司出具的商标检索资料，以证明不同企业在第 16 类、第 19 类、第 25 类、第 30 类和第 43 类的相同商品上可同时注册“snow”商标和“snowflake”商标，以及不同企业在第 3 类、第 9 类、第 11 类、第 12 类、第 16 类、第 19 类、第 29 类、第 30 类、第 32 类、第 35 类、第 42 类的相同商品上可同时注册“snow”商标和“雪花”商标，从而证明“snow”和“snowflake”、“snow”和“雪花”不相似。其中，涉及“雪花”的商标均为“雪花”文字和图形组合商标；涉及“snowflake”的商标除 1 个为“snowflake”文字商标外，其余商标为“snowflake”文字与图形组合商标。

经查，“snow”的基本含义为“雪、雪花、雪片、积雪”；“snowflake”的基本含义为“雪花、雪片”。

根据北京市第二中级人民法院、北京市高级人民法院的相关民事判决书和域名争议解决中心网站上的相关资料，表明国网公司曾因恶意注册域名而将相关域名转移给权利人。

另查，国网公司为本案诉讼支出商标查询费用 2 000 元。

一审审理结果

一审法院认为：根据相关法律规定，对于符合下列各项条件的，应当认定注册使用域名等行为构成侵权或不正当竞争：他人请求保护的民事权益合法有效；所注册使用的域名或其主要部分构成对他人驰名商标的复制、模仿、翻译或音译、或者与他人的注册商标、域名等相同或近似，足以造成相关公众的误认；注册使用域名者对该域名或其主要部分不享有权益，也无注册、使用该域名的正当理由；注册使用域名者对该域名的注册、使用具有恶意。

根据本案查明的事实，被告华润雪花啤酒公司是“雪花”、“snow”、“snowflake”文字或文字及图形组合系列注册商标的权利人，其中含有“snow”文字的商标注册时间为 1999 年，而原告国网公司于 1998 年在先注册了域名“snow. com. cn”，该域名后升级为涉案域名，因此，被告华润雪花啤酒公司不能根据在后取得的含有“snow”文字的注册商标权主张原告对涉案域名的注册和使用构成不正当竞争。被告华润雪花啤酒公司的“雪花”、“snowflake”注册商标的注册时间虽在域名“snow. com. cn”注册前，但涉案域名的主要部分“snow”与“雪花”、“snowflake”在文字、字形等方面并不构成近似，不会造成相关公众的误认。涉案域名的主要部分“snow”虽系对“雪花”的翻译，但“雪花”商标并非驰名商标；涉案域名的主要部分“snow”与“snowflake”的含义虽然相近似，但二者字形不同。因此，被告华润雪花啤酒公司主张涉案域名的主要部分“snow”与“雪花”和“snowflake”

含义相同，构成相近似，原告的行为构成不正当竞争，依据不足，本院不予采纳。

涉案域名的主要部分为“snow”，而“snow”的基本含义为“雪、雪花”，该词语系通用名词。原告亦主张其注册涉案域名的原因在于希望业务发展像漫天雪花兴旺发达，根据上述事实不能得出国网公司注册使用涉案域名无正当理由的结论。因此，被告华润雪花啤酒有限公司提出原告国网公司无正当理由注册使用涉案域名，缺乏依据，本院不予采纳。

根据本案现有证据，原告国网公司注册涉案域名后，将其指向与原告有直接业务合作关系的关联公司北京联动在线通讯科技有限公司的网站；且原告注册域名“snow. com. cn”的时间早于被告华润雪花啤酒有限公司注册含有“snow”文字的商标的注册时间，不存在注册使用与被告注册商标相同的域名，故意造成混淆的情况；虽然被告注册“雪花”和“snowflake”商标的时间早于域名“snow. com. cn”的注册时间，但该域名的主要部分“snow”与被告的注册商标并不相近似。因此，原告国网公司注册使用域名“snow. com. cn”和涉案域名的行为不具有恶意。被告根据人民法院相关判决文书及域名争议解决中心的相关裁决主张原告注册使用涉案域名具有恶意，证据不足，本院对此不予采纳。

因此，原告国网公司在被告注册相关商标前，将通用名词注册为域名，并使用升级后的涉案域名的行为不具有恶意，不构成不正当竞争。

本案原告请求本院判令被告返还其注册使用的“snow. cn”域名及赔偿其因诉讼所支出的合理费用的主张，理由正当，本院予以支持。虽然被告在域名争议解决中心裁决转移涉案域名后，未及时办理相关手续，现该域名亦为被告的母公司使用，被告未实际使用该域名，但被告开展相关业务应存在一个相对合理的准备期间，因此，据此不能认定被告的行为构成不正当竞争。原告主张被告的上述行为构成不正当竞争，缺乏依据，本院不予支持。

综上，依照《中华人民共和国反不正当竞争法》第二条第一款、《最高人民法院关于审理涉及计算机网络域名民事纠纷案件适用法律若干问题的解释》第四条、第五条和第八条之规定，判决如下：

一、华润雪花啤酒（辽宁）有限公司于本判决生效之日起10日内注销“snow. cn”域名，由北京国网信息有限责任公司注册使用该域名；

二、华润雪花啤酒（辽宁）有限公司于本判决生效之日起10日内赔偿北京国网信息有限责任公司因本案诉讼而支出的合理费用2千元；

三、驳回北京国网信息有限责任公司的其他诉讼请求。

案件受理费1 000元，由华润雪花啤酒（辽宁）有限公司负担。

双方当事人均服从一审判决。